UTB 3412

Eine Arbeitsgemeinschaft der Verlage

Böhlau Verlag · Köln · Weimar · Wien
Verlag Barbara Budrich · Opladen · Farmington Hills
facultas.wuv · Wien
Wilhelm Fink · München
A. Francke Verlag · Tübingen und Basel
Haupt Verlag · Bern · Stuttgart · Wien
Julius Klinkhardt Verlagsbuchhandlung · Bad Heilbrunn
Lucius & Lucius Verlagsgesellschaft · Stuttgart
Mohr Siebeck · Tübingen
Orell Füssli Verlag · Zürich
Ernst Reinhardt Verlag · München · Basel
Ferdinand Schöningh · Paderborn · München · Wien · Zürich
Eugen Ulmer Verlag · Stuttgart
UVK Verlagsgesellschaft · Konstanz
Vandenhoeck & Ruprecht · Göttingen
vdf Hochschulverlag AG an der ETH Zürich

Margrit Stamm

Frühkindliche Bildung, Betreuung und Erziehung

Haupt Verlag
Bern · Stuttgart · Wien

Prof. Dr. *Margrit Stamm* ist ordentliche Professorin für Erziehungswissenschaft mit Schwerpunkt Sozialisation und Humanentwicklung an der Universität Fribourg (CH). Sie ist Mitglied des Rates des Eidgenössischen Instituts für Berufsbildung EHB sowie des Stiftungsrates von FORS (Swiss Foundation for Research in Social Sciences). Ihre aktuellen Forschungsschwerpunkte sind Frühkindliche Bildungsforschung; Bildungslaufbahnen vom Vorschulalter bis zur Berufseinmündung; Begabungsforschung; abweichendes Verhalten im Jugendalter (Schulabsentismus und Schulabbruch) sowie Berufs- und Sozialpädagogik des Jugendalters.

1. Auflage: 2010

Bibliografische Information der *Deutschen Nationalbibliothek:*
Die Deutsche Nationalbibliothek verzeichnet diese Publikation in der Deutschen Nationalbibliografie; detaillierte bibliografische Daten sind im Internet über http://dnb.d-nb.de abrufbar.

ISBN 978-3-8252-3412-6

Einbandgestaltung: Atelier Reichert, Stuttgart
Satz / Gestaltung Inhalt: René Tschirren, Bern
Printed in Germany

www.haupt.ch

UTB-Bestellnummer 978-3-8252-**3412-6**

Inhaltsverzeichnis

Einleitung

Im 20. Jahrhundert wurde die Kindheit als eigenständige Lebensphase mit speziellen Entwicklungsbedingungen und Ansprüchen entdeckt. Erstmals wurden Rechte der Kinder formuliert, in der UN-Kinderrechtskonvention fixiert und ihre weltweite Durchsetzung angestrebt. Eines dieser Rechte ist das Recht des Kindes auf Bildung. Im Zuge der globalisierten Wirtschaft und ihren neuen Herausforderungen ist Bildung zur zentralen Ressource geworden, die ihr Potenzial im internationalen Wettbewerb unter Beweis stellen soll. Im Zusammenhang mit länderübergreifenden Schulleistungsstudien wie TIMMS und PISA haben deshalb viele Länder ihre Bildungssysteme überprüft und neu reguliert. In diesem Kontext und als Konsequenz von neuen Forschungserkenntnissen aus den Neurowissenschaften sowie der Entwicklungs- und Familienpsychologie wird die frühe Kindheit zunehmend als bedeutsame Phase in der individuellen Bildungsbiografie eines Menschen erkannt und als erster Schritt im Prozess des lebenslangen Lernens begriffen. Das internationale Interesse manifestiert sich denn auch in einem starken Anstieg der Bildungs-, Integrations-, Betreuungs- und Erziehungsarbeit in diesem Sektor (vgl. dazu auch die beiden *Starting-Strong*-Berichte der OECD von 2001 und 2006).

Diese Entwicklung trifft die Pädagogik relativ unvorbereitet, hat sie doch bislang die frühe Kindheit vernachlässigt. Wohl gibt es eine ausgedehnte Kindheitsforschung, doch hat das Thema Kindheit *vor* dem Schuleintritt noch wenig Tradition. Deshalb stehen noch wenig Antworten auf Fragen zur Verfügung, die Auskunft darüber geben, was frühkindliche Bildung ist, wie sie mit Betreuung und Erziehung verknüpft ist, wozu sie dient und mit welchen Inhalten sie versehen werden soll. Sie ist noch weitgehend eine *Black Box.* Angesichts der im gesamten deutschen Sprachraum entwickelten oder in Entwicklung begriffenen Bachelor- und Masterstudienprogramme im Bereich der frühen Kindheit sowie der verstärkten Etablierung von privat und staatlich verantworteten Betreuungs- und Bildungsangeboten wiegt dieser Mangel doppelt. Dazu kommt die große Meinungsvielfalt von Bildungs- und Sozialpolitikern. In den aktuellen medialen Diskursen äußert sie sich in unterschiedlichen, häufig ideologisch gefärbten Facetten, welche eine Unterscheidung von wissenschaftlich geprüften Erkenntnissen erschweren. Was uns somit mangelt, ist eine wissenschaftsbasierte, ideologiefreie Auseinandersetzung mit der Thematik.

Warum jedoch hat die frühkindliche Bildung, Betreuung und Erziehung (FBBE) eine so große Bedeutung erlangt? Zum einen aufgrund der Wissensexplosion in der Entwicklungspsychologie, den Neurowissenschaften und der Lehr-/Lernforschung, welche den ungeheuren Enthusiasmus und die Lernkompetenz junger Kinder ins gesellschaftliche Bewusstsein gerückt hat. Zum anderen sind es aktuelle bildungs- und gesellschaftspolitische Herausforderungen, welche die Brisanz der Thematik unterstreichen und sie nicht lediglich als Modeerscheinung deklassieren. Die Bedeutung von FBBE lässt sich vierfach legitimieren:

- Die ersten Lebensjahre sind die kritischste Phase für die Entwicklung eines Kindes. Dies gilt in sozialer, emotionaler und intellektueller Hinsicht. In der frühen Kindheit wird ein wichtiger Grundstein für den späteren Bildungs- und Lebenserfolg gelegt. Was hier unterlassen wird, kann später nur mit großem Aufwand aufgeholt werden. Die ersten fünf Lebensjahre sind eine Zeit enormen Anwachsens linguistischer, sozialer, emotionaler und motorischer Kompetenzen. Schon ab Geburt lässt sich dieser Kompetenzerwerb bei einem gesunden Kind beobachten, wenn es die Umgebung auszukundschaften beginnt, zu kommunizieren lernt und Ideen darüber konstruiert, wie die Dinge in seiner Umgebung ablaufen.
- Die Lerngeschwindigkeit eines jungen Kindes ist jedoch davon abhängig, inwiefern seine Neugier auf ein engagiertes, sensibles und förderliches Umfeld trifft. Der Aufwachskontext beeinflusst seine Entwicklung, seine Lern- und Bildungsprozesse in einem großen Ausmaß. Sollen junge Kinder somit Bildungsangebote annehmen können, müssen sie in gut entwickelte Beziehungsstrukturen eingebettet sein. Für den Aufbau einer allgemeinen Bildungsbereitschaft ist es deshalb besonders wichtig, dass ein Kind soziale Beziehungen sowohl in seiner Herkunftsfamilie als auch in seinem weiteren Umfeld pflegt und sich in diesem Beziehungsraum geborgen und emotional sicher fühlen kann. Deshalb kommt in den ersten Lebensjahren nicht nur Betreuungs-, sondern auch Bildungsprozessen eine grundlegende Bedeutung zu. Dies gilt sowohl für Kinder mit förderlichem als auch mit ungünstigem familiärem Hintergrund. Für diese Kinder gilt es jedoch ganz besonders.
- Insbesondere in Deutschland und der Schweiz sind Bildungschancen stark durch die soziale Herkunft bestimmt. Kinder aus unterprivilegierten, bildungsfernen Familien haben bereits beim Eintritt in den Kindergarten nicht die gleichen Chancen wie privilegiert und bildungsnah aufwachsende Kinder. Die Förderung muss deshalb bereits in den ersten Lebensjahren einsetzen. Dies gilt insbesondere auch deshalb, weil viele Längsschnittstudien aufzeigen, dass sich Leistungspositionierungen von Kindern über die Schuljahre hinweg nicht wesentlich verändern: Wer beim Schuleintritt vorne liegt, wird diese Position wahrscheinlich auch am Ende der Schulzeit innehaben, wer sie mit Defiziten beginnt, wird in den nachfolgenden Schuljahren mit Aufholen beschäftigt sein. Deshalb gilt: Je bes-

ser die frühen Jahre für FBBE genutzt werden, desto chancengerechter können Potenziale entdeckt, Defizite erkannt und allen Kindern gerechtere Startchancen für ihre nicht voraussehbare Zukunft gegeben werden.

- Das heute veränderte Rollenverständnis zwischen den Geschlechtern erhöht die Nachfrage nach außerfamiliären Betreuungsangeboten. In allen deutschsprachigen Ländern bestehen jedoch nach wie vor große und ungelöste Herausforderungen, Familie und Beruf ökonomisch und qualitativ verträglich zu vereinbaren. Dazu kommt, dass hochwertige Ausbildungen von jungen Frauen und Männern zu individuellen und volkswirtschaftlichen Verlusten führen, wenn ein Elternteil aus dem Berufsleben ausscheidet.

Was versteht man nun unter frühkindlicher Bildung, Betreuung und Erziehung? Diese Frage als Erstes zu beantworten ist zentral für die Lektüre dieser Publikation und das in ihr entfaltete Verständnis. Denn aktuell gibt es in allen deutschsprachigen Ländern, insbesondere in der Schweiz, einen relativ vehementen Widerstand gegenüber dem Ansinnen, die «Bildung» in der frühen Kindheit zu verankern. Nicht selten wird sie sogar als einer glücklichen Kindheit abträglich erachtet. Der Grund für diese Ablehnung liegt hauptsächlich darin, dass unter frühkindlicher Bildung die Vorverlegung schulischer Inhalte in den bis anhin bildungsfreien Vorschulraum verstanden wird. Frühkindliche Bildung ist jedoch etwas anderes. Sie meint die Anregung aller Kräfte eines Menschen, damit sie sich entfalten können, eine tätige Aneignung der Welt erlauben und zu einer selbst bestimmenden Individualität führen (vgl. dazu auch von Hentig, 1996). Diese kindliche Aneignungstätigkeit entspricht dem angeborenen Drang des Kleinkindes, selbsttätig zu sein, zu erkunden, zu beobachten, zu fragen und zu kommunizieren, sich Wissen anzueignen und sich ein Bild von der Welt zu machen. Solche Aneignungstätigkeiten sind jedoch auf die Unterstützung einer anregungsreichen, liebevollen und beschützenden Umwelt angewiesen. Dies ist die Aufgabe der frühkindlichen Betreuung. Sie umfasst die Einbindung in eine Gemeinschaft und die altersangemessene Pflege und Versorgung des Kindes, um seine elementaren physischen und psychischen Bedürfnisse zu stillen. Erziehung schließlich, die auf Bildung zielt und sich auf Betreuung abstützt, meint die bewusste Gestaltung der Umwelt des Kindes und die Interaktion mit ihm, um erwünschte Verhaltensweisen zu fördern und unerwünschte zu vermeiden oder zu korrigieren.

Frühkindliche Bildung und Betreuung gehören damit immer zusammen und bilden mit der Erziehung zusammen das Kürzel «FBBE». Dass für die vorliegende Publikation dieser Begriff gewählt worden ist, hat seinen Grund in der internationalen Gepflogenheit, von «Early Education» zu sprechen. In der internationalen Perspektive umfasst «Education» traditionellerweise sowohl Bildung als auch Betreuung und

Erziehung. In der Vergangenheit ist zwar verschiedentlich versucht worden, andere Begriffe zu finden. So verweist Hayes (2007) auf die Wortschöpfung «educare», mit der versucht wurde, eine Balance zwischen den beiden Begriffen herzustellen und einen Zugang zu Bildung zu beschreiben, der eine entwicklungsangemessene Mischung von Betreuung («care») und Bildung («education»), von Stimulation und Pflege, offeriert. Obwohl sich der Begriff bis heute nicht durchgesetzt hat, zeigt er zumindest, wie «care», also Betreuung, rekonzeptualisierbar wird, sodass sie gleichwohl mit Bildung in die frühkindlichen Prozesspraktiken eingeordnet werden kann.

Die Elemente von FBBE zusammenzudenken, ist jedoch nur die eine herausfordernde Seite der Medaille. Die andere Seite liegt darin, sie auch strukturell-organisatorisch zusammenzubringen. Diese Forderung formuliert die OECD in ihrem Bericht *Starting Strong II* von 2006, der von einem einheitlichen Vorschulraum ausgeht, in dem Betreuungs- und Bildungsfunktion miteinander verzahnt sind. Trotz solcher Forderungen ist der Gedanke einer «Bildung von Anfang an» in allen deutschsprachigen Ländern noch nicht selbstverständlich. Spezifisch für die Schweiz liegt die große Herausforderung darin, dass die Konferenz der kantonalen Erziehungsdirektoren (EDK) sowie die Sozial- und Gesundheitsdirektoren (SODK) die Aufgliederung der beiden Bereiche festgeschrieben haben: So soll die SODK zukünftig die Zuständigkeiten für den Frühbereich (null bis vier, fünf Jahre), der traditionell betreuende, sozial-karitative Züge trägt, übernehmen und die EDK die Verantwortung für die obligatorische Schule, die den Bildungsauftrag schlechthin verkörpert.

Diese Publikation verfolgt zwei Anliegen: Erstens will sie eine umfassende und interdisziplinäre Synthese von Theorie, Forschung und Praxis für die Ausbildung von Studierenden im FBBE-Bereich liefern. Da dieser Bereich im deutschsprachigen Europa erst seit relativ kurzer Zeit beforscht wird und wir zu großen Teilen auf die Erfahrungen anderer Länder angewiesen sind, stützt sich die Publikation auch auf angloamerikanische Erkenntnisse. Grundlage bilden jedoch die deutschsprachigen Forschungsbefunde und die in den letzten Jahren publizierte Fachliteratur (beispielsweise Fried & Roux, 2006; Thole et al., 2008; Stamm & Edelmann, 2010). Zweitens möchte die Publikation einen Beitrag zur Entideologisierung der aktuellen bildungspolitischen Diskussion liefern. Deshalb versucht sie Brücken zwischen Forschung und Praxis zu bauen und wissenschaftliche Befunde in verständliches Praxiswissen zu transferieren. Damit bekommt die Leserschaft ein Instrument in die Hand, das ihr nicht nur Wissen vermittelt, sondern sie auch anregt, sich mit den aktuellen und den zu erwartenden Diskursen auseinanderzusetzen und sich dabei ein eigenes Urteil zu bilden. Dieses Ziel ist jedoch eine große Herausforderung, sind doch viele Ergebnisse der frühkindlichen Bildungsforschung keineswegs so klar, wie sie allenthalben dargestellt werden.

Die Publikation, welche vier Schwerpunkte und 13 Kapitel umfasst, richtet sich an alle, die im FBBE-Bereich tätig sind oder planen, in ihm tätig zu werden: an Studierende an Fachhochschulen, Universitäten und höheren Fachschulen, an frühpädagogisches Fachpersonal, an Eltern und an bildungs- und sozialpolitisch Tätige sowie an interessierte Laien. Der erste Schwerpunkt behandelt in den Kapiteln 1 bis 5 die Grundlagen. Dabei geht es sowohl um die Begrifflichkeiten als auch um eine internationale Bestandsaufnahme und um die drei fundamentalen Themen der kognitiven, sozialen und emotionalen Entwicklung zwischen null und sechs Jahren, um individuelle und kulturelle Unterschiede zwischen den Kindern sowie um die Familie, ihre Rolle und die Bedeutung der familienexternen Kinderbetreuung. Der zweite Schwerpunkt widmet sich den Vorschulangeboten und ihrer Qualität. Im Mittelpunkt stehen das Was und Wie der FBBE, deren Qualität und Standards sowie die Professionalität des Personals (Kapitel 6 bis 8). Der dritte Schwerpunkt fragt nach der Wirksamkeit von FBBE. Untersucht werden ihre Auswirkungen auf den Schulerfolg und die Frage nach ihrem volkswirtschaftlichen Nutzen (Kapitel 9 und 10). Im vierten Schwerpunkt werden die wichtigsten aktuellen Diskurse unter die Lupe genommen: die Dichotomie zwischen Bildung und Betreuung, die Auseinandersetzung mit der Frage, ob frühere und intensivere FBBE-Maßnahmen in jedem Fall besser sind, sowie die Diskussionen um die frühere Einschulung (Kapitel 11, 12 und 13).

Schwerpunkt I
Grundlagen

1 FBBE: Was sie meint und was sie leisten soll

1.1 Was ist FBBE?

Jedes Kind hat ein Recht auf Bildung, Betreuung und Erziehung – von Geburt an. Die UN-Kinderrechtskonvention, welche dieses Bildungsrecht explizit festhält, fußt auf dem Grundgedanken, dass alle Rechte in erster Linie auf das Wohl des Kindes abzielen sollen. Das bedeutet, dass die Bedürfnisse des Kindes und nicht die Bedürfnisse der Eltern respektive der Erziehungsverantwortlichen im Mittelpunkt stehen müssen. FBBE muss deshalb im Hier und Jetzt gedacht werden. Nicht zufällig hat Janusz Korczak vom «Recht des Kindes auf den heutigen Tag» (Korczak, 1981, S. 64) gesprochen. Gerade weil Kinder unsere Zukunft sind, müssen wir sie vom ersten Tag an, ohne Rücksicht auf ihre Herkunft, so fördern, dass sie sich kreativ und ihrem Potenzial entsprechend entwickeln können. Hinter dieser Vorstellung verbirgt sich das humboldtsche Bildungsverständnis des Kindes als «Aneignung von Welt» oder als Selbstbildung (Schäfer, 2004). In dieser Tradition ist Bildung von der subjektiven Eigenleistung abhängig. Sie ist es, die einen Lernprozess zu einem Bildungsprozess macht. Diese Sichtweise bekommt nun auch durch die Befunde der Hirnforschung, der Entwicklungsneurologie und der Systemtheorie Auftrieb.

Humboldts Grundgedanken bilden bis heute die regulative Grundidee des Bildungsbegriffs. Sie versteht Bildung als Verhältnis zwischen dem individuellen Ich und der Welt, wobei die Individualität nur durch das Gegenüber, durch das sie sich konturieren kann, entsteht. Die Bildung der Kräfte zu einem Ganzen kann dabei nur gelingen, wenn das junge Kind nicht mit funktionalen Verpflichtungen gegenüber der Gesellschaft gedacht wird. Für die Diskussion grundlegend ist auch Fröbels, Montessoris oder Piagets Verständnis der frühen Kindheit. Fröbel (1839/1982) spricht von der frühen Kindheit als früher Bildungszeit und vom selbsttätigen Handeln des Kindes im Rahmen seines Bildungsprozesses. Diesen Gedanken hat Montessori (Helming, 2002) weitergedacht und hat auf der Basis von Beobachtungen autodidaktisches, auf Sinneserfahrung basierendes Material entwickelt, das Kinder selbstständig nutzen können. Auf diese Weise können sie ein Verständnis der Welt entwickeln. Die Unterstützung der Erwachsenen im kindlichen Bildungsprozess versteht Montessori dabei als Hilfe zur Selbsthilfe. Von besonderem Interesse für die frühkindliche Bildung ist dabei, dass sie in den ersten zwei bis drei Lebensjahren von einem inflationären Reichtum kindlicher Eindrücke ausgeht, der erst durch die Führung der Erwachsenen in eine Ordnung gebracht werden kann. Diese Ordnung wird jedoch nicht durch die Persönlichkeit der erziehenden Person hergestellt, sondern durch die Sache selbst.

Piagets (1981) Kernaussage wiederum besagt, dass die kognitive Entwicklung einem selbstkonstruktiven Prozess entspricht, in welchem das Kind auf der Basis seiner kognitiven Fähigkeiten Wissen konstruiert. Erwachsene spielen dabei eine lediglich sekundäre Rolle.

Zwar sind sowohl Humboldt als auch Fröbel, Montessori oder Piaget für die aktuelle frühkindliche Bildungsdiskussion von großer Bedeutung. Sie alle berücksichtigen soziale Prozesse – jedoch nur insoweit, als Erwachsene die Eigenständigkeit des Kindes akzeptieren müssen. Diese Perspektive genügt allerdings kaum. Wenn Pluralität ein konstitutives Element unserer Gesellschaft und Diversität eine soziale Tatsache darstellt, dann kann es kaum universelle Gesetzmäßigkeiten – so wie von Piaget postuliert – geben. Frühkindliche Bildung muss vielmehr als sozialer und kulturell bestimmter Prozess verstanden werden, an dem das gesamte gesellschaftliche Umfeld beteiligt ist. Bildungskonzepte müssen deshalb auf den Kontext und auf die Tatsache ausgerichtet werden, dass jedes Kind anders ist.

Darauf verweisen auch verschiedene empirische Befunde zur vorschulischen Förderung. Seit der internationalen PISA-Studie wird sie verstärkt im Hinblick auf ihre Fähigkeit, Startchancengleichheit bei Schuleintritt zu erreichen, diskutiert. Bekanntlich liegen verschiedene Untersuchungen vor, welche auf die großen Kompetenzunterschiede von Vorschulkindern bereits bei Eintritt in den Kindergarten (Stamm, 2004) und auf die Schwierigkeiten verweisen, diese Unterschiede bis zum Schuleintritt zu egalisieren (Moser et al., 2008). Deshalb besteht heute in der *scientific community* weitgehend Einigkeit, dass eine langfristig wirksame Förderung früher einsetzen muss. Wenn somit frühkindliche Bildung einen Beitrag zur Minimierung der sozialen Differenz respektive zur Umsetzung von Startchancengleichheit leisten soll, dann greift das humboldtsche Verständnis, aber auch Fröbels und Montessoris Ideen frühkindlicher Bildung als Selbstbildung zu kurz, weil sie keine Aussagen zur soziokulturellen Diversität und sozialen Komplexität machen.

Wie jedoch soll der frühkindliche Bildungsbegriff weiterentwickelt werden? Einen ersten Vorschlag formuliert Fthenakis, indem er ihn als «ko-konstruktiven Bildungsprozess» (2002) bezeichnet. Dabei spricht er vom kompetenten Kind, das sich Wissen selbst konstruiert, aus sich heraus lernt, die Welt erkundet und den aktiven Dialog sucht. Dies sind Aktivitäten und Kompetenzen, die im Hinblick auf die sprachliche, soziale und emotionale Entwicklung besonders wichtig sind. Allerdings ist dieser Perspektive entgegenzuhalten, dass kindliche Eigenaktivität und Selbsttätigkeit nur so lange Gültigkeit haben können, wie das Kind in einem geschlossenen, der Mehrheitsgesellschaft entsprechenden Familiensystem lebt und keine direkte Steuerung von außen braucht. Dies trifft in erster Linie für Kinder mit privilegiertem Bildungshintergrund zu, die in anregungsreichen Milieus aufwachsen und deshalb vieles beiläufig lernen. Für Kinder, die in Armut oder in sozial deprivierten Verhältnissen – unter Umständen kumuliert mit Benachteiligungen aufgrund eines Migrationshintergrunds – aufwachsen, genügt auch das Modell der Ko-Konstruktion kaum. Geeigneter erscheint hingegen das von Rauschenbach (2006) beschriebene Konzept der Koproduktion. Gemeint ist damit, dass Kinder zwar «selbst konstitutiv am Bildungsgeschehen zu beteiligen sind, dass sie auf der anderen Seite auch gezielte Lernstimuli und gestaltende Lernumgebungen benötigen, wenn erfolgreiche Bildungsprozesse mit erhöhter Wahrscheinlichkeit zustande kommen sollen» (S. 76). Dieses koproduktive Konzept überwindet sowohl das Konzept der Selbstbildung als auch dasjenige der Kokonstruktion auf zweifache Weise:

- indem es explizit den Austausch zwischen den Selbstbildungsfähigkeiten des Kindes und der Bereitstellung und Anregung von Bildungsmöglichkeiten durch die Umwelt, in Interaktion mit Gleichaltrigen und Erwachsenen, betont;
- indem es den gesellschaftlichen Blickwinkel einbezieht und die für eine erfolgreiche Schul- und Berufslaufbahn erforderlichen instrumentellen und sozialen Kompetenzen herausstreicht.

Was bedeutet eine solche Bildungskonzeption für das pädagogische Fachpersonal in familienexternen Betreuungsinstitutionen? Erstens erfordert sie ein neues, grundlegend anderes Betreuungs- und Instruktionsverständnis, das nicht mehr wie bis anhin ausschließlich auf Pflege und Versorgung respektive auf Begleitung, Unterstützung und Anregung ausgerichtet ist, sondern auf die *behutsam-provokative Stärkung des Eigenanteils* des Kindes an seiner vorschulischen Bildung. Zweitens erfordert sie eine Verstärkung schulvorbereitender Bildungsanstrengungen, die in erster Linie auf das junge Kind mit Minoritätshintergrund ausgerichtet sein sollen. Damit sind alle Kinder gemeint, die von sozialer Benachteiligung betroffen sind und durch Lebensbedingungen und Lebensführung von der anerkannten schulischen Wissens- und Lernkultur weit entfernt aufwachsen.

1.2 Was soll FBBE leisten?

Nicht nur die UN-Kinderrechtskonvention erachtet Bildung als den zentralen Schlüssel, um sozialer Ausgrenzung vorzubeugen und ihr entgegenzuwirken. Auch die UNESCO hat in ihrem Aktionsplan «Bildung für alle» sechs Bildungsziele festgehalten, deren erstes die frühe Bildung, insbesondere für Kinder aus benachteiligten Familien, darstellt (UNESCO, 2007). Was bedeutet dies für Deutschland und die Schweiz, wo die PISA-Studie gezeigt hat, dass die späteren Chancen eines jungen Kindes davon abhängen, welchen Bildungsstand seine Eltern haben, wie viel sie verdienen und welche Sprache in der Familie gesprochen wird? In erster Linie bedeutet dies die Verpflichtung, Rahmenbedingungen bereitzustellen, welche die Rechte jedes Kindes – auch und insbesondere desjenigen aus benachteiligten Familien – auf Wohlergehen und Bildung garantieren. FBBE kann dazu einen wichtigen Beitrag leisten. Sie ist deshalb eine demokratische Verpflichtung, die auf drei miteinander eng verwobenen Ebenen zum Ausdruck kommt: auf der gesamtgesellschaftlichen, der organisatorischen und der praxisbezogenen Ebene.

- Auf der gesamtgesellschaftlichen Ebene ist die Aufgabe von FBBE dreigeteilt: Erstens geht es darum, herkunftsbedingte Chancenungleichheit auszumerzen und damit das verfassungsmäßig verbriefte Recht aller Menschen auf Gleichbehandlung konsequent zu realisieren. Zweitens hat sie den Auftrag, in volkswirtschaftlicher Hinsicht in das Aufwachsen junger Kinder zu investieren. Dass sich solche Investitionen in den Vorschulbereich aufgrund ihrer hohen Bildungsrendite lohnen, ist eine vielfach belegte Tatsache (Stamm et al., 2009; Burger, 2010). Die dritte gesamtgesellschaftliche Aufgabe liegt in der breiten, allen Sozialschichten zugänglichen Verankerung von FBBE-Angeboten.
- Auf der Ebene der Organisationsstrukturen kommt FBBE die Aufgabe zu, unterschiedliche Betreuungs- und Bildungskonstellationen zu ermöglichen: Dazu gehören innerfamiliäre Konstellationen, Betreuungsverhältnisse durch Dritte (Verwandte, Babysitter, Au-pairs) sowie institutionalisierte Betreuungsverhältnisse (Krippen, Tageseltern etc.). Notwendig ist dabei, dass die Diskussion im Hinblick auf die optimale Form von FBBE zwar auf der Gleichberechtigung dieser Betreuungskonstellationen beruht, jedoch von entwicklungspsychologisch vorgegebenen und sozioökonomisch bedingten Besonderheiten der frühen Kindheit geleitet wird. So sind beispielsweise familienexterne Betreuungskonstellationen bei benachteiligt aufwachsenden Kindern dann besonders wichtig, wenn diese sprachliche oder soziale Defizite aufweisen, die innerfamiliär nicht behoben werden können.
- Die Ebene der konkreten Praxis fragt nach der praktischen Ausgestaltung von FBBE. Im Mittelpunkt stehen sowohl der Ausgleich von Bedürfnissen, die sich bei einzelnen Kindern aufgrund ihrer sozialen und kulturellen Herkunft ergeben, als auch die Förderung individueller Potenziale, Talente und Begabungen. Herzstück ist dabei die pädagogische Professionalität des Fachpersonals und die Qualität des Angebots, der Inhalte und der Prozesse. Diese «pädagogische» Qua-

lität meint, dass FBBE entwicklungsadäquat ausgerichtet, kulturell angemessen und hochwertig sein soll. Auf diese Weise wird durch FBBE Chancengerechtigkeit realisierbarer.

Die Beantwortung der normativen Frage, was FBBE leisten soll, orientiert sich letztlich an ihrer Wirksamkeit. Diese ist in dreifacher Hinsicht nachgewiesen: in Bezug auf (a) den internationalen Vergleich der Bildungssysteme, (b) Modellprojekte zur frühen Förderung benachteiligter Kinder und (c) den volkswirtschaftlichen Ertrag.

- Dass FBBE Startchancengleichheit schaffen *kann,* wenn Bildungsprozessen bereits in den ersten Lebensjahren eine grundlegende Bedeutung beigemessen wird, zeigen verschiedene der erfolgreichsten PISA-Länder im Vergleich: Kanada oder Finnland zeichneten sich nicht nur durch die Leistungen ihrer 15-Jährigen in Lesen, Mathematik oder Naturwissenschaften aus, sondern verfügen auch über gut ausgebaute FBBE-Systeme und fördern darüber hinaus auch Kinder aus unterprivilegierten, bildungsfernen Schichten nicht nur besonders gut, sondern auch besonders kontinuierlich während der gesamten Schulzeit. Insbesondere in Kanada werden dabei FBBE-Angebote mit kognitiven Inhalten verknüpft, d. h. nicht nur mit Betreuung und Pflege, sondern auch mit intellektueller Anregung in spezifisch lernförderlich gestalteten Umgebungen.
- Dass ein solcher Weg besonders erfolgreich ist, zeigt auch die Wissenschaft auf: Der Großteil der verfügbaren Untersuchungen zu Modellprojekten belegt, dass FBBE-Angebote für benachteiligte Kinder besonders wirksam sein können. Sind sie von hoher Qualität, dann sind sie nicht nur in der Lage, die von der Bildungspolitik vielfach eingeforderte Startchancengleichheit bei Schuleintritt umzusetzen, sondern auch einen Beitrag zum späteren Schulerfolg dieser Kinder zu leisten. Denn sie brauchen weniger sonderpädagogische Stützmaßnahmen, müssen seltener Klassen wiederholen und zeigen später auch weniger abweichendes und delinquentes Verhalten (vgl. Burger, 2010, sowie Kapitel 10).

In volkswirtschaftlicher Perspektive wird in vielen Studien nachgewiesen, dass frühe Bildungsförderung genau an der richtigen Stelle ansetzt: Gemäß Cunha und Heckman (2007) sind die ökonomischen Effekte enorm, wenn man Kinder, insbesondere benachteiligte, sehr früh fördert. Unterstützt man sie hingegen erst im Jugendalter, dann sind die Effekte minimal. Eine umfassende Investition in den Frühbereich vermag somit nicht nur Chancenungleichheit bestmöglich auszubalancieren, sondern auch Humankapital durch mehr Wachstum zu fördern (vgl. Kapitel 10).

Zusammenfassend lässt sich aus diesen Befunden folgern, dass mit einem gut ausgebauten FBBE-System das Wachstumspotenzial einer Volkswirtschaft jährlich bedeutsam gesteigert, das Ausmaß von Bildungsarmut und Kinderarmut hingegen gesenkt werden kann. Um dieses Ziel zu erreichen, sind jedoch ein Ausbau der Vereinbarkeit von Familie und Beruf, eine bessere Qualität frühkindlicher Förderung durch eine Höherqualifizierung des Fachpersonals sowie eine Finanzierung erforderlich, die sich stärker an bildungsökonomischen Leitlinien orientiert. Auf diese Weise kann eine qualitativ hochstehende FBBE die Grundlage für das in einer Wissensgesellschaft wesentliche lebenslange Lernen schaffen. Dieses wiederum fördert die soziale, emotionale, physische, sprachliche und kognitive Entwicklung.

2 Internationale Entwicklung

2.1 FBBE-Systeme

Dass ein Staat frühkindliche Bildung, Betreuung und Erziehung als öffentliches Gut betrachten, sie systematisch ausbauen und qualitativ verbessern soll, ist heute international anerkannt. Doch wie sieht es in der Praxis tatsächlich aus? Ein Blick in die bildungs- und sozialpolitischen Agenden zu den Ausgaben für den Vorschulbereich zeigt beispielsweise, dass die Schweiz aktuell höchstens Mittelmaß ist und dass dies im Wesentlichen auch für Österreich, weniger jedoch für Deutschland, gilt. In Ländern wie England, Frankreich, den USA, Holland oder Skandinavien hat Frühförderung in Bildungs- und Sozialpolitik wie auch in der Forschung Tradition, und auch in Deutschland ist sie in den letzten Jahren zu einem Topthema geworden. Große Firmen wie McKinsey («McKinsey bildet: Frühkindliche Bildung») und Stiftungen wie die Naumann-Stiftung («Frühkindliche Bildung – Grundlage einer zukunftsfähigen Gesellschaft») oder die Bertelsmann-Stiftung («Kinder-früher-fördern»), aber auch deutsche Arbeitgeberverbände («Bessere Bildungschancen durch frühere Förderung») zeigen sowohl in finanzieller als auch in ideeller Hinsicht ein großes Engagement. Auch in der Schweiz engagieren sich Stiftungen zunehmend für die frühkindliche Bildung – beispielsweise im Rahmen der Grundlagenstudie «Frühkindliche Bildung in der Schweiz», die im Auftrag der UNESCO-Kommission durchgeführt worden war (Stamm et al., 2009), währenddem sich Engagements von Betrieben bislang eher in Grenzen halten.

2.1.1 Begrifflichkeiten als Abbilder der unterschiedlichen FBBE-Systeme

Bereits in der Einleitung wurde festgehalten, dass international unterschiedliche Begrifflichkeiten verwendet werden, wenn von frühkindlicher Bildung, Betreuung und Erziehung die Rede ist. Tabelle 2.1 präsentiert eine aktuelle Übersicht. Dabei ist zu beachten, dass die Bezeichnungen variieren und oft englischsprachige Begriffe wie *childcare, daycare* oder *early education* ohne Übersetzung in die Landessprache in internationalen Untersuchungen zu finden sind. Die Bezeichnungen sprechen sowohl von Bildung und Lernen als auch nur von Betreuung. Zum Beispiel verwendet Österreich noch weitestgehend den Begriff der «Kinderbetreuung». Es sind jedoch Diskussionen im Gang, vermehrt auf frühkindliche Bildung zu setzen (*www.bildungsserver.de*).

Schweiz	FBBE
Deutschland	FBBE; Bildung und Erziehung in Kindertagesbetreuung, frühkindliche Bildung ■ Krippen, Kindertagespflege etc. (0–3 Jahre) ■ Kindergarten mit einem Vorschuljahr (3–6 Jahre)
Österreich	Kinderbetreuung ■ Kindertagesstätten, Krippen, Tagesmütter (0–3 Jahre) ■ Kindergarten (3–6 Jahre)
Frankreich	L'éducation préscolaire ■ école maternelle (2–6 Jahre) ■ cycle des apprentissages premiers (die ersten drei Jahre) ■ cycle des apprentissages fondamentaux (die letzten drei Jahre)
Italien	I servizi educativi per la prima infanzia ■ Asili nidi (0–3 Jahre) (Kinderkrippen) ■ Scuola dell'infanzia (2–6 Jahre) (Vorschule) ■ Scuola materna (3–6 Jahre) (Kindergarten)
Finnland	Early Childhood Education and Care (in Finnland) ■ Child daycare and early childhood education am Departement für Soziales und Gesundheit (finnische Informationsseiten) ■ Vorschule (Esikoulu/Förskola) (1–7 Jahre)
Dänemark	Kindertagesbetreuung oder Vor- und Grundschule (Folkeskole) ■ Kinderkrippen (vuggestuer) (0–3 Jahre) ■ Kindergarten (børnehaver) (3–6/7 Jahre) ■ Kindergartenklasse (børnehaveklasse) (6 Jahre, als Übergang in die Schule)
Schweden	Vorschulwesen (förskoleverksamhet) ■ Vorschule (förskola) (0–6 Jahre) ■ Familientagesheim (familjedaghem) (für alle Kinder, die weiter weg wohnen von einer förskola oder besondere Bedürfnisse haben) ■ Offene Vorschule (öppen förskola) (optionale Tagespflege für Kinder, deren Eltern nicht berufstätig sind und die Kinder nur teilweise abgeben möchten) ■ Freizeitzentren (fritidshem) (zusätzliche Betreuung, auch für Schulkinder)
Großbritannien	Childcare and Pre-School learning (0–5 Jahre) ■ Besondere Programme und Einrichtungen: ■ Programme wie Early Excellence Centre und Sure Start (Bildung und Betreuung sowie Unterstützung von Familien) ■ British Association for Early Childhood Education ■ Foundation stage 3–5 (Bildungsplan vorschulischer Bereich in Großbritannien) (seit September 2000)

Tabelle 2.1: Internationale Bestandsaufnahme zu den Begrifflichkeiten

Dass die Diversität der Begrifflichkeiten letztlich ein Abbild der unterschiedlichen FBBE-Systeme darstellt, ist schon in Kapitel 1 angesprochen worden. Grundlage der nachfolgenden Betrachtung bilden die Ergebnisberichte *Starting Strong I* (2001) und *II* (2006). Dabei handelt es sich um eine thematische Untersuchung der OECD, die im März 1998 durch den OECD-Bildungsausschuss ins Leben gerufen worden war und an der sich zwölf Länder (Australien, Belgien [flämischer und französischsprachiger

Teil], Großbritannien, Dänemark, Finnland, Italien, die Niederlande, Norwegen, Portugal, Schweden, die Tschechische Republik und die USA) beteiligten. Ziel war es dabei, länderübergreifende Analysen und Informationen über Systeme der Kindertagesbetreuung und der frühkindlichen Bildung in den einzelnen Ländern zu erhalten. In der zweiten Runde im Jahr 2004 nahmen auch Deutschland und Österreich teil, die Schweiz jedoch nicht. Ziel dieser zweiten Studie war es, den beteiligten Staaten Anregungen für die Weiterentwicklung der frühkindlichen Bildung, Betreuung und Erziehung zu geben und die Erkenntnisse auf internationaler Ebene zu kommunizieren. Im Mittelpunkt der zweiten Studie standen neben dem Ländervergleich Herausforderungen und Entwicklungsaufgaben sowie Schlüsselelemente für eine erfolgreiche Kindertagesstättenpolitik, Fragen zur Qualitätsentwicklung und Zukunftsaufgaben.

Tabelle 2.2 gibt einen Überblick über die verschiedenen Systeme in ausgewählten OECD-Ländern. Sie macht beispielsweise ersichtlich, dass in Großbritannien der Staat die alleinige Verantwortung für die sozial- und bildungspolitische Strategie trägt, dass in den anderen Ländern auch die Verantwortung der Regionen dazukommt und dass in Schweden die dezentralisierte Organisation bedeutsamer ist als die Verantwortung des Staates. Auch in Bezug auf die strategische Ausrichtung ist Schweden ein Sonderfall. Während in allen anderen dargestellten Ländern eine dichotome Ausrichtung sowohl auf Bildung als auch auf soziale Wohlfahrt praktiziert wird, ordnet Schweden diese der Bildungsperspektive unter. Gleiches gilt für die bedienten Altersgruppen, welche hier von null bis sechs Jahren alle Kinder umfassen, während sie in einigen anderen Ländern zweigeteilt sind (Schweiz, Deutschland, Österreich). Schweden und Großbritannien sind ferner die einzigen der ausgewählten Länder, die das Angebot auch für Neugeborene sichern, während die anderen Länder eine untere Alterslimite von drei Monaten (Frankreich, Italien), sechs Monaten (Dänemark) oder einem Jahr (Finnland) festlegen. Sowohl das Kriterium der Verfügbarkeit als auch das der Finanzierung verdeutlichen die enorme Heterogenität der adressierten Gruppen und das unterschiedliche staatliche Engagement.

Land	Verantwortung der sozial- und bildungspolitischen Strategie	Ausrichtung	Bediente Altersgruppen	Verfügbarkeit Kriterien	Finanzierung
Schweiz	Bund, Kantone, Gemeinden	Bildung Soziale Wohlfahrt	ab 5 Jahren unter 5 Jahren	Dienstleistung für arbeitende Mütter	Bund, Gemeinden, Elternbeiträge
Deutschland	Staat und Bundesländer	Bildung Soziale Wohlfahrt	3–6 Jahre unter 3 Jahren	Allgemein; spezielle Bedürfnisse; Arme; arbeitende Eltern	Staat und lokale Behörden plus Elternbeiträge
Österreich	Staat und Bundesländer	Soziale Wohlfahrt	3–6 Jahre	Arbeitende Eltern	Staat und lokale Behörden plus Elternbeiträge
Frankreich	Staat und Departemente	Bildung Gesundheit und soziale Wohlfahrt	2–6 Jahre 3 Monate bis 3 Jahre	Für alle Gruppen	Staat, ohne Kosten für Eltern
Italien	Staat und Departemente	Bildung Gesundheit und soziale Wohlfahrt	2–6 Jahre 3 Monate bis 3 Jahre	Für alle Gruppen; arbeitende Eltern	Staat und teilweise lokale Elternbeiträge
Finnland	Staat und lokale Angebote	Bildung Soziale Wohlfahrt	6 Jahre 1–7 Jahre	Für alle Gruppen; arbeitende Eltern	Staat und teilweise lokale Elternbeiträge
Dänemark	Staat und lokale Angebote	Bildung Soziale Wohlfahrt	5–7 Jahre 6 Monate bis 6 Jahre	Für alle Gruppen; arbeitende Eltern	Staat und teilweise lokale Elternbeiträge
Schweden	lokale Angebote und teilweise Staat	Bildung	0–6 Jahre	Für alle Gruppen; arbeitende Eltern; spezielle Bedürfnisse	Staat und teilweise lokale Elternbeiträge
Großbritannien	Staat	Bildung Soziale Wohlfahrt	3–4 Jahre 0–4 Jahre	Für alle Gruppen Arme, spezielle Bedürfnisse	Ohne Kosten Ohne Kosten oder Elternbeiträge

Tabelle 2.2: Frühkindliche Bildung und Betreuung in ausgewählten OECD-Ländern

2.1.2 Öffentliche Investitionen: Eine Ländertypologie

Das Ausmaß, in welchem sich ein Staat im FBBE-Bereich engagiert, beeinflusst die Finanzierung, den Fokus und den Status, aber auch die Prozesse frühkindlicher Bildung. Um die unterschiedlichen Modelle einzelner Staaten diskutieren zu können, schlägt Bennett (2003) ein Modell vor, das in Tabelle 2.3 dargestellt ist und drei unterschiedliche Typen zutage fördert. Es gruppiert sich um das Niveau der öffentlichen Investitionen: Länder mit hohen Investitionen in öffentliche Angebote, Länder mit mittleren Investitionen in Vorschulmodelle und Länder mit tiefen Investitionen in gemischte Modelle. Der erste Typ umfasst Länder mit einem Bruttosozialprodukt (BSP) größer 1,0 %. Dazu gehören Kanada, Italien, Skandinavien oder Neuseeland. In diesen Ländern sind Angebote sowohl als Unterstützungsleistungen für Eltern und Kinder als auch als bildungsorientierte Vorschulprogramme etabliert. Sie sind von staatlichen Mitteln getragen, und es wird keine Unterscheidung zwischen Betreuungs- und Bildungsdimensionen gemacht. Dabei handelt es sich durchgehend um Ganztagsangebote für alle Kinder. Der zweite Typ charakterisiert Länder mit einem BSP zwischen 0,5 und 1,0% und großen, flächendeckenden Bildungsangeboten für Drei- bis Vierjährige. Dazu gehören Frankreich, Großbritannien, die Niederlande oder die USA. In diesen Ländern werden Kinder üblicherweise mit vier oder fünf Jahren eingeschult. Es gibt eine deutliche politische Unterscheidung zwischen Bildungs- und Betreuungsangeboten. Dies zeigt sich darin, dass Vorschulangebote außerhalb des Schulsystems angesiedelt sind. Viele Angebote schließen eine kompensatorische Bildungsdimension ein. Am bekanntesten sind die US-amerikanischen *Head-Start-* und *Early-Head-Start*-Programme (Bowman et al., 2000). Die Mehrheit der Vorschulangebote ist als Betreuungsdienstleistung mit Fokus auf Gesundheit, Sicherheit und Fürsorge konzipiert. Ihre Finanzierung erfolgt meist auf privater Basis, die gewinnorientiert oder gemeinnützig sein kann. Der dritte Typ schließlich fasst Länder mit einem BSP kleiner 0,5% zusammen. Dazu gehören Staaten wie Österreich, Deutschland, die Schweiz, Irland oder Korea. Sie betonen vor allem den freien Markt und erachten als ihr erstes Ziel, die soziale Verantwortung zurückhaltend, bedürfnisorientiert und selektiv zu gestalten. Bildung und Betreuung junger Kinder liegt deshalb in der privaten Verantwortlichkeit der Eltern und gilt als Dienstleistung für arbeitende Mütter und Väter. Entsprechend niedrig sind die öffentlichen Interventionen. Ihre Familienpolitik ist vorwiegend auf arme und risikobehaftete Familien/Kinder ausgerichtet.

Investitionstyp	Hohe Investitionen in öffentliche Angebote	Mittlere Investitionen in Vorschulmodelle	Tiefe Investitionen in gemischte Modelle
Allgemeine Merkmale	staatliche Unterstützung für alle Kinder; geringe Unterscheidung zwischen Bildung und Betreuung; Ganz- und Halbtagsangebote; Angebote auf Entwicklungspotenziale der Kinder und die Bedürfnisse arbeitender Eltern ausgerichtet	große, flächendeckende Bildungsangebote für Drei- bis Vierjährige; Fokus auf Sprach- und Mathematikkompetenz als Schulvorbereitung; Bildung mit Betreuung verlinkt; Programme für Risikokinder	freier Markt; Bildung und Betreuung kleiner Kinder in privater Verantwortlichkeit und als Dienstleistung für arbeitende Mütter und Väter; Familienpolitik vor allem auf arme und risikobehaftete Familien/Kinder ausgerichtet
Bruttosozialprodukt (BSP)	BSP > 1,0%	BSP 0,5–1,0%	BSP < 0,5%
Beispiele von Ländern	Skandinavien, Neuseeland, Kanada, Italien	Frankreich, Niederlande, die USA, Großbritannien	Österreich, Deutschland, Korea, Irland, die Schweiz

Tabelle 2.3: Paradigmen vorschulischer Betreuungs- und Bildungsinvestitionen (nach Bennett, 2003)

Ungeachtet dieser Typologien haben die gesellschaftlichen Veränderungen, die zunehmend diverse Bevölkerung sowie der Wandel der familiären Bedingungen und ihrer Strukturen zu sozialpolitischen Grundsatzdiskussionen über das Angebot frühkindlicher Bildungs- und Betreuungsleistungen des Staates geführt. Einer der Gründe liegt darin, dass die in den letzten Jahren stark gestiegene Nachfrage nach außerhäuslichen Betreuungsplätzen die großen Schwierigkeiten der Familien ersichtlich gemacht hat, Berufs- und Familienarbeit auszubalancieren. Aufgrund der Notwendigkeit, dass vielfach beide Elternteile verdienen müssen, ist diese Praxis zu einem regulären Familienmuster geworden. Eine Folge davon ist, dass die historische Position der Frauen als Familien- und Haushaltbetreuerinnen und die Tradition vieler Staaten, Kinderbetreuung als private Familienangelegenheit zu betrachten, zunehmend hinterfragt wird. Die Vernachlässigung des frühkindlichen Bereichs hat dazu geführt, dass zu wenig Angebote zur Verfügung stehen, Familien in der Folge nur limitierte und kostenintensive Auswahlmöglichkeiten haben und sie ihre Kinder notgedrungen auch in Angeboten variabler Qualität platzieren müssen, in denen eine entwicklungsangemessene Unterstützung und Förderung nicht immer gewährleistet ist. Diese Problematik wird zu einem virulenten Dilemma. Einerseits ergibt es sich aus dem zunehmenden Druck zu finanziellen Kürzungen, andererseits aus der gewachsenen Erkenntnis, dass die frühkindliche Bildung und Betreuung ein wichtiges Fundament des Gesellschafts- und Bildungssystems darstellt, seine Wirksamkeit jedoch nur entfalten kann, wenn es qualitativ hochstehend ist. Hohe Qualität ist jedoch mit höheren als bisher üblichen Kosten verbunden.

2.1.3 Schulvorbereitendes versus sozialorientiertes Paradigma

Die in Tabelle 2.2 dargestellten Merkmale der einzelnen Länder stehen auch für unterschiedliche Paradigmen. Das eine Paradigma fokussiert auf schulvorbereitende Wissens- und Kompetenzbereiche wie Sprachförderung *(literacy)* und Zahlenverständnis *(numeracy)*. Diesem Paradigma liegt ein Verständnis von Bildung als Ressource für die Erzeugung von Humankapital, zur Aufrechterhaltung von Wettbewerbsfähigkeit und Funktionstüchtigkeit zugrunde. Das andere Paradigma betont die Entwicklung des Kindes als ein in verschiedenen Domänen lernendes Individuum. Es warnt ausdrücklich vor einer zu frühen Konfrontation mit akademischen Lehrinhalten und betont den Wert des Spiels und sämtlicher vom Kind selbst ausgehenden kulturell geprägten Aktivitäten. Während das erste Paradigma auf einem instrumentellen Bildungsverständnis beruht, das Bildung auf Wissen und Schulvorbereitung fokussiert und beispielsweise in Frankreich, Großbritannien oder etwa in der französischsprachigen Schweiz zur Anwendung gelangt, basiert das zweite Paradigma auf einem subjektiv-konstruktivistischen Persönlichkeitsverständnis, das in der Tradition der fröbelschen Bildungsidee respektive der Reggio-Pädagogik liegt und die Sozialisation, Selbstbildung sowie Autonomie des Individuums und damit die Abgrenzung von der Schule betont. Dieses Paradigma ist in der deutschsprachigen Schweiz, in Österreich, Deutschland, Italien, Schweden oder Dänemark grundlegend.

Obwohl sich die Schwerpunkte der Vorschulprogrammatik und das Verständnis von Bildungs- und Betreuungsprozessen in den einzelnen Ländern dem vorherrschenden Paradigma entsprechend unterscheiden, lassen sich zwei allgemeine Tendenzen festhalten: Erstens ergeben sich sozusagen in allen Ländern Probleme im Übergangsbereich Vorschule – Primarschule, denen man auf unterschiedliche Art und Weise entgegenzutreten versucht. So ist in Irland bereits im 19. Jahrhundert die Integration der Vorschule in den Primarbereich erfolgt, in den Niederlanden ist dies seit 1985 der Fall. Verschiedene Länder haben in den letzten Jahren auch Bildungspläne für die frühe Kindheit entwickelt, so Neuseeland 1996, Schweden 1998 und England 2000 sowie in jüngster Zeit auch Deutschland. Zweitens wird in vielen Ländern versucht, die Sozialisations- und Bildungsfunktion zu kombinieren. Diejenigen Länder, die traditionell eher auf kognitive Bildung ausgerichtet sind, bemühen sich verstärkt um eine Annäherung an soziale Bildungsziele, während Länder wie die Schweiz oder Deutschland die soziale Funktion besonders betonen, sich jedoch mit neuen Schuleingangsmodellen vermehrt um die Förderung der intellektuellen Entwicklung bemühen (OECD, 2006, S. 33) und sich dabei an einem dynamischen Lern- und Leistungsbegriff orientieren.

2.2 FBBE-Forschung

2.2.1 Historischer Rückblick

Die FBBE-Praxis hat eine lange Tradition. In den USA umfasst sie seit der Einführung der *infant schools*, der *nursery schools* oder der *day care centers* mehr als 150 Jahre. Ähnliches gilt für den deutschsprachigen Raum: Der erste Kindergarten ist von Fröbel im Jahr 1840 eingeführt worden, die erste Kinderkrippe bereits 1802 von Fürstin Pauline von Lippe. Die FBBE-Forschung jedoch hat eine deutlich kürzere Geschichte. Sie lässt sich in vier Wellen einteilen.

- Bis in die 1960er-Jahre fokussierte die einzige, meist angloamerikanische Forschung zu jungen Kindern ausschließlich auf die Entwicklungspsychologie. Vor allem die Reifungstheorie von Arnold Gesell blieb *die* akzeptierte entwicklungspsychologische Theorie. Sie postulierte, dass die meisten menschlichen Eigenschaften vorwiegend genetisch determiniert seien und deshalb bereits bei der Geburt festgesetzt seien. Deshalb würde feststehen, dass eine durch Reifungsmechanismen bestimmte Entwicklung in ihrer reinen Form unabhängig von Förderung und Unterricht verlaufe und die Intelligenz eines Menschen nicht verbessert oder modifiziert werden könne. Dementsprechend galt der Kindergarten als Ort, an dem die Kinder betreut werden sollten, damit sie ihre Sozialkompetenz entwickeln konnten. Die Bildung jedoch blieb der Grundschule vorbehalten.

- Grundsätzliche Veränderungen brachten die 1960er-Jahre, in Europa die 1970er-Jahre. Nachdem die Raumfahrtanstrengungen der Sowjetunion die internationale Wettbewerbsfähigkeit der USA auf eine harte Probe gestellt hatten, wurde im Zuge dieses «Sputnikschocks» Bildung und damit die Frage, wie die frühe intellektuelle Entwicklung der Kinder optimal unterstützt werden könnte, zu einem wichtigen Faktor im Wettbewerb des Westens gegen den Osten. In der Folge wurden in den USA und später auch in Europa viele Vorschulinitiativen ergriffen. In den USA hießen sie *Head-Start* und kompensatorische Erziehung, im deutschsprachigen Raum waren es Programme zur kognitiven Frühförderung, zur Intelligenzentwicklung und zum Frühlesen (Lückert, 1969). Erstmals wurden solche Programme auch wissenschaftlich begleitet.

- Dieser Trend der wissenschaftlichen Fundierung setzte sich mit den Fortschritten in der Entwicklungspsychologie fort, insbesondere in der kognitiven Entwicklungspsychologie Piagets. Allerdings fokussierte diese fast ausschließlich auf kognitive Funktionen, weshalb der umfassende Bildungsgedanke verloren ging. Dazu trugen auch die neuen Ansätze von Hunt (Bedeutung der Umweltstimulierung), Bloom (Analysen zur Intelligenzentwicklung), Roth (dynamischer Begabungsbegriff), Bronfenbrenner (Ökologie der menschlichen Entwicklung als Wechselwirkungen) oder Bruner (entdeckendes Lernen durch Umweltstimulierung) bei (vgl. zur Geschichte der Entwicklungspsychologie Montada, 1987, S. 11 ff.).

- In den 1970er- und 1980er-Jahren kehrte die Situation mit dem sogenannten Situationsansatz fast ins Gegenteil. Er gilt bis heute gewissermaßen als «pädagogische Theorie» des Kindergartens. In seinem Mittelpunkt steht das soziale Lernen, dem andere Kompetenzen – wie beispielsweise sprachliche oder mathematische Vorläuferfähigkeiten – lediglich zugeordnet werden. Allerdings wurden viele Modelle entwickelt, sodass man nicht von *dem* Situationsansatz sprechen kann. Zwischenzeitlich wurde der Situationsansatz mit viel Kritik belegt. Bemängelt wurden vor allem seine Offenheit, die immensen Anforderungen an das Personal, die Missverständlichkeit der Konzepte, welche leicht zu einem Laisser-faire-Stil respektive zu einer Benachteiligung bestimmter Kindergruppen führen könnten, und dass er die Bildungsförderung der Kinder insgesamt vernachlässige (vgl. dazu auch Fried, 2003). Ein im Hinblick auf die FBBE-Thematik besonders gewichtiger Vorwurf ist der, dass der Situationsansatz vom starken, vom von sich aus aktiv mit der Umwelt sich auseinandersetzenden Kind ausgehe und den Gedanken ausblende, dass es Kinder gebe, welche auf Unterstützung und Hilfe angewiesen seien.

- Seit den 1990er-Jahren, vor allem jedoch seit der Jahrhundertwende, konzentriert sich nun auch die deutschsprachige Forschung, vor allem auch im Zuge der Entwicklung der Neurowissenschaften sowie der Entwicklungs- und Kognitionspsychologie, zunehmend auf die frühe Kindheit und den damit verbundenen Bildungsgedanken. So sind verschiedene Forschungsinitiativen lanciert worden, welche auf die Mulitdimensionalität der frühen Kindheit verweisen. Dazu gehören beispielsweise die im Jahr 2005 begonnene BiKS-3–8-Studie («Bildungsprozesse, Kompetenzentwicklung und Selektionsentscheidungen im Vorschulalter») an der Universität Bamberg oder die FRANZ-Studie («Früher an die Bildung – erfolgreicher in die Zukunft?»), die im Februar 2010 an der Universität Fribourg (Schweiz) gestartet ist.

2.2.2 Schwerpunkte der aktuellen Forschung

Welche Bildungs- und Betreuungsangebote junge Kinder brauchen und welche Konzepte vorschulische Institutionen ihnen vorlegen sollten – diese Frage ist auch heute nicht gelöst. Trotzdem besteht mehrheitlich Konsens, dass aufgrund unserer diversifizierten Gesellschaft Förderangebote flexibel auf die Bedürfnisse und Fähigkeiten des Kindes und auf ihre Kontexte ausgerichtet werden müssen. Die nachfolgend dargestellten Schwerpunkte der aktuellen Forschung zur Pädagogik der frühen Kindheit spiegeln diesen Konsens. Sie fokussieren auf die kulturelle Diversität und ihre Folgen, auf Eltern- und Familienbildungsarbeit und damit verbundene Betreuungsfragen sowie auf die frühere Förderung junger Kinder.

1. *Sensitivität gegenüber kulturellen Differenzen und Hinwendung zu Risikogruppen:* Das Bewusstsein, allen Kindern einen chancengleichen Zugang zu einer qualitativ hochstehenden Vorschuleinrichtung zu ermöglichen, ist in den letzten Jahren stark angestiegen. Als Erstes hat es sich in der Sprachforschung niedergeschlagen. Grundlegend war dabei die in den Sozialwissenschaften verbreitete Annahme, dass Kinder, die nicht so sprechen, handeln und denken, wie dies die Gesellschaft von ihnen erwartet, in der Schule benachteiligt werden. Solche Annahmen haben sich in zahlreichen empirischen Studien bestätigt. Nachdem lange Jahre diese Defizithypothese Bestand hatte, ist in den letzten Jahren ein Wandel zu pluralistischeren Entwicklungsmodellen in Gang gekommen. Daraus haben sich neue Perspektiven ergeben, welche zwischen Kompetenz und Entwicklung unterscheiden und auf unterschiedliche Lebenserfahrungen in den Vorschuljahren hinweisen. In diesem Zusammenhang hat sich auch die empirisch breit abgestützte Erkenntnis etabliert, dass vorschulische Interventionen zur Ausbalancierung von sozialen Benachteiligungen beitragen oder sie gar verhindern können. Erste Interventionsprogramme richten sich auf Kinder mit Sprachproblemen und/oder solche aus benachteiligten familiären Milieus. Ein Teil der Angebote arbeitet ausschließlich mit Kindern, während andere größere Bedeutung auf die Unterstützung der Erziehungs-, Bildungs- und Betreuungskompetenz der Familie legen. «Mit ausreichenden Deutschkenntnissen in den Kindergarten» ist beispielsweise ein Schweizer Projekt, das im Kanton Basel-Stadt lanciert worden ist. Es zielt darauf ab, dass Kinder, deren Erstsprache nicht Deutsch ist bzw. die aus sozial benachteiligten oder bildungsfernen Familien stammen, vorschulische Förderung erhalten, damit sie bei Eintritt in den Kindergarten und anschließend in die Schule die gleichen Startchancen haben wie nicht benachteiligte Kinder.

2. *Eltern- und Familienbildungsarbeit und die Frage der Betreuung:* Dass das Elternhaus die kindliche Entwicklung maßgebend beeinflusst und alle schulischen und extrafamiliären Interventionen seine Qualität nicht ersetzen können, war zwar bereits eine wesentliche Erkenntnis des Coleman- und des Plowden-Reports (Coleman et al., 1966; Plowden, 1967) und wurde nachfolgend in vielen Untersuchungen bestätigt (Holodynski & Oerter, 2002), doch verstärkte sich das Interesse an Eltern- und Familienbildung erst in den letzten Jahren. Elternbildung gilt heute als eine Form der Familienbildung, die auf die Stärkung der Familie als Erziehungsinstanz ausgerichtet ist und die Eltern darin anleitet, wie sie ein entwicklungsförderndes Sozialisationsumfeld schaffen können. Die Effekte vieler Elternbildungsprogramme sind jedoch recht bescheiden. Einer der Hauptgründe liegt darin, dass elterliche Erziehungspraktiken schwierig zu verändern sind. Weil Familienwerte in sozioökonomische Kontexte eingebaut sind, verändern sie sich nur, wenn auch bedeutsame Veränderungen in anderen Dimensionen des täglichen Lebens stattfinden. Dazu gehören Veränderungen in Einkommen und Haushalt sowie in der sozialen Referenz auf Gruppenwerte und Verhaltensweisen.

3. *Familienergänzende Betreuung:* Inwiefern familienergänzende Betreuung dem Kind schadet oder seiner Entwicklung förderlich ist, wird auf der Basis widersprüchlichster Positionen debattiert. Gegner der familienergänzenden Betreuung argumentieren mit Entwicklungsrisiken, Befürworter mit Entwicklungsvorteilen für die Kinder. Von beiden Seiten kaum zur Kenntnis genommen werden jedoch die wissenschaftlichen Erkenntnisse, wonach das junge Kind in seinen ersten drei Lebensjahren wegen seiner körperlichen und seelischen Verletzlichkeit ganz besonders auf eine schützende und stabile Umgebung angewiesen ist. An die ihm am verlässlichsten zur Verfügung stehenden Personen bindet es sich. Die Stabilität seiner Beziehungen fördert die soziale und kognitive Entwicklung. Verschiedentlich problematisiert die Forschung deshalb hohe zeitliche Anteile von Krippenbetreuung im ersten Lebensjahr.

4. *Frühere Förderung:* Die aktuelle Forschung erhält weiteren Auftrieb durch bildungspolitische Pläne, das Schuleintrittsalter vorzuverlegen (in der Schweiz), die Schuleingangsphase neu zu gestalten (in der Schweiz und in Deutschland) und die kognitive Bildungsfunktion vorschulischer Einrichtungen generell zu verstärken (Roßbach, 2005). Vor diesem Hintergrund wird verständlich, weshalb der diskursive Spannungsbogen so groß ist und von Befürchtungen reicht, die frühe Kindheit würde verschult und familienexterne Betreuung führte zu Verhaltensproblemen, bis zu euphorischen Hoffnungen, FBBE könne per se

sowohl die Sicherung einer langfristigen kognitiven Neugier als auch einer besseren Sozialkompetenz aller Kinder garantieren und darüber hinaus auch einen wesentlichen Beitrag zur Herstellung von Startchancengleichheit für benachteiligte Kinder bei Schuleintritt leisten.

3 Kognitive, soziale und emotionale Entwicklung

Die Entwicklungspsychologie ist von verschiedenen Philosophen wie Descartes, Locke, Kant oder Marx geprägt. Descartes (1596–1650) beispielsweise ging vom Menschen als einem vernunftbegabten Wesen aus, das von Gott eine Art «Grundausstattung» von angeborenen Ideen mitbekommt. Dazu gehören etwa die Gesetze der Logik und der Mathematik. Descartes erachtete Erkenntnis als Wiedererkennen von bereits in der Seele schlummernden Vorstellungen. Locke (1632–1704) wiederum ging davon aus, dass der Mensch als *tabula rasa,* als leeres Blatt, das Licht der Welt erblickt und erst durch die Erfahrungen des Lebens geformt wird. Rousseau (1712–1778) war überzeugt, dass jeder Mensch Stufen der Entwicklung vom Neugeborenen bis zum Erwachsenen universell durchläuft, weil sie von der Natur weitgehend vorgegeben sind. Deshalb ging er davon aus, dass Versuche pädagogischer Einflussnahme eher schaden als nützen, weil die Entfaltung der förderlichen Anlagen des Menschen damit behindert werde.

Im vorhergehenden Kapitel ist dargestellt worden, dass die Pädagogik der frühen Kindheit seit vielen Jahren dazu tendiert, für eine bestimmte Zeit auf eine oder zwei große Theorien zu fokussieren, um dann zu einer anderen zu schwenken. So wurde aufgezeigt, dass in den 1960er-Jahren behavioristische Perspektiven und positive Verstärkung federführend waren, während es heute vor allem kognitionspsychologische und sozialanthropologische, mit den Erkenntnissen der Hirnforschung verknüpfte theoretische Ansätze sind. Vor diesem Hintergrund wird verständlich, weshalb es keine lineare Verbindung zwischen einer einzelnen Entwicklungstheorie und einem einzelnen pädagogischen Zugang gibt. Die nachfolgenden Ausführungen fokussieren deshalb auf allgemeine, teils traditionelle, teils neue, Erkenntnisse zur kognitiven, sozialen und emotionalen Entwicklung sowie auf Entwicklungs- und Sozialisationsrisiken.

3.1 Kognitive Entwicklung

Vor fast 40 Jahren waren es Kohlberg und Mayer (1972), die in den USA die hauptsächlichen theoretischen Positionen der frühkindlichen Bildung mit Begriffen wie Romantizismus, kulturelle Transmission und Progressivismus herausarbeiteten. Unter Romantizismus verstanden sie eine innengerichtete Reifungsperspektive und unter kultureller Transmission eine außengesteuerte behavioristische Perspektive. Der Progressivismus wiederum war eine Kennzeichnung der selbst konstruierten, phasenbestimmten Position.

Im Verlaufe der 1970er-Jahre wurde Piagets Phasentheorie in den USA bekannt. Sie setzte beim Progressivismus an und bildete einen Meilenstein in der Entwicklungspsychologie. Etwa gleichzeitig erlangte Wygotskis soziokulturelle Theorie (1971) eine gewisse Beachtung, doch blieb sie lange hinter dem Primat Piagets zurück. Heute sind beide Ansätze etwas in den Hintergrund getreten. FBBE-Konzepte werden weit stärker mit der Hirnforschung als mit den Erkenntnissen Piagets oder Wygotskis legitimiert. In der Tat ist die Hirnforschung ein faszinierendes neues Wissenschaftsfeld. Drei ihrer vielen Botschaften sind sicher sehr bedeutsam für die frühkindliche Bildung:

- dass wir die geistige Leistungsfähigkeit unserer jungen Kinder bislang stark unterschätzt haben,
- dass die Sinnesorgane – gesunde Augen und Ohren – besonders wichtig sind für eine gute Entwicklung,
- dass die Lernumwelt anregend und anspruchsvoll sein soll.

Selbstverständlich ist auch das vielfach formulierte Argument gewichtig, dass sich in den ersten Lebensjahren die Verbindung der Nervenzellen im Gehirn in weit höherem Maße verdichten als in späteren Jahren und dass die Lernkapazität in dieser Zeit deshalb besonders groß ist. Aber dieses Argument verdeckt die Tatsache, dass es auch ein stark reifungsabhängiges Lernen gibt, so wie dies Piaget immer wieder betont hat. Ein Sauberkeitstraining beispielsweise ist erst möglich, nachdem sich bestimmte Nervenverbindungen herausgebildet haben. Im Ergebnis müssen viele Erkenntnisse der Hirnforschung als noch ungesichert bezeichnet werden, sodass eine angemessene Zurückhaltung ihrer Postulate am dienlichsten erscheint.

3.1.1 Piagets kognitive Entwicklungstheorie

In Kapitel 1.1 ist dargelegt worden, dass die kognitive Entwicklung bereits bei Fröbel und Montessori eine bedeutsame Rolle gespielt hat. Fröbels Bildungsanspruch (1839/1982) manifestiert sich in seiner Pädagogik dort, wo er von Bewusstseinssteigerung oder von kategorialer Bildung spricht und dabei betont, dass der Schule eine frühere geistige Bildung vorauszugehen habe, ohne dass sie die Kinder früher erfassen solle. Bei Montessori zeigt sich der kognitive Fördergedanke dort, wo sie ihr Verständnis des inneren Bauplans um eine Theorie der selektiven Wahrnehmung ergänzt, d. h. um die Vorstellung, dass sich das System der Intelligenzleistung durch die selektive Wahrnehmung und Verarbeitung selbst aufbaut und strukturiert.

Den signifikantesten Einfluss auf die entwicklungspsychologische Forschung hatte jedoch das Werk von Piaget (1981). Mit seinem Denkmodell schuf er eine der bis heute einflussreichsten Theorien des menschlichen Denkens und Schlussfolgerns. Piaget erachtete die kognitive Entwicklung als selbstkonstruktiven Prozess. Dieser entwickelt und vollzieht sich immer durch Interaktion zwischen Subjekt und Umwelt. Gemäß Piaget entwickelt sich das Denken jedoch nicht kontinuierlich, sondern in Stufen bzw. in Stadien oder Phasen. Jede Phase entspricht einem langen Plateau, während kognitive Veränderungen selten oder moderat sind und von großen, manifesten Veränderungen im Denken abgelöst werden, zugleich aber die nächste Phase andeuten. Piaget unterscheidet die folgenden vier Stufen, wobei für die frühkindliche und vorschulische Entwicklung die ersten beiden Stadien von Bedeutung sind:

- das sensumotorische Stadium (erstes und zweites Lebensjahr),
- das voroperationale Stadium (zweites bis siebtes Lebensjahr),
- das konkret-operationale Stadium (siebtes bis elftes Lebensjahr),
- das formal-operationale Stadium (ab dem elften/zwölften Lebensjahr).

Das erste Hauptstadium ist das *sensumotorische*, das sich über die beiden ersten Lebensjahre erstreckt. Wie der Name dieses Stadiums verdeutlicht, ging Piaget von der Vorstellung aus, dass Kinder mit allen ihren Sinnen – fühlend, sehend, riechend, tastend – denken. Deshalb sah er in dieser Phase eine Vorstufe zum Denken und bezeichnete diese ersten Vorläufer kognitiver Strukturen als sensumotorische Schemata. Kinder leben in dieser Phase sehr stark im Moment und haben nur ein rudimentäres Verstehen von Raum, Zeit und Kausalität. Am Ende dieser Phase können sie praktische und alltägliche Probleme lösen und ihre Erfahrungen mittels Sprache, Spiel und Gestik darstellen. Unter Schemata verstand Piaget abstrahierte Formen menschlicher Handlungen und Denkprozesse, die sich in ihrer Grundstruktur gleichen und die eine organisierte, sinnstiftende Verarbeitung von Erfahrungen erfordern. Ab dem zweiten Lebensjahr werden auch kognitive Schemata entwickelt, z. B. die Fähigkeit, Dinge aufgrund bestimmter Eigenschaften wie Farbe oder Größe in «Klassen» zu ordnen.

In der zweiten Stufe, der *präoperationalen* Stufe, die eine Zeitspanne zwischen dem dritten Lebensjahr und dem Schuleintritt umfasst, müssen Handlungen nicht mehr zwingend physisch vollzogen werden. Sie erfolgen mehr und mehr geistig, was zur Entwicklung des Sprach- und Symbolverständnisses führt. Voraussetzung dafür ist die kindliche Fähigkeit, ein Objekt oder Phänomen durch ein Symbol zu ersetzen. Nach und nach werden die Symbole komplexer und durch abstrakte Zeichen ersetzt. Das können Wörter sein oder Zahlen. Kinder sind auch in der Lage, mentale Symbole zu nutzen. Beispielsweise können sie sich vorstellen, dass im Spiel ein Objekt etwas anderes ist als in der Wirklichkeit. Dennoch ist ihre Fähigkeit, die Symbole in einer organischen Art und Weise zu nutzen, nicht vollständig. Eine Beschränkung besteht beispielsweise in der Tendenz, auf einen Aspekt in einer komplexen Situation zu fokussieren. Wenn wir einem fünfjährigen Kind identische Gläser mit der gleichen Menge Wasser zeigen, dann sagt es, dass diese Mengen die gleichen seien. Wenn jedoch das Kind sieht, dass wir die Inhalte von einem Glas in ein höheres, schmaleres Glas umgießen, dann sagt es, dass im engen Glas nun mehr Wasser sei als im anderen. Das Kind macht diesen Fehler, weil es auf die Höhe des Wassers fokussiert und dabei das andere wichtige Merkmal, die Breite ignoriert. Kinder im präoperationalen Stadium haben auch Schwierigkeiten zu verstehen, dass andere die Welt nicht so wie sie sehen. Dies ist ein Phänomen, das Piaget «Egozentrismus» nannte. Gemeint ist damit eine Haltung junger Kinder, die Welt nur aus der eigenen Perspektive wahrzunehmen. Dies gilt sowohl für physikalische als auch für soziale und emotionale Phänomene.

Auf der Stufe der *konkreten* Operationen (sieben/acht bis elf/zwölf Jahre) erwirbt das Kind die Konzepte der Invarianz – eine Voraussetzung des Zahlbegriffs – und der Seriation, d.h., es kann Reihen bilden, erweitern oder unterscheiden. Zudem ist es gemäß Piaget in diesem Entwicklungsstadium in der Lage, logisch über konkrete Dinge nachzudenken. Es weiß nun, dass Wasser, das in verschiedene Gefäße geschüttet wird, in der gleichen Menge vorhanden sein muss, jedoch unterschiedlich aussehen kann. Allerdings haben Kinder in diesem Alter immer noch Schwierigkeiten, über stark abstrakte Simulationen nachzudenken. So haben sie Mühe, differente Konzeptionen der Gerechtigkeit anzusehen oder unterschiedliche Welten zu verwenden, wie sie etwa in den *science fictions* vorkommen.

Das letzte Stadium der Entwicklung ist das der *formalen Operationen,* welches mit zwölf Jahren beginnt und bis zum Erwerbsalter dauert. Piaget glaubte, dass Kinder in dieser Phase über pure Abstraktionen nachdenken und ausgeklügelte Denkstrategien anwenden können. Er ging beispielsweise davon aus, dass Kinder in diesem Alter über Moral abstrakt denken und die damit verbundenen Implikationen aus einer unterschiedlichen Sicht von Moralität betrachten können. Ebenso überzeugt war er, dass sie systematisch über komplexe Situationen nachdenken können. Als grundlegend für alle vier Phasen erachtete Piaget folgende Merkmale:

- Jede Entwicklungsstufe bildet ein für sich abgeschlossenes Ganzes. Sie ist die Grundlage für die nächste Stufe, auf der die Elemente der vorangehenden Stufe zu einem neuen Ganzen verwoben werden.
- Die Stufen werden immer in der gleichen Reihenfolge durchlaufen. Sie sind universell, d.h. in allen Kulturen gleich.

- Das Überspringen einer Stufe ist nicht möglich. Doch können sie in unterschiedlicher Geschwindigkeit durchlaufen werden.

Laut Piaget ist die kognitive Entwicklung durch eine allgemeine Äquilibrationstendenz gekennzeichnet. Gemeint ist damit der Wunsch, einen Gleichgewichtszustand zu erreichen. Jeder Mensch möchte in Einklang mit sich und seiner Umgebung leben: Was er nicht versteht, ruft eine gewisse Spannung hervor, die er durch Lernen überwinden will. Dies geschieht mittels der Adaption. Sie besteht aus zwei komplementären funktionalen Prozessen:

- die Veränderung der Umwelt, um diese den eigenen Bedürfnissen und Wünschen anzupassen (Assimilation). Ein Beispiel ist die Nachahmung der Eltern durch das Kind.
- die Veränderung des eigenen Verhaltens, um sich selbst den Umweltbedingungen anzupassen (Akkommodation). Ein Beispiel ist die Anpassung im symbolischen Kinderspiel: «Ich wäre jetzt die Mutter, und du wärst jetzt das Baby ...»

Während der Assimilation benutzt das Kind seine gegenwärtigen Schemata, um die äußere Welt zu interpretieren. Bei der Akkommodation schafft das Kind neue Schemata oder passt alte an, wenn es bemerkt, dass die gegenwärtigen Denkweisen nicht vollständig der Umwelt angepasst sind. Gemäß Piaget variiert das Gleichgewicht (Äquilibration) zwischen Assimilation und Akkommodation über die Zeit hinweg. Befinden sich Kinder in einer «stabilen Phase», so assimilieren sie mehr, als sie akkommodieren. Verändern sie sich in kognitiver Hinsicht jedoch rasch, dann befinden sie sich in einem Desäquilibrationsprozess, in welchem sie merken, dass neue Informationen nicht in ihr gegenwärtiges Schema passen. Deshalb müssen sie sich von der Assimilation hin zur Akkommodation bewegen.

Zur Kritik an Piagets Theorie

Insgesamt hatte Piagets Theorie eine bahnbrechende Breitenwirkung. Dies gilt auch heute noch. Fast alle neueren Theorien zur kognitiven Entwicklung fußen mehr oder weniger auf seinen Grundlagen. Sie untermauern das Bild des Kindes als aktiven Lerners und emsigen Entdeckers, der sein eigenes Wissen durch die Interaktion mit der Umwelt konstruiert und sich dieses nicht durch die Übernahme passiven Wissens aneignet. Trotzdem wird heute zunehmend Kritik laut, dass Piaget verschiedene Aspekte stiefmütterlich behandelt oder unterschätzt habe. Dazu gehören

- *seine Vorstellungen zu den Lernpotenzialen junger Kinder:* Vor allem Kinder mit akkumuliertem substanziellem Wissen in spezifischen Bereichen erbringen auf einem höheren Niveau Leistungen, als dass dies aufgrund ihres Alters und Entwicklungstands erwartet werden könnte. Die Entwicklung schreitet somit möglicherweise nicht im von Piaget erwarteten Sinn in Phasen fort. Bekannt geworden sind dabei die Dinosaurierstudien. Solche Kinder sind beispielsweise in der Lage, Dinosaurier auf der Basis multipler Kriterien (auf dem Land oder im Wasser lebend; karnivor oder herbivor, etc.) einzuteilen. Damit demonstrieren sie eine Klassifikationsfähigkeit, welche jenseits der Erwartungen liegt (Gobbo & Chi, 1986).

- *die Anlagefaktoren:* Kritisiert wird beispielsweise, dass Piaget der individualisierenden Wirkung von Anlagefaktoren und der Tatsache, dass jedes Kind ein einmaliges Individuum mit eigenen Begabungen, Talenten und Neigungen ist, zu wenig Rechnung getragen hat.

- *die kulturspezifischen Faktoren:* Ähnlich kritisiert wird, dass Piaget die differenzierenden Wirkungen des kulturellen Hintergrunds und die sozioökonomischen Bedingungen, in denen ein Kind aufwächst und die seine Entwicklung mit beeinflussen, zu wenig in seine Überlegungen einbezogen hat.

- *die fehlende Flexibilität des Stufenmodells:* Kritisiert wird, dass sich ein Kind je nach Situation oder Aufgabe einmal auf der einen, ein andermal auf der anderen Stufe befinden kann. Kinder sind somit weniger abhängig von reifebedingten Einschränkungen und können Fähigkeiten gleichmäßiger und allmählicher entwickeln. Auch wird heute verstärkt postuliert, dass Kinder von der unstrukturierten Erkundung ihrer Umwelt stärker profitieren als von strukturierter Übung.

- *die Übernahme von Perspektiven anderer:* Kinder, so wird verschiedentlich kritisiert, seien schon vor der Schulzeit in der Lage, Perspektiven anderer einzunehmen. Repacholi und Gopnik (1997) haben beispielsweise nachgewiesen, dass das Denken junger Kinder zwar tatsächlich egozentrisch ist, aber unsere Wahrnehmungen über das, was Kinder wissen, von der Aufgabe abhängen, mit der wir ihr Wissen überprüfen. So verwendeten die Autoren eine neue Aufgabe, um den Egozentrismus zu untersuchen.
  In ihrem Experiment hatten 14 und 18 Monate alte Kleinkinder die Gelegenheit, das Essen zu bestimmen, das junge Kinder typischerweise lieben respektive nicht lieben: Kartoffelchips und Brokkoli. Vorauszusehen war, dass die meisten Kinder Kartoffelchips bevorzugten. Im Verlaufe des Experiments beobachtete jedes Kind eine erwachsene Person, welche die beiden Speisen probierte. In der zentralen Phase sah das Kind, wie die Person nach dem Probieren der Kartoffelchips

ein deutliches Missbehagen zeigte und eine große Zufriedenheit beim Genuss von Brokkoli. Später saß die gleiche erwachsene Person dem Kind gegenüber und stellte eine Schale mit Kartoffelchips und eine mit Brokkoli auf den Tisch, legte ihre Hände jeweils in äquidistanter Entfernung auf den Tisch neben die beiden Schalen und fragte: «Kannst du mir einige geben?» Wenn das Kind egozentrisch ist, dann ist es nicht in der Lage zu begreifen, dass die Experimentierperson Brokkoli möchte. Deshalb wird es ihr Kartoffelchips geben. Tatsächlich gaben ihr mehr als 90% der Kinder Kartoffelchips, obwohl sie gesehen hatten, dass sie eine Abneigung gegenüber diesen hatte. Die Autoren schlossen daraus, dass diese Kinder nicht in der Lage gewesen waren zu verstehen, dass andere Personen eine unterschiedliche Präferenz haben. 18 Monate alte Kinder verfügten jedoch bereits über dieses Verständnis, denn diese boten zu 70% Brokkoli an.

- *die fehlenden pädagogischen Schlussfolgerungen:* Kritisiert wird schließlich, dass Piaget kaum pädagogische Konsequenzen gezogen habe, die sich aus seinen Experimenten und Erfahrungen eigentlich aufgedrängt hätten und der pädagogisch-psychologischen Praxis hätten zur Verfügung gestellt werden sollen.

3.1.2 Wygotskis soziokulturelle Theorie

Die Theorie Piagets findet sich in den Arbeiten Lev Wygotskis wieder (1987), wenn auch mit anderem Fokus. Dieser bezeichnete die kognitive Entwicklung als ein Hineinwachsen in eine bestimmte Kultur. Der Aufwachsprozess von Kindern ist deshalb immer in einen sozialen Kontext eingebunden und beeinflusst die Strukturierung ihrer kognitiven Welt. Wygotski ging davon aus, dass die geistigen Aktivitäten des Kindes (Aufmerksamkeit, geübtes Gedächtnis, Problemlösen etc.) von sozialen Interaktionen abhängig sind. Wenn Kinder mit Erwachsenen interagieren, lernen sie auf eine Art und Weise zu handeln und zu denken, die in ihrer Kultur bedeutsam ist.

Damit hat Wygotski darauf verwiesen, dass es die Erwachsenen sind, welche die Interaktion mit dem Kind derart strukturieren, indem sie es so an die Aufgaben heranführen, dass diese etwas über seinen Kompetenzen liegen. Dabei ist das Maß an direktem Engagement und Führung der Erwachsenen der kritische Punkt. Dazu hat Wygotski den Begriff der Zone der nächsten (oder proximalen) Entwicklung (ZNE) eingeführt. Damit ist «das Gebiet der noch nicht ausgereiften, jedoch reifenden Prozesse» gemeint (Wygotski, 1987, S. 83). Das unterste Niveau der ZNE ist definiert durch die unabhängige Leistung des Kindes und ihr oberes Niveau durch das Mögliche, was das Kind mithilfe eines Erwachsenen tun kann. So lange, wie das Wissen des Kindes dort verbleibt, wo Verbesserungen mit Erwachsenenunterstützung immer noch möglich sind, verbleibt es innerhalb der ZNE. Mit der Hilfe von Erwachsenen kann es sich in Richtung unabhängigen und autonomen Denkens entwickeln. Die zentralen Merkmale der ZNE erfordern somit, dass Kinder in diesem Bereich angesprochen werden, damit sie unter der Führung von fortgeschritteneren Peers oder Erwachsenen lernen können. Diese strukturieren das Lernen so, dass das Kind durch die Aufgaben geführt wird, welche gerade unterhalb ihrer aktuellen Kapazität liegen.

In der Praxis sind solche Strategien allerdings wenig verbreitet. Denn in der Regel beurteilen Erwachsene nur den aktuellen Entwicklungsstand des Kindes. Sie beobachten, was es alleine kann, welche Kenntnisse und Fähigkeiten es besitzt. Selten fragen sie sich jedoch, welchen Bereich sich das Kind als Nächstes aneignen wird, was also seine ZNE ist. Damit werden Gelegenheiten individueller Förderung ausgeblendet. Werden jedoch junge Kinder in der ZNE gezielt gefördert, schreitet nicht nur ihre kognitive Entwicklung schneller voran, sondern es wird oft auch ersichtlich, dass Kinder viel weiter in ihrer Entwicklung sind als angenommen. Wygotski sagt: «Wenn wir also untersuchen, wozu das Kind selbständig fähig ist, untersuchen wir den gestrigen Tag. Erkunden wir jedoch, was das Kind in Zusammenarbeit zu leisten vermag, dann ermitteln wir damit seine morgige Entwicklung» (ebd., S. 83). Hierfür gilt das sogenannte *Scaffolding* als wichtige Strategie, welche die erwachsene Person nutzen kann. Unter Scaffolding wird eine Methode zur Unterstützung des Lernprozesses durch (a) die Bereitstellung einer Orientierungsgrundlage in Form von Anleitungen, Denkanstößen und anderen Hilfestellungen verstanden und (b) durch die schrittweise Wiederentfernung dieses Gerüsts, sobald das Kind fähig ist, eine bestimmte Teilaufgabe eigenständig zu bearbeiten (vgl. hierzu auch Kapitel 6). In einer bestimmten Art und Weise ist das Scaffolding auch eine Antwort auf die Feststellung Piagets, das Kind würde sich von einem Stadium ins nächste weiterentwickeln. Der Unterschied besteht jedoch darin, dass in Wygotskis Theorie die Kompetenzentwicklung nicht so sehr von einem endogenen Entwicklungsprozess, sondern stärker von der Instruktion abhängig ist.

3.1.3 Bedeutsame Weiterentwicklungen

Seit den 1990er-Jahren haben sowohl die Entwicklungspsychologie als auch die Kognitionsforschung dazu beigetragen, das frühpädagogische Wissen weiter zu differenzieren. Nachfolgend werden einige Bereiche diskutiert, welche für die frühpädagogische Bildungsförderung besonders relevant sind. Es sind dies Diskurse zum kompetenten Säugling, die Unterscheidung privilegierter und nicht privilegierter Wissensdomänen sowie die *Theory of Mind.*

Der kompetente Säugling

Im vorhergehenden Kapitel wurde erläutert, dass Piaget die ersten beiden Lebensjahre des Kindes als «sensumotorisch», als nicht symbolisch, sondern vollkommen handlungsgebunden und als lediglich mit Reflexen und sensorischen Fähigkeiten ausgestattet, bezeichnet hat. Diese grundlegende Annahme ist heute überholt. Die Entwicklungspsychologie und die Säuglingsforschung gehen davon aus, dass wesentliche Grundelemente numerischen und psychologischen Wissens bereits in den ersten Lebensmonaten nachweisbar oder vielleicht gar angeboren sind (Pauen, 2006). Wenn dem so ist, dann bestehen die Grundlagen für lebenslanges Lernen schon sehr früh. Demzufolge müsste die Stufentheorie Piagets, nach der sich das logische Denken in Stufen und bereichsübergreifend vollzieht, relativiert werden.

Die moderne Forschung enthüllt damit Erstaunliches und Verblüffendes: Das Bild des unbedarften, teilnahmslosen, vor sich hin dämmernden, gefühlslosen und undifferenzierten Säuglings scheint nicht der Realität zu entsprechen. Auf der Basis von Direkt- und Videobeobachtungen und von faszinierenden Experimenten in der natürlichen Umgebung des Neugeborenen entstand die neue Vorstellung des «kompetenten Säuglings» (Dornes, 2001a; b). Mit kompetent ist gemeint, dass wir uns von Anfang an einem beziehungsfähigen, initiativen, differenzierten jungen Wesen gegenübersehen, das bereits mit verschiedensten Gefühlen ausgestattet ist und seine Entwicklung aktiv wählend mitgestaltet. Kompetent heißt natürlich nicht, dass dieses kleine Wesen nun alles selbst gestaltet und ein gleichberechtigter Partner ist, den man mehr oder weniger sich selbst überlassen kann.

Den Mittelpunkt dieser neuen Erkenntnisse bilden drei Paradigmen: das Präferenzparadigma, das Habituierungsparadigma und das Überraschungsparadigma. Sie stehen stellvertretend für Experimente, mit deren Hilfe man Fragen an die Säuglinge stellen und das beobachtete Verhalten als Antwort auf die gestellte Frage verstehen kann (Stern, E. 2002).

- Das «Präferenzparadigma» stellt die Frage, ob ein Säugling zwei Dinge unterscheiden kann und eines davon vorzieht. Im Experiment zeigt man ihm zwei verschiedene Gesichter nebeneinander und misst die Zeitdauer, während deren er sie fixiert. Blickt er eines länger an als das andere, signalisiert er, dass er unterscheidet und eines bevorzugt. Wenn ihm hintereinander, mit einer Pause dazwischen, zwei Reize gezeigt werden, kann festgestellt werden, dass er auch diese unterschiedlich lange fixiert, d.h. einen vorzieht.
- Das «Habituierungsparadigma» stellt die Frage, ob die Aufmerksamkeit auf einen Reiz nach einer gewissen Zeit erlahmt, respektive ob sich der Säugling

daran gewöhnt. Im Experiment werden u. a. dazu die Schnuller der Säuglinge mit dem Abspielen eines Films gekoppelt. Dabei zeigt sich, dass nach einer bestimmten Zeit die Saugaktivität abnimmt. Wird hingegen ein neuer Film gezeigt, nimmt die Saugaktivität wieder zu. Wenn also ein neuer Reiz auftaucht, kehrt die Aufmerksamkeit wieder zurück.

- Das «Überraschungsparadigma» stellt die Frage, ob der Säugling Erwartungen hat und Abweichungen bemerkt. Im Experiment wird den Säuglingen hinter einer schalldichten Glasscheibe das Gesicht einer Frau gezeigt, die spricht. Der Ton der Stimme wird so eingespielt, dass er nicht aus dem Mund, sondern von der Seite kommt. Bereits im ersten Monat reagieren die Säuglinge erstaunt, was bedeutet, dass sie eine Erwartung hatten. Das Erstaunen wird am veränderten Gesichtsausdruck, an Unruhe und einer Pulsfrequenzänderung abgelesen. Dies bedeutet außerdem, dass die Wahrnehmung eines Unterschieds psychische Bedeutung haben kann. Sie drückt sich durch erhöhte Erregung aus. Wenn Mütter angewiesen werden, ihr natürliches Interaktionsverhalten zu ändern und ohne Veränderung ihrer Gesichtsmimik auf die Annäherungsgesten ihres Kindes zu reagieren, so stellt man schon bei drei Monate alten Säuglingen darüber Erstaunen fest. Sie bemerken also, dass sich die Mutter nicht benimmt wie gewohnt, und sie unternehmen nachdrückliche, von starken motorischen Äußerungen begleitete Versuche, die Mutter umzustimmen.

Diese Forschungsresultate machen deutlich, wie sehr die neue Säuglingsforschung die alten Vorstellungen über die Neugeborenen- und Säuglingszeit revolutioniert hat. Sie bestätigen aber auch wissenschaftlich, was viele Mütter und andere Betreuungspersonen von Neugeborenen und Kleinstkindern schon immer wussten: Durch die Geburt kommt ein Menschenwesen auf die Erde, das von Beginn an in sehr differenzierter Weise am Leben teilhat. Als beziehungsfähiges und aktives Individuum steht es von Anfang an mit seinen Eltern und seiner Umgebung in Beziehung. Der Austausch und die Beeinflussung erfolgen gegenseitig.

Privilegierte und nicht privilegierte Wissensdomänen

Mit der Beschreibung des «kompetenten Säuglings» hat die Säuglingsforschung dazu beigetragen, das Bild der hilflosen Frühgeburt zu revidieren. Mit diesem Sichtwechsel wurde die erneute intensive Erforschung des Lernens von jungen Kindern möglich. Eine bedeutende Relevanz hat dabei die Unterscheidung privilegierter von nicht privilegierten Wissensdomänen (Stern, 2004).

- Der Erwerb von *privilegiertem Wissen* geschieht intuitiv, «aus sich heraus», ohne besondere Anstrengung oder Unterweisung. Die Tatsache, dass Menschen – ähnlich wie Tiere – mit Instinkten ausgestattet sind, die ihnen das Lernen erleichtern, ist jedoch lange Zeit vernachlässigt worden. Erst in jüngerer Zeit stellte man fest, dass Kinder von Geburt an eine Lernbereitschaft mitbringen und sie somit in sehr vielen Bereichen gut vorbereitet sind. So braucht das Neugeborene für die komplizierte Motorik des Saugens kein Lernprogramm, sondern nur bestimmte «start up»-Mechanismen. Den aufrechten Gang erwerben junge Kinder ohne Anleitung oder bewusste Strategie. Solche Lernvorgänge sind biologisch programmiert und stehen allen Menschen aller Kulturen von Anfang an zur Verfügung.
- *Nicht privilegiertes Wissen* ist uns nicht in die Wiege gelegt. Dessen Erwerb erfordert den Einsatz von Lernstrategien, von bewusster Zielsetzung und Anstrengung. Nicht privilegiertes Lernen wird intentional, motiviert und systematisch erworben. Weil es stark von der Qualität der jeweiligen familiären, sozialen, pädagogischen und kulturellen Umgebung und der dort handelnden Personen beeinflusst wird, ist es störanfällig. Der Kontext, in dem wir aufwachsen, kann uns den Zugang zu diesen Wissensdomänen öffnen, aber auch erschweren oder gar blockieren.

Die Unterscheidung zwischen diesen beiden Wissensdomänen ist von großer Tragweite. Weil sich herausgestellt hat, dass nicht privilegiertes Lernen zeitaufwendig ist und weil solche Wissensdomänen Kompetenzen umfassen, die in unserer Wissensgesellschaft bedeutsam sind – viele Kinder mit Minoritätshintergrund jedoch gerade nicht in genügendem Ausmaß über sie verfügen –, ist frühkindliche Bildungsförderung für sie besonders relevant. Zu den nicht privilegierten Wissensdomänen gehören die Schrift, das Zahlensystem und naturwissenschaftliche Phänomene, aber auch frühe Formen der Metakognition und Selbstregulation. Metakognition meint das eigene Wissen einer Person über die kognitiven Vorgänge und über lernrelevante Eigenschaften. Die Förderung der Entwicklung metakognitiver und affektiver Lerndimensionen kann die Kinder befähigen, schulbereite, lernwillige und fähige Lerner zu werden. Als frühe Form der Selbstregulation gilt die private Sprache *(private speech)*. Beobachtet man junge Kinder bei alltäglichen Verrichtungen, dann entdeckt man, dass sie oft laut mit sich selbst sprechen. Piaget nannte dieses Phänomen egozentrische Sprache. Er begründete sie damit, dass ein junges Kind Schwierigkeiten hat, die Perspektive anderer einzunehmen und die egozentrische Sprache deshalb den Sinn eines Selbstgesprächs bekommt. Die kognitive Reifung und bestimmte Sozialerfahrungen mit Gleichaltrigen – so seine Annahme – würden diese egozentrische Sprache beenden.

In seiner Publikation «Denken und Sprechen» entwarf Wygotski (1971) eine andere Sichtweise. Er ging davon aus, dass Kinder selbstangeleitet mit sich selbst sprechen und dass die private Sprache die kognitiven Aktivitäten lenkt und aufrechterhält. Deshalb erachtete er sie als Grundlage für alle höheren kognitiven Prozesse und nicht wie Piaget als Mangel an Reife und an Perspektivenübernahme. Fast alle Untersuchungen der letzten Jahre haben Wygotskis Sicht bestätigt. Sie verweisen darauf, dass Kinder diese private Sprache mit zunehmendem Alter dann benutzen, wenn sie schwierige Aufgaben zu lösen haben und nicht genau wissen, wie sie vorgehen sollen.

Theory of Mind

Die sogenannte *Theory of Mind* meint die Fähigkeit, sich Bewusstseinsvorgänge in anderen Personen vorzustellen und diese in der eigenen Person zu erkennen, also Gefühle, Bedürfnisse, Ideen, Absichten, Erwartungen und Meinungen zu vermuten. Dieses Konzept der Überzeugung ist ein Grundelement unserer naiven Alltagspsychologie. Kinder entwickeln es relativ spät, erst im Alter von drei bis vier Jahren, dann nämlich, wenn sich das Gedächtnis und Problemlösefähigkeiten weiter entfalten und sie beginnen, über ihr eigenes Denken nachzudenken. Konkret lernt das etwa drei- bis vierjährige Kind, sich zu überlegen, was andere Personen denken. Im Alter von fünf Jahren können Kinder Perspektivenübernahmen durchführen und auf den Wissensstand eines Zuhörers Rücksicht nehmen. Sie können zwischen Wirklichkeit und Schein unterscheiden. Zwar sind Dreijährige schon dazu in der Lage. So verstehen sie zum Beispiel, dass man einen realen Hund, nicht aber einen imaginären Hund, streicheln kann. Sie lernen nun, dass man etwas denken kann, ohne dies zu sehen oder zu berühren. Sie denken aber noch, dass sich Menschen immer so verhalten, dass dies mit ihren Wünschen übereinstimmt. Sie sehen noch nicht, dass auch Annahmen ihre Handlungen beeinflussen können. Mit etwa vier Jahren merken sie, dass das Verhalten sowohl von Wünschen als auch von Annahmen bestimmt wird. Die Maxi-Geschichte von Wimmer und Perner (1983) belegt diesen markanten Entwicklungsfortschritt. Sie bildet das Instrument zur Erfassung des Verständnisses eines falschen Glaubens.

«Maxi und seine Mutter kommen vom Einkaufen nach Hause. Maxi hilft seiner Mutter, die Einkäufe auszupacken. Er legt die Schokolade in den grünen Schrank. Maxi merkt sich genau, wo er die Schokolade hingetan hat, damit er sich später welche holen kann. Dann geht er auf den Spielplatz. Während er weg ist, braucht seine Mutter etwas Schokolade zum Kuchenbacken. Sie nimmt die Schokolade aus dem grünen Schrank und tut ein wenig davon in den Kuchen. Dann legt sie sie zurück, aber nicht in den grünen, sondern in den blauen Schrank. Sie geht aus der Küche, um Eier zu holen. Dann kommt Maxi hungrig vom Spielplatz zurück.

Testfrage: *Wo wird Maxi die Schokolade suchen? (Die Geschichte wird mit Puppen und einer Puppenhausküche ausagiert. In der Küche gibt es nur zwei Schränke, einen grünen und einen blauen.)*

Ergebnisse: *Nahezu alle dreijährigen Kinder antworten auf die Testfrage: ‹Im blauen Schrank› (wo die Schokolade tatsächlich ist), während 40 bis 80% (je nach experimenteller Bedingung) der Vier- bis Fünfjährigen korrekt ‹im grünen Schrank› antworten.»*

Kinder lernen somit zwischen drei und fünf Jahren, die Überzeugungen einer Person mit einzubeziehen. Davor verstehen sie nicht, dass subjektive Überzeugungen von der Realität abweichen können. Deshalb berücksichtigen sie diese nicht bei ihrer Handlungsvorhersage.

3.1.4 Hirnforschung und FBBE

Eine Maxime der Hirnforschung lautet: Die intensive Förderung und Anregung bereits ab der frühesten Kindheit schafft ein differenzierteres neuronales Netzwerk. Ein solches Netzwerk ist grundlegend für das soziale, emotionale und kognitive Lernen. Im Mittelpunkt stehen mittlerweile vor allem die Befunde, wonach nicht nur Lernprozesse, sondern auch das Entstehen emotionaler Bindungen mit Hirnfunktionen erklärt und analysiert werden können. Postuliert wird dabei, dass Prägungen der frühen Kindheit – erworben in schmalen Zeitfenstern – später kaum revidierbar seien und so Kompetenzen bereits früh festgelegt würden. Gerade im Zuge der Diskussion um frühkindliche Bildung drängen solche Erkenntnisse in die bildungspolitische Debatte, die noch vor 20 Jahren kaum jemand mit Bildung in den ersten Lebensjahren in Zusammenhang gebracht hätte.

Wie glaubwürdig sind solche Erkenntnisse? Welche konkreten Konsequenzen haben sie für den bisher klassisch pädagogisch geprägten Bildungsbegriff? Muss die Idee der (humanistischen) Erziehung zugunsten eines umfassenden Optimierungsprogramms für das kindliche Hirn aufgegeben werden? Oder lassen sich Erkenntnisse der Hirnforschung in bisherige pädagogische Ansätze problemloser integrieren, als vorschnell angenommen wurde? Nachfolgend werden solche Fragen angeschnitten, indem zur Entwicklung des Gehirns, zu seiner Plastizität grundlegende Informationen zusammengestellt werden und dabei auch die aktuell besonders brisanten Fragen nach den frühen Bindungserfahrungen, der angemessenen Stimulierung und den Zeitfenstern angeschnitten werden.

Gehirnentwicklung: Heute wissen wir, dass das Gehirn enormen Veränderungen ausgesetzt ist und sich dieses im Säuglings- und Kleinkindalter in ganz erstaunlicher Geschwindigkeit, schneller als alle anderen Körperorgane, entwickelt. Haben Nervenzellen erst einmal den für sie vorgesehenen Platz eingenommen, dann bilden sie eine hohe Anzahl an Synapsen oder Verbindungen. Während der Hauptwachstumsperiode in den Hirnregionen sterben viele Nervenzellen ab, um Raum für neue synaptische Verbindungen zu schaffen. Die Stimulierung legt dabei fest, welche Nervenzellen überleben werden und fortfahren, neue Synapsen zu bilden. Mit zwei Jahren hat ein Kleinkind etwa so viele Synapsen wie Erwachsene und mit drei Jahren doppelt so viele. Bis zum Alter von zehn Jahren bleiben sie konstant, dann wird bis zirka 15 Jahre die Hälfte abgebaut. Von da an bleiben sie bei einer Anzahl von etwa 100 Billionen stabil. Die doppelt so hohe Zahl von Synapsen mit drei Jahren erklärt, wieso das Gehirn eines Dreijährigen mehr als doppelt so aktiv ist wie das eines Erwachsenen.

Plastizität: Hinlänglich bekannt ist, dass der zerebrale Kortex (Großhirnrinde) in zwei mit unterschiedlichen Funktionen ausgestattete Hemisphären unterteilt ist («Lateralisierung»). Jede empfängt sensorische Informationen nur von einer bestimmten Seite des Körpers und steuert auch nur diese. Es ist dies die Seite der gegenüberliegenden Hemisphäre. Überwiegend ist die linke Hemisphäre der Sitz verbaler Aktivitäten und positiver Emotionen, während dies für die räumliche Fähigkeiten und negative Emotionen die rechte ist. Die linke Hemisphäre verarbeitet Informationen besser auf eine analytische und sequenzielle Art, während die rechte Hemisphäre Informationen ganzheitlich verarbeitet. Junge Kinder haben eine sehr große Hirnplastizität. Neville und Bruer (2001) haben herausgefunden, dass frühe Kindheitserfahrungen die Struktur des Gehirns beeinflussen und eine Spezialisierung bestimmter Areale bewirken können. In ihrer Entwicklung weit fortgeschrittene Kinder im Krabbelalter weisen eine stärker spezialisierte linke Hemisphäre auf als gleichaltrige nicht akzelerierte Kinder. Die Autoren schließen daraus, dass Spracherwerb die Lateralisierung fördert. Zur Organisation des Gehirns tragen sowohl Vererbung wie auch frühe Erfahrungen bei.

Frühe Bindungserfahrungen und angemessene Stimulierung: Frühe Bindungserfahrungen wirken sich auf die kindliche Gehirnentwicklung aus. Damit sich neuronale Netzwerke verdichten und daraus bleibende Strukturveränderungen entstehen, ist eine gleichzeitige Stimulation bestimmter Gehirnareale wichtig. Becker-Stoll (2008) verweist in diesem Zusammenhang auf die Bedeutung feinfühliger Interaktion der Bezugsperson mit dem Kleinkind. Sie beeinflusst die frühkindlichen emotionalen Erfahrungen und diese die funktionelle Gehirnentwicklung, welche zur Entstehung neuer Schaltkreise – wie der sensorischen, motorischen und limbischen (der Verarbeitung von Emotionen dienend) – im Gehirn führen. Unzulängliche Stimulierung von Säuglingen und Kleinkindern – gemeint sind damit die fehlenden und vielfältigen Erfahrungen eines liebevollen Umfelds – führen zu Entwicklungsbeeinträchtigungen. Daraus lässt sich schließen, dass die Qualität des emotionalen Umfelds und der Grad der frühkindlichen Förderung die späteren sozioemotionalen und intellektuellen Fähigkeiten eines Kindes beeinflussen. Es sind aber nicht nur Verarmung oder Deprivation, welche sich negativ auf seinen Entwicklungsgang auswirken. Es sind auch die vielen frühen Lernangebote, welche jungen Kindern und ihren Eltern, häufig in fraglicher, d. h. nicht entwicklungsangemessener Art, angeboten werden. Obwohl die meisten dieser Angebote auf eine «optimale frühe Förderung» zielen, damit die «Zeitfenster der Entwicklung» ausgenutzt werden sollten, wirkt sich eine Stimulation, für die das Kind noch nicht bereit ist, eher so aus, dass es sich zurückzieht und auf diese Weise sein Interesse am Lernen verliert.

Zeitfenster der Entwicklung: In Phasen enormer Entwicklung ist die Stimulierung des Gehirns entscheidend. Ein Argument, das vor allem von bildungs- und gesellschaftspolitischer Seite her immer wieder verwendet wird, um für die frühkindliche Bildung zu plädieren, fokussiert auf die kritischen Zeitfenster, in denen das junge Kind maximal beeinflussbar sei. Bleibe zu dieser Zeit die Stimulation aus, so komme es zu nicht optimalen und kaum mehr kompensierbaren Entwicklungsverzögerungen. Zwar gilt es heute als unumstritten, dass bestimmte sensorische Erfahrungen früh in der Entwicklung gemacht werden müssen, damit sich das Gehirn optimal ausbilden kann. Solche Aussagen basieren jedoch nur auf normaler Stimulation. Deshalb lässt sich daraus nicht schließen, es seien besondere Anstrengungen oder Stimulationsprogramme nötig, damit die Gehirnentwicklung unterstützt werden könnte. Verschiedene Studien kommen vielmehr zum Schluss, dass Überstimulation durch besondere Trainingsprogramme beim Kleinkind negative Auswirkungen haben kann und dass die Befunde der Hirnforschung nicht die spezifische Fokussierung der frühkindlichen Bildung im Sinne expliziter Stimulierung legitimieren (Stern, 2008). Als gesichert gilt jedoch die Bedeutung sensibler Perioden für den Spracherwerb.

Fazit

Die Entwicklungspsychologie und die Hirnforschung haben nachgewiesen, dass das Denken junger Kinder demjenigen der Erwachsenen ähnlicher ist, als man früher annahm, und dass die Lernfähigkeiten von Säuglingen beeindruckend sind. Daraus folgt, dass die Annahme, Wissen könne erst auf genug weit entwickelten Strukturen aufgebaut werden, relativiert werden muss. Die Befunde liefern darüber hinaus auch Hinweise auf Altersbereiche, in denen Kinder besonders von Lernangeboten profitieren können. Die Bedeutung der Zeitfenster ist jedoch eher auf den Erwerb sensorischer Fähigkeiten und den Spracherwerb eingeschränkt und gilt kaum für kulturell vermittelte Wissensbestände.

Im Hinblick auf die aufgeworfene Frage, ob der traditionelle Bildungsbegriff zugunsten eines umfassenden Optimierungsprogramms für das kindliche Hirn aufgegeben werden müsse oder ob sich Erkenntnisse der Hirnforschung in bisherige pädagogische Ansätze problemlos integrieren lassen, lässt sich folgende Bilanz ziehen (vgl. dazu auch Viehhauser, 2010): Die Neurowissenschaften zeigen die biologischen Aspekte von Lernprozessen, Gedächtnisfunktionen und dem Verhalten und auch die Verluste und Gewinne auf, wenn Nervenzellen verkümmern und wenn sich Hirnstrukturen durch qualitativ gehaltvolle Anregungen festigen. Was jedoch wünschenswerte Lernprozesse oder die Qualität von Anregungen auszeichnet und wie hochwertige Anregungen zu vermitteln sind, bleibt allein der Pädagogik der frühen Kindheit reserviert. Neurowissenschaftliche Erkenntnisse können dazu nur sehr wenig direkte Aussagen machen. Ziel von frühpädagogischen Bestrebungen muss die Heranbildung des jungen Kindes zur Person im gesellschaftlichen Kontext bleiben. Es geht demnach weder darum, dass sich die Frühpädagogik zu einer «Pädagogik des Gehirns» entwickelt, noch um eine bloße Zurückweisung biologischer Erkenntnisse. Ziel ist die kritische Übersetzung neurowissenschaftlicher Erkenntnisse in die Pädagogik der frühen Kindheit. Basis bilden die folgenden neurowissenschaftlich fundierten Thesen:

- Das Lernen der Kinder wird unterstützt durch die Förderung von Bewegung, Wahrnehmen, Kommunikation sowie durch Interesse und Rückmeldung anderer.
- Lernen ist für Kinder dann nachhaltig, wenn es für sie bedeutungsvoll und lebensnah, d. h. auf ihre Erfahrungen, Wünsche oder Alltagsprobleme bezogen, ist.
- Kinder lernen unterschiedlich, in unterschiedlichem Tempo, in unterschiedlichen sozialen Konstellationen (z. B. allein oder in der Gruppe). Sie brauchen die Rücksichtnahme auf ihre Lernstile und Lerntypen.

3.2 Soziale und emotionale Entwicklung

Die frühe Kindheit ist nicht nur eine Zeit unerhörten kognitiven, sondern auch sozialen und emotionalen Wachstums. Eriksons Theorie der psychosozialen Entwicklung (1973) hat die bedeutsamsten Erkenntnisse für die Thematik frühkindlicher Bildungs- und Betreuungsprozesse geliefert. Dabei hat er wesentliche Teile der psychoanalytischen Theorie Freuds verfeinert, spätere Lebensabschnitte einbezogen und sein Konzept der Entwicklungsaufgaben ausdifferenziert. Eriksons Theorie zufolge findet

Entwicklung ein Leben lang statt, von der Geburt bis ins hohe Alter. Den Lebenslauf untergliedert Erikson in acht Stufen. Auf jeder dieser Stufen hat der Mensch spezifische Entwicklungsaufgaben zu bewältigen. Gelingt dies nicht, resultieren daraus möglicherweise bleibende Entwicklungsstörungen. Die für die frühe Kindheit relevanten Stufen sind:

- Vertrauen versus Misstrauen (erstes Lebensjahr),
- Autonomie versus Scham/Zweifel (zweites bis drittes Lebensjahr),
- Initiative versus Schuldgefühl (viertes bis sechstes Lebensjahr).

Im ersten Lebensjahr geht es um den Aufbau des Urvertrauens. Damit der zentrale psychische Konflikt des Urvertrauens versus Urmisstrauens positiv aufgelöst werden kann, ist eine warmherzige und einfühlsame Fürsorge zentral. Im zweiten und dritten Lebensjahr geht es um das Erlernen von Selbstkontrolle. Hier gilt es, eine Balance zu finden zwischen dem eigenen Willen, der sich als Trotz und Protest manifestieren kann, und der Befolgung der elterlichen Gebote. In der dritten Phase, zwischen dem vierten und sechsten Lebensjahr, steht der Aufbau des Vertrauens in die eigene Initiative und Kreativität im Mittelpunkt. Das Vorschulkind lernt, sich an Vorbildern zu orientieren (Eltern, Erziehenden, Geschwistern, Peers) und sich mit ihnen zu vergleichen. Eine Aufgabe dieser Phase ist es auch, mit Schuldgefühlen und Angst vor Strafe umgehen zu lernen. Eine gesunde Eigeninitiative kann das Kind dann entwickeln, wenn es die Welt durch Spielen explorieren kann und in allgemein gute Beziehungen eingebettet ist.

Zahlreiche neuere und neue Studien bestätigen Eriksons Theorie insofern, als sie empirische Belege dafür liefern, dass mit unzureichendem Vertrauen und mangelnder Autonomie ausgestattete Kinder später erhöhte Anpassungsprobleme haben. Die drei zentralen Größen Freude, Wut und Furcht gehören heute zu den am häufigsten untersuchten Themenbereichen der frühkindlichen Forschung (Berk, 2005). So wissen wir, dass sich im Verlauf des ersten Lebensjahres diese Grundemotionen zu klaren, gut organisierten Signalen entwickeln. Das soziale Lächeln erscheint zwischen der sechsten und zehnten Lebenswoche, das Lachen zwischen dem dritten und vierten Lebensmonat. Die Freude unterstützt nicht nur die Bindungsstrukturen zwischen Eltern und Kind, sondern auch die kognitiven und physischen Lernprozesse. Ärger und Furcht – als «Fremden» oder «Fremdenangst» gekennzeichnet – nehmen in der zweiten Hälfte des ersten Lebensjahres zu. Diese Fremdenangst gilt als Schutz des Kindes vor fremden Personen, welchen es aufgrund der enorm gewachsenen motorischen Fähigkeiten ausgeliefert sein kann.

Nachfolgend werden die wichtigsten Bausteine der sozial-emotionalen Entwicklung dargestellt. Es sind dies die Temperamentsentwicklung des jungen Kindes, die Bindungsentwicklung, das Selbstkonzept und die Aggressionsentwicklung.

3.2.1 Temperamentsstrukturen und emotionale Entwicklung

Ist von Persönlichkeitsunterschieden zwischen Kindern die Rede, dann sind häufig Merkmale gemeint, die sich mit dem Begriff «Temperament» in Verbindung bringen lassen. Angeborene Temperamentsfaktoren bestimmen in einem gewissen Umfang mit, in welche Richtung sich Kinder in ihren ersten Lebensjahren entwickeln und welche Persönlichkeitseigenschaften sie dabei ausbilden. Heute unterscheidet man vier Dimensionen von Temperament:

- Bereitschaft zur positiven Annäherung: reflexartige Hinwendung zu neuen, nicht vertrauten Reizkonstellationen.
- Bereitschaft, auf negative Affekte und Irritationen zu reagieren: Man unterscheidet Kleinkinder mit langen und solche mit kurzen Habituationszeiten (Gewöhnungszeiten).
- Kontrollbereitschaft: Gemeint ist damit, Erregungsniveaus so zu regulieren, dass sie eine mittlere Bandbreite weder über- noch unterschreiten. Solche Fähigkeiten werden dann allmählich zur Selbstkontrolle ausgebaut.
- Soziale Orientierung: Bereitschaft und spätere Fähigkeit, auf Menschen freundlich und gegebenenfalls mit Hilfe zu reagieren.

Säuglinge unterscheiden sich in ihren Temperamentsstrukturen, insbesondere in der Qualität und Intensität ihrer Emotionen, ihrem Aktivitätsniveau, ihrer Aufmerksamkeit und ihrer emotionalen Selbstregulation. Thomas und Chess (1977) teilten aufgrund ihrer Beobachtungsstudien Kinder im ersten Lebensjahr drei unterschiedlichen Temperamentskategorien zu: das einfache Kind, das schwierige Kind und das gehemmte Kind. 35% der Kinder ließen sich jedoch nicht eindeutig zuordnen. Das einfache, «pflegeleichte» Kind (40%) entwickelt rasch regelmäßige Routinen und ist zumeist fröhlich. Die Anpassung an neue Situationen fällt ihm leicht. Das «schwierige» Kind (10%) lässt Unregelmäßigkeiten in seiner täglichen Routine erkennen, akzeptiert neue Erfahrungen nur langsam und neigt dazu, negativ mit übermäßiger Intensität zu reagieren. Das «gehemmte» Kind, das nur langsam aktiv wird (15%), zeigt wenig Aktivität, lässt undeutliche, wenig intensive Reaktionen auf Umweltstimuli erkennen, seine emotionale Disposition ist eher negativ und die Anpassung an neue Situationen langsam.

Was jedoch beeinflusst Temperament? Zum einen sind es genetische Einflüsse inklusive ethnischer und geschlechtsbedingter Unterschiede, zum anderen umweltbedingte (Familie, Erziehungsstil, familienexterne Betreuung) sowie kulturbedingte Unterschiede. Temperament und Umweltbedingungen sind immer verschränkt in ihrem Einfluss auf die zukünftige kindliche Entwicklung. Da sich jedoch das Temperament mit zunehmendem Alter verändert, muss angenommen werden, dass Umweltbedingungen nicht per se das schon vorhandene Temperament erhalten oder sogar intensivieren. Das Modell der guten Passung *(goodness-of-fit-model)* von Thomas und Chess (ebd.) verdeutlicht, wie Temperament und Umwelt in ihrer Interaktion zu günstigen Ergebnissen führen können. Eine gute Passung umfasst eine adäquate sozialemotionale Umgebung, die sowohl auf das Temperament des Kindes ausgerichtet ist als auch die adaptiven Funktionen betont. Damit ist gemeint, dass ein gutes Passungsmodell sanft und nachdrücklich auf fehlangepasstes Verhalten einwirkt. Schwierige oder schüchterne Kinder, welche zunehmend ein adaptives Funktionsniveau erreichen, haben häufig Eltern, die eine Erziehung praktizieren, welche die optimale Passung in den Mittelpunkt stellt.

Temperament und elterliches Rollenmodell respektive der Erziehungsstil wirken sich auch auf die Fähigkeit des Vorschulkindes aus, mit negativen Emotionen umzugehen. Parallel mit der Entwicklung des Selbstkonzepts beginnt das Kind auch häufiger, selbstbezogene Emotionen wahrzunehmen. Die Eltern spielen dabei eine wichtige Rolle, denn die von ihnen ausgehenden Botschaften beeinflussen sowohl die Situationen, in denen Emotionalitäten auftauchen, als auch deren Intensität. Auch Empathie tritt nun vermehrt auf. Das kindliche Temperament und der elterliche Erziehungsstil beeinflussen das Ausmaß, in welchem prosoziales oder altruistisches (selbstloses, aufopferndes) Verhalten gezeigt wird.

3.2.2 Bindungsentwicklung

Um das erste Lebensjahr herum gewinnen Reaktionen auf Trennungen von der Hauptbezugsperson und deren Verarbeitung besondere Bedeutung. Initiiert durch die Arbeiten von John Bowlby (1909–1990) und Mary Ainsworth (1913–1999), hat dieses Bindungsverhalten in der Forschung große Beachtung gefunden. Es erlaubt die Einteilung in Bindungsklassen und die Beurteilung von Bindungsqualität. Das kindliche Bindungsverhalten ist auch für die außerfamiliäre Betreuung zentral.

Die am meisten akzeptierte Sichtweise der Bindungsentwicklung ist die ethologische Theorie (Bowlby, 1969). Sie basiert auf dem Verständnis, dass Säuglinge biologisch darauf vorbereitet sind, sich aktiv an eine Person zu binden, und dass die kindliche Reaktion bei der Bindungsperson ein Fürsorgeverhalten auslöst. Eine ganze

Reihe angeborener Verhaltensweisen macht die Anwesenheit der Bezugsperson in den ersten Monaten nötig. Ein Kind kann, jedoch erst wenn sich eine Personpermanenz entwickelt hat (was nach dem sechsten Lebensmonat der Fall ist), emotional ausdrücken, dass es seine Bezugsperson vermisst. Diese Art und Weise der emotionalen Reaktion liefert zugleich die Grundlagen für späteres Bindungsverhalten.

Dass sich eine sichere Bindung entwickelt hat, zeigt sich beispielsweise an der mit sechs bis acht Monaten auftauchenden Fremdenangst und der Reaktion auf die Bezugsperson. Die Nähe zu ausgewählten Bezugspersonen entspricht dem angeborenen Bedürfnis nach einer sicheren Basis oder – wie Bowlby sagt – einem *haven of safety.* Der Wunsch nach Nähe zur vertrauten Person ist für das Kleinkind überlebensnotwendig, geht aber einher mit dem entgegengesetzten Bedürfnis nach Autonomie, sich von der Mutter (oder dem Vater) zu entfernen und die Umwelt zu erforschen. Manche Kinder reagieren sehr emotional und heftig, wenn sie von ihrer Mutter oder dem Vater für kurze oder längere Zeit verlassen werden, anderen merkt man kaum etwas an. Bowlby und Ainsworth vertraten die Ansicht, dass die Art und Weise, wie ein Kind auf die Trennung von ihrer Bezugsperson reagiert, Hinweise auf die Bindungsqualität liefert.

Mary Ainsworth entwickelte den klassisch gewordenen Fremde-Situation-Test (Bowlby & Ainsworth, 1985). Dabei handelt es sich um ein entwicklungspsychologisches Experiment, das die Kriterien Bowlbys für eine sichere Bindung zwischen Kind und Mutter nachweisen soll. Dieser Test ermöglicht die Messung der Qualität der Bindungsbeziehung auf der Basis des kindlichen Verhaltens in einer fremden Situation. Der Test – im Idealfall in einem durch Einwegscheiben beobachtbaren Raum durchgeführt – gliedert sich in acht Phasen von jeweils drei Minuten. Zu bemerken ist, dass es sich nicht ausschließlich um die Mutter, sondern um die wichtigste Bindungsperson, handeln muss.

1. Die Mutter setzt ihr Baby beim Spielzeug auf einer Matte am Boden ab.
2. Die Mutter setzt sich auf einen Stuhl und liest eine Zeitschrift. Mutter und Kind sind allein im Raum. Das Kind spielt.
3. Eine fremde Frau tritt ein, setzt sich zur Mutter, unterhält sich mit ihr und befasst sich auch mit dem Kind.
4. Die Mutter verlässt unauffällig den Raum. Die fremde Frau geht auf das Kind ein.
5. Die Mutter kommt zurück, während die fremde Frau den Raum verlässt. Die Mutter beschäftigt sich mit dem Kind.

6. Die Mutter verlässt den Raum wieder, diesmal verabschiedet sie sich vom Kind. Das Kind bleibt allein zurück.

8. Die fremde Frau tritt wieder ein. Sie versucht, falls nötig, das Kind zu trösten.

9. Die Mutter kommt zurück, die fremde Frau verlässt den Raum.

Je nachdem, wie einfühlsam die Mutter respektive die Bezugsperson handelt und reagiert, entwickelt sich einer der nachfolgend angeführten Bindungstypen. Die Prozentsatzzahlen stammen aus der Untersuchung von Van Ijzendoorn und Bakermans-Kranenburg (1996).

- (A) *Sicher:* Eltern, die mit ihren Kindern feinfühlig interagieren, erhalten sicher gebundene Kinder. Die gefühlsmäßige Betroffenheit ist zu sehen. Das Kind sucht die Nähe und die Kommunikation zur Person. Das Kind lässt sich rasch trösten, jedoch nicht von der fremden Frau (ca. 55%).
- (B) *Vermeidend-unsicher:* Reagiert die Bezugsperson auf Trostbedürfnisse oder auf freudige Ereignisse eher reserviert und zurückweisend, erhalten die Eltern verstärkt vermeidend gebundene Kinder. Im Test zeigt das Kind einen eingeschränkten Gefühlsausdruck. Es meidet die Bezugsperson, äußert nur wenig Betroffenheit und setzt sich neugierig mit dem Spielzeug auseinander. Es begrüßt die Mutter bei der Rückkehr eher distanziert (ca. 23%).
- (C) *Ambivalent-unsicher:* Das Kind äußert eine starke Betroffenheit und sucht die Nähe, gemischt mit Ärger und Kontaktwiderstand. In der fremden Situation zeigt es vor allem Passivität, erkundet das Spielzeug wenig und lässt sich nach der zweiten Trennung von der Bezugsperson nur schwer trösten. Eltern solcher Kinder reagieren teils feinfühlig, gelegentlich zurückweisend (ca. 8%).
- (D) *Desorganisiert-desorientiert:* Die Kinder von desorganisierten Eltern zeigen deutliches, nicht auf eine Bezugsperson bezogenes und bizarres Verhalten wie Grimassenschneiden, Einfrieren der Mimik oder Erstarren. Das Verhalten ist insofern außergewöhnlich, als Abbruch, Wiederaufnahme und erneuter Abbruch der Kontaktaufnahme beobachtet werden können (ca. 15%).

Diese vier Qualitäten (sicher, vermeidend, ambivalent, desorganisiert) sind in den letzten 20 Jahren vielfach empirisch bestätigt worden. Im internationalen Vergleich zeigt sich dabei immer wieder, dass sich Erziehungs- und Sozialisationspraktiken unterschiedlich auf das Bindungsverhalten auswirken. In den USA und in Europa ist die Bindungsklasse A häufiger als Bindungsklasse B anzutreffen, während in Japan und Israel die Bindungsklasse C häufiger als Bindungsklasse B nachgewiesen werden konnte. In vielen Studien hat sich ferner gezeigt, dass sicher gebundene Kinder aus Mittelschichtfamilien, die unter positiven Lebensumständen aufwuchsen, ihr Bindungsmuster häufiger behielten als unsicher gebundene Kinder. Eine Ausnahme bildeten desorganisiert gebundene Kinder, welche eine ausgesprochen hohe Stabilität zeigten.

Für die Entwicklung von Bindungsqualität zentral ist somit die Möglichkeit des Säuglings, zu einer oder mehreren erwachsenen Personen eine enge Bindung einzugehen. Eine große Rolle spielen jedoch auch die feinfühlige Fürsorge dieser Personen, die Passung des Umgangs mit dem Kind und seinem Temperament sowie die kontextuellen Aufwachsbedingungen. Insgesamt belegen diese empirischen Befunde, dass die Bindungsqualität keine Persönlichkeitseigenschaft des Kindes ist, sondern ein Beziehungsmerkmal, das sich im Laufe der Zeit wandeln kann. Allgemein gilt sie jedoch als stabiles Merkmal, das ein guter Prädiktor für problematisches Verhalten in der Schulzeit darstellt.

Bedeutet dies somit, dass sich eine sichere Bindungsqualität auf die nachfolgende kognitive, soziale und soziale Kompetenzentwicklung auswirkt? Dazu sind die Forschungsergebnisse nicht schlüssig. Sicher ist, dass die kontinuierliche Fürsorge ein Faktor von großer Bedeutung ist, um die Bindungssicherheit in den folgenden Jahren erhalten zu können. Unsicher gebundene Kinder zeigen in familienexterner Betreuung häufig Verhaltens- oder Anpassungsprobleme, während sich sicher gebundene Kinder deutlich häufiger als sozialkompetent erweisen, die in Konfliktsituationen besser mit Gleichaltrigen umgehen können als unsicher gebundene Kinder.

Was bedeutet Bindungssicherheit für ein Kind, das familienextern betreut wird? Diese Frage wird in Kapitel 9 ausführlich diskutiert. An dieser Stelle seien lediglich zwei Bemerkungen festgehalten:

(a) dass hierzulande bildungs- und sozialpolitisch viel über diese Thematik gestritten wird, nicht zuletzt deshalb, weil die gesellschaftliche Akzeptanz von familienexterner Betreuung nicht besonders hoch ist. In anderen Ländern – wie Italien, Frankreich oder den skandinavischen Ländern – ist sie deutlich höher.

(b) dass im Ergebnis nur geringe Unterschiede zwischen fremdbetreuten und in der Familie aufwachsenden Kindern ermittelt werden konnten. Von enormer Bedeutung scheint hingegen die Sensibilität und Responsivität der Mutter zu sein: Sie bestimmen die Bindungsqualität. Fremdbetreuung hat darauf fast keinen Einfluss – außer, wenn die Beziehung vorbelastet ist. Kommen solche Kinder in qualitativ hochstehende Fremdbetreuung, dann können sie ihre Bindungsunsicherheit jedoch stabilisieren. Werden unsicher gebundene Kinder zusätzlich ungünstig fremdbetreut, vergrößert sich das Risiko; sind sie besonders günstig, dann vermindert es sich.

3.2.3 Die Entwicklung des Selbstkonzepts

Der früheste Hinweis auf ein während des zweiten Lebensjahres auftauchendes Selbstbewusstsein ist das Ich, ein Gefühl für das eigene Selbst als sich selbst erkennendes, handelndes Subjekt. Während des zweiten Lebensjahres beginnt das Kleinkind, ein Selbst zu konstruieren. So wird sich das Kind beispielsweise seines Aussehens bewusst, und im Alter von zwei Jahren beginnt es, seinen Namen oder ein Personalpronomen zu verwenden, wenn es sich selbst meint. Diese Selbstaufmerksamkeit ist es auch, welche zu seinen ersten Bemühungen führt, die Sichtweise anderer Menschen zu verstehen und diese mit der eigenen zu vergleichen. In der Sprache beginnen sich soziale Kategorien zu zeigen. Das Selbstkonzept des Vorschulkindes entwickelt sich in erster Linie in der zunehmenden Selbstwahrnehmung weiter. Diese geht beispielsweise einher mit Streitereien mit Peers um gewünschte Gegenstände, aber auch mit ersten Kooperationsversuchen mit anderen Kindern. Nach drei Jahren beginnt sich der Selbstwert auszudifferenzieren. Obwohl das Selbstkonzept bei Vorschulkindern bisher nur rudimentär untersucht worden ist, verweisen verschiedene Längsschnittstudien auf ein insgesamt hohes Selbstwertgefühl (Weinert & Helmke, 1997; Weinert, 1998).

3.2.4 Peerbeziehungen

Während der frühen Kindheit wird die Interaktion zwischen Kleinkindern immer wichtiger (Viernickel, 2010). Bereits sehr junge Kinder zeigen Gleichaltrigen gegenüber ein deutlich anderes Verhalten als gegenüber materiellen Objekten. Babys unter einem Jahr versuchen, Gleichaltrige anzulächeln, Laute zu äußern, sich anzunähern und sie zu berühren. Solche sozial ausgerichteten Verhaltensweisen kann man allerdings noch nicht als Interaktionen bezeichnen. Um solche handelt es sich erst dann, wenn das Gegenüber auch eine soziale Reaktion zeigt. Dies ist gegen Ende des ersten Lebensjahres der Fall (z. B. Austausch von Spielobjekten, gegenseitige Nachahmung; erste einfache Spiele). Im zweiten Lebensjahr manifestieren sich dann enorme Entwicklungen. Zunächst findet eine Entwicklung von vorwiegend nicht sozialer Aktivität auf das Parallelspiel hin statt. Mit Parallelspiel gemeint ist, dass Kinder Seite an Seite sitzen und ähnliche Materialien verwenden, jedoch alleine vor sich hin sprechen und vom Gegenüber wenig Kommunikatives aufnehmen.

Auch bei drei- und vierjährigen Kindern bleiben Allein- und Parallelspiel weiterhin bestehen. Fast alle Interaktionen finden in dieser Altersgruppe zwischen lediglich zwei Kindern statt. Die komplexe Situation, in der mehrere Kinder in einem Gruppenprozess ein Spiel initiieren, ihre Rollen darin finden und das Spiel flexibel abwandeln und weiterentwickeln, übersteigt sowohl die kognitiven als auch die sozialen Fähigkeiten vieler sehr junger Kinder. Sie stellt sich erst mit etwa vier bis fünf

Jahren ein. Zu beachten ist allerdings, dass Kleinkinder, die sich regelmäßig treffen, früher schon erste Beziehungsmuster entwickeln. So kommt es in stabilen Gruppen zu einer nachweisbaren Bevorzugung bestimmter Interaktionspartner. Die meisten Kinder bevorzugen ein oder zwei andere Kinder der Gruppe und treten mit diesen verstärkt in einen sozialen Austausch, während zu anderen wenig oder kein Kontakt entsteht. Diese Tendenz verstärkt sich im Verlauf der Vorschulzeit. Auch die Qualität der Interaktionen variiert in Abhängigkeit vom Partner. Es entstehen spezielle Beziehungen zwischen zwei Kindern, die von besonders positiver und kooperativer Natur sind. Auch wenn man gemäß Viernickel (2000) vorsichtig damit sein sollte, bei Kindern in einem Alter, in dem sie zur Selbstauskunft noch nicht fähig sind, bereits von Freundschaften zu sprechen, gibt die empirische Forschung doch Hinweise darauf, dass schon Kleinkinder zwischen mehreren Interaktionspartnern differenzierte Wahlen treffen und im Kontakt mit ihnen unterschiedliches Verhalten realisieren. Eltern haben auf die sozialen Beziehungen ihrer Kinder sowohl eine direkte (über die Beeinflussung der Peerbeziehungen) als auch indirekte Auswirkung (über ihre Erziehungspraktiken). Sichere Bindungsmuster und positive Eltern-Kind-Gespräche korrelieren mit positiven Peerinteraktionen. Für die FBBE-Thematik besonders relevant sind solche Befunde, weil dadurch die familienergänzende Betreuung die große Chance bekommt, durch die Erweiterung des Peerkreises insbesondere die Idee der frühkindlichen Bildung proaktiv zu unterstützen. Kinder lernen auf diese Weise nicht nur, wie man sich sozial austauscht, wie man einen Dialog führt, wie man sich eingliedert, wie man Regeln einhält und auch Kompromisse schließen kann, sondern sie lernen in solchen Settings auch den Erwerb vieler Vorläuferkompetenzen (sprachlicher und mathematischer Art). In vielen Untersuchungen hat sich dabei gezeigt, dass sozial kompetente Kinder über bessere Vorläuferfähigkeiten verfügen als sozial weniger kompetente Kinder (Osborn & Milbank, 1987; Sylva, Melhuish, Sammons, Siraj-Blatchford & Taggart, 2004; 2008).

Einer der beeindruckendsten Befunde ist, dass frühe positive Peerbeziehungen späteren Schulproblemen inklusive gesundheitlicher Störungen entgegenwirken können. Heute wissen wir, dass die soziale Positionierung der Kinder im Kindergarten ein starker Prädiktor für die soziale Stellung und die Schulleistung in der Primarschule darstellt, teilweise sogar für das Jugendalter (Stamm, 2005). Daraus folgt, dass soziale Interaktionen und Peerbeziehungen von Vorschulkindern bereits in diesem entwicklungspsychologisch relevanten Stadium genau betrachtet werden müssen.

3.2.5 Entwicklung der Moral und ihre Kehrseite: Die Aggression

In den letzten Jahren ist die Frage, wie und ob sich Kinder von Erwachsenen vorgegebene Standards überhaupt anzueignen in der Lage sind, zu einer im bildungs- und sozialpolitischen Bereich hoch aktuellen Thematik geworden. Freuds Theorie besagt, dass der Mensch mit mächtigen sexuellen und aggressiven Trieben geboren wird und diese erst im Alter von fünf Jahren, wenn eine Identifikation mit dem gleichgeschlechtlichen Elternteil gelingt und er dessen Werte und Verhaltensstandards übernimmt, unter Kontrolle bringt. Disziplinierung, die sich aus Angst vor Strafe und dem Verlust elterlicher Liebe ergibt, ist der Gewissensbildung somit nicht förderlich. Der Behaviorist Watson wiederum stellte sich den Menschen als «unbeschriebenes Blatt», als «tabula rasa» vor, weshalb das Kind erst durch Belohnung bzw. Bestrafung das «richtige» bzw. «falsche» Verhalten lernt. Anders die soziale Lerntheorie: Sie betrachtet die Verstärkung und das Modelllernen als Grundlage moralischen Handelns. Daraus folgt, dass erwachsene Rollenmodelle für moralisches Handeln besonders effektiv sind, wenn sie sich als warmherzig erweisen, positive Autorität ausstrahlen und das, was sie dem Kind demonstrieren, auch selber tun. Häufige und harte Bestrafung wirkt sich auf die Internalisierung nicht förderlich aus und führt auch nicht zum Erlernen sozial akzeptablen Verhaltens, sondern zu vielen unerwünschten Nebenwirkungen. Die kognitive Entwicklungstheorie schließlich betont das Denken, d. h. die Fähigkeit des Kindes, vernünftig über Gerechtigkeit und Fairness nachzudenken. Schon in den Vorschuljahren sind junge Kinder in der Lage, moralische Urteile zu fällen und zu entscheiden, was richtig und was falsch ist.

Alle diese Theorien moralischer Entwicklung erkennen an, dass das Gewissen in der frühen Kindheit entsteht. Die meisten Theorien unterstützen die Sichtweise, dass die kindliche Moral zunächst durch Erwachsene kontrolliert und erst nach und nach durch innere Standards reguliert wird. Dies geschieht über die Internalisierung der vorgegebenen Standards. Obwohl die Theorien in verschiedenster Hinsicht ähnliche Aussagen machen, legen sie andere Schwerpunkte. Die Psychoanalyse beispielsweise betont die emotionale Seite der Gewissensentwicklung, die soziale Lerntheorie betont das moralische Verhalten und wie es durch Verstärkung und Modellbeobachtung gelernt wird, und die kognitive Entwicklungstheorie das Denken. Diese kognitive Sichtweise mit den beiden Vertretern Piaget und Kohlberg hat die Forschung zur Moralentwicklung entscheidend geprägt. Gemäß Piagets Entwicklungstheorie (1976) verläuft die Entwicklung des moralischen Urteils beim Vorschulkind wie folgt: Aus einem amoralischen Stadium kommt es in ein Stadium des Respekts gegenüber unverletzlich scheinenden Regeln. Wer sich im Einklang mit diesen Regeln verhält, ist «lieb», wer nicht, ist «böse». Sein kindlicher Realismus bewirkt jedoch, dass es solche Regeln allerdings wie andere Dinge betrachtet und unfähig ist, zwischen subjektiven und objektiven Aspekten der Umwelt bzw. seiner Erfahrung mit ihr zu unterscheiden (Egozentrismus). Während das Vorschulkind von einer autoritätsbestimmten (heteronomen) Moral geleitet wird, entwickelt sich gegen Ende des Grundschulalters eine selbstbestimmte (autonome) Moral, die unabhängig von den erwachsenen Bezugspersonen wirksam ist.

Aufbauend auf Piagets Modell, entwickelte Lawrence Kohlberg (1927–1987) ein differenziertes Stufenmodell mit drei Hauptniveaus und sechs Stadien moralischen Verhaltens (Kohlberg & Turiel, 1978). Er legte Kindern und Jugendlichen eine Reihe von hypothetischen moralischen Konfliktsituationen vor (etwa, ob man ein teures Medikament stehlen darf, um den Tod seiner eigenen Frau abzuwenden) und ordnete die Reaktionen den einzelnen Stufen bzw. Stadien zu. Zwar ergab sich eine gute Übereinstimmung mit den theoretischen Annahmen, doch zeigte sich auch, dass es große Unterschiede im Entwicklungsverlauf der einzelnen Kinder gibt. Das moralische Urteil entwickelt sich dementsprechend über drei Niveaus. Jedes dieser Niveaus enthält Stufen: (1) das präkonventionelle Niveau, (2) das konventionelle Niveau und (3) das postkonventionelle Niveau. Das erste Niveau ist dadurch gekennzeichnet, dass das junge Kind Moralität als von Belohnung, Bestrafung und Autorität kontrolliert versteht. Das zweite Niveau betrachtet die Konformität als Notwendigkeit, um positive menschliche Beziehungen und eine gewisse soziale Ordnung garantieren zu können. Im postkonventionellen Niveau entwickelt das Individuum abstrakte, universelle Gerechtigkeitsprinzipien.

Vorschulkinder, die wegen ihres aggressiven Umgangs mit anderen Kindern nicht besonders beliebt sind, übertreten moralische Regeln häufig. Dass Kinder von Zeit zu Zeit Aggressionen zeigen, ist jedoch normal. Allerdings gibt es junge Kinder – insbesondere impulsive oder überaktive –, die gefährdet sind, langfristige Verhaltensprobleme zu entwickeln. Diese negative Entwicklung ist jedoch abhängig vom Erziehungsstil der Eltern und dem Aufwachskontext des Kindes. Im Vorschulalter sind zwei Formen von Aggression zu unterscheiden:

- *die häufig auftretende instrumentelle Aggression:* Zu ihr gehören Schubsen, Anschreien oder Wegdrängen, wenn es um die Eroberung eines bestimmten Objekts oder eines Platzes geht.
- *die feindselige Aggression:* Bei ihr geht es darum, jemanden anderen zu verletzen. Sie kann sich auf zwei Arten äußern: als offene, direkte Aggression, die auf die Zufügung körperlicher Verletzungen ausgerichtet ist, und als relationale Aggression, welche auf die Beziehungen zu Gleichaltrigen ausgerichtet ist. Erstere Form ist eher bei Jungen, letztere bei Mädchen zu beobachten. Da relationale Aggres-

sionen meist verdeckt sind, werden Mädchen häufig als weniger aggressiv wahrgenommen.

Was jedoch fördert Aggression? Zuerst einmal ineffektive Disziplinierungsmaßnahmen der Eltern, dann aber auch konfliktreiche Familienverhältnisse und Gewalt im Fernsehen. Kleinkinder verstehen Gewalt im Fernsehen nur rudimentär. Dies führt zu Nachahmungen und zur unkritischen Annahme des Gesehenen. Es gibt jedoch verschiedene Maßnahmen, aggressives Verhalten zu reduzieren: (a) effektive Erziehungsmaßnahmen der Eltern respektive der Erziehungsberechtigten, (b) kindliche Trainingsprogramme, welche das Ziel haben, soziale Problemlösestrategien einzuüben, (c) Verminderung der Feindseligkeit innerhalb der Familie, (d) Abschirmen der Kinder vor gewaltgeladenen Sendungen im Fernsehen.

3.3 Entwicklungs- und Sozialisationsrisiken

Die Entwicklung junger Kinder geht einher mit einer ausgeprägten Beeinflussbarkeit und Verwundbarkeit (Vulnerabilität). Aus diesen Gründen hat die Forschung schon vor vielen Jahren von einer besonderen Gefährdung der frühen Kindheit gesprochen und Risikofaktoren definiert, welche die kindliche Entwicklung beeinträchtigen. Solche Risikofaktoren bilden sich im Rahmen der unterschiedlichen Sozialisationsbedingungen heraus. Ahnert (2006) macht jedoch darauf aufmerksam, dass es auch Wechselwirkungen gibt und junge Kinder aktiv in ihre eigenen Lebenskontexte einwirken und damit die Wirkung von Risikofaktoren reduzieren oder verhindern können. Not tut deshalb anstatt einer defizitorientierten, auf die kindlichen Gefährdungen eingeschränkten Sichtweise eine ganzheitliche Sicht auf die Frühsozialisation des Kindes und auf die sich daraus ergebenden Chancen.

Heute wird unter Entwicklung die kontinuierliche Wechselwirkung von umweltbezogenen und genetischen Faktoren verstanden. Beide wirken wechselseitig und verändernd aufeinander ein. Dies geschieht in einem langen, störanfälligen Sozialisationsprozess. Frühe Erfahrungen beeinflussen dabei die weiteren Entwicklungsbedingungen. Diese sind bereits vorangehend anhand des Modells der Kind-Umwelt-Passung beschrieben worden. Von Passung spricht man dann, wenn die Kontextbedingungen den vorhandenen Fähigkeiten, Temperaments- und Verhaltensmerkmalen des Kindes derart entsprechen, dass sie weiter entfaltet und wiederum von der Umwelt stimuliert werden können. Wie entstehen jedoch Fehlentwicklungen? Aus der Sicht dieses Kind-Umwelt-Passungsmodells dann, wenn Fähigkeiten stimuliert werden sollen, für die es keine Grundlage gibt, oder wenn die Umwelt nicht angemessen auf Fähigkeiten oder andere Merkmale reagiert.

Im Mittelpunkt der aktuellen Diskussion steht das Zusammenspiel von vulnerablen und protektiven Faktoren und damit das Stichwort «Resilienz». Resilienz wird definiert als psychologische Widerstandsfähigkeit, trotz biologischen, psychologischen und psychosozialen Entwicklungsrisiken internale und externale Ressourcen erfolgreich zu nutzen und Entwicklungsaufgaben zu bewältigen. Mit dem Konzept der Resilienz verwandt sind Konzepte wie Salutogenese und Coping. Unter Vulnerabilität werden Eigenschaften verstanden, die zu verfehlten Anpassungsleistungen prädisponieren. Sie können sowohl genetisch als auch umweltbedingt sein. Bestimmte Sozialisationsbedingungen können zur Verstärkung oder Milderung von Vulnerabilität beitragen. Gleiches gilt für bestimmte Lebensphasen (z. B. sensible Phasen). Auch wenn Vulnerabilität vorwiegend genetisch bedingt sein sollte, kann sie durch bestimmte Sozialisationseinflüsse oder Lebensphasen verändert werden. Ferner geht die Resilienzforschung davon aus, dass trotz vorhandener Vulnerabilität störende Einflüsse dann minimierbar sind, wenn protektive Faktoren wirksam werden können oder auf sie zurückgegriffen werden kann. Umgekehrt wird jedoch auch angenommen, dass sich im Falle nur vereinzelt zur Verfügung stehender Schutzfaktoren Störungen entwickeln und Fehlentwicklungen kaum vermieden oder zurückgehalten werden können.

Welches sind entwicklungsförderliche Beziehungskontexte? Sowohl Resilienz- als auch Vulnerabilitätsfaktoren können nur über Beziehungskontexte des Kindes wirksam werden. Die kindliche Beziehungsfähigkeit steht somit im Zentrum der Entwicklung und der Pädagogik der frühen Kindheit. Betreuungspersonen und Vorschullehrkräfte müssen wissen respektive lernen, wie ein entwicklungsfördernder Beziehungskontext aufgebaut werden kann und wie kindliche Signale und Verhaltensabsichten sensitiv beantwortet und interpretiert werden können. Papoušek, Schieche und Wurmser (2004) sprechen dabei von sensitiven Betreuungsmustern und von emotional positiven Zuwendungsformen, denen eine ausgeprägte Sicherheits- und Schutzfunktion zukommt. Für die FBBE-Thematik und die Frage nach Chancengleichheit besonders wesentlich ist, dass entwicklungsfördernde frühe Beziehungskontexte auch im späteren Leben beibehalten oder gestärkt werden können. Folglich braucht es Erziehungsprinzipien, welche auf die kindliche Kompetenz- und Bedürfnisentwicklung ausgerichtet sind und als Leitplanke dienen. Auf diese Weise kann das Kind handlungskompetent und gestaltungsfähig werden. Neben der Bindungssicherheit und der liebevollen Zuwendung gehören vier Erziehungsprinzipien dazu:

- die Beachtung der kindlichen Individualität und des zunehmenden Autonomiestrebens,

- die Orientierung an verbindlichen Verhaltenserwartungen,
- vielfältig und herausfordernde Förder- und Anregungsmöglichkeiten,
- die partizipative Einbindung in eine gemeinsame Lebensgestaltung.

3.4 Zusammenfassende Bilanz

Die bildende, integrierende, betreuende und erziehende Umwelt kann Entwicklungsmuster bereits in den frühen Lebensjahren bedeutsam verändern. Diese soziale Tatsache lässt vermuten, dass eine angemessene vorschulische Förderung enorme Wirkungen auf die kindliche Entwicklung erzielen kann. Dazu liegen heute vielfältige Forschungsergebnisse vor. Sie belegen jedoch, dass solche Wirkungen nur dann positiv sein können, wenn vorschulische Förderung gleichermaßen auf die kognitive, soziale und emotionale Entwicklung ausgerichtet ist. Entsprechend wurde in diesem Kapitel die Bedeutung der Beziehung junger Kinder zu Erwachsenen diskutiert und darauf verwiesen, dass emotional sichere Beziehungen in frühkindlichen Bildungs- und Betreuungssettings zentral sind, aber auch prädiktiv für die späteren sozialen Beziehungen zu Gleichaltrigen, für die Manifestation von Verhaltensproblemen und für Schulleistungen.

Die Hauptbotschaft in diesem Kapitel war die, dass Entwicklung nicht einfach nur eine Entfaltung angeborener Fähigkeiten ist, sondern nach sozialem Kontext variiert. Piaget hat den Einfluss der Kultur, in der ein Kind lebt, auf die kognitive Entwicklung noch weitgehend vernachlässigt. Erst seine Kritiker, insbesondere auch Wygotski, haben erkannt, dass Entwicklungsveränderungen aus einer sozial-kulturellen Perspektive betrachtet und erklärt werden müssen. Die kognitive, soziale und emotionale kindliche Entwicklung ist somit eine Angelegenheit, in der die Natur – was das Kind auf die Welt mitbringt – und die Förderung – die Beziehungen und andere Aspekte des kindlichen Kontexts – interagieren.

Insgesamt liefern sowohl die Hirnforschung als auch die neue kognitive Entwicklungspsychologie viele Argumente, welche die Forderungen nach der Implementation von FBBE-Konzepten unterstützen. Beide Forschungsrichtungen haben nachweisen können, dass das Denken junger Kinder demjenigen der Erwachsenen ähnlicher ist, als beispielsweise Piaget angenommen hatte, und dass ihre Lernfähigkeiten bereits in den ersten Lebensmonaten bemerkenswert sind. Demzufolge kann davon ausgegangen werden, dass junge Kinder bereits über kognitive Strukturen verfügen, welche Wissen aufzubauen in der Lage sind. Auch im Hinblick auf die viel diskutierte Frage, ob es bestimmte Phasen oder Zeitfenster gibt, in denen ein junges Kind von FBBE-Angeboten besonders profitiert, liefert die Forschung einige Hinweise. Die Wirksamkeit kompensatorischer Programme ist mehrfach belegt, jedoch nur, wenn die Angebote auch während der folgenden Lebensjahre aufrechterhalten und die Familien umfassend einbezogen werden. Darauf wird in Kapitel 9 eingegangen.

Anlage und Umwelt sind für jedes Kind einmalig. Deshalb lassen sich zwischen Kindern auch bemerkenswerte Variationen bereits im frühen Alter beobachten. Weil darüber hinaus die Responsivität der Umgebung gegenüber dem Entwicklungsstand des Kindes und seinen Charakteristika der Schlüssel zur Förderung der weiteren Entwicklung ist, fokussiert das nächste Kapitel auf einige Variationen zwischen Vorschulkindern im sprachlichen und mathematischen, im körperlich-emotionalen und im kulturellen Bereich. Auf solche Disparitäten sollte das pädagogische Fachpersonal angemessen reagieren.

4 Individuelle und kulturelle Unterschiede

Zwar verläuft die Entwicklung für alle Kinder in einer ähnlichen Art und Weise. Entwicklungsunterschiede sind jedoch das unvermeidbare Ergebnis individueller, genetischer und erfahrungsbezogener Disparitäten sowie differenter sozialer und kultureller Aufwachskontexte. In den letzten 20 Jahren haben die Sozialwissenschaften solchen Unterschieden größere Beachtung geschenkt. Verstärkt worden ist dieser Fokus durch die PISA-Studien, welche in den deutschsprachigen Ländern eine Risikogruppe 15-jähriger Jugendlicher mit ungenügenden Lesekompetenzen identifiziert hatten. Dabei rückten die nachfolgenden Analysen die vorschulische Bildung als Ort notwendig zu verstärkender Förderung in den Mittelpunkt. Grundlage bildete dabei die auf internationalen Vergleichen basierende Feststellung, dass die Länder mit den besten Schulleistungsergebnissen auch besonders aktiv im vorschulischen Bereich sind.

Heute ist der Begriffskomplex der individuellen und kulturellen Disparität zu einer zentralen Herausforderung des frühpädagogischen Bereichs geworden. In diesem Kapitel wird er anhand der Unterschiede im sprachlichen, mathematischen und lernzugangsbezogenen Bereich (4.1), im körperlich-emotionalen Bereich (4.2) und im kulturellen Bereich (4.3) besprochen.

4.1 Unterschiede in den kognitiven Fähigkeiten und im Wissen

Kinder treten mit unterschiedlichen Sets an Kenntnissen und Fähigkeiten in den Bildungsraum ein. Obwohl fast alle Kinder im Alter von etwa drei Jahren über basale Sprachkenntnisse verfügen und ein Vokabular für den Alltag und ihr Spiel zur Verfügung haben, gibt es große interindividuelle Unterschiede. Sie manifestieren sich in erster Linie in schulrelevanten Bereichen. Es sind dies Spracherwerb und Sprachverständnis, numerisches Verständnis und Weltwissen sowie auch der Bereich der Sozialkompetenzen (Elschenbroich, 2002).

4.1.1 Entwicklung der sprachlichen Fähigkeiten

Eine Hauptquelle der Unterschiede zwischen Vorschulkindern ist das Niveau ihrer Sprachentwicklung. Solche Unterschiede werden bereits in den ersten Lebensmonaten ersichtlich. Obwohl die Forschung aufgezeigt hat, dass die Entwicklungsabfolge des Sprachlernens für alle Kinder gleich ist, gibt es große Unterschiede zwischen den einzelnen Sprachen und auch innerhalb. Jede Sprache hat ihre eigenen Bereiche von

Komplexität und Irregularität, welche zu langsamem Spracherwerb führen, und auch ihre eigenen Bereiche, in denen der Spracherwerb als leicht gilt.

Sprachentwicklung zwischen Geburt und Schuleintritt

Grundsätzlich machen Neugeborene als Reaktion auf ein lautes Geräusch große Augen. Sie drücken außerdem Wohlgefallen oder Unwohlsein durch Lachen, Kichern, Weinen und Lächeln aus. Zwischen sechs und acht Wochen verfeinern Babys ihre Hörfähigkeiten und suchen nach den Quellen von Klängen in ihrer Umgebung, die bestimmte prosodische Merkmale, d. h. Eigenschaften der Sprache, aufweisen. Neugeborene erzeugen Laute reflektorisch, z. B. bei der Nahrungsaufnahme. Von einem bewussten Nachahmen von Lauten kann in dieser Phase noch nicht gesprochen werden. Zwischen zwei und vier Monaten entwickeln sich die neuronalen Strukturen des Babys so weit, dass es inzwischen lacht und erste Laute, zumeist Vokale, und kurze Zeit später auch Silben produzieren kann. Bevor das Baby redet, ist es in der Lage, die Bedeutung von Gebärden zu erfassen und sich dementsprechend auszudrücken. Zwischen fünf und neun Monaten tritt das sogenannte kanonische Lallen auf, welches durch Verdoppelung von bekannten Silben gekennzeichnet ist und die Vorstufe zur Wortbildung darstellt. Störungen beim Auftreten des Lallens sind ein guter Prädiktor für spätere Sprachstörungen. Diese Wortbildungsversuche sind zudem auch oft für die euphorische Stimmung bei Eltern verantwortlich, wenn das Kind beispielsweise «Mama» oder «Papa» sagt.

Ein zehn bis 14 Monate altes Kleinkind bildet erstmals einfache Wörter, meist spezifisch sozialer und kontextgebundener Art, etwa «essen» und «schlafen». Mit 18 Monaten haben die meisten Kinder die 50-Wort-Marke («expressives Lexikon») erreicht. Dies wird deshalb als wichtig angesehen, da ab diesem Zeitpunkt der Worterwerb deutlich schneller erfolgt. Man spricht dabei vom sogenannten Wortschatzspurt. Er fußt auf der Erkenntnis, dass alle Wörter einen semantischen Gehalt haben und somit alle Dinge benannt werden können. Mit zwei Jahren verwendet ein Kleinkind Alltagswörter, die es zu Hause gehört hat, und es spricht einfache Zweiwortsätze. Außerdem lernt es in diesem Alter die ersten Lieder und freut sich, Musik zu hören. Im Alter von drei Jahren verwendet und versteht das Kind einfache Verben, Präpositionen, Adjektive und Pronomina. Es bildet jetzt häufiger vollständige Sätze und ist in der Lage, die Quelle eines Klangs zu erkennen. Mit vier bis fünf Jahren verfügt das Kind über eine verständliche Sprache, spricht aber längere oder komplexere Wörter weiterhin falsch aus. Das aktive Vokabular steigt rasch an, und die meisten Kinder in diesem Alter können einer Unterhaltung folgen.

Die interindividuellen Unterschiede in den einzelnen Lebensaltern sind enorm. Die Bandbreite des Zeitpunkts des ersten Wortes erstreckt sich zwischen acht und 14 Monaten, diejenige des Zeitpunkts des ersten erkennbaren Wortes von 15 bis 30 Monaten. Entsprechend groß ist die Bandbreite der sprachlichen Fähigkeiten, mit der Vorschulfachleute konfrontiert werden. Je jünger die Kinder sind, desto größer ist sie. Bedeutsame verlangsamte Sprachentwicklungen zeigen 20% der Zweijährigen, während 30% akzelerierte Entwicklungsstände aufweisen (Stapf, 2003). Dieser Prozentsatz nimmt in den Vorschuljahren zu und beträgt bei Fünfjährigen 35%.

Grundlagen von Sprach- und Kompetenzunterschieden

Kinder unterscheiden sich in ihren Zugängen, wie sie Sprachen lernen. Es gibt ein Kontinuum, das von Kindern reicht, welche ganzheitlich und ganze Sätze in sogenannten Chunks (Einheiten) lernen, z. B. «Das ist ein Auto», bis zu Kindern mit einem analytischen Zugang, der aus dem Lernen von einzelnen Wörtern besteht. Ferner scheinen einige das Zuhören vorzuziehen. Bei ihnen kann es eine relativ lange Phase geben, in der sie nicht sprechen, bevor sie auf einem vergleichbaren Niveau wie Kinder zu sprechen beginnen, die dies bereits seit Monaten tun. Kinder unterscheiden sich auch im Ausmaß, in welchem sie Risikoträger sind. Dazu gehören Kultur und soziale Herkunft.

- *Kultur:* Kinder lernen die Sprache während ihrer Enkulturation. Darunter versteht man den Teil des Sozialisationsprozesses, der das unmerkliche Hineinwachsen in die jeweilige eigene Kultur bewirkt, vom zunächst neutralen und kulturfreien Neugeborenen bis hin zum kulturell interagierenden Erwachsenen. Die kulturellen Praktiken und die von der Umgebung angebotene Unterstützung bilden die Hauptdeterminanten in Bezug auf die Menge und die Art von Sprache, welche die Kinder lernen. So werden Kinder unserer Kultur beispielsweise viel stärker zum Sprechen und Erzählen animiert, während beispielsweise in arabischen Kulturen von Kindern erwartet wird, dass sie den Konversationen der Erwachsenen zuhören und nur dann sprechen, wenn sie gefragt werden.
- *Sozioökonomischer Status:* Die bedeutsame Verbindung zwischen den Leistungen der Kinder in kognitiven Aufgaben, dem Einkommen der Eltern und ihrem Ausbildungsniveau ist gut dokumentiert. Einer der Gründe liegt sicher darin, dass Mittel- und Oberschichteltern schulisches Wissen hoch gewichten, deshalb aktiv an der Schullaufbahn ihrer Kinder teilnehmen und mit ihnen auf eine Weise kommunizieren, welche die Wissensorganisation unterstützt. Damit arrangieren sie das Leben ihrer Kinder so, dass sie Material, ungestörte Zeit und Elternunterstützung für die Gestaltung von Freizeit und schulischen Anforderungen haben.

Heute sind verschiedene Untersuchungen verfügbar, welche solche Unterschiede empirisch bestätigen. Dazu gehört die Untersuchung von Stamm (2004) zu den sprachlichen und mathematischen Vorläuferfertigkeiten vierjähriger Kinder und zu den damit zusammenhängenden Sozialisations- und Erziehungspraktiken. Untersucht wurden n = 102 Kinder, die aus 15 Klassen der sogenannten Grund- und Basisstufen in insgesamt sieben Schweizer Kantonen stammten. Dabei handelt es sich um ein in einem groß angelegten Schulversuch erprobtes Modell, das Kindergarten und erste Klasse (Grundstufe) respektive Kindergarten sowie erste und zweite Klasse (Basisstufe) zu einer Eingangsstufe vereint. Es handelte sich um 52 Mädchen und um 57 Jungen. 70% waren Schweizer und 30% wiesen einen Migrationshintergrund auf (Albanien, Deutschland, Frankreich, Italien, Portugal, Sri Lanka, Slowenien, Spanien). Die Untersuchung fand in den Jahren 2004/05 statt.

Tabelle 4.1 zeigt die Unterschiede der Kinder in Bezug auf die soziale Herkunft und die sprachlichen Vorläuferfertigkeiten. Diese gelten allgemein als Grundlagen für das Lesenlernen: Erkennen, dass man Buchstaben von links nach rechts lesen muss, wissen, wo es weitergeht, wenn eine Linie endet, oder wissen, wo eine Geschichte zu Ende ist. Ersichtlich wird, dass bereits 37% der Vierjährigen Vorläuferfähigkeiten auf dem höchsten Niveau zeigten, die bei Mädchen (40%) und Kindern aus Schweizer Familien (41%) ausgeprägter vorhanden waren als bei Jungen (35%) und Kindern mit Migrationshintergrund (unter 20%). Fast Identisches gilt für den akademischen Berufsstatus der Mutter (45%) und für Deutsch als zu Hause gesprochene Sprache (44%).

Nicht aus der Tabelle ersichtlich wird, dass privilegiert aufwachsende Kinder zu Hause auch über weit mehr Bücher verfügten und ihnen auch häufiger vorgelesen wurde als weniger privilegiert aufwachsenden Kindern. So hatten 45% der Kinder, deren Mütter einen akademischen Abschluss hatten, durchschnittlich 61 bis 100 Bücher zu Hause, während 65% der benachteiligten Kindern im Besitz von weniger als 20 Büchern waren. Auch in Bezug auf das Vorlesen zeigte sich ein ähnliches Bild: Während 48% der Kinder aus bildungsnahen Milieus täglich vorgelesen wurde, war dies bei bildungsfern aufwachsenden Kindern nur bei 16% der Fall.

Merkmal	Beherrschte Vorläuferfertigkeiten im Lesen (%)			
	Niveau 0	Niveau 1	Niveau 2	Niveau 3
Total	16	18	29	37
Geschlecht				
männlich	17	19	29	35
weiblich	15	15	30	40
Nationalität				
Schweiz	12	18	23	47
Mittel- und Südeuropa	18	27	35	20
Osteuropa	26	33	28	13
Asien	24	32	25	19
Ausbildung der Mutter				
Keine Lehre	25	31	28	16
Akademischer Abschluss	13	16	26	45
Erste zu Hause gesprochene Sprache				
Deutsch	16	23	17	44
Nicht Deutsch	25	23	25	27

Tabelle 4.1: Prozentuale Verteilung der sprachlichen Vorläuferfertigkeiten von vierjährigen Kindern nach Kind- und Familienmerkmalen auf vier verschiedenen Niveaus (0 = tiefstes Niveau, 3 = höchstes Niveau; vgl. Stamm, 2004

4.1.2 Entwicklung der mathematischen Fähigkeiten

Die frühen mathematischen Konzepte und Fähigkeiten schließen die Erkennung von Formen, Größen und Mustern ein, die Fähigkeit, verbal zu zählen (zuerst vorwärts und später rückwärts), das Erkennen von arabischen Ziffern und die Fähigkeit, Quantität auf einem sehr allgemeinen Niveau (mehr und weniger) bis zu einem spezifischen Niveau zu identifizieren, welches das Beherrschen einer Eins-zu-eins-Korrespondenz bedingt (z.B. Wissen, welche Gruppe vier und welche fünf hat). Unsere Untersuchungen wie auch viele amerikanische Untersuchungen (Marcon, 2002) zeigen auf, dass es große Unterschiede in der Beherrschung früher mathematischer Konzepte gibt und dass diese, wie die Beherrschung der Sprache, mit dem sozioökonomischen Status zusammenhängen. Tabelle 4.2 macht dies ersichtlich. So konnten insgesamt bereits 84% der Kinder Nummern und Zahlen erkennen, 52% Zahlen und Mengen ergänzen, aber nur 4% addieren und subtrahieren oder 0,5% multiplizieren und dividieren. Zwischen Jungen und Mädchen ergaben sich dabei nur Unterschiede zugunsten der Ersteren im Hinblick auf das Erkennen von Nummern und Zahlen. Ähnliche Divergenzen wie im sprachlichen Bereich ließen sich auch hinsichtlich des Ausbildungshintergrunds und der zu Hause gesprochenen Sprache eruieren. Kinder von Müttern mit akademischem Ausbildungshintergrund beherrschten bereits zu 57% die Vorläuferfertigkeit Zahlen und Mengen ergänzen und solche mit Deutsch als zu Hause gesprochener Sprache zu 52%. In Bezug auf die Nationalität erzielten neben den Schweizer Kindern (56%) auch die Kinder asiatischer Herkunft (55%) in diesem Bereich die besten Erfolge. 52% der vierjährigen Kinder, welche zu Hause Deutsch sprachen, konnten beim Eintritt in den Bildungsraum bereits mit Zahlen und Mengen operieren, während dies bei nicht Deutsch sprechenden Kindern nur in 33% der Fälle zutraf. Ein ähnliches Muster ist bei der Nationalität zu erkennen: Nur 15% der Schweizer Kinder konnten noch nicht mit Nummern und Zahlen rechnen, während dies bei den Kindern aus dem osteuropäischen und asiatischen Raum 25 respektive 26% waren.

Merkmal	Beherrschte Vorläuferfertigkeiten (%)			
	Nummern und Zahlen	Zahlen und Mengen ergänzen	Addieren und Subtrahieren	Multiplizieren und Dividieren
Total	84	52	4	0.5
Geschlecht				
männlich	85	52	5	1
weiblich	76	53	3	0
Nationalität				
Schweiz	85	56	5	0.5
Mittel- und Südeuropa	70	38	2	0
Osteuropa	75	45	1	0
Asien	74	55	4	0.5
Ausbildung der Mutter				
Keine Lehre	69	33	1	0
Akademischer Abschluss	88	57	4	0.5
Erste zu Hause gesprochene Sprache				
Deutsch	85	52	3	0
Nicht Deutsch	67	33	1	0

Tabelle 4.2: Prozentuale Verteilung der mathematischen Vorläuferfertigkeiten von vierjährigen Kindern nach Kind- und Familienmerkmalen auf vier verschiedenen Niveaus (0 = tiefstes Niveau, 3 = höchstes Niveau; vgl. Stamm, 2004)

Insgesamt weisen diese Befunde viele Ähnlichkeiten mit den Unterschieden in den sprachlichen Vorläuferfertigkeiten auf. Gemeinsam verdeutlichen sie eine Problematik, die von verschiedenen Längsschnittstudien aufgezeigt worden ist: dass Kompetenznachteile bis zum Schuleintritt kaum kompensiert werden können. Verheerend ist dies besonders dann, wenn Lehrpersonen der ersten Klasse davon ausgehen, dass alle Kinder über ähnliche sprachliche und mathematische Vorläuferfertigkeiten und mathematische Konzepte verfügen. Wie die hier dargelegten Befunde verdeutlichen, ist diese Ähnlichkeit jedoch kaum gegeben. Um sich vor möglichen Fehlurteilen zu schützen, tendieren pädagogische Fachkräfte unbewusst dazu, diese Mängel mit fehlenden angeborenen Fähigkeiten zu erklären oder als «Entwicklungsbeeinträchtigungen» zu stigmatisieren. Damit legen sie die Grundlage für auch eine nachfolgend negative Etikettierung während der Schullaufbahn. Diese wiederum kann zur Folge haben, dass das Kind schlechtere Schulleistungen erbringt, als eigentlich aufgrund seiner kognitiven Fähigkeiten erwartet werden müsste.

4.1.3 Unterschiede in den Zugängen zum Lernen

Der Wissens- und Fähigkeitserwerb ist stark mit den kindlichen Lernumgebungen und ihrem Zugang zum Lernen verbunden. Noch vor nicht allzu langer Zeit wurden die Unterschiede, wie Kinder lernen, als angeborene Fähigkeiten bezeichnet. Heute hat sich das Bild etwas gewandelt. Kinder und Erwachsene werden als Individuen mit einem Set an intellektuellen Stärken und Schwächen betrachtet, welche es ihnen erlauben, einige Lernerfahrungen besser zu verwerten als andere. Gleiches gilt für ihre unterschiedlich ausgeprägten Fähigkeiten, aufmerksam und beharrlich zu sein. Je nach Ausprägungsgrad erleichtern oder erschweren sie effektives Lernen.

In unserer Untersuchung baten wir die Eltern, die Ausprägung bestimmter Persönlichkeitsmerkmale ihres Kindes einzuschätzen. Dazu gehörten Attribute wie beharrlich sein, lernfreudig sein und kreativ sein. Jede Skala hatte zwei Antwortmöglichkeiten, «nie» oder «manchmal» und «oft» oder «sehr oft». Aus Tabelle 4.3 ist ersichtlich, dass ein Großteil der Eltern die Meinung vertrat, ihr Kind würde die erfragten Eigenschaften in einem hohen Ausmaß besitzen (zwischen 75 und 95%). Für Mädchen (mit Werten zwischen 73 und 85%) traf dies deutlicher zu als für Jungen (zwischen 67 und 93%). Auch Mütter mit akademischer Ausbildung beurteilten ihre Kinder günstiger (79 bis 97%) als Mütter ohne Ausbildung (65 bis 78%). In Bezug auf Deutsch als die zu Hause gesprochene Sprache ließen sich im Wesentlichen ähnliche Ergebnisse eruieren. Nicht erwartete Unterschiede ergaben sich jedoch hinsichtlich der Nationalität: Nicht Schweizer Kinder wurden von ihren Eltern als am lernfreudigsten, am beharrlichsten oder am neugierigsten beschrieben, sondern Kinder aus dem asiatischen und osteuropäischen Raum.

Fast gegenteilige Ergebnisse zeigten sich, wenn die Eltern nach dem Ausmaß antisozialen Verhaltens befragt wurden (Tabelle 4.4). So beschrieb die große Mehrheit ihr Kind als wenig antisozial (75 bis 95%). Dabei fielen die Geschlechtsunterschiede zuungunsten der Jungen aus. In Bezug auf die Ethnie erachteten Eltern aus Asien das Verhalten ihres Kindes insbesondere in Bezug auf Streitereien unproblematischer als Schweizer Eltern und Eltern aus Osteuropa (94 versus 78 respektive 77%).

Merkmal	Eigenschaften					
	beharrlich sein		lernfreudig sein		kreativ sein	
	nie/ manchmal	oft/sehr oft	nie/ manchmal	oft/sehr oft	nie/ manchmal	oft/sehr oft
Total	25	75	5	95	22	78
Geschlecht						
männlich	32	67	6	93	21	79
weiblich	27	73	4	96	15	85
Nationalität						
Schweiz	27	73	4	96	30	70
Mittel- und Südeuropa	22	78	4	96	23	77
Osteuropa	16	84	3	97	21	79
Asien	6	94	2	98	23	77
Ausbildung der Mutter						
Keine Lehre	35	65	21	78	32	68
akademischer Abschluss	14	86	3	97	21	79
Erste zu Hause gesprochene Sprache						
Deutsch	27	73	9	91	19	81
Nicht Deutsch	26	69	12	78	23	72

Tabelle 4.3: Prozentuale Verteilung der durch die Eltern eingeschätzten Persönlichkeitsmerkmale ihres vierjährigen Kindes, sortiert nach Kind- und Familienmerkmalen auf zwei verschiedene Ausprägungen (vgl. Stamm, 2004)

Merkmal	antisoziales Verhalten					
	streitet sich mit anderen		wird leicht aufgebracht		schwatzt anderen drein	
	oft/ sehr oft	nie/ manchmal	oft/sehr oft	nie/ manchmal	oft/sehr oft	nie/ manchmal
Total	25	75	5	95	22	78
Geschlecht						
männlich	32	67	6	93	21	79
weiblich	27	73	4	96	15	85
Nationalität						
Schweiz	22	78	4	96	30	70
Mittel- und Südeuropa	20	80	4	96	23	77
Osteuropa	23	77	3	95	21	79
Asien	6	94	2	98	23	77
Ausbildung der Mutter						
Keine Lehre	25	75	21	78	32	68
Akademischer Abschluss	14	86	3	97	21	79
Erste zu Hause gesprochene Sprache						
Deutsch	27	73	9	91	19	81
Nicht Deutsch	26	74	12	88	23	72

Tabelle 4.4: Prozentuale Verteilung des von den Eltern eingeschätzten antisozialen Verhaltens ihres vierjährigen Kindes, sortiert nach Kind- und Familienmerkmalen auf zwei verschiedene Ausprägungen (vgl. Stamm, 2004)

4.2 Unterschiede in der körperlichen und motorischen Entwicklung

Kinder unterscheiden sich in vielen Aspekten ihrer körperlichen Entwicklung. Besonders augenfällig wird dies in der fein- und grobmotorischen Entwicklung. In den Vorschuljahren macht die Feinmotorik enorme Fortschritte. Deshalb beeinflussen feinmotorische Fähigkeiten den Erfolg in vielen vorschulischen Aktivitäten. Mit zunehmender Verbesserung der Kontrolle von Hand und Fingern können die Kinder mit Klötzen Türme bauen, Perlen aufziehen, Legosteine ineinanderschachteln, aber auch Puzzles zusammensetzen oder schneiden und kleben. Mit zwei Jahren kann ein junges Kind einfache Kleidungsstücke an- und ausziehen oder erfolgreich einen Löffel benutzen. Ein drei- bis vierjähriges Kind kann alleine essen und bereits die Schere benutzen. Es lernt, erste Bilder vom Menschen zu zeichnen, die meist Kopffüßler sind. Mit vier- bis fünf Jahren benutzt das Kind in der Regel erfolgreich eine Gabel. Es kann nun mit der Schere Linien nachschneiden und einzelne Symbole (Dreieck, Kreuz) oder Buchstaben kopieren. Ein fünf- bis sechsjähriges Kind kann das Messer benutzen, die Schuhe binden, Reißverschlüsse schließen und Menschen mit Gliedern, Kopf und Rumpf zeichnen. Ferner kann es Zahlen und auch einige Wörter kopieren.

Die großen Unterschiede in den feinmotorischen und grobmotorischen Fähigkeiten haben sich auch in unserer Studie bestätigt. Tabelle 4.5 und 4.6 präsentieren die Ergebnisse zu den feinmotorischen (bauen mit Holzklötzen, eine Person zeichnen, Schere benutzen) und zu den grobmotorischen Fähigkeiten (mit wechselndem Fuß die Treppe hinuntergehen, hüpfen auf einem Fuß, rückwärts auf einer Linie laufen) aus der Sicht ihrer Grund-/Basisstufenlehrpersonen. Auf der Basis dieser Einschätzungen wurden die Ergebnisse in die Bereiche tief, mittel und hoch gedrittelt. Die Mittelgruppe umfasste diejenigen Kinder, welche auf dem altersentsprechenden Niveau situiert waren, die tiefere respektive höhere Gruppe diejenigen Kinder, welche eine oder mehr Standardabweichungen unter respektive über dem Durchschnitt lagen.

Merkmal	feinmotorische Fähigkeiten		
	tief	mittel	hoch
Total	29	36	35
Geschlecht			
männlich	31	37	33
weiblich	26	36	38
Nationalität			
Schweiz	24	25	41
Mittel- und Südeuropa	46	33	31
Osteuropa	29	45	26
Asien	31	36	39
Ausbildung der Mutter			
Keine Lehre	42	35	22
Akademischer Abschluss	18	36	45
Erste zu Hause gesprochene Sprache			
Deutsch			
Nicht Deutsch	30	34	39

Tabelle 4.5: Prozentuale Verteilung der durch die Grund- und Basisstufenlehrkräfte eingeschätzten feinmotorischen Fähigkeiten der vierjährigen Kinder, sortiert nach Kind- und Familiencharakteristika (nach Stamm, 2004)

Die Tabelle zeigt, dass Mädchen im Urteil der Lehrpersonen etwas bessere feinmotorische Fähigkeiten hatten als Jungen (33% der Jungen und 38% der Mädchen im Bereich «hoch»). Diese Befunde stimmen mit vielen angloamerikanischen Studienergebnissen überein (Bowman et al., 2000). Auffallend ist in unserer Studie, wie stark der Ausbildungsgrad der Mutter mit den feinmotorischen Fähigkeiten korrelierte. Mehr als doppelt so viele Kinder von Müttern ohne Berufslehre hatten gering ausgeprägte feinmotorische Fähigkeiten (42%) als Kinder von Müttern mit akademischen Berufsabschlüssen (18%). In Familien, in denen die Mutter einen akademischen Abschluss hatte, verfügten 45% der Kinder über hoch entwickelte feinmotorische Fähigkeiten. Im Unterschied dazu war dies nur für 22% der Kinder von Müttern ohne beruflichen Abschluss der Fall. Es zeigten sich auch bedeutsame Unterschiede in Bezug auf die Ethnie. Kinder aus dem asiatischen Sprachraum hatten neben den einheimischen Kindern die höchsten feinmotorischen Fähigkeiten und Kinder aus dem osteuropäischen Raum die tiefsten (39 versus 26%).

In Bezug auf die grobmotorischen Fähigkeiten zeigt Tabelle 4.6, dass Mädchen auch bessere grobmotorische Fähigkeiten hatten und dass die Unterschiede ebenfalls mit dem Ausbildungsniveau der Mutter variierten.

Merkmal	grobmotorische Fähigkeiten		
	Tief	Mittel	hoch
Total	26	35	39
Geschlecht			
männlich	21	36	33
weiblich	22	34	44
Nationalität			
Schweiz	26	36	38
Mittel- und Südeuropa	38	29	33
Osteuropa	32	44	33
Asien	26	38	36
Ausbildung der Mutter			
Keine Lehre	30	39	31
Akademischer Abschluss	26	33	41
Erste zu Hause gesprochene Sprache			
Deutsch	29	39	32
Nicht Deutsch	33	41	26

Tabelle 4.6: Prozentuale Verteilung der durch die Grund- und Basisstufenlehrkräfte eingeschätzten grobmotorischen Fähigkeiten, sortiert nach Kind- und Familiencharakteristika (nach Stamm, 2004)

Aus der Tabelle wird ersichtlich, dass sich Mädchen und Jungen nur im höchsten Niveau deutlich zugunsten der Mädchen unterschieden (33 versus 44%). In Bezug auf die Nationalität konnten kaum Unterschiede eruiert werden. Zumindest wiesen Kinder aus dem asiatischen Sprachraum annähernd gleich entwickelte grobmotorische Fähigkeiten im obersten Segment auf wie Schweizer Kinder (36 zu 38%). Des Weiteren spielte auch hier der berufliche Abschluss der Mutter eine Rolle: Kinder von Müttern mit akademischem Abschluss verfügten über deutlich besser ausgebildete grobmotorische Fähigkeiten als Kinder von Müttern ohne beruflichen Abschluss (41 versus 31%). Fast identische Befunde ergaben sich in Bezug auf die zu Hause gesprochene Sprache: Während Kinder, die zu Hause Deutsch sprachen, zu 32% im obersten Fähigkeitssegment angesiedelt waren, traf dies für Kinder mit einer anderen zu Hause gesprochenen Sprache nur zu 26% zu.

4.3 Sozioökonomische und kulturelle Unterschiede

Die prototypische mitteleuropäische Familie hat ihre historischen Wurzeln in einer Gesellschaft, die auf Unabhängigkeit und individuelle Verwirklichung baut. Traditionsgemäß verbringen Kinder aus solchen Familien einen ansehnlichen Teil ihrer

Zeit in dyadischen Interaktionen mit der Mutter oder einer bestens ausgewiesenen «Nanny» und im Kontext einer Umgebung, die auf instruktionales und exploratives Spielen ausgerichtet ist. Deshalb ist es wahrscheinlich, dass solche Kinder variantenreichere Erfahrungen mit mehr Erwachsenen machen und auch häufiger mit Musik, Kunst und Sport in Berührung kommen als Kinder anderer Milieus oder Kulturen. Dementsprechend kann angenommen werden, dass Kinder aus solchen gut situierten Milieus bei Schuleintritt ideal auf die neuen Lernumgebungen vorbereitet und auch bereit sind, fremde Erwachsene als Quellen des Wissens und der Hilfe zu akzeptieren.

Kinder, die in benachteiligten Milieus oder anderen kulturellen Familienkontexten aufwachsen, machen möglicherweise unterschiedliche Erfahrungen. Häufig wachsen sie in großen Familiengemeinschaften auf, sodass sie bis zum Eintritt in den Kindergarten noch nie eine fremde, nicht zum Familienkreis gehörende Person gesehen haben. Deshalb ist verständlich, dass solche Kinder oft als scheu und anpassungsschwierig beschrieben werden. Dazu kommt, dass sie häufig in Familienkulturen aufwachsen, in denen traditionell ältere Kinder Verantwortung für die jüngeren Geschwister übernehmen müssen. Deshalb orientieren sie sich in neuen Situationen auch eher an den anderen Kindern als an den Erzieherinnen respektive den Lehrpersonen. Folglich kommt ihnen eher eine soziale Organisation eines vorschulischen Settings entgegen, die auf peergestütztes Lernen fokussiert und auf Kinder baut, die ihre Aktivitäten miteinander teilen.

Die kulturellen Unterschiede kommen auch in den mütterlichen Interaktionsstilen zum Ausdruck. Aus verschiedenen interkulturellen Videostudien wissen wir, dass Mittel- und Oberschichtmütter ihre Kinder weit stärker instruieren und stärker auf sie einreden als Mütter aus sozial benachteiligten Schichten oder aus anderen kulturellen Milieus (König, 2007). Ebenso wissen wir, dass viele Mütter anderer Kulturen genauso stimulierend sein können, in der Regel jedoch nach weniger Aufmerksamkeit heischen als Mütter bildungsnaher Schichten. Die Interaktionsstile bildungsnaher Mütter können sich jedoch ebenfalls unterscheiden und ausgesprochen förderlich, aber auch ausgesprochen überfordernd sein.

Weil jeder Eintritt in ein familienexternes Setting eine Transition von familiären und kulturell definierten Mustern in die Erwartungen eines neuen sozialen Kontexts erfordert, ist es besonders wichtig, dass das pädagogische Fachpersonal

- den familiären und kulturellen Hintergrund versteht und respektiert,
- sich dem Kind gegenüber responsiv verhält,
- das Kind in die Kultur und Praktiken der neuen Umgebung Schritt für Schritt einführt.

4.3.1 Bildungs- und Kinderarmut

Ein Staat, der viel in FBBE investiert, leistet auch einen Beitrag, damit die nachfolgenden Generationen möglichst gut ausgebildet werden, um die aus dem Arbeitsmarkt ausscheidenden Personen adäquat ersetzen zu können. Dass die Bildungspotenziale in unseren deutschsprachigen Ländern nicht alle adäquat genutzt werden, haben die PISA-Testergebnisse gezeigt. So gibt es die sogenannten Risikogruppen, welche laut OECD (2007) höchstens die Kompetenzstufe I erreichen. Da ihre schulischen Leistungen für eine Lehrstelle oder eine weiterführende Schule nicht ausreichen, werden sie als bildungsarm und auf dem Arbeitsmarkt als mehr oder weniger chancenlos bezeichnet. Sie betragen je nach Land zwischen 13% (Österreich), 7% (Schweiz) und 13% (Deutschland).

Neben der Bildungsarmut ist auch die Kinderarmut von höchster Bedeutung für die Entwicklungschancen von jungen Kindern. Darauf machen viele Institutionen und Forschungsberichte immer wieder aufmerksam. Für die Schweiz hat dies auch die «Eidgenössische Kommission für Kinder- und Jugendfragen» (EKKJ) in ihrem Bericht «Jung und arm: das Tabu brechen!» 2007 auf den Tisch gelegt. Für Deutschland sind es beispielsweise der neueste Bericht der OECD (2009) oder Aufsätze von Meier-Gräwe (2009; 2010). International vergleichbare Daten liegen für das Jahr 2000 vor (OECD, 2007). Sie sind in Tabelle 4.7 dargestellt. Zu diesem Zeitpunkt betrug die Kinderarmut für unsere deutschsprachigen Länder durchschnittlich 8,8%, definiert als Anteil der Kinder in Haushalten mit einem Äquivalenzeinkommen von weniger als 50% des Medianeinkommens. Heute, d.h. im Jahr 2010, sind durchschnittlich mehr als ein Drittel aller Sozialhilfeempfänger (21%) Kinder unter 18 Jahren. Tabelle 4.6 listet die Reihenfolge der betrachteten 16 Länder auf. Sowohl Deutschland (12,8%) als auch Österreich (13,3%) liegen damit deutlich über dem OECD-Durchschnitt von 12,0%. In der Schweiz ist die Kinderarmut mit 6,8% zwar nur gut halb so groß wie der OECD-Durchschnitt, jedoch doppelt so hoch wie in Finnland mit 3,4% oder fast dreimal so hoch wie in Dänemark mit 2,4%. Damit wird deutlich, dass die Ergebnisse der UNICEF-Studie von 2008 – die der Schweiz eine kleine Kinderarmutsrate bescheinigt hat – vor diesem Hintergrund relativiert werden müssen.

Staat	Anteil in %
Dänemark	2,4
Finnland	3,4
Norwegen	3,6
Schweden	3,6
Belgien	4,1
Schweiz	6,8
Tschechien	7,2
Niederlande	9,0
Deutschland	12,8
Österreich	13,3
Kanada	13,6
Italien	15,7
USA	21,6
Mexiko	24,8
OECD	12,0

Tabelle 4.7: Kinderarmut im internationalen Vergleich im Jahr 2000 (OECD, 2007)

Kinderarmut war bislang eher ein Tabuthema. Gerade jedoch weil ihr Kinder seltener als Erwachsene entkommen, muss das erste Ziel darin liegen, den Anteil einkommensschwacher Kinder zu reduzieren. Dieses Ziel legitimiert sich aus vielen Studien (Meier-Gräwe, 2010; Palentien, 2005). Nachteilige Auswirkungen von Kinderarmut sind nicht monokausal auf ökonomische Knappheit zurückzuführen, sondern stellen das Resultat eines komplexen Zusammenspiels verschiedener personaler, sozialer und institutioneller Bedingungen dar. Ein gutes FBBE-Angebot ermöglicht Kindern Erlebnisbereiche und Handlungen unabhängig von finanziellen Ressourcen und kann auf diese Weise Defizite im familiären Bereich zumindest teilweise kompensieren. Dass eine kompensatorische Förderung erfolgreich sein kann, belegen verschiedene amerikanische Interventionsprogramme eindrücklich (vgl. auch Kapitel 9).

4.3.2 Kinder mit Migrationshintergrund

Hierzulande werden Menschen auf der Grundlage ihrer beruflichen Tätigkeit eingeordnet. Diese Faktoren legen ihre soziale Position und ihr gesellschaftliches Ansehen fest. In der Wissenschaft wird diese Position sozioökonomischer Status (SES) genannt. Der SES beeinflusst die Zyklen des Familienlebens. Menschen aus bildungsfernen Sozialschichten, die in gelernten oder ungelernten Berufen tätig sind, heiraten tendenziell früher und haben mehr Kinder als eher bildungsnahe Menschen. Die beiden Gruppen unterscheiden sich auch in ihren Werten, Normen und Erwartungen. Solche mit eher tiefem SES legen in der Regel großen Wert auf äußerliche Merkmale wie Gehorsam, Höflichkeit, Ordnung und Sauberkeit, während Menschen mit höherem SES eher psychologische Merkmale wie Selbstbestimmung, Glück, kognitive Reife oder Selbstverantwortung betonen. Väter bildungsferner Schichten engagieren sich darüber hinaus eher weniger in der Kindererziehung und im Haushalt als Väter bildungsnaher Milieus.

In unseren deutschsprachigen Ländern hat die Hälfte der Neugeborenen mindestens einen ausländischen Elternteil (Bundesamt für Statistik BfS, 2008). Allerdings gelten diese Kinder nicht automatisch als benachteiligt, weil ihre familiären Ausgangsbedingungen sehr unterschiedlich sind. Neben Eltern mit hoch qualifizierter Ausbildung gibt es nicht qualifizierte Eltern ohne postobligatorische Ausbildung. Während Erstere als «Motor des Wirtschaftswachstums» bezeichnet und unter Chiffren wie «Brain gain» diskutiert werden, gelten Letztere als Personen, die überproportional stärker von Arbeitslosigkeit bedroht sind als Menschen ohne Migrationshintergrund. Es versteht sich deshalb von selbst, dass ein Migrationshintergrund nicht automatisch mit sozialer Benachteiligung gleichgesetzt werden kann. Dies betont auch Lanfranchi (2002) mit Verweis auf bildungsnahe Einwandererfamilien mit gutem sozioökonomischem Status. Folglich existiert weder eine klare Definition, wann ein Kind aufgrund seines Migrationsstatus benachteiligt ist, noch verfügen wir über allgemeingültige, statistisch verlässliche Daten zur Teilnahme von benachteiligten Kindern an speziellen Frühförderprogrammen.

Nicht nur die geringe Berufsqualifizierung bringt offensichtliche ökonomische Nachteile. Auch der fremde kulturelle Hintergrund und die Unkenntnis der deutschen Sprache beeinflussen das Sozial- und Integrationsverhalten solcher Familien. Häufig treten Defizite auf sprachlicher Ebene schon in der Herkunftssprache und dann auch in der deutschen Sprache in den Vordergrund. Aber – wie bereits ausgeführt – können auch Erziehungsverhalten und Wertvorstellungen mit der neuen Umwelt nur wenig kompatibel sein, weil Kinder anderer Kulturen häufig anders sozialisiert werden. Im Gegensatz zu freiwillig immigrierten Familien hat dies vor allem für unfreiwillig immigrierte nachteilige Folgen (Ogbu & Simons, 1998). Während Erstere weit stärker bereit sind, kulturelle Differenzen in Bezug auf die Sprache, Integration oder Kommunikation als Herausforderung zu überwinden, nutzen unfreiwillig immigrierte Familien diese eher zum Schutz ihrer ursprünglichen Identität und entwickeln häufig eine zur Mehrheitsgesellschaft konträre Subgruppenidentität.

4.4 Interkulturelle Bildung und Erziehung

Interkulturelle Bildung und Erziehung bezeichnet pädagogische Ansätze, die ein Zusammenleben von Menschen unterschiedlicher Herkunft fördern sollen. Dabei geht es insbesondere darum, im gemeinsamen interkulturellen Lernen einen Umgang mit Fremdheit zu finden. Ihr Ausgangspunkt ist die Kulturkontaktthese (Auernheimer, 2003). Sie geht davon aus, dass das gemeinsame Leben von Menschen unterschiedlicher Kultur einen Lernprozess bei allen Beteiligten auslöst. Kultur wird somit als etwas Dynamisches verstanden, das ständig im Entstehen begriffen und nicht statisch verfestigt ist, sondern im Gegenteil durchlässige Strukturen entfaltet. Entscheidendes Moment dieses Prozesses ist dabei die Auseinandersetzung mit anderen Kulturen in oben beschriebenem Sinne.

Für Kinder im Vorschulalter ist interkulturelles Lernen ein Teil ihrer Lebenswelt, vor allem dann, wenn sie den Alltag auch in Kindertagesstätten verbringen (Edelmann, 2010). Während sie diesen als normal erleben, gilt er für viele Erwachsene als Inbegriff von Differenz und Fremdheit. Nach wie vor ist die Auseinandersetzung mit dieser Realität von Vorurteilen und Stereotypen besetzt. Dies führt dazu, dass Kinder – einheimische und solche mit Migrationshintergrund – nur unzureichend auf ihre zukünftigen Aufgaben in einer multikulturellen Gesellschaft vorbereitet werden, die andere politische, ökonomische und soziale Aufgabenbewältigungen vorsieht. Interkulturelle Bildung und Erziehung hat deshalb die Aufgabe, die multikulturelle Lebenswelt der Kinder lebenswert zu gestalten. Kinder sollen eine situationsorientierte und perspektivische Handlungsfähigkeit erreichen, um in einer durch Informations- und Kommunikationstechnologien revolutionierte Welt interkulturelle Kompetenz zu demonstrieren. Dabei sind drei Hauptströmungen zentral, die allerdings inhaltlich und zeitlich nicht trennscharf abgrenzbar sind (Auernheimer, ebd., S. 35 ff.).

- Zunächst setzte sich die Ausländerpädagogik zum Ziel, die «zweite Generation der Gastarbeiter» zu integrieren. Unter Integration verstand man jedoch Anpassung an die Aufnahmegesellschaft. Demzufolge wurden – und werden immer noch – Kinder mit Migrationshintergrund häufig als Risikokinder mit Defiziten beschrieben. Diese Defizite sollen durch Förderprogramme kompensiert werden. Bis heute ist es jedoch mit solchen ausländerpolitischen Maßnahmen nicht gelungen, Migrantenkindern die gleichen Startchancen zu geben und ihnen solche Bildungschancen zu eröffnen, welche denen der einheimischen Kinder entsprechen.

- Aus dieser Kritik heraus entstand der Ansatz der interkulturellen Pädagogik. Sie ist eine Reaktion auf die Tatsache, dass immer mehr Menschen aus immer mehr Ländern in unsere deutschsprachigen Länder einwandern. Neu an ihr ist der Ansatz der interaktiven Dimension und das Verständnis, Migrantenkinder und einheimische Kinder als gemeinsame Zielgruppe zu betrachten. Begegnung gilt als Möglichkeit, Fremdheit abzubauen und gegenseitiges Verständnis zu erzeugen. Insofern greift eine häufig angetroffene Vorstellung von interkultureller Pädagogik als einer «Ausländerpädagogik» zu kurz. In den Schulen sind Mitschülerinnen und Mitschüler aus anderen Kulturen, insbesondere solche mit Migrationshintergrund, zwar Träger einer sich vom aktuellen Lebenskontext unterscheidenden Kultur. Grundsätzlich handelt es sich jedoch um einen generellen pädagogischen Ansatz, der jegliche Differenz zwischen Menschen (also auch Geschlechterdifferenz, soziale Differenz, intellektuelle Differenz usw.) zum Gegenstand der produktiven Auseinandersetzung macht. Dieses Verständnis von Kultur steht in komplementärem Gegensatz zum politisch-populistischen Begriff der (deutschen, österreichischen oder schweizerischen) Leitkultur.

- Kulturelle Andersartigkeit wird somit nicht mehr als lediglich integrationsbedürftig erachtet, sondern ebenso als Grundlage für gegenseitige Bereicherung. Gerade durch den neuen Kulturbegriff hat auch der Bildungsbegriff einen neuen Anstrich bekommen: Man beginnt heute nach und nach, auch auf die Potenziale der Kinder mit Migrationshintergrund zu achten (Stamm, 2009; Edelmann, 2010). In letzter Zeit hat schließlich die antirassistische Arbeit einen großen Stellenwert erhalten. Sie ist eine Antwort auf die Angst vor Überfremdung und die befürchtete Konkurrenz um Arbeitsplätze, die sich häufig in einem ablehnenden und feindseligen Klima gegenüber Migranten äußern. Der antirassistischen Arbeit geht es um die emanzipatorische Erziehung zu Selbstachtung, Eigeninitiative und Konfliktfähigkeit. Diese Themen werden zunehmend auch in vorschulischen Institutionen im Sinne einer vorurteilsbewussten Bildung und Erziehung bedeutsam. Interkulturelle Pädagogik hat sehr konkrete Absichten: etwa die Befähigung zu einer aktiven Auseinandersetzung mit Differenzen, wie sie für eine pluralistische Gesellschaft konstitutiv sind. Sie ist gleichzeitig eine Absage an Gleichgültigkeit und einen falsch verstandenen Toleranzbegriff.

Trotz der bestehenden und zunehmenden Multikulturalität ist interkulturelle Bildung und Erziehung in vorschulischen Institutionen noch selten ein Bestandteil der FBBE-Konzepte. Sie taucht heute jedoch in vielen Bildungsempfehlungen auf. Ob es demzufolge gelingt, die interkulturelle Dimension in die frühpädagogischen Bemühungen zu integrieren, hängt in erster Linie von der Aus- und Weiterbildung des Fachpersonals ab. Darüber hinaus gilt es, die sozialen Benachteiligungen, welche in vielen

Untersuchungen nachgewiesen werden konnten, aus strukturpolitischer Perspektive anzugehen und abzubauen. Diese Bemühungen müssen nicht erst beim Schuleintritt ansetzen, sondern bereits im frühesten Kindesalter. Dabei geht es aber auch darum, Alltagstheorien abzubauen: Die Mehrheit des Vorschulpersonals mag zwar die große Heterogenität zwischen den Kindern in ihrer Gruppe in den verschiedenen Kompetenzbereichen anerkennen. Angesichts der mangelnden Sprachkenntnisse vieler Kinder mit Migrationshintergrund sowie ihrer im Vergleich zu einheimischen Kindern anders gearteten familiären Umwelt dürften sie jedoch weiterhin verstärkt die Überzeugung vertreten, dass kulturelle Herkunft und Begabung miteinander verknüpft und Migrantenkinder in der Folge intellektuell weniger begabt sind (Ogbu & Simons, 1998). Neueste Untersuchungen belegen, dass die soziale Schicht hervorstechender und einflussreicher ist als die individuelle Talentstruktur oder die Ethnie und dass auch Armut mit psychischen Einschränkungen verbunden ist (Stamm, 2009). Beide Aspekte schränken die Potenzialentwicklung benachteiligter Kinder ein. Deshalb ist es von besonderer Bedeutung, dass das pädagogische Fachpersonal der Vorschulstufe solche Nachteile erkennt und ihnen aktiv entgegenzuwirken versucht.

4.5 Zusammenfassende Bilanz

Obwohl die kindliche Entwicklung in einer ähnlichen Art für alle verläuft, sind Unterschiede aufgrund genetischer Dispositionen, erfahrungsbezogener Variationen und unterschiedlicher sozialer und kultureller Kontexte unvermeidbar. Dass der Kontext eine besondere Rolle spielt, wissen wir spätestens seit den PISA-Untersuchungen. Sie haben uns vor Augen geführt, dass die soziale und kulturelle Herkunft weitgehend den Bildungserfolg bestimmt. Negativ davon betroffen sind viele Kindergruppen: solche aus unterprivilegierten, bildungsfernen Schichten, Kinder mit Migrationshintergrund, aber auch von physischen Behinderungen oder von Kinderarmut betroffene Kinder. Selbst überdurchschnittlich begabte Kinder können benachteiligt sein, wenn sie ihr Potenzial nicht so zum Ausdruck bringen können, wie es für ihre optimale Entwicklung notwendig wäre. Schlechte oder gute Startchancen bestehen ab der Geburt und bestimmen in der Folge den Gestaltungsspielraum des kindlichen Aufwachsens. Es bedarf deshalb einer nachhaltigen Unterstützung von außen, um jedem jungen Kind ein sicheres Fundament für seinen Lebens- und Bildungsweg zu geben.

Gerade wenn die eigene Herkunft keine privilegierte ist, dann ist Chancenbenachteiligung weitgehend vorbestimmt. Hier beginnt jedoch ein Teufelskreis: Wer sozial benachteiligt ist, findet keinen Zugang zur Bildung. Wer keinen Zugang zur Bildung hat, dem bleibt der soziale Aufstieg erschwert. Dies ist nicht nur eine krasse

Benachteiligung für jedes sozial benachteiligte Kind, sondern auch für unsere Gesellschaft insgesamt, weil wir auf diese Weise den nachfolgenden Generationen Zukunftschancen verbauen.

Heute steht diese Unterschiedlichkeit im Blickpunkt des Forschungsinteresses. Dieses konzentriert sich auf Begriffe wie Diversität (als Gegenbegriff zur Universalität, d. h., dass Entwicklungsschritte von unterschiedlichen Menschen unterschiedlich durchlaufen werden) respektive Disparität (voneinander abgetrennte und ungleiche Entwicklungen aus verschiedensten Gründen), die letztlich im Bildungssektor unter dem Begriff der Heterogenität subsummiert werden. Die Forschung liefert uns Grundlagen, um mehr über das Ausmaß und die Quellen dieser Heterogenität zu erfahren. In diesem Kapitel wurde aufgezeigt, dass Entwicklung vom sozialen Kontext abhängig ist und dass eine erwachsene Person, welche gegenüber dem sozialen, emotionalen und kognitiven Entwicklungsniveau des Kindes responsiv ist, eine Schlüsselfigur für seine Entwicklung darstellt. Die in diesem Kapitel untersuchte Literatur und die entsprechenden empirischen Befunde verweisen auf die Variabilität der Kompetenzen bei Schuleintritt. Sowohl in den kognitiven als auch in den sozialen Fähigkeiten sowie in der körperlichen und motorischen Entwicklung, welche ihrerseits die Kompetenzentwicklung unterstützen, unterscheiden sich Schulneulinge stark.

Wir wissen, dass die Ressourcen (Bücher, Medien etc.) und Aktivitäten (Lesen, Geschichten erzählen, verbale Interaktion), über die insbesondere Kinder aus privilegierten Milieus verfügen, eindeutig mit der kognitiven Entwicklung korrelieren und dass Gleiches auch für die soziale und körperliche Entwicklung gilt. Zum Zeitpunkt, in dem die Kinder in den «Bildungsraum» eintreten – dies ist aktuell der Kindergarten –, sind diese Unterschiede bemerkenswert. Wenn Vorschulprogramme dazu da sind, allen Kindern zu helfen, ihr Potenzial bereits in frühen Jahren zu entwickeln, dann brauchen insbesondere diejenigen aus wenig bevorzugten Familien Möglichkeiten, die gleichen Kompetenzen zu erwerben wie Kinder aus privilegierten Familien. Dies gilt ganz besonders vor dem Hintergrund der herausragenden Bedeutung, welche die Familie für eine gesunde kindliche Entwicklung spielt. Das nächste Kapitel beleuchtet diesen Sachverhalt.

5 Familie und familienergänzende Betreuung

Den Eltern kommt im Aufwachsprozess ihrer Kinder eine Schlüsselrolle zu: Die Merkmale der Familie inklusive der Qualität der Beziehungen und des Anregungsmilieus sind von großer Bedeutung für die kindliche Entwicklung. Eine familienexterne Betreuung kann deshalb immer nur als positive Ergänzung zur Kernfamilie des Kindes betrachtet werden, nie jedoch als Ersatz. Ein gutes FBBE-System muss deshalb alles daransetzen, die familieninternen Ressourcen zu stärken.

Dieses Kapitel richtet den Blick auf die Familie als System in der Umwelt eines Kindes (vgl. Kapitel 5.1), auf die Bedeutung der elterlichen Erziehungsstile (vgl. Kapitel 5.2) sowie auf die familienergänzende Betreuung als Komplementärsystem (vgl. Kapitel 5.3) und – gewissermaßen als Konsequenz der Ausführungen – auf die Notwendigkeit einer verstärkten Eltern- und Familienbildung (vgl. Kapitel 5.4).

5.1 Die Familie als System

Die Familie schafft Beziehungen und Abhängigkeiten zwischen und von Menschen, die einzigartig sind. In der Regel dient die Bindung an Eltern und Geschwister als modellhafte Grundlage für alle weiteren Beziehungen. In der Familie lernt das Kind die Sprache, die sozialen und moralischen Werte der eigenen Kultur, aber auch grundlegende Fertigkeiten und Kompetenzen. Im Gegensatz dazu äußern sich Isolation, Entfremdung oder Streit in Entwicklungsproblemen.

Die Familie hat sich in den vergangenen Jahrzehnten grundlegend verändert (Eccarius, 2007). Gesellschaftliche Individualisierung und Pluralisierung der Wertvorstellungen wirken sich auf das Familienleben aus. Dies zeigt sich unter anderem darin, dass mehr als die Hälfte der Mütter der einjährigen und fast zwei Drittel der dreijährigen Kinder berufstätig sind. Hinter der verstärkten mütterlichen Berufstätigkeit verbergen sich auch vielfältige familiäre Lebensformen: alleinerziehende Väter und Mütter, Patchworkfamilien, Ein- und Mehrkindfamilien, Living-apart-together-Familien, Adoptivfamilien etc. Die Gleichsetzung von Familie mit vollständiger Vater-Mutter-Kind-Gemeinschaft ist jedoch nach wie vor weit verbreitet.

Mit dem ökopsychologischen Modell von Bronfenbrenner und Morris (1998) kann Familie systemisch erfasst werden. Die Autoren beschreiben fünf Ebenen, welche die gesamte Umwelt eines Individuums ausmachen. Diese Ebenen stellen Subsysteme dar, welche die große Vielfalt heutiger Familienformen aufzuzeigen vermögen: Mikrosystem, Mesosystem, Exosystem, Makrosystem und Chronosystem (Abbildung 5.1).

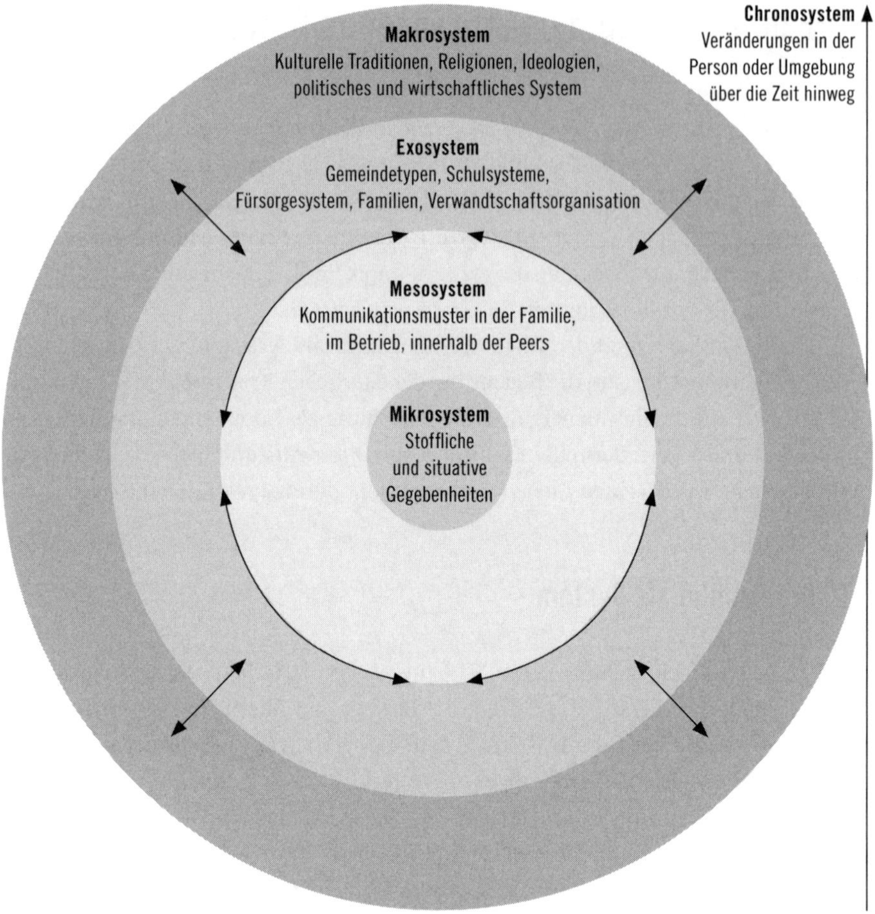

Abbildung 5.1: Ökopsychologisches Modell von Bronfenbrenner & Morris (1998)

Das Mikrosystem ist das System, in welchem das Individuum lebt. Als Beispiel gilt die heute typische Kleinfamilie mit ihren dyadischen oder triadischen Strukturen. Das Mesosystem umfasst die Bezüge zwischen zwei oder mehreren Mikrosystemen. Dazu gehören beispielsweise die Wechselbeziehungen zwischen Kernfamilie und Großeltern, zwischen Kernfamilie und Tagesbetreuung oder zwischen Kernfamilie und Nachbarschaften. Das Exosystem stellt lediglich eine indirekte Beziehung zum Individuum her, weil es diesem nicht direkt angehört, sondern lediglich über eine Drittperson mit ihm verbunden ist. Beispielsweise ist dies der Betrieb, in dem der Vater arbeitet, oder die von einem älteren Geschwister besuchte Schule. Das Makrosystem bezieht sich auf gesamtgesellschaftliche Zusammenhänge wie die Rahmenbedingungen familienexterner Betreuung, Rollenerwartungsmuster etc. Das von Bronfenbrenner nachträglich eingeführte Chronosystem umfasst zusätzlich die Zeitdimension. Deshalb wird die Beschreibung der Entwicklung über die Zeit hinweg als Wandel möglich. Dazu gehören beispielsweise Lebensübergänge (Geburt eines Kindes, Beginn der familienexternen Betreuung, Eintritt in den Kindergarten oder die Schule etc.) oder Lebenslauf und damit eine Kette von Übergängen über längere Zeit hinweg.

5.2 Eltern, ihre Bedeutung und ihre Erziehungsstile

Bronfenbrenner sieht die Familie als ein Netzwerk gegenseitig abhängiger Beziehungen. Dabei bestehen Einflüsse in zwei Richtungen: Zum einen beeinflussen die Eltern mit ihren Verhaltensweisen das Kind, zum anderen beeinflusst das Kind auch seine Eltern. Diese Einflüsse sind direkter und indirekter Natur. Bei den Eltern zeigen sie sich in erster Linie in den Investitionen in ihren Nachwuchs. Diese sind noch nie so groß gewesen wie in den letzten zehn Jahren. Elterninvestitionen verfolgen eine Vielzahl von Zielen und Zwecken. Sie umfassen

- *den Schutz des Wohlbefindens des Kindes:* Dadurch unterstützen und behüten Eltern passiv die kindliche Entwicklung, leisten aber auch aktive Optimierungsarbeit. Diese äußert sich in gezielten Aktivitäten, um das Kind vor pathogenen Bedingungen zu schützen.
- *indirekte Investitionen:* Diese umfassen ökonomische Entscheidungen oder psychologische Verhaltensweisen. Ökonomische Entscheidungen betreffen beispielsweise Umstände, wo die Familie leben und wie viel sie arbeiten will oder welche Tagesbetreuung für das Kind gewählt werden soll. Psychologische Verhaltensweisen umfassen etwa die Art und Weise der Bereitstellung von Spielmaterial, die Gestaltung der gemeinsamen Zeit oder die Bedeutung, welche Eltern der Bildung zusprechen.
- *pränatale Investitionen:* Mütter investieren in die Gesundheit ihrer Kinder schon vor der Geburt. Dazu gehören eine gute pränatale Betreuung, die Vermeidung fötaler Gifte wie Alkohol, Nikotin und Drogen während der Schwangerschaft, eine ausgewogene Ernährung sowie eine gute medizinisch-gynäkologische Versorgung. Solche Investitionen erhöhen die Wahrscheinlichkeit einer normalen, gesunden Geburt und das langfristige Wohlergehen von Mutter und Kind. Allerdings unterscheiden sich Eltern im Ausmaß, wie sie ihr Kind vor Beeinträchtigungen schützen.

Nicht nur die Sozialisationsbedingungen des Elternhauses (und der familienergänzenden Kinderbetreuung) beeinflussen die kindliche Entwicklung. Heute wissen wir, dass auch Kinder – selbst Säuglinge und Kleinkinder – aktiv ihre Lebenswirklichkeit beeinflussen und damit Risikofaktoren außer Kraft setzen oder mildern können. Deshalb wird – wie in Kapitel 3 bereits ausgeführt – die defizitorientierte Betrachtungsweise der kindlichen Frühsozialisation zunehmend durch einen ganzheitlichen Zugang ersetzt, der die Ressourcen des Kindes für eine positive Entwicklung betont. Zudem werden der gegenseitige Einfluss und das komplexe Zusammenspiel mit dem Kontext stärker betont. So ist heute allgemein bekannt, dass sowohl die Verfügbarkeit der Ressourcen als auch die Charakteristika der Kinder und der beiden Elternteile (Geschlecht, Persönlichkeitsmerkmale, Beeinträchtigungen) das jeweilige Verhalten beeinflussen. Insgesamt stellen Eltern die bedeutsamste Einflussquelle auf die kindliche Entwicklung dar. Dies gilt vor allem im Hinblick auf kognitive Stimulation, Disziplin, Gesundheit und Bildung.

Wenn sich gewisse Kinder gut entwickeln, andere hingegen nicht, dann hat dies viel mit den Möglichkeiten und Fähigkeiten der Eltern zu tun, inwiefern es ihnen gelingt, die ihnen zur Verfügung stehenden Ressourcen optimal mit dem kindlichen Verhalten zu kombinieren. Gemäß dem aktuellen Wissensstand der Entwicklungspsychologie besteht die Trias «guter» elterlicher Verhaltensweisen aus aktiver Förderhaltung, konsistenter Disziplinierung und angemessener Gewährung von Autonomie. Dabei spricht man von den Dimensionen effektiven Erziehens. Dazu gehören

- elterliche Wärme und Responsivität (d. h. das einfühlsame und unterstützende Eingehen der Eltern auf ihr Kind),
- begrenzte Supervision,
- kognitive Stimulierung,
- Modellierung von Einstellungen und Verhaltensweisen sowie
- Umsetzung von Routinen und Traditionen.

Diese Dimensionen elterlichen Verhaltens verhelfen Säuglingen und jungen Kindern zu einer gesunden sozial-emotionalen Entwicklung und einer sicheren Bindung an ihre Betreuungspersonen. Dies wiederum legt die Grundlage für eine erfolgreiche Entwicklung in der mittleren Kindheit und Adoleszenz. Die Dimensionen elterlichen Verhaltens bilden sich auch in den unterschiedlichen Erziehungsstilen ab. Erziehungsstile bezeichnen die dominante Form konkreten erzieherischen Verhaltens in der Interaktion mit Kindern. Heute unterscheidet man vier Erziehungsstile: den autoritären

Erziehungsstil, den permissiven Erziehungsstil, den autoritativen Erziehungsstil und den unbeteiligten Erziehungsstil (Fuhrer, 2005).

- Ein *autoritärer* Erziehungsstil ist durch häufiges Anordnen, unterbrechendes Befehlen, nicht konstruktive Kritik, häufiges Zurechtweisen und Tadeln sowie durch seltenes Gewähren von Entscheidungsmöglichkeiten gekennzeichnet. Folgen davon sind eine relativ geringe Leistungsmotivation bei den Kindern, die im Gegensatz zu vergleichsweise hohen Leistungsanforderungen steht, stärkere Konflikte, Rivalitäten und ein schlechterer Zusammenhalt untereinander; mangelndes Sozialverhalten und Auflehnung gegen die Erziehungsperson.

- Der *autoritative* Erziehungsstil gilt als der in unserem Kulturraum erfolgreichste Ansatz. Er setzt eine hohe Akzeptanz des Kindes sowie ein persönliches Beteiligtsein voraus. Autoritative Eltern sind akzeptierend und klar strukturierend, warmherzig, aufmerksam und feinfühlig gegenüber den Bedürfnissen des Kindes. Sie stellen vernünftige und entwicklungsangemessene Anforderungen ans Kind, die sie konsequent erklären und auch verstärken. Sie erlauben ihm, im Einklang mit seiner Bereitschaft, eigenständige Entscheide zu treffen.

- Auch *permissive* Eltern verhalten sich ihren Kindern gegenüber responsiv, unterstützen ihre Selbstständigkeit und Individualität und erfragen bei Entscheidungen ihre Meinung. Jedoch fordern sie wenig vom Kind und kommunizieren auch kaum Verhaltenserwartungen. Weder erwarten sie altersentsprechend reifes Verhalten noch die Einhaltung sinnvoller Regeln des Zusammenlebens. Dass die Kinder diesen (wenigen) Verhaltenserwartungen/Regeln entsprechen, wird nicht konsequent durchgesetzt. Daraus lässt sich wohl unstrittig folgern, dass permissive Eltern ihre eigenen Bedürfnisse und Rechte häufig denen ihrer Kinder unterordnen.

- *Unbeteiligte* Eltern wiederum sind distanziert und kaum erreichbar. Sie stellen keine oder nur geringe Anforderungen und kümmern sich nur am Rande um Entscheidungen und Standpunkte des Kindes. Zudem wissen sie wenig, was ihre Kinder tun und welche Bedürfnisse sie haben. Oft sind sie auch unzufrieden, weil Kinder «lästige» Pflichten mit sich bringen. Das Ausmaß ihrer Verpflichtungsgefühle ist möglicherweise entsprechend gering, ebenso ihre investierten Kosten an Zeit und Anstrengungen. Insgesamt gilt dieser Erziehungsstil als der inadäquateste. Berichtet wird von Störungen im Bindungsverhalten und Defiziten in Bereichen des Selbstwerts, des Selbstkonzepts oder der intellektuellen Entwicklung.

Der Erziehungsstil ist abhängig von den Lebensbedingungen der Familien. So ist insbesondere der autoritäre Erziehungsstil in bildungsfernen Familien stärker verbreitet, während dies für den autoritativen Erziehungsstil in bildungsnahen Familien gilt (Liebenwein, 2008). Einer der Gründe ist darin zu vermuten, dass Erwachsene mit niedrigem Sozialstatus an ihrem Arbeitsplatz häufig den Regeln anderer, die Macht und Autorität haben, folgen. Zu Hause dann scheinen sich solche Erfahrungen in den Eltern-Kind-Interaktionen zu wiederholen. Eltern mit höherem sozioökonomischem Status hingegen sind es an ihrem Arbeitsplatz gewohnt, unabhängige Entscheidungen zu treffen und andere von ihren Ansichten zu überzeugen. Im Familienkreis geben sie dann solche Erfahrungen weiter.

5.3 Familienergänzende Betreuung und Bildung

Unter familienergänzender Betreuung – häufig auch familienexterne oder außerfamiliäre Betreuung genannt – versteht man diverse öffentliche und auch private Betreuungsangebote für junge Kinder in einer breiten Variabilität an Modellen. Diese Variabilität hat in erster Linie mit gesellschaftlich-ökonomischen und ideologischen Zielsetzungen zu tun. Dass Mütter die gleiche Chance zur Berufstätigkeit bekommen sollten wie die Männer respektive Väter, ist heute zwar unbestritten. Gleiches gilt jedoch nicht für die Ansicht, dass Kinderbetreuung auch als staatliche Aufgabe angesehen werden sollte. Trotzdem überwiegt die Meinung, dass dem Staat in diesem Bereich zumindest eine wichtige Aufgabe zukommt (vgl. auch Kapitel 10.2).

Der FBBE-Bereich bildet das Fundament des obligatorischen Schulbereichs und wird je nach Alter der Kinder, staatlichen Vorgaben sowie Angebotsformen in einen Früh- und/oder Vorschulbereich aufgegliedert. Je nach Sprachregion gelten unterschiedliche Bezeichnungen: Der Kindergarten (Deutschland, Österreich, deutschsprachige Schweiz), die *école enfantine* (französischsprachige Schweiz) und die *scuola dell'infanzia* (italienischsprachige Schweiz) richten sich grundsätzlich an Kinder zwischen zwei und sechs respektive sieben Jahren. Familienergänzende Kinderbetreuung wird für Kinder ab Geburt bis und mit Schulalter angeboten. Dazu gehören alle Maßnahmen, die von anderen Personen als den Erziehungsberechtigten geleistet werden. Sie werden nicht zum öffentlichen Bildungswesen gezählt, sondern in der Regel in die Verantwortung der Gemeinden oder von Privatpersonen gelegt.

Der Früh- und Vorschulbereich differenziert zwischen formell institutionalisierter und informell familienergänzender Betreuung (Abbildung 5.1). Der formelle Bereich umfasst Kindertagesstätten (Krippen, Spielgruppen, Horte), Tagesfamilienbetreuung und Einrichtungen für die schulergänzende Betreuung (Tageskindergarten, Mittagstisch, Hausaufgabenhilfe). Der informelle Bereich konzentriert sich auf die Betreuung durch Verwandte oder Bekannte und die private Anstellung von Au-pairs (Jugendliche ab zirka 15 Jahren, die sich bei einer Gastfamilie in einem fremden Sprachgebiet aufhalten), Nannys (qualifizierte Kinderbetreuerinnen im Hause der Familie), Haushaltshilfen sowie Kinderhütedienste oder private Tagesfamilien. Die einzelnen Institutionen oder Betreuungsformen unterscheiden sich in erster Linie bezüglich der Öffnungszeiten, der Aufnahmebedingungen für die Kinder und der Art der Betreuung.

Abbildung 5.1: FBBE-Bereich (am Beispiel der Schweiz dargestellt), aufgegliedert nach formellem und informellem Bereich der familienergänzenden Betreuung

Kindertagesstätten (institutions de la petite enfance, asili nidi): Der Begriff Kindertagesstätte wird im deutschsprachigen Raum einerseits als Sammelbegriff für Kinderkrippe, Kinderhaus, Tagesheim (beispielsweise in der Schweiz im Kanton Basel-Stadt),

Tagesstätte, Hort und ähnliche Institutionen genutzt und andererseits immer häufiger in Anlehnung an Deutschland synonym für Kinderkrippen verwendet. Generell stehen somit Kindertagesstätten (Kitas) für Institutionen des Frühbereichs, die Kinder ab dem Säuglingsalter bis zirka vier Jahren ganztägig oder teilzeitlich betreuen. Sie sind regelmäßig an mindestens fünf Halbtagen in der Woche geöffnet und bieten mehr als fünf Betreuungsplätze an. Die meisten Kitas sind das ganze Jahr geöffnet, wobei die Öffnungszeiten in der Regel zwischen 6:30 und 18:00 Uhr variieren.

Spielgruppen: Neben Kindertagesstätten können Kinder ab drei Jahren bis zum Kindergarteneintritt wöchentlich ein- bis dreimal für eine bis drei Stunden eine Spielgruppe besuchen. Spielgruppen dienen der Erweiterung der Begegnungs- und Erfahrungswelt der Kinder in Bereichen wie Basteln, Spielen oder Singen. Sie sind nicht als substanzielle Entlastung für Eltern, die einer Erwerbsarbeit nachgehen, gedacht. Die Kosten werden fast ausschließlich über Elternbeiträge gedeckt. Mancherorts subventionieren Kirch- oder Schulgemeinden eine Spielgruppe.

Horte: Trotz des Kindergartenbesuchs sind Eltern oft auf zusätzliche familienergänzende (wie beispielsweise Horte, Kindertagesstätten oder Tagesfamilien) sowie schulergänzende Betreuungsangebote (Mittagstische, Hausaufgabenhilfe, Tagesschulen und Schülerclubs) angewiesen. Horte betreuen in erster Linie Vorschul- und Schulkinder ganztägig von zirka 7:00 bis 18:00 Uhr außerhalb des Unterrichts. Eine Betreuung während der Schulferien kann vielfach nicht garantiert werden. In der Schweiz besteht kein Rechtsanspruch auf Betreuung in einem vom Staat finanzierten Hort wie etwa in Frankreich.

Tagesfamilien: Kinder können ab dem Säuglings- bis zum Schulalter auch in Tagesfamilien betreut werden, die von Personen mit eigenen Kindern geführt werden. In der Regel dürfen dabei maximal fünf Kinder aufgenommen werden. Die strukturelle Ausgestaltung der Angebote erfolgt flexibel (stundenweise, halb- oder ganztägig) und ermöglicht den Eltern, familiäre und berufliche Verpflichtungen gut aufeinander abzustimmen. Tagesfamilien können zwar privat arbeiten, sind aber meist einem Tageselternnetz oder Verein angeschlossen. In allen deutschsprachigen Ländern gibt es viele Tagesfamilien- und regionale Organisationen, welche solche Betreuungsplätze für Kinder unter zwölf Jahren anbieten, ebenso Einführungskurse für Interessierte. Trotzdem ist die finanzielle Unterstützung sehr unterschiedlich geregelt. Dies führt zu ungleichen Elterntarifen und Entschädigungen der Tagesmütter/-väter. Tagesfamilien sind häufig günstigere Betreuungsverhältnisse als Krippen und auf dem Land häufiger anzutreffen als in der Stadt.

5.4 Eltern- und Familienbildung

In den letzten Jahren hat sich das Interesse an Eltern- und Familienbildung deutlich verstärkt. Es gründet in der bedeutsamen Forschungserkenntnis, dass Familienfaktoren bedeutsamer sind als solche familienexterner Betreuung und dass die Verhaltensweisen der Eltern die besten Prädiktoren von Schulerfolg darstellen. Allerdings haben sich Sozial-, Familien- und Bildungspolitik in erster Linie auf die qualitative Verbesserung der familienergänzenden Betreuungsangebote konzentriert und die Eltern- und Familienbildung insgesamt etwas vernachlässigt. Erst seit ein paar Jahren findet sie wieder verstärkt Beachtung.

5.4.1 Die Ziele der Eltern- und Familienbildung

Der heute im deutschen Sprachraum stärker genutzte Begriff der Familienbildung (Papastefanou, 2006) markiert den Paradigmenwechsel von den Eltern hin auf das System Familie. In diesem Sinne ist Elternbildung eine Form der Familienbildung, sie zielt darauf ab, Eltern in ihrer Aufgabe als Erziehungs- und Sozialisationsinstanz zu unterstützen, damit es ihnen gelingt, ein entwicklungsförderliches Umfeld zu schaffen. Im Vordergrund steht dabei die Förderung der elterlichen Kompetenz. Zu solchen Schlüsselkompetenzen gehören soziale Kompetenzen, Bildungsfähigkeit, Alltagsbewältigung, Selbstbestimmung oder Sachkenntnisse zur Lebensgestaltung. Das Besondere an der Familienbildung ist die sehr früh einsetzende, mit präventiven Aufgaben versehene Elternarbeit. Basierend auf der Annahme, dass Kinder in der Familie erste Erfahrungen sammeln, die ihre soziale, emotionale und kognitive Entwicklung stark beeinflussen, sollen Maßnahmen der primären Prävention helfen, durch die Förderung stabiler Lebensverhältnisse möglichst Konflikten vorgreifen zu können. Maßnahmen, welche früh eingesetzt werden, können mithelfen, negativen Folgen entgegenzuwirken und Folgekosten für aufwendige therapeutische Behandlungen zu begrenzen.

Heute fokussieren Eltern- und Familienbildung stark auf benachteiligte und aus anderen Kulturen stammende Familien. Aus vielen Studien wissen wir jedoch, dass Eltern aller Milieus einen hohen Bedarf an Information und Unterstützung haben (Fried, 2007; Stamm et al., 2009). Allgemein wird jedoch davon ausgegangen, dass elterliche Erziehungspraktiken schwierig zu verändern sind, weshalb die Effekte vieler Elternbildungsprogramme recht bescheiden sind. Der Grund liegt darin, dass Familienwerte in sozioökonomische Kontexte eingebaut sind und sich ohne bedeutsame Veränderungen in anderen Dimensionen des täglichen Lebens (inklusive des Einkommens, des Haushalts und der sozialen Referenz auf Gruppenwerte und Verhaltensweisen) konstant bleiben.

Vor diesem Hintergrund und im Hinblick auf die Frage der frühkindlichen Förderung muss sich die Familienbildung in Zukunft verschiedenen Herausforderungen stellen. Diese wiederum resultieren aus der veränderten Situation heutiger gesellschaftlicher und folglich auch familiärer Lebensbedingungen. Hauptmerkmale sind Arbeitslosigkeit, Armut, steigende alternative Lebensformen, beruflich geforderte Mobilität oder binationale Familien. Alle diese Merkmale tragen zu erschwerten Netzwerkbildungen bei. Zudem wird heute in unseren deutschsprachigen Ländern fast oder mehr als jede zweite Ehe geschieden. Diese Entwicklung hat weitreichende Folgen für das Leben junger Kinder. Aufgrund der berufsbedingten Mobilität sind viele Eltern von ihrer Herkunftsfamilie und den Möglichkeiten der Unterstützung abgeschnitten. Immer mehr Kinder wachsen zudem als Einzelkinder auf, die nur unter erschwerten Bedingungen mit Gleichaltrigen Erfahrungen sammeln können. Schließlich sind Kinder gerade unter den Sozialhilfebeziehern deutlich überrepräsentiert. Dies hat zur Folge, dass sie aufgrund mangelnder materieller Ressourcen nur minimale kognitive Förderung erhalten.

5.4.2 Formate von Familien- und Elternbildung

Es gibt sehr unterschiedliche Formen der Familienbildung. Entweder handelt es sich um Bildungseinrichtungen, die sich direkt auf die Familie beziehen (Familienbildungsstätten, Volkshochschulen, Erwachsenenbildungsstätten), oder um Institutionen, Organisationen und Vereine, welche Bildungsangebote für Familien schwerpunktmäßig anbieten (Mütterberatungsstellen, Pfarrgemeinden, welche entsprechende Kurse anbieten etc.).

Gemäß verschiedenen Wirksamkeitsanalysen (Papastefanou, 2008) scheinen zwei Interventionstypen besonders erfolgreich zu sein: Elternbildung und Elternführung (Management).

- *Elternbildungsprogramme* streben danach, das allgemeine Wissen der Eltern über Kindererziehung und Kinderentwicklung anzureichern. Die Information erfolgt im Zusammenhang mit instrumenteller und emotionaler Unterstützung oder mit Hausbesuchen für junge Mütter. Eines der am häufigsten genutzten Formate ist die Verbreitung von Information zur kindlichen Entwicklung. Ein bekanntes Beispiel in Deutschland sind die sogenannten «Peter-Pelikan-Briefe», in der Schweiz die «Elternbriefe der Pro Juventute», die sich mit Fragen der Erziehung, Pflege und Betreuung junger Kinder beschäftigen und den Eltern vielfältige, nützliche und praxisnahe Anregungen und Hilfestellungen geben. Weitere bekannte Beispiele sind Internetangebote wie das «Familienhandbuch» oder das «Forum Bayern Familie». Solche Onlineangebote haben großen Erfolg und werden täglich von mehreren Tausend Besuchern genutzt. Viele Forschungsergebnisse zeigen jedoch, dass Programme, welche lediglich Information über Erziehung und Kinderentwicklung ohne Kontaktaufnahme mit der Familie oder weiteren Dienstleistungen anbieten, kaum in der Lage sind, elterliche Erziehungspraktiken zu verändern. Werden allerdings zusätzliche Dienstleistungen angeboten, dann sind Veränderungen wahrscheinlicher. Dabei sind sie umso erfolgreicher, je klarer ihre Alltags- und Lebensweltorientierung ist und je niederschwelliger konzipiert sie sind. Deshalb kommt der aufsuchenden, mobilen Eltern- und Familienbildung große Bedeutung zu. Dies mag einer der Gründe sein, weshalb die Ratgebersendung «Super-Nanny» von RTL riesige Einschaltquoten erzielt. Obwohl derartig angebotene Patentlösungen mit Kritik zu belegen sind (Iselin, 2009; Tschöpfe-Scheffler, 2005), verweisen sie auf zukünftige Aufgaben der Eltern- und Familienbildung, stärker ressourcen- und medienorientiert zu arbeiten.

- *Elternführungsprogramme* sind für Eltern von Kindern mit Verhaltensproblemen konzipiert. Klinische Psychologen und Therapeuten leiten Eltern in der Anwendung konkreter Strategien an, wie sie das positive Verhalten ihres Kindes verstärken und negatives Verhalten angemessen bestrafen können. Zwei, allerdings kontrovers diskutierte theoretische Annahmen fundieren solche Interventionen: dass (a) Elternverhalten einen ausgeprägten Einfluss auf die gesundheitliche Entwicklung des Kindes hat und dass (b) positives Erziehungsverhalten gelernt und mittels ökonomischer Interventionen (höherer ökonomischer Ressourcen) verbessert werden kann.

5.5 Zusammenfassende Bilanz

Dieses Kapitel hat auf die Schlüsselrolle der Eltern im Aufwachsprozess ihres Kindes verwiesen und dabei herausgestrichen, dass die Merkmale der Familie inklusive die Qualität der Beziehungen und des Anregungsmilieus von großer Bedeutung für die kindliche Entwicklung sind. Dabei ist festgehalten worden, dass eine familienergänzende Betreuung folglich immer nur als positive Ergänzung zur Kernfamilie des Kindes betrachtet werden kann, nie jedoch als Ersatz. Deshalb muss ein gutes FBBE-System mit allen Mitteln versuchen, die familieninternen Ressourcen zu stärken.

Obwohl in Bezug auf den Einfluss der Eltern als relevantester Faktor Konsens besteht (inklusive genetischer Einflüsse), bleibt ihr tatsächlicher Einfluss auf die Entwicklung ein Streitpunkt. Entwicklungspsychologen wie Scarr (1992) argumentieren, dass genetische Einflüsse wenig Raum frei lassen für Entwicklungsmöglichkeiten, wenn extreme familiäre Konstellationen vorliegen. In solchen Fällen wird der Elterneinfluss möglicherweise überschätzt. Der wichtige Einfluss erzieherischen Verhaltens der Eltern auf ihre Kinder ist trotzdem unbestritten.

Der Erfolg elternbasierter Interventionen ist nicht nur von ökonomischen Ressourcen abhängig, sondern ebenso von der Zeit und der Bereitschaft der Eltern, sich zu engagieren. Das sind jedoch Anforderungen, die für gewisse Eltern zu anspruchsvoll sind. Konflikte am Arbeitsplatz, Arbeitsüberlastung, Stress oder ein Mangel an Motivation sind wesentliche Gründe, dass Eltern von entsprechenden Angeboten nicht Gebrauch machen. Des Weiteren zeigt sich, dass Eltern auch dann, wenn sie Angebote nutzen, nicht gleich engagiert oder fähig sind, die erlernten Strategien in der Praxis umzusetzen. Unglücklicherweise sind es häufig gerade Eltern von Risikokindern, von solchen mit Schul- oder Verhaltensproblemen, Einelternteile oder solche mit geringem Einkommen, welche am seltensten von Angeboten Gebrauch machen und versuchen, das Gelernte in der Praxis umzusetzen (Papastefanou, 2006).

Schwerpunkt II

Angebote, Qualität und Professionalität

6 FBBE: Das Was und das Wie

Alle gegenwärtig verfügbaren Curricula, Erziehungs- oder Bildungspläne – wie auch immer sie bezeichnet werden – nennen spezifische Inhaltsbereiche und Handlungsorientierungen, welche vorzeichnen, wie frühkindliche Bildung und vorschulische Förderung ablaufen sollen. Sie verankern damit auch strukturell die Forderung nach früher bereichsspezifischer Förderung von kindlichen Kompetenzen. Die Inhaltsbereiche (Sprache, Mathematik, naturwissenschaftliche Phänomene, kreativ-musischbewegungsorientierte Domänen, Sozialverhalten) sind fast überall die gleichen.

Vorschulische Förder- und Bildungsarbeit muss auf entwicklungspsychologischen Erkenntnissen aufbauen. Während zwischen drei und sechs Jahren beziehungsorientierte Bedürfnisse im Vordergrund stehen und die Interaktion und Gruppendynamik deshalb eine große Rolle spielt, unterliegen die ersten drei Lebensjahre anderen Gesetzmäßigkeiten. Deshalb erfordert diese Phase eine andere Art der Förder- und Bildungsarbeit. Während bis etwa anderthalb Jahren die Sprachentwicklung im Vordergrund steht, die mit wenigen Erwachsenen erprobt und entwickelt wird und von emotionalen Verarbeitungsmechanismen abhängt, ist das Alter zwischen anderthalb und drei Jahren gemäß Piaget oder Wygotski durch die Auseinandersetzung mit den eigenen intellektuellen Grenzen und den daraus resultierenden kognitiven Konflikten gekennzeichnet. Diese regen das Kind nicht nur fortwährend zum Nachdenken an, sondern auch zur kontinuierlichen Umstrukturierung seines Wissens.

Kindgerechte vorschulische Förder- und Bildungsbemühungen müssen deshalb von den Entwicklungsbesonderheiten der jeweiligen Altersstufe ausgehen. Für Kinder ist es deshalb von entscheidender Bedeutung, in welcher Art und Weise Förder- und Bildungsabsichten auf ihre Bedürfnisse und Kompetenzen Bezug nehmen. Steht nur die Denk-, Sprach- und numerische Entwicklung im Vordergrund, dann handelt es sich noch nicht um kindgerechte Förderarbeit, weil sie die altersbedingten Besonderheiten der Emotions- und Verhaltensentwicklung nicht berücksichtigt.

Dieses Kapitel wirft einen Blick auf das Was und das Wie der FBBE-Inhalte und umschließt dabei fünf grundlegende Komponenten:

- die erziehungsphilosophischen Grundlagen frühpädagogischer Arbeit (Kapitel 6.1);
- Bildungspläne und Curricula, d. h. die Inhalte dessen, was im Mittelpunkt der frühkindlichen Bildungsförderung stehen soll. Die Lerninhalte können sowohl der Unterstützung von Lernprozessen (Gedächtnis, Aufmerksamkeit, Beobachtung) und kognitiven Fähigkeiten (argumentieren und logisch denken,

vergleichen und kontrastieren, klassifizieren) dienen, aber auch dem Erwerb spezifischer Information wie etwa des Lernens von Namen der Buchstaben des Alphabets (vgl. Kapitel 6.2);

- die Messung von Kompetenzen, d. h. die Diagnose sprachlicher und mathematischer Fähigkeiten zur Erfassung der verschiedenen Bereiche von Literalität und des frühen numerischen Verständnisses (vgl. Kapitel 6.3);
- die Methodologie und die Sozialisierungstechniken. Die Methodologie umfasst den Weg, wie frühkindliche Bildungsförderung erfolgt. Dabei handelt es sich um arrangierte Interaktionen zwischen Personen und Materialien, welche durch die pädagogische Fachperson geplant und genutzt werden. Die Sozialisierungstechniken umfassen die Vermittlung kognitiver und affektiver Fähigkeiten, welche für ein erfolgreiches Funktionieren in der Gesellschaft erforderlich sind. Sie beziehen sich aber auch auf die Rolle, welche das Personal in frühkindlichen Förderstrategien spielt, welche Schwerpunkte es setzt und welches Repertoire an kognitiven und affektiven Charakteristika und Fähigkeiten es einsetzt, um jungen Kindern den Weg von der Herkunftskultur zur Schulkultur und zur gesellschaftlichen Kultur zu erleichtern (vgl. Kapitel 6.4).

6.1 Konzepte frühkindlicher Bildungsarbeit

Die erziehungsphilosophischen Vorstellungen und Zugänge im Bereich der Pädagogik der frühen Kindheit sind vielfältig. Entsprechend unterschiedlich ist auch das Spektrum an vorschulischen Förderkonzepten. Es reicht von Konzepten, in denen Kinder vor allem in spiel- oder selbstinitiierte Aktivitäten eingebunden werden, bis zu solchen, die Kinder in klassenzimmerähnlichen Settings instruieren. Sie markieren die Polarität zwischen erwachsenenorientiert-schulvorbereitender und kindorientiert-spielbasierter Ausrichtung. Settings der ersten Art werden zunehmend hinterfragt und kritisiert. Es sind dies Kritiken an der immer früher einsetzenden Schulvorbereitung junger Kinder, ihrer gezielten Förderung und der Planung ihres späteren Schul- und Lebenserfolgs. Stärker fokussiert wird hingegen auf Settings der zweiten Art, die für das ganze Kind plädieren, für integriertes und nicht aufgesplittetes Lernen, für authentische Erfahrungen im Spiel, für genügend Zeit für selbstregulierte Aktivitäten und Möglichkeiten zur Interaktion mit anderen Kindern und Erwachsenen. Diese Betonung der dynamischen Natur von FBBE-Konzepten markiert einen Perspektivenwechsel, der das Kind als aktiven Lerner in den Mittelpunkt stellt. Frühkindliche Bildung ist damit nicht nur Information und Wissen oder Schulvorbereitung, sondern in erster Linie der Erwerb von Erfahrung, die zu vorausschauendem und kompetentem Handeln befähigt und den Erwerb von Schlüsselkompetenzen jenseits von Sprache und Mathematik fördert. Schlüsselkompetenzen sind das Ergebnis grundlegender Prozesse wie Erwartungshaltungen aufbauen, Aufgabenverpflichtung kennenlernen, soziale Fähigkeiten erwerben oder Verantwortung und Gefühle der Selbstwirksamkeit erleben. So verstanden, werden Bildungsprozesse zu Konstruktionsprozessen. Sie müssen jedoch durch die betreuende Umgebung professionell angeregt und herausgefordert werden. Nachfolgend werden vier Konzepte vorgestellt, welche einer solchen Bildungsarbeit verpflichtet sind.

6.1.1 Das Montessorikonzept

Der Montessorikindergarten wird Kinderhaus genannt («casa dei bambini»). Seine Einrichtung ist auf die Entwicklungsphase drei- bis sechsjähriger Kinder ausgerichtet und bietet Lernanreize, die den sensiblen Perioden dieser Phase entsprechen (Helming, 2002). Der Tag ist strukturiert durch Phasen des Freispiels, der gemeinschaftlichen Aktivität und der Bewegungsspiele. Im Gruppenraum finden sich nach Entwicklungs- bzw. Lernbereichen geordnetes Arbeits- und Spielmaterial. Die Fachkräfte («Erzieherinnen») gelten als «Interpreten» kindlicher Verhaltensweisen. Durch teilnehmende Beobachtung gewinnen sie Kenntnisse über den Entwicklungsstand und die Entwicklungsbedürfnisse des Kindes und geben ihm über die persönlichen Beziehungen Orientierung. Sie respektieren den Spiel- und Arbeitszyklus des Kindes und sorgen dafür, dass es ungestört arbeiten (spielen) kann. Zu ihren Hauptaufgaben gehört die Unterstützung von Aktivitäten, die dem Kind ermöglichen, Selbstdisziplin, Selbstvertrauen und intrinsische Motivation zu entwickeln. Sie sollen (a) versuchen zu erkennen, was ein Kind in dieser informellen Interaktion mit der Umwelt tut, (b) Materialien zusammenstellen, welche dieser Intention dienen, (c) bedeutsame Herausforderungen schaffen, mit denen das Kind umzugehen in der Lage ist, (d) ein relevantes Modell zur Nachahmung anbieten, (e) bedeutsame Fragen stellen, welche das Kind beantworten kann, sowie (f) versuchen zu erkennen, was ein Kind in dieser informellen Interaktion mit der Umwelt tut.

Grundlage bilden ein strukturierter Tagesablauf und eine spezifische räumliche Ordnung.

- Die vorbereitete Umgebung mit ihren didaktischen Mitteln ist die entscheidende Grundlage für das Wachstum und Lernen des Kindes.
- Das kindliche Interesse an Bewegung und aktiver Nachahmung findet in den «Übungen des täglichen Lebens» vielfältige Handlungsmöglichkeiten.

- Das «Sinnesmaterial» korrespondiert mit der Freude an sensorischen Reizen, verfeinert die Sinneswahrnehmung und regt zur Erforschung von grundlegenden Ordnungskategorien an. Es erlaubt den Kindern, aufgenommene Eindrücke zu verarbeiten und zu ordnen.
- Das Mathematikmaterial ist auf das kindliche Interesse an Ordnungsstrukturen ausgerichtet, die es in Zahlen und Rechenoperationen entdecken kann.
- Die Freude an der Sprache führt durch die bewusste Kommunikation der Erzieherinnen mit den Kindern zur Erweiterung des Wortschatzes; auch zum Kennenlernen von geschriebener Sprache werden dem Kind Materialien angeboten.
- Das kindliche Interesse für Fantasiespiele findet seine Antwort in Puppen- und Bauecken sowie in musischen Tätigkeiten wie Singen, Basteln und Malen.

Die *didaktischen Mittel:* Damit das Kind in der vorbereiteten Lernumgebung seine Bildungsziele erreichen kann, muss es Mittel finden, die seine Aktivität herausfordern und in sinnvolle Bahnen lenken. Deswegen muss das Arbeitsmaterial für die Hand des Kindes bestimmte Kriterien erfüllen. Das Material korrespondiert mit der kindlichen Entwicklungsstufe und seiner spezifischen Sensibilität. Es erlaubt eigenaktives und eigenständiges Arbeiten. Das Material liegt in offenen Regalen oder Schränken und ist den Kindern frei zugänglich. Es ist jedoch nur einmal oder in sehr begrenzter Anzahl vorhanden, was die gegenseitige Absprache unter den Kindern fördert.

Freiheit und Begrenzung: Bestimmte Kompetenzen können sich erst entfalten, wenn das Kind in der vorbereiteten Umgebung selbstbestimmt seine Arbeit aussuchen und entscheiden kann, ob es allein oder zu zweit arbeiten und wie lange es dies tun will. Freiheit im Sinne Montessoris bedeutet niemals ein bloßes Gewährenlassen oder ein Tun und Lassen je nach Lust und Laune. Freiheit bedeutet, Meister seiner selbst zu sein. Dazu gehört es, Verhaltensregeln einhalten zu können, die ein geordnetes Arbeiten des Einzelnen wie der Gruppe gewährleisten. Die Freiheit innerhalb der vorbereiteten Umgebung ist eine Freiheit, die Bindungen eingeht und Begrenzungen akzeptiert. Sie ist einerseits didaktisches Mittel, andererseits auch Erziehungsziel. Die tägliche Übung, sinnvoll zu wählen und sich so zu entscheiden, dass sowohl die eigenen Entwicklungsbedürfnisse als auch die Bedürfnisse und Rechte der anderen beachtet werden, führt zu Freiheit in Verantwortung.

Eltern, Erzieher(innen), Fachpersonal: Sie sind im Selbsterziehungsprozess des Kindes von entscheidender Bedeutung. Das Kind braucht ihre Liebe und Einfühlsamkeit, ihr Wissen und ihre Autorität. Die Erwachsenen interpretieren die kindlichen Bedürfnisse und schaffen die Bedingungen, die das Kind für seine Persönlichkeitsentwicklung braucht.

6.1.2 Das Konzept der Reggio-Pädagogik

Bei der Reggio-Pädagogik handelt es sich um ein auf eine entwicklungsangemessene Frühpädagogik ausgerichtetes Konzept (Lingenauber, 2009). Die Stadt Reggio Emilia wirkt als Trägerin von Krippen und Tageseinrichtungen und bildet den juristischen, finanziellen, unternehmerischen, konzeptionellen und auch kulturellen Rahmen für die Praxis der Reggio-Pädagogik. Ihre konzeptionelle Konkretisierung geht auf die 1970er-Jahre zurück, als das italienische Krippengesetz verabschiedet wurde und gleichzeitig in Reggio ein großer Kongress zur Kleinkindpädagogik stattfand. Namen wie Loris Malaguzzi, Mariano Dolci oder Gianni Rodari kennzeichnen den Aufbau dieses Konzepts, das 1991 von der amerikanischen Zeitschrift «Newsweek» als beste vorschulische Institution der Welt ausgezeichnet wurde.

Aktuell stellt die Reggio-Pädagogik den wichtigsten Bezugspunkt und das einflussreichste Vorbild für die Curriculumentwicklung in vorschulischen Angeboten dar. Dies gilt für viele Ländern Europas, für die USA, aber auch für Australien. Man kann daher derzeit in ähnlicher Weise, wie dies seinerzeit für die «Fröbel-Bewegung» gegolten hat, von einer internationalen «Reggio-Bewegung» sprechen. Ihre Entstehung und Verbreitung lässt sich unschwer aus drei Gründen ableiten: (1) aus den vielen fortschrittlichen Elementen des pädagogischen Konzepts, (2) den ansprechenden Dokumentationen von Lernprojekten und (3) der professionellen Öffentlichkeitsarbeit. Andererseits enthält die internationale Reggio-Erfolgsgeschichte auch überraschende Elemente, wie zum Beispiel die Tatsache, dass in den Tageseinrichtungen in Reggio – im Widerspruch zu den international artikulierten Anforderungen – die Lernerfolge der Kinder nicht gemessen werden (und daher auch nicht mit den Lernerfolgen von Kindern in anderen Settings respektive Konzepten verglichen werden können). Dazu kommt, dass es auch keine längsschnittlich angelegten Untersuchungen gibt, die Auskunft darüber geben könnten, ob Reggio-Kinder im Erwerb der in der PISA-Studie erhobenen Kompetenzen gut abschneiden. Es sind also nicht die möglichen langfristigen Folgen für den Schulerfolg der Kinder, was international fasziniert. Es ist vielmehr die kreative Pädagogik der «hundert Sprachen», und es ist die Verankerung der Tageseinrichtungen für Kinder im politischen Gemeinwesen. Dies äußert sich darin, dass Lernen, Bildung, Erziehung in den Augen der Reggianer nicht nur in immer stärkerem Maße vor den Herausforderungen der Globalisierung stehen, sondern auch produktiv aufgenommen werden müssen. Gerade diese Überzeugung spielt in der internationalen Rezeption der Reggio-Pädagogik eine wichtige Rolle. Was ist damit gemeint? Kinder müssen Gemeinschaft im Kleinen, die Demokratie auf lokaler Ebene erfahren, um in globalen Zusammenhängen empfinden und denken zu können.

Allgemein gilt die Reggio-Pädagogik als Erziehungsphilosophie und nicht als Theoriemodell. Basierend auf der zentralen Idee des Kindes als Konstrukteurs seiner Entwicklung und als «eifrigen Forschers» (Malaguzzi, 1984, S. 4), lassen sich in Bezug auf das Bild vom Kind verschiedene Grundannahmen formulieren: die Bedeutung von Identität und Gemeinschaft, die Vorstellung von Bildung und Lernen, die Bedeutung von Projekten sowie die Rolle Erwachsener und die Bildungsfunktion von Räumen. Diese Grundannahmen, vor allem die Vorstellung vom aktiven, die Welt erschließenden Kind, sind relativ unabhängig von den äußeren Rahmenbedingungen. Optimismus, Ganzheitlichkeit und Offenheit stehen im Zentrum und nicht die helfende Erzieherin. Die zentrale Motivation der Reggio-Pädagogik ist das authentische Interesse der Kinder, dessen Förderung und Entwicklung die Hauptaufgabe des Fachpersonals ist. Die Reggio-Pädagogik fordert deshalb vom Fachpersonal explizit einen Paradigmenwechsel ihrer Einstellungen und Überzeugungen.

Dieses mit enorm vielen natürlichen Gaben und Potenzialen von ungeheurer Vielfalt und Vitalität ausgestattete Kind kommt in einem Gedicht von Loris Malaguzzi «Die hundert Sprachen des Kindes» besonders gut zum Ausdruck. Darin heißt es: «Das Kind hat hundert Sprachen, hundert Hände, hundert Weisen zu denken, zu sprechen und zu spielen, hundert Welten zu entdecken, hundert Welten zu träumen.» Von diesen 100 Sprachen raube ihm die Gesellschaft 99, nämlich alle außer der Verbalsprache, und zwar deshalb, weil Schule und Kultur ihm den Kopf vom Körper trennen. Deshalb basiert das Reggio-Curriculum auf der Annahme, dass das Kind mit seiner Energie, seiner Wissbegierde und seiner Kreativität Schöpfer seiner eigenen Entwicklung und Konstrukteur seiner persönlichen Wirklichkeit ist. Wahrnehmungs- und Ausdruckserziehung sind deshalb ein zentrales Anliegen des Curriculums.

Die Bedeutung von Identität und Gemeinschaft: Der Entwicklung der kindlichen Identität wird in der Reggio-Pädagogik eine besondere Bedeutung beigemessen. Das Kind wird zugleich sowohl als vollständiger als auch als sich entwickelnder Mensch betrachtet. Identität ist nicht das Ziel von Sozialisation und kann deshalb nicht vermittelt werden, sondern ein sich im steten Wandel befindlicher Ausdruck von Erfahrungen und interpersonellen Prozessen. Dieser Entwicklungsprozess ist auf aktive Auseinandersetzung mit der sozialen und gegenständlichen Umwelt angewiesen («die Mächtigkeit des Kindes»).

Der Bildungs- und Lernbegriff: Das reggianische Verständnis von Bildung und Lernen kommt dem komplexen humboldtschen Bildungsbegriff nahe. Ausgehend vom Verständnis, dass jeder Mensch einzigartig ist und deshalb die Welt mit seinen Augen anders sieht und versteht als der andere, bilden Lernen und Bildung die zwei Seiten einer Medaille. Lernen wird in Anschluss an Piaget als aktive Auseinandersetzung mit der gegenständlichen und sozialen Umwelt verstanden. Diese Auseinandersetzung findet ihre Triebkraft in alltäglichen Herausforderungen, deren Bewältigung zur Bereitschaft führt, sich neuen und fremden Strukturen anzupassen (Akkommodation). Assimilationsleistungen finden hingegen statt, wenn Kinder neue Kompetenzen in vorhandenes Wissen und Können integrieren. Neben Piaget basiert die Reggio-Pädagogik auch auf Elementen des entdeckenden und forschenden Lernens von Bruner sowie auf dem Modelllernen Banduras. Eine der Stärken der Reggio-Pädagogik ist somit ihre Offenheit und relative Pluralität in ihrer lerntheoretischen Fundierung.

Die Bedeutung von Projekten: In der Reggio-Pädagogik spielen Projekte als Handlungsform zur Gewinnung von alltagsbezogenen Fertigkeiten und vor allem von Selbst- und Weltverständnis eine zentrale Rolle. Projekte gehören zu den Alltäglichkeiten der Reggio-Praxis und sind keine Sonderveranstaltungen. Sie entwickeln sich aus Spielhandlungen, Gesprächen oder Beobachtungen der Kinder. In der Morgenversammlung kann über mögliche Projektthemen diskutiert und entschieden werden; auch Erzieherinnen können verbal oder über mitgebrachte Gegenstände Impulse für Projekte vermitteln. Projekte basieren auf dem authentischen Interesse und oft auf konkreten Erlebnissen der Kinder (z. B. der plötzliche Regen, das Jungekriegen einer Katze). Ein Projekt kann von ganz unterschiedlicher Zeitdauer sein (von zwei Stunden bis zu einem Jahr). Es ist Aufgabe der Kindertageseinrichtung, Kindern die Rahmenbedingungen für diese aktive Rolle als Konstrukteure und Gestalter ihrer Entwicklung und ihres Wissens zu sichern. Spielhandlungen und Gemeinschaftshandlungen (Morgenkreis, Mittagsmahlzeit, Ausflüge, Feste, kleinere Dienste) bilden die Basis zur Sammlung von Projektideen, zur Vorstellung und Diskussion von Ergebnissen. Vielfach werden Projekte mit dem Spiel verbunden, um Aktivitäten und Aktivitätsformen wie sinnliche Wahrnehmung, exploratives, erkundend-experimentelles Handeln, Aktivieren von Emotionen, Kommunikation über Beobachtungen, Handlungen, Hypothesen und Gefühle etc. zu ermöglichen.

Die Rolle des Fachpersonals: Ihre Hauptaufgabe liegt darin, dem Interessen- und Handlungsspektrum der Kinder neue Akzente vermitteln. Dies kann mittels gegenständlicher oder verbaler Impulse (Fragen, Schilderung eigener Erlebnisse, mitgebrachter Bilder) geschehen. Ausgangsbasis sind die Beobachtungen und die darauf basierenden (täglichen) Kurzprotokolle über die Aktivitäten der in Projekte eingebundenen Kinder sowie deren Diskussion im Team. Das Prinzip der freien Wahl der Kinder bleibt dabei allerdings unberührt. Insgesamt praktizieren die Reggio-Pädagogen damit eine Form des *reflective teaching* (vgl. Kapitel 7).

6.1.3 Das *High/Scope*-Konzept

Beim *High/Scope*-Konzept handelt es sich um ein in den USA sehr weit verbreitetes vorschulisches Curriculummodell, das aus dem *Head-Start*-Projekt entstanden ist, ohne allerdings dessen zentralen Fokus auf die Unterstützung der Eltern benachteiligter Kinder übernommen zu haben oder ihnen besondere Dienstleistungen anzubieten (Schweinhart et al., 2005). Wie Elternarbeit gestaltet werden soll oder kann – dazu erfährt man relativ wenig. Vielmehr ist der *High/Scope*-Ansatz stark kindzentriert. Er zeichnet sich durch extensive Erwachsenen-Kind-Interaktionen aus, durch häufige Individualisierung, wenig restriktives und kontrollierendes Verhalten seitens der Förderperson, hohes kindliches Engagement in sozialen und spielerischen Interaktionen sowie durch einen komplexen und intensiven Sprachgebrauch. Pädagogische Fachpersonen haben deshalb vielfältige Aufgaben: Sie

- betreiben ausgeprägte Spracharbeit,
- gruppieren die Aktivitäten um Schlüsselerfahrungen, die in den Alltagssituationen auftauchen,
- steuern die kindliche soziale Interaktion,
- ermutigen Exploration und Problemlöseverhalten,
- animieren Kinder, selbst Entscheidungen über ihre Aktivitäten und den Gebrauch der Materialien zu treffen,
- bieten Erfahrungsräume für die Repräsentation unterschiedlicher Aspekte von Klassifikation, Seriation, Zahlen, räumlichen Beziehungen und Zeit.

Pädagogische Fachleute, welche in Programmen arbeiten, die auf dem *High/Scope*-Konzept basieren, haben das aktive kindliche Lernen zu unterstützen. Dabei schreiben sie den Kindern nicht vor, was oder wie sie lernen sollen, sondern bestärken sie lediglich darin, das eigene Lernen zu kontrollieren. Dies erfordert, dass Erwachsene beobachten, nachdenken, reichhaltige Umgebungen planen und Gelegenheiten für das Lernen ermöglichen. Grundlegend ist dabei ein routinemäßig organisierter Tagesablauf. Auf diese Weise sollen die Kinder ihre Pläne entfalten, sie ausführen und ihr Tun dann auch begutachten *(«plan – do – review»)*. In der Planungsphase überlegen sie sich, was sie an diesem Tag machen möchten, und besprechen dies mit anderen Kindern und dem Fachpersonal. Dieses unterstützt sie mit weiteren Ideen, zusätzlicher Information oder notwendigen Hilfestellungen. In der Arbeitsphase, die gewöhnlich den größten Zeitanteil des Tages einnimmt, setzen die Kinder ihre Ideen – unterstützt von beobachtenden, manchmal auch ermutigenden und helfenden Fachkräften – in die Tat um. Nach dem anschließenden Aufräumen bildet die Reflexionsphase den Abschluss. Diese Reflexion geschieht in gemeinsamen Gesprächen. Aber nicht nur die Einzelarbeit spielt im *High/Scope*-Ansatz eine Rolle, sondern auch die Klein- und Großgruppenarbeit. In der Kleingruppenarbeit sind die Zusammensetzung der Kinder und die Führung durch die Fachperson stabil. In der Großgruppe hingegen versammeln sich die Kinder nur für Bewegungs- und Singspiele oder für Informationsaustausch.

Eine besonders wichtige Aufgabe des pädagogischen Fachpersonals ist die Beobachtung der ihnen anvertrauten Kinder. Dazu gehört beispielsweise zu diagnostizieren, wie jedes einzelne Kind denkt und urteilt, was seine besonderen Charakteristika sind oder welche Unterstützung es nötig hat. Im Mittelpunkt stehen dabei sechs Bereiche der kindlichen Entwicklung (Shouse, 2000). Anhand dieser Bereiche wird ein Beobachtungsbogen mit 30 fünfstufigen Kriterien verwendet. Er ermöglicht die Bestimmung des Entwicklungsstands jedes Kindes.

1. Initiative: Einbringen von Ideen, Plänen oder Alternativen; selbstinitiierte Teilnahme an Spielen,
2. Soziale Beziehungen: Verhalten gegenüber Erwachsenen und Gleichaltrigen; Freunde finden, Konflikte bearbeiten,
3. Kreative Darstellung: Machen, bauen, fantasieren, sich verstellen,
4. Musik und Bewegung: Fähigkeit zur Bewegungskoordination, sich einem Rhythmus entsprechend bewegen,
5. Sprache und Literacy: Interesse am Lesen zeigen, mit dem Lesen oder Schreiben beginnen,
6. Logik und Mathematik: Sortieren, Objekte zählen, Zeitabläufe beschreiben.

Der Beobachtungsbogen bildet auch die Grundlage zur Beurteilung des Erfolgs der pädagogischen Arbeit und der anstehenden Schritte zur persönlichen Weiterentwicklung. Im *High/Scope*-Ansatz müssen sich die pädagogischen Fachleute selbst als «aktiv Lernende» verstehen.

6.1.4 Der Projektansatz

Dieser Ansatz von Lilian G. Katz (Katz & Chard, 2000) versteht sich nicht als Methode, sondern als methodische Herangehensweise im Rahmen eines pädagogischen Programms. Der Ansatz hat zum Ziel, ästhetische, soziale, kognitive und emotionale Erfahrungen möglich zu machen. Acht Prinzipien spielen dabei eine herausragende Rolle: Lebensnähe, Handlungsorientierung, Erfahrungslernen, Selbsttätigkeit, entdeckendes Lernen, Kindorientierung, ganzheitliche Kompetenzförderung sowie Methodenoffenheit. Dabei können die Kinder in sinnvollen Kontexten Wissen erwerben und Fertigkeiten anwenden. Das Fachpersonal hat den Auftrag, Kinder zu ermutigen, dass sie bestimmte Aufgaben aussuchen und dafür Verantwortung übernehmen. Ausgangspunkt ist jedoch das Interesse des Kindes. Nur auf diese Weise können Spannung und Neugier entstehen oder aufrechterhalten werden. Katz erachtet das Gefühl der erfahrenen Selbstwirksamkeit aufgrund seiner Nachhaltigkeit als besonders bedeutsam: Hat ein Kind die erfolgreiche Bearbeitung einer schwierigen Arbeit durch eigene Anstrengung erfahren, dann kann ein solches Gefühl die Basis für eine lang anhaltende Bereitschaft legen, sich für die Erreichung eines Ziels aktiv einzusetzen.

Katz unterscheidet drei Phasen der Projektarbeit, die sich jedoch von der üblichen Projektmethode unterscheiden:

1. Nach der Auswahl des Themas sollen Vorwissen sowie Erfahrungsstand festgestellt und offene Fragen eruiert werden.
2. Danach geht es um die Beschaffung neuer Information. Dies geschieht über unmittelbare und direkte Umwelterfahrungen (Vor-Ort-Besuche bei bestimmten Handwerkern oder Berufsgattungen, Ausflüge zwecks Beobachtung von Naturereignissen oder -phänomenen).
3. Den Projektabschluss bilden die Vorstellung und die Diskussion der Arbeiten. Nachdenken und Auseinandersetzung über und mit den Erfahrungen bilden einen wesentlichen Bestandteil der kindlichen Anregungstätigkeit.

6.1.5 Fazit

Obwohl sich die vier hier vorgestellten Konzepte frühpädagogischer Bildungsförderung – Montessoriansatz, Reggio-Konzept, *High/Scope*-Ansatz und Projektansatz nach Katz – in ihren Zielsetzungen unterscheiden, ist ihnen die Ausrichtung auf das körperliche, soziale, emotionale und kognitive kindliche Wachstum gemeinsam. Trotzdem kann es nicht darum gehen, sie miteinander zu vergleichen, ob einer der Ansätze besser als der andere ist. Dafür sprechen drei Gründe: erstens, weil die Wirkungen der individuellen pädagogischen Fachperson stärker sind als die Wirkungen des Curriculums, zweitens, weil die «Implementationstreue», d.h. die Genauigkeit, mit der das Curriculum vorgabengemäß umgesetzt wird, variiert, und drittens, weil Lernen auf so vielen Dimensionen gleichzeitig stattfindet, dass ein bestimmtes Curriculum möglicherweise besser auf einer Dimension als auf einer anderen umgesetzt wird. Trotzdem können auf der Basis dieser frühpädagogischen Bildungsförderkonzepte drei gemeinsame Lernprinzipien herausgeschält werden, die in einem vorschulischen Setting direkt anwendbar sind. Curricula und Bildungspläne können dann auf dieser Basis beurteilt werden, inwiefern sie diese Prinzipien verfolgen.

- *Lernen als Konstruktion eigener Ideen:* Kinder entwickeln bereits in jungen Jahren Ideen und Konzepte, welche ihnen bei ihrer Sinnfindung helfen. Lernen entspricht damit nicht einer Transformation neuer Information in ein leeres Gefäß. Es umfasst vielmehr die Bildung eines neuen Konzeptverständnisses auf der Basis bereits vorhandenen Verstehens. Am effektivsten geschieht dies, wenn kindliche Präkonzeptionen aktiviert werden.
  - Curricula und Bildungspläne können nach dem Ausmaß beurteilt werden, in dem sie die Konstruktion der kindlichen Ideen betonen und auf ihnen aufbauen.
- *Aufbau von Schlüsselkonzepten:* Die Entwicklung kindlicher Kompetenzen erfordert sowohl eine Fundierung von Faktenwissen und Fähigkeiten als auch konzeptionelles Verstehen. Erst auf dieser Basis können Fakten in verwendbares Wissen transformiert werden. Grundlage dazu bilden die Schlüsselkonzepte. Sie sind in den Vorschuljahren basal, werden jedoch häufig übersehen. In der Mathematik beispielsweise geht es nicht lediglich um die Entwicklung verbaler Zählfertigkeit und Zahlenerkenntnis. Es geht auch um die Erfassung von «Quantität». Ähnlich ist es bei der Entwicklung von Literalität. Sie erfordert nicht lediglich die Erkennung von Buchstaben, sondern auch das Verständnis des Konzepts der Repräsentation, das in geschriebenen Wörtern und Illustrationen verborgen ist. Weil die Vorschuljahre eine Phase darstellen, in der sich kindliche Fähigkeiten schnell entwickeln und neues Wissen ebenso rasch erworben wird, ist es ein Leichtes, die Bedeutung der Schlüsselkonzepte zu übersehen.
  - Curricula und Bildungspläne können nach dem Ausmaß beurteilt werden, in dem sie das Lernen von Schlüsselkonzepten unterstützen.
- *Aufbau von metakognitiven Fähigkeiten:* Mit Metakognition ist jene Fähigkeit gemeint, quasi einen Schritt zurückzutreten und sich selbst über die Schulter zu schauen, was man wie, warum und wie gut macht und welche Folgen das jeweilige Tun hat. Es geht somit um Reflexion und Überwachung eigener Handlungen, die mit dem Erhalten, Speichern, Abrufen oder dem Gebrauch von Information in Zusammenhang stehen. Metakognitive Fähigkeiten sind die Voraussetzung für die selbstständige Planung und Steuerung längerer Lernprozesse. Diese Fähigkeiten nutzen einige Kinder spontan. Aber Anstrengungen, solche Strategien alle Kindern zu lehren, können in jedes Curriculum integriert werden. Dazu gehört

das *Scaffolding*, eine Instruktionsmethode zur Optimierung kindlicher Lehr-/Lernprozesse (vgl. Kapitel 6.4).

- Curricula und Bildungspläne können nach der Art und Weise beurteilt werden, wie sie Kinder anleiten, ihr Denken in Form von Lernstrategien zu überwachen und bestimmte Strategien einzusetzen. Sie sollen das Bewusstsein schärfen, dass manche Strategien erfolgreicher sind als andere oder dass es sich lohnt, über Alternativen nachzudenken.

Diese drei Prinzipien – Lernen als Konstruktion der eigenen Ideen, Aufbau von Schlüsselkonzepten sowie von metakognitiven Fähigkeiten – sind zentral, wenn es um den Erwerb von sprachlichen, mathematischen und naturwissenschaftlichen Vorläuferfähigkeiten geht. Der Erwerb solcher Fähigkeiten steht im nachfolgenden Kapitel zu den Bildungsplänen im Vordergrund, obwohl selbstverständlich auch wertvolle Lernerfahrungen in anderen Bereichen – wie Musik, Kunst und Handwerk oder körperliche Ertüchtigung – dazugehören. Diese erfordern allerdings andere Fähigkeiten und können nachfolgend – mit Ausnahme der Bewegungsförderung – nicht besprochen werden. Eine wichtige, alle Bereiche überspannende Rolle kommt der Sozialkompetenz zu.

6.2 Bildungspläne

Viele Länder Europas verfügen bereits über Bildungs- oder Orientierungspläne für die frühe Kindheit. Sie haben je nach Herkunft sehr unterschiedliche Formen, Ausmaße, Geltungsbereiche und sind mehr oder weniger verpflichtend. Gemeinsam ist ihnen, dass sie in der Regel Orientierungshilfen und nicht Lehrpläne im schulischen Sinn sein wollen. Bildungspläne machen bewusst, welche Entwicklungsaufgaben Kinder in den ersten Lebensjahren bewältigen sollten und wie sie dabei unterstützt werden können. Sie geben den Rahmen und den Kontext vor, in dem sich die Arbeit mit Vorschulkindern abspielt und welche Bedeutung ihr dabei zukommen soll.

6.2.1 Verbindungslinien zwischen pädagogischen Konzepten und Bildungsplänen

Die Bildungspläne basieren auf dem historischen Erbe verschiedener Konzepte, vorangehend dargestellt an den Beispielen der Montessori- und Reggio-Pädagogik, des *High/Scope*- und des Projektansatzes. Sie mussten somit nicht neu erfunden werden. Obwohl solche Konzepte es auch waren, die in Deutschland den eigenständigen Bildungsauftrag des Kindergartens begründeten, wird ihre Tradition in vielen Bildungsplänen nicht explizit sichtbar. Gemeinsam ist jedoch allen Bildungsplänen, dass das Kind als von Anbeginn kompetente, lernfähige und lernbegierige Person definiert wird. Seine Entwicklung soll durch Selbsttätigkeit mitgestaltet werden und im Medium von Spiel und Kreativität sowie von Interaktion und Kommunikation mit Erwachsenen und anderen Kindern zu Autonomie und Gemeinschaftsfähigkeit führen können. Grundbedingung ist jedoch, dass es in seiner Umwelt Zuwendung und vielfältige Anregung erfährt.

Wie im ersten Kapitel dargelegt worden ist, gilt die frühe Kindheit als die Lebensphase der größten Lernfähigkeit (Bildsamkeit), aber auch der größten Verletzlichkeit (Vulnerabilität). Außerdem wird sie als diejenige Lebensphase betrachtet, in der es nicht um die gezielte Vermittlung von Fähigkeiten im Sinne von Beibringen oder Belehren geht, sondern um die Bereitstellung von Gelegenheiten und Herausforderungen zur Aneignung von Fähigkeiten, welche die Entwicklung des Kindes voranbringen. Junge Kinder sind somit ihre eigenen Lehrmeister. Dies ist im Wesentlichen gemeint, wenn von Bildung als Selbstbildung gesprochen wird. Trotzdem darf nicht außer Acht gelassen werden, dass das Postulat der Selbstbildung für ein junges Kind mit Migrationshintergrund kaum genügt. Weil es keinen privilegierten Bildungshintergrund hat und deshalb nur weniges beiläufig lernt, ist es auf den Austausch mit der Umwelt viel stärker angewiesen als Kinder mit kulturnahem Hintergrund. *Dieser Sachverhalt ist in den meisten neuen Bildungsplänen kaum abgebildet.* Ihre grundsätzlichen Aussagen über Kinder und über die Eigenart frühkindlicher Bildungsprozesse haben meist den Charakter von Bekenntnissen oder Präambeln. Ähnlich wie Lehrpläne für den Schulunterricht definieren sie Bereiche des Lernens bzw. der Bildung und beschreiben deren Inhalte, benennen die zu entwickelnden Kompetenzen und geben Anregungen dazu, wie die Fachkräfte die Kinder beim Erwerb dieser Kompetenzen unterstützen, anregen und herausfordern sollen. In der Mehrzahl der neuen Bildungspläne werden die Fachpersonen als Vermittler von (messbaren) Kompetenzen angesprochen, während der Gedanke der aktiven Förderung benachteiligter Kinder – im Gegensatz zum Gedanken der Selbstbildung – kaum erwähnt wird.

6.2.2 Kernelemente und Inhalte von Bildungsplänen

Im Allgemeinen sind es drei Aspekte, die in den Bildungsplänen als handlungsleitend formuliert werden:

(1) *das pädagogische Sehen:* Dies meint eine professionelle, von Achtung und Anerkennung geprägte Haltung der Fachperson gegenüber den Kindern und gegenüber dem einzelnen Kind.

(2) *das pädagogische Denken:* Dies meint das professionelle Wissen über die frühe Kindheit, über Entwicklungs- und Bildungsprozesse sowie über die Bedeutung verschiedener Erfahrungen (z.B. Bindung und Autonomie) respektive Tätigkeiten (z.B. Spiel und Arbeit).

(3) *das pädagogische Handeln:* Dies meint die Rolle der Fachperson als Regisseurin einer anregenden Umwelt. Sie kann drei unterschiedliche Ausprägungen haben: (1) eine indirekte, die als Pädagogik der indirekten Erziehung umgesetzt wird (wie beispielsweise Fröbels «zufälliger Unterricht» oder Montessoris «vorbereitete Umgebung»), (2) eine Pädagogik des Vorbilds, wie sie in der Waldorfpädagogik verwirklicht ist, (3) eine Pädagogik des Dialogs, wie sie im metakognitiven Ansatz und insbesondere bei Wygotski zum Tragen kommt.

Wie bereits ausgeführt worden ist, präsentieren die neuen Bildungspläne im Allgemeinen kein in sich schlüssiges pädagogisches Konzept. Ihre erste Funktion besteht vielmehr darin, für die Gestaltung des pädagogischen Alltags verbindliche Qualitätsstandards festzulegen, die für alle Einrichtungen aller Träger gelten. Gerade aus diesem Grund erlaubt die Umsetzung der Bildungsprogramme ein je eigenständiges pädagogisches Programm. Wenn sich eine vorschulische Institution beispielsweise an einer produktiven Verbindung von Montessoripädagogik und Projektansatz orientiert, dann kann sie den Bildungsplan kreativ umsetzen und ihm ein klares pädagogisches Profil geben.

Bildungspläne sind die notwendige Antwort auf internationale Forderungen, einheitliche Grundlagen für die frühe Bildung in Kindereinrichtungen zu schaffen. Der *Starting-Strong*-Bericht I der OECD (2001) beispielsweise hat in seiner Analyse für Deutschland erhebliche Defizite in der entwicklungsangemessenen Förderung von jungen Kindern festgestellt. Im Mittelpunkt der Kritik stand die ungenügende Beachtung der kognitiven Bildung im Sinne sprachlicher, naturwissenschaftlicher und mathematischer Förderung. In Deutschland hat die Jugendministerkonferenz im Jahr 2004 Grundlagen für die Schaffung von Bildungsplänen erarbeitet, die dann auch von der Kultusministerkonferenz verabschiedet wurden. Heute verfügen alle Bundesländer über Bildungspläne. Sie gelten sowohl für Kindergärten als auch Kinderkrippen, Kinderhäuser oder Kindertageseinrichtungen. In der Schweiz und in Österreich ist die Diskussion für die frühe Kindheit erst am Anlaufen, während für die Kindergartenarbeit ausgereifte Pläne vorliegen.

Die Anforderungen von Bildungsplänen sind in der Feststellung verankert, dass Kinder Rechte haben und dass sie insbesondere ein Recht auf Bildung von Anfang an haben. Dieses Recht ist in der UN-Kinderrechtskonvention fixiert. Tabelle 6.1 hält fest, welche Kernelemente in deutschen Bildungsplänen wie formuliert werden.

- Bildungspläne definieren den Bildungsbegriff inklusive seiner Beziehung zu Betreuung und Erziehung und umschreiben den Bildungsauftrag.

Als Leitziele von Bildung werden in der Regel die Stärkung der Autonomie, der lernmethodischen Kompetenzen und der Bewältigungskompetenz im Umgang mit Veränderungen und Belastungen verstanden. Bildung gilt meist als sozialer, ko-konstruktiver Prozess.

- Bildungspläne zeigen auf, wie Lernprozesse gestaltet werden sollten.

Meist basieren die Ausführungen auf einem metakognitiven Ansatz, indem Lernprozesse so organisiert werden, dass Kinder ihr Lernen bewusst erleben und dieses auch reflektieren. Im Mittelpunkt stehen selbsttätiges und eigenaktives Lernen, entdeckendes Lernen, ganzheitliches Lernen, die Verknüpfung von Lernen und Spiel. Häufig wird auch die Überwindung des Gegensatzes von spiel- und instruktionsorientierten Lernansätzen betont (wie beispielsweise im bayrischen Bildungsplan).

- Bildungspläne zeigen auf, wie Lernkompetenzen vermittelt werden sollten.

Diese werden in der Regel als Basis für das lebenslange, eigeninitiierte Lernen verstanden. Sie umfassen Kompetenzen, (a) neues Wissen selbstgesteuert zu erwerben, (b) dieses anzuwenden und zu übertragen und (c) dabei die eigenen Lernprozesse wahrzunehmen und zu steuern.

- Bildungspläne geben Hinweise, wie mit anderen pädagogischen Institutionen kooperiert werden soll.

Angesprochen werden meist kulturelle, soziale oder medizinische Einrichtungen und Dienste sowie Pfarr- und Kirchgemeinden im Zusammenhang mit der Bildung, Betreuung und Erziehung von Risikokindern.

- Bildungspläne zeigen auf, wie Elternarbeit gestaltet werden soll.

Die meisten Bildungspläne gehen von einer Erziehungspartnerschaft mit den Eltern aus, verschiedene bauen diese zu einer Bildungspartnerschaft aus (beispielsweise der bayrische Bildungsplan). Erziehungs- und Bildungsvorstellungen sollen ausgetauscht und Eltern mitverantwortlich beteiligt werden, damit eine Kooperation zum Wohl des Kindes zustande kommt.

- Bildungspläne zeigen auf, wie die Anschlussfähigkeit an die nächste Bildungsstufe gesichert werden soll.

Die meisten Bildungspläne basieren auf der Annahme der Altersmischung in vorschulischen Bildungsangeboten und gehen deshalb nicht von standardisierten Anschlussfähigkeitskonzepten aus. Betont wird vielmehr, dass jedes Kind individuell Übergänge bewältigt und deshalb flexible Lösungen erforderlich sind. Mit Blick auf die Grundschule wird von der «Schulfähigkeit» als Anschlussfähigkeit gesprochen. Sie wird heute als Kompetenz aller beteiligten Systeme verstanden.

- Bildungspläne basieren auf entwicklungspsychologischen Erkenntnissen und schaffen eine entwicklungsangemessene Grundlage für die frühe und individuelle Förderung.

Viele Bildungspläne basieren auf dem Prinzip der Entwicklungsangemessenheit. Gemeint ist damit, dass Bildungs- und Betreuungsangebote dem sozialen, emotionalen, körperlichen und kognitiven Entwicklungsniveau des Kindes entsprechen müssen. Über- und Unterforderung sollen so vermieden werden.

- Bildungspläne umschreiben, welche grundlegenden Fertigkeiten und Persönlichkeitsmerkmale (Basiskompetenzen) gefördert werden sollen, die das Kind befähigen, kompetent mit seiner Umwelt zu interagieren.

In der Regel werden darunter folgende Kompetenzen subsummiert: personale Kompetenzen (Selbstwahrnehmung, Motivation, Kognition, Grob- und Feinmotorik), Kompetenzen des sozialen Kontextes (Sozialkompetenzen, Wert- und Orientierungskompetenzen, Kompetenzen zur Verantwortungsübernahme), lernmethodische Kompetenzen, Bewältigungskompetenzen (Resilienz, d. h. der kompetente Umgang mit Veränderungen und Belastungen).

■ Bildungspläne formulieren themen- und fachübergreifende FBBE-Perspektiven.
Dazu gehören erstens Perspektiven, welche bei allen themenbezogenen Bildungs-, Betreuungs- und Erziehungsprozessen bedacht werden sollen, wie Übergänge respektive Transitionen (von der Familie in das familienergänzende Angebot, in die Schule etc.), oder der Umgang mit soziokultureller Vielfalt (Kinder unterschiedlichen Alters, Mädchen und Jungen, Kinder mit Behinderungen oder Hochbegabungen, Kinder aus anderen Kulturkreisen). Zweitens umfassen sie auch fächerübergreifende Aufgaben wie Medienerziehung, Gesundheitserziehung, Umwelt- und Verkehrserziehung etc.
■ Bildungspläne formulieren themenbezogene Bildungs- und Erziehungsbereiche.
Dazu gehören Sprache und Literacy inklusive Medien, Mathematik, Naturwissenschaften und Umwelt/Gesundheit, Bewegung, Ästhetik und Kunst, Musik und Religiosität/Emotionalität.

Tabelle 6.1: Kernelemente der deutschen Bildungspläne

Bildungspläne unterscheiden sich teilweise darin, welchen Stellenwert sie der «Bildung» insgesamt geben. Je nach politischen Rahmenbedingungen, unter welchen ihre Implementierung gegenwärtig und in naher Zukunft stattfindet, geraten sie verstärkt in den Sog einer umfassenden Kampagne für «mehr Bildung» vor Schuleintritt. Die Tendenz, die Chancenungleichheit benachteiligter Kinder dadurch beseitigen zu wollen, dass die Kinder bereits im Vorschulalter gezielt auf schulisches Lernen vorbereitet werden, ist dabei unübersehbar. Wenn dabei immer wieder vermerkt wird, dass Lernen nicht erst in der Schule beginne und die Vorschulzeit somit nicht nur aus Spielen bestehe, dann kommt in dieser Aussage eine Missachtung der Eigenart des Spielens und Lernens im Vorschulalter zum Ausdruck. Spielen und Lernen gehören ganz unauflösbar zusammen (vgl. Kapitel 6.4.2).

6.2.3 Bildungs- und Erziehungsziele

Wenn als Gründe für die Einführung von Bildungsplänen genannt wird, dass diese vergleichbare Bildungserfahrungen sichern, den pädagogischen Fachleuten eine Orientierung für ihre Arbeit geben und eine verbindliche Vorlage für die Kommunikation mit den Eltern liefern sollen, dann ist die Frage wichtiger denn je, welche Inhalte junge Kinder bilden sollen. Bildungs- und Erziehungsziele implizieren Werte, Erwartungen und Normen. Dies kommt auch in den nachfolgenden Tabellen 6.2 bis 6.4 zum Ausdruck. Dabei handelt es sich um einen Vergleich der Bildungspläne für Nordrhein-Westfalen, Bayern und Niedersachsen. In allen diesen Bildungsplänen werden Vorschläge in Form eines offenen Bildungsplans, gegliedert in verschiedene Bildungsbereiche, gemacht. In den nachfolgenden Tabellen werden deshalb die Bildungs- und Erziehungsziele zu Sprache und Literacy, Medien, Mathematik, Bewegung sowie Ästhetik und Kunst aufgeführt. Es handelt sich dabei um eine illustrative, nicht erschöpfende Grundlage, die aufzeigt, welche Richtung frühkindliche Bildung, Betreuung und Erziehung nehmen kann. Der Sprachförderung, d.h. der positiven Beeinflussung der Sprachentwicklung von Kindern, wird in allen Bildungsplänen prominente Bedeutung eingeräumt. Fried (2006) unterscheidet dabei zwischen Sprachbildung oder -erziehung, wenn es um die Anregung der sprachlichen Entwicklung für eine optimale Entfaltung von Sprachförderung geht, die zugleich kompensatorischen oder präventiven Charakter hat und auf die Vermeidung von Sprachentwicklungsproblemen abzielt. Die in den Bildungsplänen anvisierte Sprachbildung ist allgemeiner Art, d.h., sie fokussiert auf die Entwicklung und Förderung aller sprachlichen Teilfähigkeiten.

Leitidee: *Sprachkompetenz gilt als Schlüsselqualifikation und Grundlage für das spätere schulische Lernen und für die Teilhabe am gesellschaftlich-kulturellen Leben. Sie wird unterteilt in abstrakte Dimensionen wie Artikulation, Wortschatz, Grammatik, Sprachverständnis und kommunikative Kompetenz. Daneben wird die dynamische Dimension betont, die auf die Situationen und Kontexte verweist, in denen das Kind seine Kompetenz einsetzt. Zur Entwicklung von Sprachkompetenz gehören folgende Ziele:*
▪ Nonverbale Aspekte von Sprache kennenlernen (Bedeutung von Gesten, Mimik, Tonfall)
▪ Freude am Vorlesen von Geschichten, am gemeinsamen Anschauen von Bilderbüchern und am gemeinsamen Gesprächentwickeln
▪ «Literacy» entwickeln, d.h. vielfältige Erfahrungen rund um die Buch-, Schrift- und Erzählkultur machen (z.B. Verstehen, dass die Schrift eine Botschaft übermittelt; Schilder und Zeichen in ihrer Umgebung identifizieren; an rhythmischen Spielen teilnehmen und dabei die kreative Lust an der Sprache entwickeln [phonologische Bewusstheit]; Freude an Lese- und Schreibversuchen entwickeln
▪ Laute und Buchstaben kennenlernen und in Wörtern anwenden (einige Buchstaben identifizieren und Buchstaben-Laut-Beziehungen herstellen; Groß- und Kleinbuchstaben in Druckschrift schreiben; Wörter aufbauen, durchgliedern und verändern)
▪ Neugierde auf fremde Sprachen entwickeln und Mehrsprachigkeit als Bereicherung kennenlernen

Tabelle 6.2: Gemeinsamkeiten der Bildungs- und Erziehungsziele im Bereich Sprache und Literacy der Bildungspläne Nordrhein-Westfalens, Bayerns und Niedersachsens

Nicht ganz so umfangreich, aber doch auch prominent sind die Ausführungen in den Bildungsplänen zum fachlichen, entwicklungspsychologischen und pädagogischen Wissen über die Möglichkeiten der Frühförderung im mathematischen Bereich. Tabelle 6.3 gibt Auskunft über die in den Bildungsplänen vorzufindenden Bildungs- und Erziehungsziele in Mathematik.

Leitgedanke: *Mathematisches Denken gilt als Basis für das lebenslange Lernen. Mathematische Kategorien erlauben die Erkennung von Symmetrien, Strukturen oder Mustern. Mathematische Methoden ermöglichen, Ordnungssysteme aufzubauen und zu strukturieren. Da Mathematik keine naturgegebene Begabung darstellt, sollten Kinder frühzeitig Möglichkeiten bekommen, sich damit auseinanderzusetzen. Die Entwicklung mathematischer Kompetenz hat folgende Ziele:*
■ Pränumerischer Bereich: spielerisch geometrische Figuren erfassen; geometrische Formen erkennen; Figuren erkennen und herstellen; ein grundlegendes Mengenverständnis erwerben; vergleichen, Klassifizieren und Ordnen von Objekten lernen; ein grundlegendes Verständnis von Relationen erwerben (größer – kleiner; schwerer – leichter); Auffassungen von Raum und Zeit kennenlernen
■ Numerischer Bereich: fließend zählen; Verstehen und Erkennen von «wie viel» in kleinen Zahlenaufgaben; die kardinale und ordinale Bedeutung von Zahlen in der Quantifizierung, Messung und Identifikation der Ordnung von Zahlen verstehen; Ordnen von Gegenständen nach Größe oder anderen Eigenschaften (Seriation); ein Verständnis von Zahlen als Ausdruck von Mengen, Gewicht, Zeit oder Geld erwerben
■ Sprachlicher und symbolischer Ausdruck mathematischer Inhalte lernen: Grundbegriffe der zeitlichen Ordnung kennenlernen (vorher – nachher; gestern – heute – morgen)

Tabelle 6.3: Bildungs- und Erziehungsziele im Bereich Mathematik der Bildungspläne Nordrhein-Westfalens, Bayerns und Niedersachsens

Die Bewegungsentwicklung wird heute im Kontext frühpädagogischer Konzepte verstärkt diskutiert. Dieses Bemühen basiert auf der entwicklungspsychologischen Erkenntnis, dass in keinem anderen Lebensalter die Bewegung eine so große Bedeutung hat wie in der frühen Kindheit. Bewegung und Spiel leiten das Kind in seiner Auseinandersetzung mit der personalen und materialen Umwelt und bilden eine wichtige Grundlage für eine ganzheitliche Bildung und Erziehung. Körpererfahrungen haben für das Kind zudem eine identitätsfördernde Funktion. Dazu kommt, dass aufgrund der Veränderungen in der kindlichen Lebenswelt Bewegungserziehung auch noch nie so wichtig war wie heute.

Leitgedanke: *Bewegung gilt als wesentlicher Bestandteil von Bildung und Erziehung. Tägliche herausfordernde Bewegung stärkt das positive Körpergefühl und trägt entscheidend zu Gesundheit und kognitiver Leistungsfähigkeit bei. Die Entwicklung der Bewegungskompetenz hat folgende Ziele:*
■ Motorik: Bewegungserfahrungen sammeln; motorische und koordinatorische Fähigkeiten und Fertigkeiten erproben und verfeinern; Körpergefühl entwickeln; eigene körperliche Grenzen erkennen und erweitern
■ Selbstkonzept: durch Bewegung das Selbstwertgefühl steigern; durch Bewegung einen bewussten Zugang zu sich selber finden
■ Motivation und soziale Beziehungen: Bewegungsfreude und Aktivitätsbereitschaft aufbauen und erhalten; Freude am Zusammenspiel mit der Gruppe entwickeln; Regeln verstehen und einhalten lernen
■ Kognition und Gesundheit: lernen, sich auf bestimmte Bewegungsabläufe zu konzentrieren; den Zusammenhang zwischen Bewegung, Ernährung und Gesundheit verstehen lernen; das körperliche Wohlbefinden steigern

Tabelle 6.4: Bildungs- und Erziehungsziele im Bereich Bewegung der Bildungspläne Nordrhein-Westfalens, Bayerns und Niedersachsens

6.3 Die Messung von Kompetenzen auf der Basis von Bildungsplänen

Bildungspläne umschreiben vorschulische Bildungs- und Erziehungsprozesse systematisch, indem sie aufzeigen, was Kinder im vorschulischen Bereich lernen und können sollen. Damit geben sie den Trägern und dem pädagogischen Personal einen Orientierungsrahmen sowie Anregungen in die Hand, wie sie normierte Vorstellungen in die Praxis umsetzen können. Um dies optimal und entwicklungsangemessen tun zu können, sind Kenntnisse zum Entwicklungs- und Lernstand notwendig. Dieser kann mittels Kompetenzmessungen erhoben werden. Drei Gründe sprechen dafür:

- weil in Kapitel 3 aufgezeigt worden ist, dass es zwar Wissensdomänen gibt, für die Kinder von Geburt an eine Lernbereitschaft mitbringen, nicht privilegierte Wissensdomänen – zu denen auch die Schrift und das Zahlensystem sowie naturwissenschaftliche Phänomene gehören – jedoch nur erlernt werden können, wenn sie unterrichtet werden.
- weil sich im Rahmen unserer Frühleserstudie (Stamm, 2005) eindrücklich gezeigt hat, dass Vorschulkinder auf der Basis eines guten numerischen Verständnisses respektive eines soliden phonologischen Bewusstseins ohne formale Unterweisung auf informellen Wegen Wissen erwerben und einsetzen lernen. Dies führt dazu, dass viele Kinder Entwicklungsvorsprünge aufweisen. Lern- und Entwicklungsstandsmessungen müssen deshalb nicht nur auf die Eruierung von Defiziten und Lernschwierigkeiten ausgerichtet werden, sondern ebenso auf die Feststellung von Lern- und Entwicklungsvorsprüngen.
- weil wir aus vielen angloamerikanischen Längsschnittstudien wissen, dass eine frühe soziale Kompetenzförderung bedeutsame Auswirkungen auf die spätere Integrationsfähigkeit und Partizipationsbereitschaft Jugendlicher hat.

Lern- und Entwicklungsstandsmessungen fokussieren in der Regel auf drei bis vier Bereiche. In den nächsten Kapiteln werden sprachliche Vorläuferfähigkeiten für den späteren Erwerb der Schriftsprache *(early literacy)*, für mathematische Vorläuferfähigkeiten *(early numeracy)* und für den Bereich Sozialverhalten, Interessen, Lernbereitschaft und Selbstkonzept diskutiert. Zudem werden – der Vollständigkeit halber – auch Instrumente zur Messung kognitiver Fähigkeiten vorgestellt. Im Hinblick auf den Zeitraum der frühen Kindheit müssen jedoch bei der Erfassung dieser Fähigkeiten verschiedene Problembereiche berücksichtigt werden. Dazu gehören der standardisierte Einsatz psychometrischer Instrumente, das Alter des Kindes, sein Entwicklungstand, seine kognitive Sozialisation inklusive des kulturellen Hintergrunds sowie Etikettierung und Stigmatisierung. Diese Problembereiche werden nachfolgend kurz diskutiert.

- *Standardisierte Instrumente:* Der standardisierte Einsatz psychometrischer Instrumente bei jungen Kindern ist problematisch, weil sie unter kontrollierten Bedingungen in hoch strukturierten, einander möglichst ähnlichen Umgebungen eingesetzt werden müssen. Deshalb werden heute eher Assessments in Settings durchgeführt, welche angenehm, familiär und für das Kind nicht bedrohlich sind. Sie animieren Kinder dazu zu zeigen, was sie wissen, was sie können und was sie erfahren.

- *Untersuchungsatmosphäre:* Der Rapport zu sehr jungen Kindern ist viel herausfordernder als zu älteren Kindern, weil ihre Motivation, ihr Gemütsstatus und ihre Dispositionen viel variabler sind. Dementsprechend können Erfahrung, Geschlecht – und sogar Größe – die Fähigkeit des Kindes, sich aktiv zu beteiligen, stark beeinflussen. Deshalb muss die Herstellung einer flexiblen und responsiven Atmosphäre, welche das körperliche und emotionale Wohlbefinden des Kindes ins Zentrum stellt, erste Priorität haben.

- *Entwicklungsbezogene Einschränkungen:* In Beurteilungssituationen haben junge Kinder oft Schwierigkeiten, deren herausfordernde Charakteristika zu verstehen. Deshalb sind sie nicht in der Lage, ihr Verhalten derart zu kontrollieren, dass sie diesen Anforderungen genügen. Der Grund dafür liegt darin, dass junge Kinder noch über geringe Kapazitäten verfügen, zielgerichtet und intentional zu sein. Da jedoch «hervorgelockte» Sprachkompetenz im Vergleich zu funktional in alltäglichen Kontexten verwendeter Sprachkompetenz anders ist, hat sie keinen repräsentativen Charakter. Deshalb ist es naheliegend, dass die Fachperson, welche das Assessment durchführt, Schlüsse zieht, die aus dem motorischen Verhalten des Kindes oder aus Elternberichten abgeleitet werden können und nicht aus der direkten kindlichen Antwort.

- *Kognitive Sozialisation und kulturelle Variation:* Frühkindliche Bildung umfasst unvermeidlich kognitive Sozialisation, d. h. das Lernen der Repertoires an Fähigkeiten, welche für ein erfolgreiches Funktionieren in der Mehrheitsgesellschaft erforderlich sind. Unsere moderne Wissensgesellschaft erfordert beispielsweise technologische Intelligenz, damit ein Individuum kompetent funktionieren kann. Vorschulangebote spielen eine besonders wichtige Rolle, um den Kleinen zu helfen, solche Kompetenzen zu erwerben. Dies erfordert jedoch Fachkräfte, welche die Fallstricke erkennen, die damit verbunden sind und kulturelle Variation verhindern. Solche Fallstricke betreffen in erster Linie die Art und Weise der verbalen und nonverbalen Interaktion. Fachkräfte, die ihre Kommunikation und ihre Diagnostik auf dem üblichen Frage-Antwort-Modell aufbauen, übersehen vielleicht, dass dieses Modell Kindern aus fremdsprachigen Milieus oft nicht geläufig ist.

Ein Beispiel: Mittelschichteltern und auch das pädagogische Fachpersonal beginnen schon sehr früh mit Frage-Antwort-Spielen wie «Wo ist der Teddybär? – Ah, hier ist er». Während Kinder aus solchen Milieus diese Dialoge als selbstverständlich erleben und mit ihnen im Verlaufe der Vorschulzeit vertraut werden, sind sie für viele andere Kinder nahezu unbekannt. Der Grund dafür liegt meist darin, dass sie aus Familien anderer Kulturkreise stammen, in denen von den Kleinen eher erwartet wird, dass sie durch stilles Beobachten der Erwachsenen lernen. Solche Kinder sind deshalb nicht annähernd in der Lage, ihre aktuellen verbalen Fähigkeiten in traditionellen Beurteilungssituationen zu zeigen, wie dies für Kinder möglich ist, für die dieses Modell alltäglich ist.

- *Etikettierung und Stigmatisierung:* Lern- und Entwicklungsstandsmessungen haben eine Achillesferse: Obwohl auf die individuelle Förderung ausgelegt, verführen solche Instrumente dazu, die Kinder wiederum zwei Gruppen zuzuteilen: einer Gruppe der leistungsfähigen Kinder, die einen dem Alter entsprechenden Entwicklungsstand aufweisen, und einer Gruppe der leistungsschwachen Kinder mit retardiertem Entwicklungsstand. Besonders problematisch ist dabei die empirische Tatsache, dass die Zeitspanne, in der sich Lehrpersonen und Erzieherinnen ein Bild über ein Kind machen, nur gerade 14 Tage beträgt und der erste Eindruck der bleibende ist.

6.3.1 Entwicklung von Literalität *(literacy)*

Es gibt wenige Symbole, die das Aufwachsen unserer Kinder besser charakterisieren als das einer erwachsenen Person, die mit einem Kind ein Bilderbuch anschaut. Diese Symbolik verdeutlicht, dass Sprache an sich zu den privilegierten Wissensdomänen gehört. Gemeinsames Lesen umfasst Ziele wie Bildungsfortschritt, kulturelle Initiation und literarischen Austausch. Die Entwicklung von Literalität beginnt früh im Leben des Kindes und nicht erst bei Schuleintritt. Zwischen Lesen und Vorläuferfähigkeiten gibt es deshalb keine klaren Grenzen.

Der Begriff literacy hat keinen entsprechenden Begriff in der deutschen Sprache. Im angloamerikanischen Raum spricht man häufig von *emergent literacy*, was am ehesten mit frühem Schriftspracherwerb übersetzt werden kann. Die Bezeichnung «früh» verweist dabei auf den vorschulischen Bereich, der nun zunehmend ins Blickfeld des Interesses tritt. Denn Lesen (und damit verbunden auch Schreiben) ist bis vor wenigen Jahren nicht als Aufgabe der vorschulischen Institutionen, beispielsweise des

Kindergartens, verstanden, sondern eindeutig der Schule zugewiesen worden. Gerade im Zuge der Diskussion um die Vorverlegung des Schuleintritts gewinnt diese Diskussion besondere Brisanz (vgl. Kapitel 13). Dies zeigt sich beispielsweise daran, dass frühkindliche Bildung vielfach lediglich mit der Vorverlegung schulischer Inhalte gleichgesetzt wird und deshalb Ablehnung erfährt. Tatsächlich jedoch sollte es im Vorschulbereich keineswegs um die Vermittlung traditionellen Lesens und Rechnens gehen, sondern um den Aufbau von Lerndispositionen und Vorläuferfähigkeiten.

Für viele Kindergartenlehrpersonen und Erzieherinnen ist es allerdings nach wie vor selbstverständlich, dass Lesen- und Rechnenlernen in den Schulbereich gehören. In den letzten Jahren hat die Forschung jedoch aufgezeigt, dass die Entwicklung der Kulturtechniken mit dem Erwerb der Vorläuferfähigkeiten schon im frühen Kindesalter beginnt und dieser frühe Beginn für die spätere schulische Laufbahn eine große Bedeutung hat. In Kapitel 4 ist dargestellt worden, dass sich Kinder in ihren sprachlichen (und auch mathematischen) Vorläuferfähigkeiten markant voneinander unterscheiden. Gerade diese Erkenntnis und auch die verstärkte Wahrnehmung von Modellansätzen wie der Montessori- oder Reggio-Ansatz, welche auf den frühen Schriftspracherwerb besonders fokussieren, haben zu umfassenden Bemühungen geführt, den frühen Schriftspracherwerb gerade bei Kindern mit Minoritätshintergrund spezifisch zu fördern, damit sie beim Schulstart annähernd die gleichen Chancen haben wie privilegierter aufwachsende Kinder. Trotzdem werden nach wie vor Befürchtungen laut, dass nun auch der vorschulische Bereich verschult werde.

Komponenten von sich entwickelnder Literalität zwischen zwei und drei Jahren

Kapitel 6.2.3 hat klargemacht, dass Bildungspläne, welche auf die Entwicklung früher Literalität fokussieren, nicht nur Aussagen zur phonologischen Bewusstheit machen, sondern grundlegende Aussagen zum Aufbau und zur Unterstützung von Literalität. Bowman, Donovan und Burns (2000) teilen sie in solche erster, zweiter und dritter Priorität ein. Sie sind in Abbildung 6.1 mit ihren Inhalten dargestellt.

- *Grundlagen erster Priorität:* Diese Grundlagen sind die zentralsten, weil sie im frühen vorschulischen Alter entwickelt werden müssen. Dazu gehören die Art und Weise, wie Erziehungspersonen Kleinkinder in die Welt der Bücher begleiten, wie sie Rituale von Geschichten hören und Aufmerksamkeit aufbauen, aber auch kindliche Erkenntnisse, beispielsweise, dass ein Foto in einem Buch ein Symbol eines realen Objekts ist.
- *Grundlagen zweiter Priorität:* Diese Grundlagen sind zwar etwas weniger bedeutsam, aber für die weitere Sprachentwicklung trotzdem relevant. Dazu gehören Beispiele wie etwa die Imitation des Bücherlesens, Sprachspiele respektive das

Nachsprechen von Versen oder auch die Beachtung von Titeln auf Büchern, von Sprachsymbolen im Verkehr etc. Sie bilden die unabdingbaren Grundlagen der Entwicklung phonologischer Bewusstheit.

- *Grundlagen dritter Priorität:* Diese Grundlagen haben eine noch weniger ausgeprägt fundamentale Bedeutung, sind aber wünschbare Komponenten förderlicher Sprachentwicklung. Dazu gehören das Erkennen und Anschauen spezifischer Bücher oder das Unterscheiden zwischen zeichnen und schreiben.

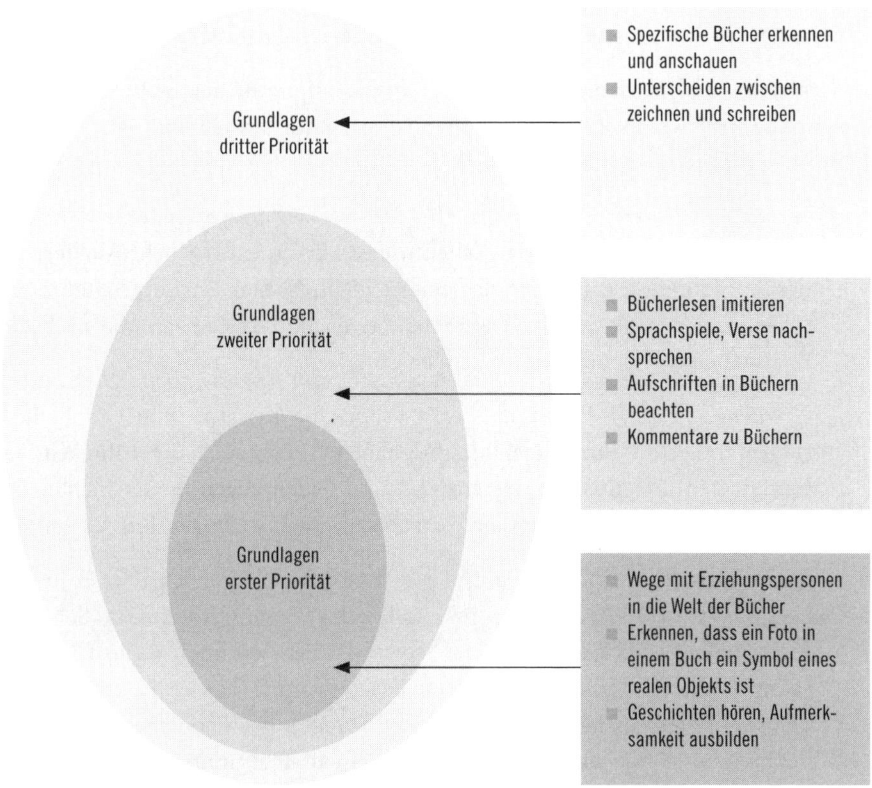

Abbildung 6.1: Grundlagen unterschiedlicher Prioritäten bei der Entwicklung von Literalität zwischen zwei und drei Jahren (Bonman et al., 2000, S. 187)

Das kognitive Konzept einer Illustration in einem Buch, die als Symbol für ein reales Objekt dient, gilt als Kernelement des Verstehensrepertoires in diesem Alter. Es ist ein Schlüsselkonzept, welches das Verständnis fördert, dass Information anwendbar und bedeutungsvoll ist. Von besonderer Bedeutung ist aber auch die Fähigkeit, zu einer Betreuungsperson eine Beziehung zu pflegen, welche auf die Nutzung von Büchern achtet (eine sozial-emotionale Aufgabe), und die Fähigkeit, während des Vorlesens der Geschichte aufmerksam zu sein (eine Aufgabe der körperlichen Regulierung). Eine Umgebung, die gut mit Büchern ausgestattet ist, dem Kind Möglichkeiten zur Beschäftigung mit Literatur anbietet und ihm aufzeigt, wie man mit Büchern umgehen kann, ist sehr wesentlich. Aber auch bereits das «Als-ob» setzt ein Gespür für die Idee eines Buches und den respektvollen Umgang mit ihm voraus. Deshalb ist die Unterscheidung zwischen den Grundlagen erster, zweiter und dritter Priorität respektive zwischen nachhaltigem, wichtigem und wünschbarem Verstehen so wichtig.

Komponenten von sich entwickelnder Literalität zwischen drei und vier Jahren

Zwischen drei und vier Jahren lässt sich die Entwicklung von Literalität wiederum in Anlehnung an Bowman et al. (2000) anhand dreier Prioritätenstufen – wie in Abbildung 6.2 visualisiert – darstellen.

- *Grundlagen erster Priorität:* Zentral für drei- bis vierjährige Kinder sind grundlegende Fähigkeiten und Fertigkeiten wie das Erkennen von Schriftbildern in der Umgebung, die Erfahrung, dass unterschiedliche Literaturformen für unterschiedliche Zwecke gebraucht werden, aber auch, dass sie nach und nach die Buchstaben im eigenen Namen kennen.
- *Grundlagen zweiter Priorität:* Hierzu gehört die Kenntnis von Graphemen (Benennung von Buchstaben des Alphabets), aber auch die Fähigkeit, in Geschichten Ereignisse zu sequenzieren und Bedeutungen in Geschichten zu erkennen. Schreiben wird zudem verstärkt zu einem wichtigen Teil des Spiels.
- *Grundlagen dritter Priorität:* Sie umfassen Konventionen der Schrift (z. B. implizites Wissen, dass die Schrift von links nach rechts gelesen werden muss), Schreibversuche (eigenen Namen schreiben) sowie das, was wir im deutschen Sprachraum als phonologische Bewusstheit in engerem Sinne (bewusster Umgang mit den kleinsten Einheiten der gesprochenen Sprache, den Phonemen, z. B. Laute herauszuhören, wie etwa, dass Tanne mit einem T beginnt) und in weiterem Sinne (Wahrnehmung der gröberen sprachlichen Einheiten wie Wörter anhand ihres Klangs zu reimen oder Wörter in Silben zu gliedern: Ba-na-ne etc.) nennen.

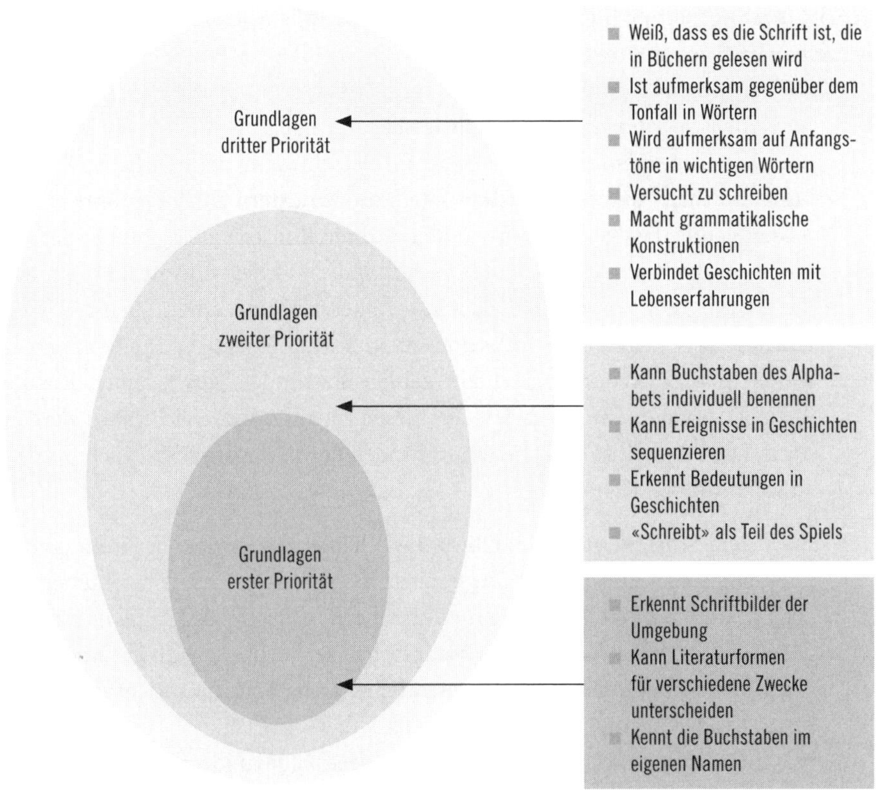

Abbildung 6.2: Grundlagen unterschiedlicher Prioritäten bei der Entwicklung von Literalität zwischen drei und vier Jahren

Die phonologische Bewusstheit im weiteren Sinne ist für Vorschulkinder besonders bedeutsam, während sich diejenige im engeren Sinne erst nach und nach, mit dem Erwerb der Schriftsprache, entwickelt. Ihre gesamte Bedeutsamkeit wird durch zwei Erkenntnisse verstärkt: (a) durch den Nachweis vieler Untersuchungen, dass neben der Buchstabenkenntnis, der Intelligenz und dem Gedächtnis auch die phonologische Bewusstheit für die späteren Schulleistungen große Bedeutung insofern hat, als Vorschulkinder mit Problemen in diesen Bereichen mit hoher Wahrscheinlichkeit auch in der Grundschule im Bereich des Lesens und Rechtschreibens Probleme haben werden; (b) dass die phonologische Bewusstheit relativ gut trainierbar ist.

Trotz der grundlegenden Bedeutung der phonologischen Bewusstheit machen sowohl Abbildung 6.1 als auch Abbildung 6.2 darauf aufmerksam, dass es insbesondere drei weitere relevante Bereiche gibt, welche die Entwicklung von Literalität beeinflussen. Es sind dies: der Umgebungskontext, die Sensitivität des Kindes gegenüber der

Schrift (das sogenannte Buch- und Schriftbewusstsein) sowie das Verständnis, dass Schreiben bestimmte Funktionen hat.

- *Literalitätsumgebungen:* Wenn sich Kinder in ihrer sprachlichen Entwicklung unterscheiden, dann sind sie häufig auf Unterschiede in der häuslichen Umgebung mit ihren unterschiedlichen Interaktionsmustern zurückzuführen. Wir wissen heute, dass gemeinsames Lesen und die Konfrontation mit der Schrift die Wortschatzentwicklung von Vorschulkindern fördert und auch Effekte auf die Entwicklung von Lesefähigkeiten bei älteren Kindern hat. Ebenso wissen wir, dass zwischen einem Fünftel und einem Achtel der täglichen Sprache junger Kinder im Kontext des Geschichtenerzählens stattfindet. Dies bedeutet, dass die Aufmerksamkeit sehr früh schon auf diesen Interaktionsbereich gelegt werden muss. Diese Erkenntnis gilt nicht nur für den familiären, sondern auch für den außerfamiliären Kontext.

- *Buch- und Schriftbewusstsein:* Obwohl wir heute wissen, dass der Einfluss der phonologischen Bewusstheit fast doppelt so groß ist wie das Wissen über die Schrift, verweist dies gerade auf die Tatsache, dass deren Förderung *immer* mit dem Einbezug von Schriftkenntnissen erfolgen sollte. Die Sensitivität eines Kindes der Schrift gegenüber ist ein wesentlicher erster Schritt in Richtung Lesen. Junge Kinder beginnen zu verstehen, dass die Schrift überall um sie herum präsent ist und dass Lesen und Schreiben Wege sind, zu Ideen, zu Information und zu Wissen zu gelangen. Kinder übernehmen sehr schnell gemeinsame Lektüreroutinen von ihren Eltern oder Erziehungsverantwortlichen. Kleinkinder beginnen, ihre favorisierten Bücher am Buchdeckel zu erkennen, tun so, als ob sie lesen würden, und wissen, dass Bücher auf unterschiedliche Weise gehandhabt werden. Mit vier oder fünf Jahren verstehen Kinder zunehmend, dass es die Schrift ist, die man in Geschichten liest, und dass sie alphabetische Buchstaben enthält, die eine spezifische Kategorie von Symbolen darstellen und von Zahlen unterschiedlich sind. Sie beginnen zu realisieren, dass die deutsche Schrift eine Anzahl von Eigenheiten hat, z. B. der Beginn an der Seite oben (von oben nach unten) und von links her (von links nach rechts). Sie erkennen die Schrift zu Hause, in der Nachbarschaft und anderswo. Anstrengungen, junge Kinder für frühe Literalität zu begeistern, kultivieren diese aufkeimende Aufmerksamkeit.

- *Funktionen der Schrift:* Kinder müssen verstehen lernen, dass die Schrift in ihrem täglichen Leben bedeutungsvoll ist und viele Funktionen hat. Beispielsweise können sie lernen, dass Schrift Information liefert, wie man beispielsweise das Haus eines Freundes findet oder das Hallenbad oder wie man einen Geburtstagskuchen backt. Sie lernen, dass mit der Schrift Probleme gelöst werden können, z. B., dass man mit einer Gebrauchsanweisung ein Spielzeug zusammensetzen kann. Durch Experimente mit «Schreiben» lernen sie zwischen Zeichnen und Schreiben zu unterscheiden. Ihr Gekritzel wird zweckgerichteter: Ältere Kleinkinder kritzeln so, wie tatsächlich Geschriebenes aussieht.

Messung und Diagnostik von Literalität

Im deutschen Sprachraum liegen verschiedene Instrumente zur Erfassung sprachlicher Fähigkeiten und Fertigkeiten ab dem Säuglingsalter vor. Bei ihrer Diagnose geht es darum, die verschiedenen Bereiche von Literalität zu erfassen. Wie vorangehend dargestellt, gehören hierzu phonologische Bewusstheit, Buch- und Schriftbewusstsein, Wissen über die Schrift sowie Entwicklungsstufen im Lesen und im Schreiben. Dazu stehen standardisierte Verfahren in Testform, strukturierte Beobachtungssituationen (z. B. Beobachtung einer Spielsituation), freie Beobachtungen und Dokumentenanalysen als Portfolios zur Verfügung. Möglichkeiten zur Beobachtung von Literacy im Alltag sowie Erhebungsinstrumente werden in Tabelle 6.5 dargestellt. Dabei wird vor allem auf solche Verfahren fokussiert, die eine Sprachstandserfassung im Altersbereich zwischen zwei und sechs Jahren ermöglichen.

Bereich und Instrument	Charakterisierung	Referenz
Allgemeine Sprachtests		
Sprachentwicklungstest für drei- bis fünfjährige Kinder (SETK 3–5)	Erfasst Kompetenzen wie Satzverstehen, Sprachgedächtnis etc.	Grimm (2001)
Kindersprachtest für das Vorschulalter (KISTE)	Erfasst kommunikative Kompetenz und sprachstrukturelle Kompetenz	Häuser et al. (1994)
Kaufman Assessment Battery for Children (K-ABC)	Untertest Wortschatz: Benennen bildlich dargestellter Objekte	Kaufman et al. (2006)
Wortgewandt & zahlenstark	Überprüfung von Kompetenzbereichen, Sinnverständnis, phonologische Bewusstheit im engeren Sinne, phonologische Bewusstheit im weiteren Sinne, Lesen, aktiver Wortschatz, Geschichten erzählen, schreiben	Moser & Berweger (2007)
Phonologische Bewusstheit		
Bielefelder Screening BISC	Sichtungsverfahren für Kinder ohne Schriftsprachunterricht; Einsatz vor Schuleintritt von geschultem Personal; besonders geeignet zur Diagnose von Risikokindern	Jansen et al. (2002)
Der Rundgang durch Hörhausen	Für die Zeit unmittelbar nach der Einschulung konzipiertes, kindgemäßes Instrument	Martschinke (2008)
Hören, lauschen, lernen	Gruppentraining mit sechs Übungseinheiten	Küspert & Schneider (2000)

Bereich und Instrument	Charakterisierung	Referenz
Anlaute hören, Reime finden, Silben klatschen (ARS)	Von nicht spezifisch ausgebildetem Personal ökonomisch einsetzbares Instrument zum Erkennen von phonologischen Vorläuferfähigkeiten mit Anweisungen in zehn Sprachen	Martschinke et al. (2005)
Wissen über die Schrift		
Lese- und Schreibaufgaben für Schulanfänger	Einfache Aufgabenstellungen, welche bereits für Vorschulkinder angewendet werden können und das Schreiben von Buchstaben beinhalten	Brügelmann (1989)
Gespräch zum Sprachwissen beim Vorlesen	Fragenraster zur Systematisierung von Vorlesesituationen, um die Strategien zur Aneignung der Schrift zu eruieren	Kammermeyer (2009)
Entwicklungsstand im Schreiben		
Beobachtungsbogen	Systematische Dokumentation des individuellen Schreiblernweges des Kindes	Kammermeyer (2009)
Lesestufen		
Dani hat Geburtstag	Bilderbuch zur Feststellung der Leseentwicklung auf der Grundlage der Stufen des Schriftspracherwerbs	Niedermann & Sassenroth (2002)
Literacy im Alltag		
Seldak	Systematische Beobachtung der Sprachentwicklung und der sprachlichen Vorläuferfähigkeiten in natürlichen Alltagssituationen bei deutschsprachigen Kindern	Ulich & Mayr (2003)
Sismik	Systematische Beobachtung der Sprachentwicklung und der sprachlichen Vorläuferfähigkeiten in natürlichen Alltagssituationen bei Kindern mit Migrationshintergrund	Ulich & Mayr (2006)

Tabelle 6.5: Instrumente zur Erfassung von Literalität zwischen zwei und sechs Jahren

Zusammenfassend zeigt sich, dass für den Sprachbereich im Vorschulalter eine ganze Reihe erprobter Aufgaben vorliegen, die bereits ab einem Alter von 24 Monaten eine direkte Sprachstandserfassung ermöglichen. Allerdings erfassen die einzelnen Testverfahren jeweils unterschiedliche Sprachaspekte, sodass es sinnvoll erscheint, verschiedene Verfahren und Subtests zu kombinieren.

6.3.2 Entwicklung mathematischer Fähigkeiten

Der Erwerb mathematischer Fähigkeiten und Fertigkeiten gilt neben dem Erwerb von Sprach- und Lesekompetenzen als ein zentraler, bildungspolitisch wichtiger Kompetenzbereich, weil er in einem bedeutsamen Zusammenhang mit der individuellen Schullaufbahnentwicklung steht. Seit den Schulvergleichsuntersuchungen PISA oder IGLU wissen wir, dass viele Kinder, im Durchschnitt etwa jedes fünfte, mit 15 Jahren große Schwächen in Mathematik hat. Viele Untersuchungen zeigen darüber hinaus, dass etwa ein Fünftel der Kinder am Ende der vierten Klasse höchstens das Niveau eines durchschnittlichen Zweitklässlers erreicht. Darüber hinaus belegen verschiedene Studien, dass vorschulische mathematische Fähigkeiten den späteren Schulerfolg voraussagen können. Legt man beispielsweise Kindergartenkindern Aufgaben zur Zahleninvarianz vor, dann zeigt sich, dass die meisten derjenigen Vorschulkinder, die schlecht abschneiden, auch in der zweiten Klasse noch schlechte Leistungen beim Lösen von Textaufgaben zeigen. Weil wir heute wissen, dass solche Schwächen nicht ohne längerfristig negative Konsequenzen für schulische und berufliche Entwicklungsmöglichkeiten (und auch für das Verwalten persönlicher Finanzen!) bleiben dürften, wird der frühen Entwicklung mathematischer Kompetenzen besondere Bedeutung beigemessen.

Heute wissen wir, dass auch die Entwicklung mathematischer Kompetenzen keineswegs erst in der Schule beginnt. Vielmehr wird sie entscheidend durch das bereits vorschulisch erworbene Mengen- und Zahlenwissen der Kinder mitbestimmt. Kinder unterscheiden sich jedoch bereits im Vorschulalter enorm in ihren mathematischen Kompetenzen. Das wissen wir aus vielen Untersuchungen (Krajewsky, 2003; Tymms & Wilde, 2003; Stamm, 2004; 2005). Diese Unterschiede sagen spätere Leistungsunterschiede voraus.

Intuitive Mathematik und Zahlenkonzepte

In Kapitel 3 ist ausgeführt worden, dass zu den privilegierten Wissensdomänen auch Zahlenkonzepte und die intuitive Physik gehören. Kinder verfügen schon in den ersten Lebensmonaten über informelle mathematische Konzepte und über eine implizite Bereitschaft für das Zählen. Früh schon können sie bis zu vier Gegenstände beachten oder sehen und erkennen, dass *hier* mehr ist als *dort* oder dass *dieses* gleich viel ist wie *jenes* oder dass dazuzählen mehr gibt und wegnehmen weniger. Interkulturelle Vergleichsstudien haben auch belegt, dass die soziale Umwelt Kinder in nahezu allen Kulturen mit umfassenden Zahlsystemen ausrüstet, die als grundlegendes Werkzeug für das mathematische Denken dienen können. Später entwickelte Prinzipien sind jedoch stark vom formalen Unterricht abhängig.

Zählen im Sinne der bereits angesprochenen Quantität gilt als zentrale Voraussetzung und als grundlegende mathematische Kompetenz für das Rechnenlernen und den Aufbau numerischer Konzepte. Allerdings wurde das Zählen lange als wenig bedeutsam oder gar als unbedeutend für den Aufbau des Zahlbegriffs betrachtet, u. a. auch deshalb, weil Piaget diese Annahme vertrat. Seit den 1980er-Jahren gibt es jedoch verschiedene, vorwiegend aus dem englischsprachigen Raum stammende Studien, welche die Zählentwicklung und ihre Bedeutung für mathematisches Lernen untersuchen und dieser Sichtweise widersprechen. So weiß man heute, dass die Entwicklung des Zählens als automatisierter Zählvorgang beginnt: Das Kind durchläuft die Zählprozedur von Anfang bis Ende und kann den Zählvorgang mangels vorhandenem Wissen nicht manipulieren. Einen ersten Fortschritt erreicht das Kind, wenn ihm das Ende eines Zählvorgangs als Kardinalwert bewusst wird und es weiß, dass es vier Objekte sind, wenn es «eins, zwei, drei, vier» gezählt hat. Wenn dem Kind schließlich die Bedeutungen des Zählens bewusst sind, wird ihm die bewusste Manipulation von Zahlen möglich. Beim Zählen müssen die Kinder verschiedene Handlungen koordinieren. Ab ungefähr vier Jahren berücksichtigen sie in der Regel die fünf dem Zählen zugrunde liegenden funktionalen Prinzipien:

1. Eins-zu-eins-Zuordnung zwischen Objekten und Zahlsymbolen: Jedem Objekt wird genau ein Zahlwort zugeordnet.
2. Stabile Reihenfolge der Zahlsymbole: Für jede Quantität steht ein anderes Zahlsymbol zur Verfügung.
3. Irrelevanz der Reihenfolge beim Zählen von Objekten: Es kann bei einem beliebigen Objekt mit dem Zählen begonnen werden.
4. Abstraktion des Zählvorgangs: Das Zählen wird auf alle Bereiche, in denen diskrete Einheiten vorkommen (beispielsweise Töne, Schritte), generalisiert.
5. Kardinalität: Die Größe von Mengen wird durch Zählen ermittelt, und die zuletzt genannte Zahl des Zählvorgangs gibt die Anzahl der Elemente einer Menge an.

Die frühen informellen Mathematikkonzepte sind grundlegend für die Entwicklung angemessener Bildungspläne, Curricula und die vorschulische Förderung insgesamt. Frühpädagogen tun deshalb gut daran, diese informellen Konzepte junger Kinder angemessen zu würdigen und zu verstehen, d.h. ihre Art zu zählen, zu addieren und zu subtrahieren. Zu berücksichtigen sind dabei die bereits angesprochenen Forschungserkenntnisse, wonach viele Vorschulkinder über ein bereits gut entwickeltes intuitives Zahlenverständnis verfügen und gute Rechner sind, während andere noch nicht einmal die Ziffer ihres Alters benennen können. Die Heterogenität ist insgesamt groß. Wie in Kapitel 4 dargelegt, zeigte sich in der Studie «Lernen und Leisten in der Vorschule» (Stamm, 2004) beispielsweise, dass doppelt so viele vier- und fünfjährige Kinder aus eher bildungsnahen Elternhäusern über ein gutes, intuitives Zahlenverständnis verfügten als Gleichaltrige aus benachteiligten Milieus. Die Wertschätzung dieses unterschiedlichen Vorwissens muss somit in den mathematischen Förderkonzepten des Frühbereichs Eingang finden, damit auch benachteiligte Kinder entsprechend gefördert werden.

Heute dominiert jedoch immer noch Piagets Konzept. Dies hat zur Folge, dass die Kompetenzen vieler Kinder unterschätzt werden. Wie in Kapitel 3 bereits ausgeführt, ging Piaget davon aus, dass Kinder den Zahlbegriff erst dann definitiv erwerben können, wenn sie die konkret-operationale Stufe der kognitiven Entwicklung erreicht haben und die Konzepte «Seriation» und «Invarianz» beherrschen. Das heißt, dass sie erst dann fähig sind, Reihen nach einer Dimension zu bilden (Seriation), und wissen, dass die Quantität der Elemente einer Menge auch nach der Veränderung von qualitativen Merkmalen wie beispielsweise Form oder Anordnung der Elemente erhalten bleibt (Invarianz). Heute geht die Entwicklungspsychologie davon aus, dass bereits viel jüngere Kinder über ein numerisches Wissen und ein mathematisches Verständnis verfügen, als dies Piaget angenommen hat. Entsprechend hat sich die Überzeugung durchgesetzt, dass es nicht ein logisch-mathematisches System ist, das bedingt, dass Kinder rechnen lernen, sondern eine Welt mit Zahlen, in der die Kinder ihre kognitiven Werkzeuge und Strukturen anwenden und weiterentwickeln können. Diese Erkenntnis wirft ein neues Licht auf die Fördermöglichkeiten benachteiligter Kinder.

Messung und Diagnostik mathematischer Kompetenzen

Die Forschung kann belegen, dass sich vorschulische Unterschiede im mengen- und zahlenbezogenen Vorwissen auch im Schulalter noch bemerkbar machen. Deshalb ist es bedeutsam, früh schon förderdiagnostisch aktiv zu werden. Heute sind viele Angebote für die «vormathematische Diagnostik» verfügbar. In Tabelle 6.6 werden die elaboriertesten Instrumente dargestellt. Die Auswahl basiert auf einem erkennbaren wissenschaftlichen Ansatz, auf ihrer Einsetzbarkeit sowie auf ihrem Potenzial, einen Beitrag zur Gestaltung von Lernumgebungen zu leisten. Dabei handelt es sich entweder um standardisierte und normierte Test- und Diagnoseverfahren oder um einfache Beobachtungsinstrumente. Ihr erstes Ziel besteht darin, den Ausprägungsgrad der mathematischen Vorläuferfähigkeiten festzustellen und Rückmeldungen über Bereiche zu erhalten, in denen das Kind Lücken oder Vorsprünge hat.

Bereich und Instrument	Charakterisierung	Referenz
Osnabrücker Test zur Zahlbegriffsentwicklung (OTZ)	Test zur Erfassung der Zahlbegriffsentwicklung bei Vorschulkindern anhand von acht Komponenten des frühen Zahlbegriffs	van Luit et al. (2001)
Zahl und Struktur	Beobachtungsinstrument zu Aktivitäten innerhalb des alltäglichen Spiels mit Würfeln und Zahlen-Memory	Steinweg (2009)

Bereich und Instrument	Charakterisierung	Referenz
Zeit und Maße	Beobachtungsinstrument zu Aktivitäten innerhalb des alltäglichen Spiels mit Bällen und Schuhkartons in der Halle oder im Freien	Steinweg (2009)
Form und Raum	Beobachtungsinstrument zu Aktivitäten innerhalb des alltäglichen Spiels mit Bauklötzen und Tangrammen	Steinweg (2009)
Test zur vorschulischen Mengen- und Zahlenkompetenz (MZ-Test)	Mengenvorwissen, Zahlenvorwissen Zahlenspeed (Würfelbilder vorlesen, Zahlbilder vorlesen, Zahlen verbinden)	Krajewski (2003)
Kaufman-Assessment Battery for Children (K-ABC), Untertest Rechnen	Erkennen von Zahlen, Zählen, Rechnen, Verständnis für mathematische Konzepte	Kaufman et al. (2006)
Wortgewandt & zahlenstark	Prüfung von Ordinalzahlaspekt bildlich, Ordinalzahlaspekt mit Zahlen, Kardinalzahlaspekt, Vergleich von Mengen, Kenntnis der arabischen Zahlsymbole, Rechenzahlaspekt bildlich, der Rechenzahlaspekt mit Zahlen	Moser & Berweger (2007)

Tabelle 6.6: Instrumente zur Erfassung mathematischer Vorläuferfähigkeiten ab zirka vier Jahren

Mit diesem Instrumentarium liegen zwar Verfahren zur Erfassung mathematischer Vorläuferfähigkeiten vor, doch sind sie erst mit etwa vier oder fünf Jahren einsetzbar und meist auf Risikokinder zugeschnitten. Es wäre jedoch wünschenswert, frühe mathematische Kompetenzen auch bereits bei jüngeren Kindern ab dem Alter von drei Jahren und nicht nur für den Risikobereich, sondern für das gesamte Leistungsspektrum zu erfassen. Dies dürfte zurzeit fast nur mit dem Instrument von Moser und Berweger (2007) möglich sein.

6.3.3 Entwicklung und Messung von Sozialverhalten, Lernbereitschaft und Selbstkonzept

Heute besteht allgemein ein Konsens darüber, dass Bildungsprozesse in den ersten Lebensjahren eine besondere Bedeutung haben und frühkindliche Bildungsprogramme als Prävention gegen spätere Verhaltens- und Schulprobleme sowie als Mittel zum Aufbau von sozialer Verantwortung in einer Lerngemeinschaft wirken können. Deshalb gilt das Sozialverhalten als eines der unstrittigsten Grundkonzepte des Vorschulbereichs. Es umfasst jedoch ein sehr heterogenes Feld an Fähigkeiten und Fertigkeiten (z. B. Interaktionsfähigkeiten, Kooperations- und Mitwirkungsbereitschaft, Durchsetzungsfähigkeiten etc.). Für diesen Altersbereich zu berücksichtigen ist jedoch, dass Temperamentsfaktoren eine bedeutende Rolle spielen, dass die interindividuellen Unterschiede in den sozialen Fähigkeiten und Fertigkeiten groß sind und dass zusätzliche kultur-, situations- und kontextspezifische Unterschiede dazukommen.

In Tabelle 6.7 werden die relevantesten Instrumente, die aktuell zur Verfügung stehen, vorgestellt. Zu berücksichtigen ist dabei, dass im deutschen Sprachraum nur wenige Instrumente verfügbar sind, die eine theoriegeleitete Basis haben. Da die Situation im englischen Sprachraum viel günstiger ist, werden auch solche Instrumente vorgestellt.

Nonverbale Fähigkeiten		
Beobachtungsbogen für Kinder im Vorschulalter (BBK)	Fünf Bereiche, aber keine Skalenbildung: ▪ Ankommen des Kindes ▪ Soziales und emotionales Verhalten ▪ Spielverhalten ▪ Sprachverhalten ▪ Arbeitsverhalten	Duhm & Althaus (1980)
Dortmunder Entwicklungsscreening für den Kindergarten (DESK3–6)	Entwicklungsbereiche: ▪ Soziale Entwicklung ▪ Beachtung sozialer Regeln ▪ Motorik: Fein- und Grobmotorik ▪ Sprache und Kognition	Tröster et al. (2004)
Verhaltensbeurteilungsbogen für Vorschulkinder (VBV 3–6) VBV-EL: Elternfragebogen VBV-ER: Erzieherinnenfragebogen	Sozial-emotionale Kompetenzen ▪ Oppositionell-aggressives Verhalten ▪ Aufmerksamkeitsschwächen/Hyperaktivität ▪ Emotionale Auffälligkeiten Zusätzliche Aufteilung in drei Bereiche: ▪ Intellektuelle, motorische, verbale und visuelle Fähigkeiten ▪ Sozial-emotionale Kompetenzen zur Bewältigung sozialer Situationen ▪ Spielintensität und Spielproduktivität	Döpfner et al. (2003)
Skala zur Erfassung des Sozialverhaltens von Vorschulkindern (SESV/KSV)	▪ Interesse/Partizipation versus Apathie/Rückzug ▪ Kooperation/Regelbefolgung versus Widerstand/Feindseligkeit ▪ Gute Aufgabenorientierung/Selbstständigkeit versus geringe Aufgabenorientierung/Unselbstständigkeit	Tietze et al. (1981)
Ein Bildwahlverfahren zur Erhebung des Selbstkonzepts sozialer Integration Vorläufiges Testmanual	Selbstkonzept sozialer Integration	Langfeldt & Pior (1997)
Zu Forschungszwecken		
The Pictorial Scale of Perceived Competence and Social Acceptance for Young Children (PSCA)	▪ Kognitive Kompetenz/Geistige Fähigkeiten ▪ Sportkompetenz/Körperliche Fähigkeiten ▪ Akzeptanz durch Peers ▪ Akzeptanz durch die Mutter	Harter & Pike (1984); deutsche Versionen von Asendorpf & van Aken (1993)

Strengths and Difficulties Questionnaire (SDQ)	Eltern- bzw. Erzieherinnen-/Lehrerfragebogen: ■ Emotionale Probleme ■ Verhaltensprobleme ■ Hyperaktivität ■ Verhaltensprobleme mit Gleichaltrigen ■ Prosoziales Verhalten	Goodman (2001); deutsche Version von Becker (2007)

Tabelle 6.7: Instrumente zur Erfassung des Sozialverhaltens

Die Tabelle zeigt, dass zur Erfassung des Sozialverhaltens im Vorschulalter eine Reihe von Verfahren vorliegen. Problematisch ist, dass sie in erster Linie für den klinischen Bereich entwickelt worden und deshalb eher defizitorientiert sind. Im Bereich der Erfassung der Selbstkonzeptentwicklung sind so gut wie keine Instrumente für den Vorschulbereich verfügbar. Dies gilt nicht für Forschungszwecke.

6.3.4 Messen von allgemeinen Fähigkeiten, wie sie in Intelligenztests erfasst werden

Die Bedeutung kognitiver Fähigkeiten und Fertigkeiten für Bildungsprozesse ist unstrittig. In Bezug auf das Vorschulalter gibt es aber drei Probleme, die im Allgemeinen zu wenig beachtet werden:

- *der Unterschied zwischen Fähigkeiten und Fertigkeiten:* Während mit Fähigkeiten eher grundlegende, kulturunabhängigere individuelle Kompetenzen gemeint sind, werden unter Fertigkeiten die lern- und wissensabhängigen, durch die soziale Umwelt angeregten kumulativen Lernergebnisse subsummiert. Diese Unterscheidung ist von großer Wichtigkeit, wenn man an die enorme Bedeutung denkt, welche das Vorwissen heutzutage spielt.

- *die Differenzierung von verbaler und nonverbaler Intelligenz:* Will man ein Kind spezifisch fördern, dann ist es von Bedeutung, wie gut es die sprachlichen Anforderungen und die allgemein-intellektuellen (oder wissensbezogenen) Anforderungen bewältigt. Diese Unterscheidung ist vor allem auch für Kinder mit Migrationshintergrund relevant.

- *die kognitive Kompetenz gibt es nicht:* Es gibt Kinder, die fortgeschrittene Leistungen im Bereich des visuell-räumlichen Gedächtnisses, aber gravierende Defizite im Bereich des phonologischen Bewusstseins aufweisen. Andere verfügen beispielsweise über ein eingeschränktes räumliches Gedächtnis- und Vorstellungsvermögen, können jedoch Gesichter gut erinnern.

Solche Probleme sind zu beachten, wenn kognitive Messverfahren im Vorschulbereich eingesetzt werden. Dabei bestimmen die Untersuchungsfragestellungen und die Herkunft des Kindes, welcher Test gewählt werden soll. Erfordern Testaufgaben sprachliche Kompetenzen, dann führen sie leicht dazu, dass die kognitiven Fähigkeiten von Kindern mit Sprachproblemen oder solche anderer Muttersprache unterschätzt werden. Am wichtigsten ist jedoch zu entscheiden, ob man eher Fähigkeiten oder bereits erworbenes Wissen erfassen will. Dieses gibt einen wichtigen Hinweis auf den Anregungsgehalt der Umwelt (Elternhaus, familienexterne Betreuung). In Tabelle 6.8 sind Verfahren zusammengestellt, die eine Erfassung der kognitiven Fähigkeiten und Fertigkeiten ab dem Alter von etwa drei bis vier Jahren erlauben. Verfahren wie der KFT-K, CFT-1 und HAWIK-III wurden nicht aufgenommen, weil sie bei drei- bis vierjährigen Kindern noch nicht einsetzbar sind.

Nonverbale Fähigkeiten		
Bildbasierter Intelligenztest für das Vorschulalter (BIVA)	Erfassung der nonverbalen Intelligenz; Herauslösen und Vergleich von Merkmalen und Erfassung von Regelhaftigkeiten; Analogiebildungen	Schaarschmidt et al. (2004)
Colored Progressive Matrices (CPM)	Ergänzung unvollständiger farbiger geometrischer Figuren oder Muster nach dem Multiple-Choice-Prinzip aus einer Vorgabe von sechs Segmenten	Raven et al. (2002)
Nonverbaler Intelligenztest 2½–7	Denk- und (eher räumliche) Handlungstests	Tellegen et al. (2005)
Nonverbale kognitive und allgemeine kognitive Fähigkeiten		
Kaufman-Assessment Battery For Children (K-ABC)	Handbewegungen, Zahlennachsprechen, Gestaltschließen; bei Zwei- bis Vierjährigen zusätzlich Zauberfenster, Gesichter wiedererkennen; ab vier Jahren: Wortreihe, Dreiecke; ab fünf Jahren: bildhaftes Ergänzen, räumliches Gedächtnis	Kaufman et al. (2006)
Allgemeine Entwicklungstests		
Wiener Entwicklungstest (WET)	Erfassung der kognitiven Entwicklung, des Lernens und Gedächtnisses, der Motorik, der visuellen Wahrnehmung sowie der sozial-emotionalen Entwicklung. Ermöglicht umfassenden Überblick über Stärken und Schwächen.	Kastner-Koller & Deimann (2002)
Entwicklungstest für Kinder von sechs Monaten bis sechs Jahren (ET 6–6)	Es werden 13 Entwicklungsdimensionen erhoben, die teilweise sehr heterogene Fähigkeiten und Fertigkeiten erfassen.	Petermann & Stein (2000)

Tabelle 6.8: Instrumente zur Erfassung kognitiver Fähigkeiten

6.4 Strategien frühpädagogischer Bildungsförderung

Nachfolgend geht es um die Frage, wie frühpädagogische Bildungsförderung erfolgreich umgesetzt werden kann. Grundlegend ist dabei die Erkenntnis, dass die Haltung, welche die pädagogische Fachperson einnehmen sollte, nicht mehr einfach «kindzentriert» oder weniger bevormundend, sondern grundsätzlich *anders* ist: Die Fachperson muss versuchen, das Kind selbst und sein Verhalten bedingungslos in den Mittelpunkt zu stellen und es dabei als stark und kompetent, als aktiv, sozial und dynamisch zu betrachten. Diese Haltung gilt sowohl für Kinder aus privilegierten als auch für Kinder aus benachteiligten Milieus. Für diese gilt jedoch ganz besonders, dass das Fachpersonal auch eine aktivierend-provozierende Rolle einnimmt. Nachfolgend werden einige Ansätze diskutiert, welche geeignet sind, solche Haltungen zu unterstützen. Es sind dies der metakognitive Ansatz, das Spiel als Förderstrategie und der Computer als Förderstrategie.

6.4.1 Der metakognitive Ansatz

Metakognitive Ansätze zielen darauf ab, beim Kind ein Bewusstsein für Lernprozesse zu erzeugen und ihm Kompetenzen der Selbststeuerung zu vermitteln. Kinder im Vorschulalter nehmen üblicherweise Lernprozesse kaum als solche wahr. Die Entwicklung metakognitiver Fähigkeiten und ihre Rolle im Lerngeschehen werden erst seit ein paar Jahren auch aus frühpädagogischer Perspektive untersucht. Besonders intensiv wurde dieser Bereich in Skandinavien entwickelt. In Schweden beispielsweise wird dieser Fokus in den konzeptionellen Änderungen sichtbar, die in den letzten Jahren in den Bildungsplänen vorgenommen worden sind. So orientieren sie sich nicht mehr ausschließlich an dem, was Kinder tun, sondern ebenso stark an dem, was sie denken, dass sie tun.

Will eine Fachperson junge Kinder nach dem metakognitiven Ansatz und dem Vorwissensniveau entsprechend fördern, so muss sie sich in das kindliche Denken hineinversetzen können. Dies erfordert die Aneignung spezifischer Kenntnisse durch Schulung und Weiterbildung. Solche Kenntnisse umfassen neben methodischem Wissen und methodischen Fähigkeiten insbesondere auch diagnostische Kompetenz. Darüber hinaus muss die Fachperson über Planungskompetenzen verfügen, um die metakognitive Gestaltung des Lernprozesses auch im Hinblick auf Inhalte und deren Struktur vornehmen zu können. Am wichtigsten ist jedoch, dass sie sich vom traditionellen Konzept direkter Wissensvermittlung verabschiedet. Weshalb?

- weil die Wissensvermittlung vielfach in keinem Zusammenhang mit der häuslichen Umwelt der Kinder steht. So können sie nicht an ihre Vorwissensbasis anknüpfen. Fehlt ein Transfer des Gelernten, dann spricht man von «trägem Wissen», d. h. von Wissen, das in der Praxis nicht angewendet werden kann.

- weil viele Vorschulpädagoginnen und -pädagogen verbal erklärend arbeiten und mit gezielten Fragen nachprüfen wollen, ob die Kinder den Sachverhalt verstanden haben. Auch wenn diese mit Ja antworten, ist noch lange nicht gesichert, dass dem tatsächlich so ist. Verständlich ist folglich, dass junge Kinder ein Lernkonzept entwickeln, das Lernen mit verbaler Vermittlung gleichsetzt.

Derart erwachsenenzentrierte Strategien sind generell, für den vorschulischen Bereich jedoch im Besonderen, problematisch. Sie verhindern, dass frühpädagogische Fachleute Kinder dort abholen, wo sie individuell stehen. Weil sich junge Kinder stark unterscheiden, sollen die gewählten Strategien an die spezifischen Bedürfnisse, das Vorwissen und das aktuelle Verstehensniveau des einzelnen Kindes angepasst werden. Deshalb müssen Strategien vorwiegend *kindinitiiert* sein. Kinder lernen in von ihnen initiierten Episoden leichter als in solchen, welche von Erwachsenen arrangiert werden. So zeigen Beispiele von *Best Practice* Folgendes: Initiiert das Kind die Interaktion, dann versucht die erwachsene Person herauszufinden, was es will. Hat sie dieses Interesse sorgfältig identifiziert, dann steht gewissermaßen eine «ideale Fördergrundlage» zur Verfügung: ein Kind, das motiviert ist und über ein Wissen zu genau dem verfügt, worauf es vorangehend fokussierte.

Für den Aufbau des metakognitiven Ansatzes sind vier Maximen handlungsleitend:

1. *Betonung der Lerninhalte und des genuinen Lernens:* Obwohl im Vorschulbereich variable und offene Lerninhalte handlungsleitend sind und nicht vordefinierte Curricula, sollte den Kindern in jedem Lernsegment aufgezeigt werden, was sie lernen und wie sie dies tun.

2. *Ausrichtung der Lerninhalte auf Aspekte des Alltags:* Kinder beachten Alltagsphänomene häufig nicht explizit. Sollen sie etwas über die sie umgebende Welt lernen, dann müssen sie spezifisch auf solche Phänomene aufmerksam gemacht werden.

3. *Einsatz der Reflexion als metakognitive Strategie:* Reflexion ist abhängig von Möglichkeiten, über das eigene Tun zu sprechen und nachzudenken. Sie sollten durch geeignete Materialien angeregt werden.

4. *Betonung der Art und Weise, wie Kinder denken:* Die Art und Weise, wie Kinder denken, sollte zum Thema gemacht werden. Dadurch kristallisieren sich die Unterschiede zwischen den Kindern von selbst heraus. Verschiedene Möglich-

keiten stehen dazu zur Verfügung: Rollenspiele, Zeichnen und Malen, Spielen, Erkunden und Diskutieren.

Projektbausteine auf der Basis des metakognitiven Ansatzes

Weil vorschulische Bildungsförderung häufig in thematischer Projektform organisiert ist, wird nachfolgend aufgezeigt, welches die Merkmale einer metakognitiven Projektarbeit sind. Schwerpunktmäßig geht es dabei um die Arbeit mit Inhalten, Projektzielen, Strukturen und Reflexionsphasen (vgl. dazu Kapitel 6.1.4 sowie Pramling, 1990, oder Kunze & Gisbert, 2005).

Die Arbeit mit Inhalten: Wie im Situationsansatz (vgl. Kapitel 2) gilt auch im metakognitiven Ansatz, dass die Auswahl der Thematik eine besondere Bedeutung erhält. Der metakognitive Ansatz legt ganz besonderen Wert darauf, dass dies im gegenseitigen Austausch von Förderperson und Kind geschieht. Dieses «Prinzip der Gegenseitigkeit» hat zum Ziel, die Gedanken und Ideen des Kindes weiterzuentwickeln. Deshalb erfordert dies eine besondere Sensibilität der erwachsenen Person gegenüber dem Kind. Gerade dann, wenn das Kind abschweift, ist es ihre Aufgabe, es mit neuen Impulsen zu motivieren oder es zu einer neuen Tätigkeit zu animieren. Ausgangspunkt für jedes Thema bilden jedoch immer die Interessen und Gedanken des Kindes.

Das Ziel des Projekts: In einem auf dem Metakognitionsansatz aufbauenden Projekt richtet sich das Ziel immer auf die kindlichen Verstehensprozesse und nicht auf das Thema oder die damit einhergehenden Aktivitäten. Deshalb muss das Ziel vorangehend geklärt und fixiert sein. Es darf sich nicht nur auf entwicklungspsychologische Erkenntnisse berufen, sondern muss auch die kognitiven Voraussetzungen und den aktuellen Wissensstand des Kindes berücksichtigen. Eine derartige diagnostische Erschließung von Kind und Gegenstand erfordert einen Dialog mit dem Kind und der Gruppe.

Die Projektstruktur: Ausgangspunkt muss die Frage sein, welche Verstehensprozesse bei den Kindern gefördert werden sollen. Erst danach können die Struktur erarbeitet und methodische Entscheidungen darüber getroffen werden, wie die Kinder an den einzelnen Themen arbeiten sollen. Ein Kernelement des metakognitiven Ansatzes ist deshalb die Idee des Transfers. Weil das Lernen immer auf die Anwendung des Gelernten außerhalb der Situation zielen soll, muss bereits im Vorfeld überlegt werden, welche Prinzipien die Kinder lernen und dann auf neue Problemsituationen übertragen können sollen.

Die Reflexionsphase: Reflexion ist ebenfalls eine wichtige Form der Metakognition. Kinder, welche Beispiele erklären und auf höherer Ebene Gemeinsamkeiten finden können, verstehen, was sie gelernt haben. Deshalb sind sie auch eher zum Transfer fähig. Genauso wie der Transfer sollte Reflexion ein integraler Bestandteil jeder Projektarbeit sein, aber auch einen spezifischen Teil ihres Abschlusses darstellen (z. B. über eine Projektdokumentation).

Das *Scaffolding* als metakognitive Förderstrategie

Eine Möglichkeit, Metakognition und Selbstregulation zu fördern, ist das *Scaffolding*. Im Rahmen der Erläuterung der soziokulturellen Theorie Wygotskis ist es in Kapitel 3 bereits kurz angesprochen worden. Darunter versteht man eine lehr- und lernbare Instruktionsmethode zur Optimierung der kindlichen Lernprozesse. Dies geschieht durch (a) die Bereitstellung einer Orientierungsgrundlage in Form von Anleitungen, Denkanstößen und anderen Hilfestellungen und (b) durch die schrittweise Wiederentfernung dieses Gerüsts, sobald das Kind fähig ist, eine bestimmte Teilaufgabe eigenständig zu bearbeiten. Diese Methode funktioniert in drei Schritten:

(1) Die erwachsene Person sucht eine Aufgabe, die das Kind meistern kann und die sowohl hohen Aufforderungscharakter als auch Anregungsreichtum besitzt. Sie muss aber so schwierig sein, dass das Kind sie nicht alleine ausführen kann.

(2) Eine solche Aufgabe fordert das Kind mental heraus. Die pädagogische Fachperson stützt und führt das Kind, indem sie seine Fragen und Handlungen dazu nutzt, ihm zu helfen, nach und nach auf ein höheres Denkniveau zu gelangen. Auf diese Art und Weise kann seine Kompetenz anwachsen.

(3) Während dies geschieht, zieht sich die erwachsene Person langsam zurück und erlaubt dem Kind, mehr Verantwortung zu übernehmen. Diese Förderung der Selbstregulation ist das Herzstück des *Scaffolding*. Dieser Prozess erfordert, dass der Erwachsene dem Kind immer längere Zeiträume zum selbstständigen Handeln einräumt und erst dann eingreift, wenn das Kind nicht weiterkommt oder dazu neigt, sich zurückzuziehen.

Möglich ist ein *Scaffolding* nur, wenn sich die pädagogische Fachperson auf das kindliche Denken fortlaufend einstellt und es gleichzeitig herausfordert. Dies entspricht einem autoritativen Interaktionsstil, der durch klare Erwartungen in Kombination mit emotionaler Wärme und Verantwortung und einer inneren Haltung gekennzeichnet ist. Diese Haltung motiviert das Kind, sich intensiv mit den Dingen zu befassen. Dabei muss sich die pädagogische Fachperson fortlaufend an die sich wandelnden

Fähigkeiten des Kindes anpassen und sich gleichzeitig immer mehr zurückziehen. Letztlich entspricht diese Vorgehensweise der Arbeit in der Zone der nächsten Entwicklung Wygotskis.

Das nachfolgende Beispiel zeigt auf, wie *Scaffolding* zur kindlichen Kompetenzerweiterung eingesetzt werden kann. Es handelt sich um ein implizites Mathematikgespräch während der Zubereitung eines Teigs, das im Rahmen eines Praxisbesuchs im Herbst 2009 in einer Schweizer Kinderkrippe beobachtet werden konnte.

Fünfjähriges Kind	Ich will ein Experiment machen mit Mehl und Kleister.
Erzieherin	Warum? Was erwartest du davon?
Fünfjähriges Kind	Das Mehl macht den Kleister dicker und trockener, und ich kann dann schön kneten.
Erzieherin	Nun, wie viel Mehl brauchst du dafür?
Fünfjähriges Kind	Ich brauche einen Becher voll Mehl.
Erzieherin	Und wie viel Kleister?
Fünfjähriges Kind	Zwei Becher.
Erzieherin	Wie viel Kleister hast du jetzt? (Es nimmt einen Messbecher und füllt ihn halb voll.)
Fünfjähriges Kind	Einen halben Becher.
Erzieherin	Lass sehen. Du willst zwei Becher mit Kleister und einen Becher mit Mehl. Das ist zweimal so viel Kleister wie Mehl. Aber wir haben nur einen halben Messbecher mit Kleister. Wie viel sollten wir verwenden?
Fünfjähriges Kind	Einen halben von einem halben Messbecher.
Erzieherin	Also, dies ist ein Viertel Messbecher.

Nicht nur die pädagogische Fachperson eignet sich als *Scaffolder,* sondern auch ein gleichaltriges Kind. Peers sind wichtig für dasjenige Lernen, das geteiltes Engagement von Kindern erfordert. Damit sich Kinder jedoch in solchen Aufgaben engagieren können, müssen sie über eine gewisse Sozialkompetenz verfügen. Denn sie machen im sozialen Kontakt mit Peers qualitativ andere Erfahrungen als mit Erwachsenen. In der Gleichaltrigengruppe müssen sie die Aufmerksamkeit der anderen erwerben. Wie der Platz für einzelne Kinder aussieht und welcher Einfluss und welche Anerkennung damit verbunden sind, lässt sich mit dem soziometrischen Status erfassen. Die Methode der Soziometrie dient dazu, den Status quo der Beziehungen zwischen Mitgliedern einer Gruppe festzustellen. Vorschulkindern werden dabei Fragen gestellt wie «Mit wem spielst du am liebsten?». Zur Erhöhung der Zuverlässigkeit von Antworten werden bei jungen Kindern üblicherweise Symbole verwendet (z. B. Smileys).

6.4.2 Das Spiel als Förderstrategie

Das Spiel wird häufig als Königsweg für die Entwicklungsförderung in der frühen Kindheit postuliert. In den letzten Jahren ist es jedoch zu Unrecht aufgrund der starken Betonung der kognitiven Frühförderung ins Hintertreffen geraten. Befürchtet wird bisweilen, junge Kinder könnten zu viel spielen und deshalb in unserer modernen, stark technisierten und informatisierten Gesellschaft später als Erwachsene schlechtere Berufschancen haben. Dem ist jedoch nicht so. Aus vielen Studien zu besonders begabten Kindern wissen wir, dass sie besonders oft sehr lange und intensiv Spieltätigkeiten über die ganze Kindheit hinweg ausüben (Stapf, 2003). Hauser (2005) nimmt deshalb an, dass Kinder eher nicht zu viel spielen (können), sondern vielmehr, dass viele Spiele zu anspruchslos sind. Diese Annahme wird durch die Metakognitionsforschung gestützt: Das Spiel ist eine frühe Form der Metakognition.

Während einfachere Spielformen – wie etwa Nachahmungs- oder Übungsspiele – auch im Tierreich zu beobachten sind, gilt Gleiches für anspruchsvollere Spielarten wie das Als-ob-Spiel, das Rollenspiel oder das Planspiel nur beim Menschen. Ein wesentlicher Grund dafür ist, dass solche Spielformen kognitiv-rational orientierte Handlungsstrategien voraussetzen. Die Entwicklung des Als-ob-Spiels vollzieht sich in drei Phasen:

- In einer ersten Phase löst sich das Spiel zunehmend von den Bedingungen des Alltagslebens ab (beispielsweise von einem Spielzeugtelefon zu einem Bauklotz, der als Telefonhörer verwendet wird).
- In einer zweiten Phase wird es mit zunehmendem Alter stärker auf das Gegenüber zentriert (beispielsweise tut das sehr junge Kind so, als ob es sich selbst füttere; später füttert es eine Puppe).
- In der dritten Phase zeigen sich schließlich komplexere Kombinationen von Schemata (beispielsweise gibt ein sehr junges Kind vor, aus einem Becher zu trinken, ein älteres Kind kann dann bereits das Einschenken und das Trinken darstellen).

Weshalb ist diese Spielform so bedeutsam? In erster Linie deshalb, weil sich das Kind dann ein Stück weit aus der Realität entfernt und für einen bestimmten Bereich oder eine bestimmte Zeit die Wirklichkeit ausblendet. Das Kind dokumentiert damit seine Unabhängigkeit von seiner konkret-anschaulichen Umwelt. Aus der Sicht der Entwicklungspsychologie hat das Als-ob-Spiel eine Brückenfunktion in der kognitiven Entwicklung. Es schafft die Vermittlung zwischen frühkindlichem sensumotorischem Stadium und dem späteren logisch-abstrakten Denken. Piaget nahm beispielsweise an, dass Kinder durch dieses Als-ob-Spiel Schemata einüben. Weil sich das Kind teilweise von tatsächlichen Wahrnehmungen löst, mittels des Als-ob-Spiels aber damit verbunden bleibt, entwickelt es eigene Vorstellungsinhalte und setzt sie teilweise auch konkret um.

Die dem Als-ob-Spiel zugrunde liegende Täuschung beeinflusst das Denken in dreifacher Weise: durch das Lernen, dass Intentionen anderer erkannt werden können, dadurch, dass soziale Bezüge hergestellt werden, und durch die Unterscheidung zwischen Realem und Imaginärem. Diese Prozesse sind zwar nicht vollständig klar, aber es existieren verschiedene plausible Erklärungen. Sie zeigen nicht nur Wege auf, wie das Spiel in der täglichen Praxis geplant werden kann, sondern verweisen auch darauf, dass das spielerische Lernen, wenn es anspruchsvoll und variantenreich ist, in seiner bildenden Wirksamkeit kaum zu übertreffen ist.

- *Die Intentionen anderer lesen:* Per definitionem impliziert das Als-ob-Spiel immer Absenz. Wenn zwei junge Kinder so tun, als ob sie kochen würden, dann geschieht dies ohne richtiges Essen. Um der Täuschung einen Sinn zu geben, muss ein Kind die fehlenden Elemente kognitiv ersetzen: Es muss realisieren, dass eine Banane, die ans Ohr gehalten wird, immer noch eine Banane ist und nur ein Telefon, weil das Kind als Spieler sie als solches erachtet. Das sind Doppelbedeutungen im Überfluss: Was man sieht, ist nicht alles, was man anbietet, beabsichtigt oder interpretiert. Obwohl die Doppelbedeutungen meistens kaum spezifiziert sind, können bereits junge Kinder Folgerungen interpretieren. Dies ist eine bemerkenswerte kognitive Leistung. Es kann nämlich für ein junges Kind schwierig sein zu verstehen, was Gleichaltrige tun, wenn sie «Schule» spielen. Es hat ja noch keine Erfahrung, was Schule ist, welches die typischen Verhaltensmerkmale der Lehrkräfte und der Kinder sind. Deshalb muss es die Intentionen seiner Peers und komplexere Bedeutungen interpretieren lernen, denn es weiß, dass die spielenden Kinder etwas mit ihrem spezifischen Verhalten meinen. Die sorgfältige Beobachtung der Antworten von spielenden Kindern, wie sie soziale Bezüge herstellen, kann mithelfen, vieldeutiges Spiel zu dekodieren.

- *Soziale Bezüge herstellen:* Darunter wird die Beobachtung der Antworten einer anderen Person verstanden, um zu entscheiden, wie man sich in einer vieldeutigen respektive unklaren Situation zu verhalten hat. Dieses Verhalten kennen wir alle. Ausgelöst wird es durch das unklare Verhalten des Gegenübers. Beispielsweise macht jemand eine Bemerkung, die nicht klar ist und deshalb wenig Sinn macht. Um zu wissen, wie man antworten soll, beobachtet man, wie die anderen reagieren. Nicht überraschend ist es deshalb, dass Kleinkinder dieses Verhalten sehr oft zeigen. Ähnlich scheint es wahrscheinlich, dass Eltern und andere Erwachsene das Als-ob-Spiel durch die Manipulation von Spielepisoden unterstützen, beispielsweise durch verschiedene Arten des Lächelns, durch Stirnrunzeln oder Anstarren. Erfahrene Peers können auf eine ähnliche Art und Weise soziale Bezüge herstellen, auch wenn nicht in gleichem Ausmaß oder auf die gleiche Art und Weise. Welches auch immer der Ursprung ist, das Herstellen sozialer Bezüge leitet die Motivation eines Vorschulkindes, sich fehlende Information im Als-ob-Spiel anzueignen.

- *Unterscheiden zwischen dem Realen und dem Imaginären:* Das Als-ob-Spiel verdeutlicht, dass sich junge Kinder bewusst sind, dass sie nicht die Realität abbilden, sondern eine Alternative. Dies zeigt sich insbesondere dann, wenn sie ihre Rollen vergeben: «Du tust so, als seiest du der Polizist.» Sie sind damit in der Lage, über die geistigen Aktivitäten anderer zu reflektieren.

Das Spiel an sich hat noch keine direkten Effekte auf intellektuelles Lernen. Damit dies der Fall ist, müssen bestimmte Lernprozesse im Spiel auf der Handlungsebene entwicklungsanregend gefördert werden. Fantasie- respektive Als-ob- und Rollenspiele eignen sich dafür ganz besonders. In Rollenspielen kann das Kind beispielsweise die Rolle der Serviertochter oder der Coiffeuse übernehmen und eine Rechnung ausstellen oder im Als-ob-Spiel ein Baby imitieren und dadurch lernen, dass es deshalb noch nicht sprechen darf. Solche entwicklungsanregenden Impulse durch erfahrenere Spielpartner provozieren das Kind zu Leistungen in Wygotskis Zone der nächsten Entwicklung, zu denen es ohne externe Anregungen nicht in der Lage wäre. In kognitiv-stimulierender Hinsicht besonders wirksam sind Spielhandlungen, in denen Kinder mittels metakommunikativer Anregungen («Als Vater musst du ihm sagen, was es tun soll») oder Aufforderungen zum Perspektivenwechsel («Du bist jetzt die Ärztin und ich der Patient») herausgefordert werden. Durch diesen Perspektivenwechsel lernen drei- bis vierjährige Kinder anschaulich, dass andere Menschen anders denken und dass es einen Unterschied zwischen der eigenen Überzeugung und der Realität gibt («Theory of mind», vgl. Kapitel 3).

Im Vorschulbereich tätige Fachpersonen sind somit für kognitiv anspruchsvolle Spielhandlungen zentral. Dies ist ihnen jedoch häufig, trotz ihres hohen Engagements für die kindliche Entwicklung, nicht bewusst. Es ist deshalb bedeutsam, dass ihnen gerade in der Weiterbildung Möglichkeiten zur Förderung von Fantasie- und Rollenspiel aufgezeigt werden.

6.4.3 Der Computereinsatz als Förderstrategie

Computer sind zunehmend ein Teil des Lebens von jungen Kindern. Anfang der 1990er-Jahre verfügten nur 10% der Vorschulangebote über Computer. Heute jedoch ist es die Mehrheit. Jüngere und ältere Vorschulkinder unterscheiden sich nicht substanziell in der Art und Weise ihrer Nutzung, obwohl Dreijährige mehr Zeit brauchen, um sich an einen PC zu gewöhnen, als Fünfjährige. Dies muss insbesondere bei Kindern aus benachteiligten sozialen Milieus und aus anderen Kulturen berücksichtigt werden, weil sie darüber hinaus auch selteneren Zugang zu den meisten Typen moderner Technologien, insbesondere zu Computern, haben.

Einerseits wird häufig befürchtet, der Computer fördere die Isolation des Kindes. Andererseits belegt die aktuelle Forschung die Angemessenheit, bereits junge Kinder in entdeckungsorientierte Computerarbeit einzuführen. Zudem gibt es viele empirische Studien, welche den PC als Katalysator der sozialen Entwicklung identifizieren. Gemäß Bowman et al. (2000) sprechen Kinder am PC neunmal länger mit anderen Kindern, als wenn sie Puzzle spielen. Sie helfen sich gegenseitig und lassen sich auch lieber von Peers als von Erwachsenen helfen. Solche Erkenntnisse bilden jedoch nur die eine Seite der Medaille. Nicht jeder Einsatz moderner Technologie ist angemessen oder von Nutzen. Denn die Art der Software, welche Kinder nutzen, beeinflusst ihre sozialen Interaktionen. Ferner unterstützen offene Programme die Zusammenarbeit, während traditionelle Lernprogramme vor allem den Wettbewerb zwischen Kindern fördern. Ähnlich können Computerspiele mit aggressivem Inhalt aggressives Verhalten provozieren. Auch die physische Umgebung beeinflusst die kindlichen Interaktionen. Deshalb spielt es eine Rolle, wie die Sitzplätze rund um den Computer gestaltet werden. Beispielsweise kann die Platzierung von zwei Sitzen vor dem Computer und von einem auf der Seite für die Betreuungsperson eine positive soziale Interaktion unterstützen. Werden Computer nahe nebeneinander platziert, dann wird der Austausch von Ideen zwischen den Kindern ebenfalls gefördert. Computer können auch einen Beitrag zur sozialen Interaktion junger Kinder mit Lernschwierigkeiten oder anderen Störungen leisten, welche häufig nicht in der Lage sind, aufgrund ihrer körperlichen, kommunikativen oder anderer Gegebenheiten sich mit den Peers in angemessenen Spielaktivitäten zu engagieren.

Die kritischen Punkte für den Computereinsatz betreffen somit die Angemessenheit der Software, des Curriculums und des sozialen Settings, aber auch die physische Umgebungsgestaltung. Auf der Basis der aktuellen Forschungserkenntnisse (Aufenanger & Gerlach, 2005) lassen sich fünf Standards formulieren, deren Einhaltung Vorschulkinder von Computeraktivitäten profitieren lässt.

1. *Interaktivität:* Das Programm ist interaktiv und multimedial. Verschiedene Medien – d.h. Bilder, Filme, Texte und Töne – werden verknüpft miteinander angeboten.

2. *Navigation:* Das Programm hat eine überschaubare Navigation und bietet selbsterklärende, sprachliche oder visuelle Spielhilfen an. Es ist auf mehrere Mitakteure ausgerichtet.

3. *Form und Inhalt:* Sachinformationen werden richtig und kindgemäß (variantenreich, motivierend) vermittelt. Das Programm ist so aufgebaut, dass Spannung und Entspannung sowie Lernen und Unterhaltung sinnvoll einander ablösen.

4. *Symbolik, Grafik und Akustik:* Die symbolische Ausgestaltung ist anspruchsvoll, jedoch kulturfair (nicht ausschließlich auf die Mehrheitsgesellschaft ausgerichtet) sowie grafisch und akustisch ansprechend gestaltet.

5. *Nicht medialer Fokus:* Das Programm bezieht auch spielbezogene, nicht mediale Aktivitäten ein (z.B. Malen, Experimentieren, Kochen, Basteln, Musizieren usw.) und erlaubt, diese Anregungen auch auszudrucken (z.B. Kochrezept).

Insgesamt ist zu bedenken, dass Computer lediglich Maschinen sind und keine Wunder bewirken. Aktivitäten am Computer sind per se weder schädlich noch besonders effektiv. Herzstück der Effektivität der Beschäftigung mit dem Computer im Vorschulalter ist die Beantwortung der Frage, ob die Kinder die Informationen interaktiv verarbeiten und an die eigenen Erfahrungen anknüpfen können. Dies geschieht, indem das bereits Vorhandene mit dem Neuen in Verbindung gebracht wird. Verknüpfungen entstehen in Gesprächen beim gemeinsamen Lernen am Computer, beim nachträglichen Anwenden von Gelerntem, beim Wiederholen von Inhalten, beim Verstehen und Zuordnen von Begriffen oder beim Vergleich von Realerfahrung und Medieninformation. Erwachsene spielen dabei eine zentrale, unterstützende Rolle.

6.5 Zusammenfassende Bilanz

In diesem Kapitel sind Antworten auf vier Fragen beantwortet worden: Was sollten vorschulische Angebote jungen Kindern bieten? Welche Zielsetzungen sollten vorschulische Angebote verfolgen? Welche Inhalte sollten vermittelt werden? Wie kann man die Kompetenzen respektive die Vorläuferfähigkeiten messen? Wie sollte dies geschehen? Nachfolgend werden die Antworten dazu nochmals kurz zusammengefasst.

Welche Zielsetzungen sollten vorschulische Angebote verfolgen?

Bildungspläne gelten als Orientierungspläne für die frühe Kindheit. Es wurde aufgezeigt, welche Entwicklungsaufgaben aus ihrer Sicht Kinder in den ersten Lebensjahren auf welche Art und Weise meistern sollen und wie sie dabei unterstützt werden können. Dabei wurde deutlich, dass zwar zwischen pädagogischen Konzepten und Bildungsplänen Verbindungen bestehen, der Fokus insgesamt jedoch vorwiegend auf die Sprache gelegt wird. Oft sind die Programme streng darauf ausgerichtet, die Kinder zum Sprechen zu bringen und verstanden zu werden, die Sprache der anderen zu verstehen und mit symbolischen Konzepten durch Sprechen und Bücher zu experimentieren.

Zusammenfassend kann die Hauptfrage dieses Kapitels nach dem Was und Wie der frühkindlichen Bildungsförderung wie folgt beantwortet werden: Vorschulische Bildungsförderung soll die soziale, emotionale, kognitive und körperliche Entwicklung anregen. Es soll sich dabei um eine entwicklungsangemessene Mischung von Bildung und Betreuung, von Stimulation und Förderung, von Arbeit und Spiel handeln. Sie muss jedoch kindgerecht sein, d. h. in jeder Altersstufe von den Entwicklungsbesonderheiten und den jeweiligen Bedürfnissen ausgehen.

Welche Schwerpunkte sollte ein frühpädagogisches Bildungsangebot enthalten?

Allgemein besteht Konsens darüber, dass der sprachlichen Entwicklung *(literacy)* erste Priorität beigemessen werden muss. Auch wenn eine Vorverlegung des traditionellen Schulcurriculums in den Vorschulraum abzulehnen ist, können die sich entwickelnden sprachlichen Fähigkeiten auf vielfältige Art und Weise unterstützt und damit die Kinder besser für die Grundschule vorbereitet werden. Das Hauptaugenmerk ist dabei auf die Förderung der Interessen und des Enthusiasmus für die gesprochene und schriftliche Sprache zu legen. Obwohl kein pädagogisches Konzept als bestes zur Förderung solcher Fähigkeiten identifiziert werden kann, gibt es viele Aktivitätstypen, welche ihre Entwicklung unterstützen. Dazu gehören Sprachfähigkeiten, Geschichtenerzählen, dialogisches Lesen, Materialien zum Kritzeln und Schreiben im Rahmen des Als-ob-Spiels, aber auch die Identifikation von Buchstaben und Wörtern.

Mit Blick auf die Mathematik und die Naturwissenschaften wissen wir heute dank der Forschung, dass Kinder fähig sind, komplexer und abstrakter zu denken, als bisher angenommen wurde. Vorschulische Fachpersonen müssen sich deshalb viel stärker, als dies bisher der Fall war, in jedem Bereich des Curriculums am Entwicklungsniveau des Kindes orientieren. Die Zone der nächsten Entwicklung Wygotskis (1987) gewinnt dadurch neue Brisanz. Dementsprechend müssen Lern- und Entwicklungsaktivitäten so geplant werden, dass das Kind immer knapp unterhalb seiner Kapazität lernen kann. Dem metakognitiven Ansatz kommt dabei besondere Bedeutung zu. Er zielt darauf ab, dem Kind ein Bewusstsein für Lernprozesse und damit Kompetenzen der Selbststeuerung zu vermitteln.

Wie kann man vorschulische Kompetenzen messen?

Aufgezeigt wurden die zurzeit verfügbaren Messinstrumente für die Erfassung von bildungsrelevanten Fähigkeiten und Fertigkeiten und deren Veränderungen im Vorschulalter, getrennt für verschiedene Entwicklungsbereiche. Erläutert wurden Messinstrumente für sprachliche Fähigkeiten und Fertigkeiten und Vorläufer für den späteren Erwerb der Schriftsprache *(early literacy)*, frühe mathematische Fähigkeiten und Fertigkeiten *(early numeracy)*, grundlegende Aspekte aus den Bereichen Sozialverhalten, Interessen, Lernbereitschaft und Selbstkonzept sowie grundlegende Aspekte allgemein-kognitiver Fähigkeiten und Fertigkeiten, wie sie u. a. im Rahmen von Intelligenz- und Entwicklungstests erfasst werden.

Wie sollten in frühkindlichen Bildungsförderangeboten Lernprozesse gestaltet werden?

Gerade weil das Wissen zu vorschulischen Lern- und Entwicklungsprozessen in den letzten Jahren stark vorangeschritten ist, hat sich auch zunehmend herauskristallisiert, wie herausfordernd die Aufgabe für das pädagogische Fachpersonal ist und wie wenig man dabei von einer *Best Practice* sprechen kann. Es gibt keine magischen Ziele, kein richtiges Curriculum oder keine beste Vorschulpädagogik. Wir wissen lediglich, dass ein Kind dann optimal lernen und sich in der Obhut Erwachsener günstig entwickeln kann, wenn sich diese an seinem aktuellen Entwicklungsniveau orientieren und ihm herausfordernde Lerngelegenheiten bieten. Eine solche Sensitivität gegenüber der aktuellen, individuellen kindlichen Kompetenz ist ein Herzstück vorschulischer Bildungsqualität. Sie umfasst viele Ziele, wie etwa die Entwicklung von Selbstregulation, Aufmerksamkeit, Sozialkompetenz und motorischen Fähigkeiten, Literalität, Mathematik und Naturwissenschaften. Aufgrund dieser Vielfalt müssen unterschiedliche pädagogische Zugänge angepeilt werden. Beispielsweise entwickeln Kinder weniger Sozialkompetenz während direkter Instruktion als während des Spiels, aber direkte Instruktion kann effektiv sein in der Bildung einer Wissensbasis. Organisiertes Geschichtenerzählen kann dazu beitragen, den Aufmerksamkeitsbereich und auch den Wortschatz zu erweitern, aber dieser kann nur aktiviert werden, wenn sich Kinder beteiligen – so wie in der kindinitiierten Instruktion oder in der Interaktion mit älteren Peers.

7 Qualität (in) der FBBE

Die Frage nach der *Qualität* von frühpädagogischen Förderprogrammen und -einrichtungen ist nicht neu. In Kapitel 2 ist deren Entwicklungsgeschichte anhand von vier Wellen nachgezeichnet worden. Die Qualität stand dabei in immer anderen Facetten im Mittelpunkt: So war es ein Spezifikum der 1960er- und 1970er-Jahre, dass im Gefolge des Sputnikschocks die Qualität der damals neu konzipierten kompensatorischen Ansätze daran gemessen wurde, inwiefern sie die soziale Ungleichheit minimieren und zur Ausschöpfung der Begabungsreserven oder zur kognitiven Frühförderung respektive zur Intelligenzentwicklung beitragen konnten. In den 1980er-Jahren stand dann die eher gegenläufige Qualitätsstrategie der sozialen Kompetenzförderung und der kindlichen Gesamtpersönlichkeit im Mittelpunkt. Abgelöst wurde sie in den 1990er-Jahren durch die Orientierung an der Betreuungsqualität für Kinder mit besonderen Bedürfnissen (Kinder aus Einelternfamilien, verschiedene kulturelle Gruppen, Kinder mit Verhaltensproblemen) und den damit zusammenhängenden optimalen Förderbedingungen. Angesichts der seit den 1990er-Jahren steigenden Anteile von Kindern, die in außerfamiliären Einrichtungen betreut wurden, konzentrierte sich die Diskussion zunehmend auf die pädagogische Qualität von vorschulischen Institutionen insgesamt (Tietze, 1998; Tietze, Roßbach & Grenner, 2005). Seit ein paar Jahren wird ihre Qualität nun in erster Linie danach beurteilt, welchen Beitrag sie (a) zur Stimulation von Lernerfahrungen des jungen Kindes leisten, (b) Kinder auf den Schuleintritt vorbereiten und (c) benachteiligten Kindern verstärkt zur Startchancengleichheit verhelfen. Neuesten Datums ist die Forderung nach staatlich kontrollierten Qualitätslabels (Stamm et al., 2009).

Weshalb ist Qualität in der Pädagogik der frühen Kindheit so wichtig? In erster Linie deshalb, weil erziehungswissenschaftliche und entwicklungspsychologische Erkenntnisse die Bedeutung der Kind-Erwachsenen-Beziehung in den ersten Lebensjahren als Grundlagen für eine gesunde Entwicklung herausstreichen. Babys und Kleinkinder sind für die Befriedigung ihrer physischen und psychischen Bedürfnisse völlig von ihrer sozialen Umwelt abhängig. Ein Kind braucht ab seiner Geburt wenige, verlässliche Bezugspersonen, die seine Bedürfnisse nach Bindung und Exploration beantworten. Zudem braucht ein unter dreijähriges Kleinkind, das familienextern betreut werden soll, eine professionelle Eingewöhnung im geplanten Angebot. Die Raum- und Materialausstattung muss geeignet, die Eingewöhnung und Begleitung gut vorbereitet und dokumentiert sein. Hoch qualifizierte pädagogische Fachkräfte sollen das Kind zusammen mit den Eltern in seiner Entwicklung ermutigend, fördernd und herausfordernd begleiten.

Gerade weil das Aufwachsen unserer Kinder immer stärker von außerhäuslichen Anbietern abhängig ist und von staatlichen Geldern unterstützt wird, gibt es auch ein wachsendes öffentliches Interesse an der Effizienz und Effektivität der Angebote. Die Definition dessen, was gute vorschulische Angebotsqualität ausmacht, hat jedoch viele soziale und bildungspolitische Dimensionen und unterliegt unterschiedlichen kulturellen Werten. Diese Werte sind für uns alle sowohl transparent als auch unsichtbar. Deshalb lässt sich am ehesten an Best-Practice-Modellen diskutieren, wie sich gute Qualität identifizieren lässt.

In diesem Kapitel werden zuerst die Grundlagen der frühpädagogischen Qualitätsdiskussion erläutert (vgl. Kapitel 7.1). Dazu gehören Qualitätskonzepte und die Indikatoren, anhand deren man Qualität messen kann. Anschließend wird aufgezeigt, wie man Qualität messen und beurteilen kann, wie pädagogische Fachkräfte am besten Lernen und Entwicklung anregen und herausfordern können und wie sich FBBE-Qualität evaluieren lässt (vgl. Kapitel 7.2 bis 7.4). Abschließend wird in Kapitel 7.5 anhand des *High/Scope Perry Preschool Projects* ein Best-Practice-Modell mit den bedeutsamsten Qualitätsbereichen beschrieben. Diese machen ersichtlich, welches denn die Faktoren sind, die zu einer günstigen Effektivität beitragen.

7.1 Konzepte von Qualität in vorschulischen Angeboten

Was unter Qualität im Vorschulbereich genau verstanden werden soll, ist aufgrund der heterogenen theoretischen Grundlagen unklar. Dazu kommt, dass je nach Interessen- oder Adressatengruppe Qualität unterschiedlich definiert wird. Eltern verstehen unter guter Qualität möglicherweise flexible Öffnungszeiten der Krippe oder die Kontinuität des Betreuungspersonals, während eine frühpädagogische Fachperson eine gute Teamkultur, hohe Sauberkeitsstandards oder regelmäßige Präsenzzeiten der Kinder als solche bezeichnet. Ein Aufsichtsrat einer Kinderkrippe wiederum definiert gute Qualität möglicherweise über eine starke Krippenleitung, eine gute Auslastung oder hohe Elternzufriedenheit.

Es gibt keine allgemein anerkannten Vorstellungen zum Qualitätsbegriff. In der pädagogischen Qualitätsforschung weitgehend anerkannt ist jedoch die Unterscheidung von vier Dimensionen der Qualität. Zwei Dimensionen, Orientierungsqualität und Strukturqualität, gelten mit Blick auf die FBBE-Aufgaben als Ausdrucksformen von Inputqualität, die in Wechselwirkung zueinander stehen. Die dritte und vierte Dimension, Prozessqualität der pädagogischen Interaktionen und Ergebnisqualität der kindlichen Entwicklung, können als Ausdruck von Outputqualität respektive Outcome verstanden werden (vgl. Abbildung 7.1).

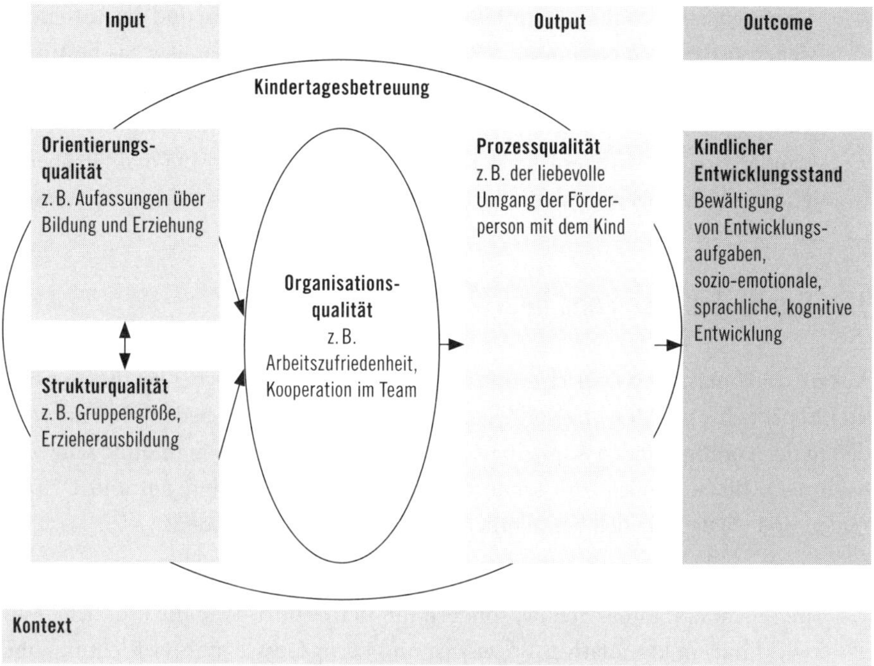

Abbildung 7.1: Zusammenhänge zwischen Qualitätsmerkmalen familienergänzender Angebote und der Entwicklung von Kindern (in Anlehnung an Becker-Stoll, o. J.; und Bundesministerium für Familie, Senioren, Frauen und Jugend, 2005, S. 415)

- Die Strukturqualität ist die beobachtbare Charakteristik der Organisation, die in den Regelsystemen und Rahmenbedingungen zum Ausdruck kommt. Es lassen sich drei Aspekte von struktureller Qualität differenzieren, die meist als «eiserner Triangel» oder «eisernes Dreieck» beschrieben werden: Gruppengröße, Personal-Kind-Relation sowie Qualifikation des Ausbildungspersonals. Andere strukturelle Faktoren beziehen sich auf die Länge und Intensität des Vorschulbesuchs, die Löhne des Personals und die Personalwechselquoten.
- Die Orientierungsqualität umfasst emotionale und wertorientierte Ausrichtungen und Vorstellungen des pädagogischen Personals sowie die Ausrichtung an fachrelevantem Wissen.
- Die Prozessqualität schließt die sozialen Beziehungen und Interaktionen der Kinder in der außerfamiliären Betreuung ein. Dazu gehören Interaktionen mit anderen Kindern, mit dem Personal, aber auch die Entwicklungsanregungen, welche die materiale und soziale Umwelt bietet. Allgemein gilt die Prozessqualität als die zentrale Größe.

- Die Organisationsqualität umfasst Abstimmungen im Team und die Aufteilung der Aufgaben, die gemeinsame Planung von Fortbildungen usw. Sie bestimmt auch die Prozessqualität insofern, als wenn sie gut funktioniert, eine bessere pädagogische Arbeit und damit auch eine optimalere Bildungsförderung der Kinder möglich wird. Solche Korrelationen müssen immer in Qualitätsüberlegungen einbezogen werden.

7.2 Qualität messen und beurteilen

Aus entwicklungspsychologischer und erziehungswissenschaftlicher Perspektive sind drei Aspekte für die Messung von Qualität im Vorschulbereich bedeutsam. Sie wurden in den vorangehenden Kapiteln wiederholt diskutiert: (1) dass Bildung sehr früh beginnt, (2) dass Kinder früh schon bereichsspezifische Begabungen und Defizite zeigen und (3) dass sie sich beträchtlich voneinander unterscheiden:

1. Bildung und der Erwerb bildungsrelevanter Fähigkeiten und Fertigkeiten beginnen nicht erst in der Schule, sondern mit der Geburt. Weil die kindliche Entwicklung ein kumulativer Prozess ist und Lernprozesse in ihrer Richtung und Gestaltung erfahrungsabhängig sind, kommt dem Verhalten der Umwelt eine zentrale Rolle zu. Dies gilt nicht nur für die viel zitierte Aussage, wonach schon Kleinkinder «aktive Lerner» seien, sondern auch für passivere Lernprozesse oder für genetisch gesteuerte Reifungsprozesse. Die Passung zwischen kindlichen Voraussetzungen und der Umwelt ist von grundlegender Bedeutung (vgl. dazu auch Kapitel 3.2.1).

2. Die Forschung weist überzeugend nach, dass der Kompetenzerwerb schon im frühen Kindesalter bereichsspezifisch erfolgt. So gibt es Kinder, die vergleichsweise gute sprachliche Fähigkeiten ausbilden, im mathematischen Bereich jedoch zurückbleiben. Umgekehrt zeigt eine nicht kleine Anzahl von Kindern eine gute allgemein kognitive Entwicklung, trotzdem jedoch spezifische Probleme beim Erwerb der Sprache.

3. Mit zunehmendem Alter ist eine zunehmende Verfestigung interindividueller Unterschiede zu beobachten. Die Umweltanregungen spielen dabei eine Rolle, wie intensiv dies geschieht.

Heute verfügen wir international über einige bemerkenswerte Instrumente zur Messung der pädagogischen Qualität in Vorschulinstitutionen. Als reliable und valide Werkzeuge gelten heute Skalen wie die ECERS-Skala (Early Childhood Environment

Rating Scale) von Harms und Clifford (1980) respektive die ECERS-R von Harms, Clifford und Cryer (2005) sowie die in ihrem Gefolge für den deutschen Sprachraum entwickelte KES, die Kindergarteneinschätzskala von Tietze, Schuster, Grenner und Roßbach (1997). Als KES-R (Grenner et al., 2005) bildet sie heute die deutsche Forschungsversion der ECERS-R. Neu liegen auch die Krippenskala KRIPS-R (Bolz et al., 2005), die Tagespflegeskala (TAS) von Tietze, Knobeloch und Gerszonowicz (2005) oder die Hort- und Ganztagsangeboteskala (HUGS) zur Feststellung und Unterstützung pädagogischer Qualität in Horten und Angeboten außerhalb des Unterrichts vor. Diese Skalen bilden die Grundlage für eine Zertifizierung durch PädQUIS (Forschungs- und Entwicklungsinstitut unter der Leitung von Professor Wolfgang Tietze, das im Bereich der Frühpädagogik anwendungsbezogene Untersuchungen und empirische Grundlagenforschung durchführt).

Die KES-R besteht aus 43 Ratingskalen, mit denen die entsprechenden Merkmale der pädagogischen Qualität in sieben übergeordneten Bereichen anhand von sieben Bewertungsstufen von 1 = «unzureichend» bis 7 = «ausgezeichnet» eingeschätzt werden. Es sind dies:

- Platz und Ausstattung (Innenraum; Mobiliar für Pflege, Spiel und Lernen; Ausstattung für Entspannung und Behaglichkeit; Raumgestaltung; Rückzugsmöglichkeiten; kindbezogene Ausgestaltung; Platz für Grobmotorik; Ausstattung für Grobmotorik),
- Betreuung und Pflege der Kinder (Begrüßung und Verabschiedung; Mahlzeiten und Zwischenmahlzeiten; Ruhe- und Schlafpausen; Toiletten; Maßnahmen zur Gesundheitsvorsorge; Sicherheit),
- sprachliche und kognitive Anregungen (Bücher und Bilder; Anregung zur Kommunikation; Nutzung der Sprache zur Entwicklung kognitiver Fähigkeiten; allgemeiner Sprachgebrauch),
- Aktivitäten (feinmotorische Aktivitäten; künstlerisches Gestalten, Musik und Bewegung; Bausteine; Sand/Wasser; Rollenspiel; Naturerfahrungen/Sachwissen; mathematisches Verständnis; Nutzung von Fernsehen, Video und/oder Computer; Förderung von Toleranz und Akzeptanz von Verschiedenartigkeit/Individualität),
- Interaktionen (Beaufsichtigung/Begleitung/Anleitung bei grobmotorischen Aktivitäten; allgemeine Beaufsichtigung/Begleitung/Anleitung der Kinder; Verhaltensregeln/Disziplin; Erzieher-Kind-Interaktion; Kind-Kind-Interaktion),

- Strukturierung der pädagogischen Arbeit (Tagesablauf, Freispiel; Gruppenstruktur; Vorkehrungen für Kinder mit Behinderungen),
- Eltern und pädagogisches Personal (Elternarbeit; Berücksichtigung persönlicher Bedürfnisse der Mitarbeitenden; Berücksichtigung fachlicher Bedürfnisse der Mitarbeitenden; Interaktion und Kooperation der Mitarbeiter; fachliche Unterstützung und Evaluation der Mitarbeiter; Fortbildungsmöglichkeiten).

In den USA findet auch die CLASS (Classroom Assessment Scoring Systems) von Pianta et al. (2005) häufig Verwendung, so in Evaluationen staatlicher Vorschulprogramme und in Längsschnittstudien wie der NICHD-Studie. Dabei handelt es sich um ein prozessorientiertes Beobachtungs- und Bewertungssystem mit neun Dimensionen, welche in erster Linie die sozialen und instruktionalen Unterrichtsprozesse messen, weitere Aspekte wie Möbel und Ausstattung oder fein- und grobmotorische Fähigkeiten des Kindes allerdings weglassen.

Nachfolgend werden die einzelnen Qualitätsdimensionen (die Struktur-, Prozess-, Orientierungs- und Organisationsqualität) im Hinblick auf die zentralen Parameter dargestellt.

7.2.1 Strukturqualität

Stabilität in der Betreuungs- und Fördersituation

Eine sichere Bindung ist Grundlage für eine gute Entwicklung des jungen Kindes. Inwiefern eine solche vorhanden ist, zeigt sich daran, ob die Erziehungs- und Betreuungsperson kontinuierlich anwesend ist, ob sie häufig mit ihm interagiert und ob sie seine Bedürfnisse sensitiv und responsiv erwidert. Kinder zeigen in solchen familienergänzenden Settings wenig Stressverhalten, wenn sie von den Eltern gebracht werden. Günstig wirken sich auch häufige Interaktionen mit Gleichaltrigen aus. Ungünstig wirkende Faktoren sind ein häufiger Wechsel in der Mitarbeiterschaft und ein häufiger Wechsel der Betreuungseinrichtung durch die Kinder selbst.

Elterneinbezug

Eine hohe Angebotsqualität äußert sich auch in einer intensiven Zusammenarbeit mit den Eltern. Dazu gehören eine transparente Kommunikation, häufige Kontakte und ein intensiver Informationsaustausch. Dieser ist besonders wichtig, weil der Einfluss der Familie auf das Kind sehr groß ist und das Personal möglichst viel über seine Herkunft und seine Persönlichkeitsmerkmale wissen sollte, damit es sein Betreuungsverhalten darauf abstimmen kann. Auch eröffnet eine transparente Kommunikation den Eltern Möglichkeiten der Mitarbeit und Mitbestimmung. Schließlich soll das Personal bei Bedarf Eltern an psychosoziale und andere Dienste weiterverweisen können. Entscheidend für das Gelingen der Elternarbeit ist es, ob sich die Eltern willkommen, wertgeschätzt und als gleichberechtigt akzeptiert fühlen. Darüber entscheiden letztlich das pädagogische Personal und die Leitung der Einrichtung.

Gerade weil wir heute wissen, dass Eltern auch dann die entscheidenden Mitspieler sind, wenn ihr Kind in einem familienexternen Angebot betreut wird und Kindererziehung nicht länger als angeborene Kapazität von Eltern betrachtet werden kann, geht es heute verstärkt darum, Eltern anzuleiten, wie sie mit ihrem Kind umgehen können. Dabei kommt der vorschulischen Einrichtung eine besondere Rolle zu, die allerdings nach Bildungsnähe wie folgt differenziert werden muss:

- Das Personal von FBBE-Angeboten, die auf bildungsnahe Elternhäuser ausgerichtet sind, muss davon ausgehen, dass Eltern interessiert und in der Lage sind, ihre Kinder selbst zu erziehen. Anzunehmen ist, dass sie ihren Kindern freiwillig Lernmöglichkeiten anbieten und sich persönlich in der Kindererziehung engagieren. Ihre Partizipation in der familienergänzenden Institution wird in der Regel erwartet, aber nicht als erforderlich erachtet.

- Anders ist die Situation in FBBE-Angeboten, welche eher auf Eltern mit bescheidenem sozialem Hintergrund ausgerichtet sind. Häufig geht das Personal davon aus, dass solche Familien in der Angemessenheit ihrer Kindererziehung angeleitet werden müssen. Solche Anleitungen betreffen am ehesten die körperliche Gesundheit, die mentale Gesundheit (Beziehungen und emotionales Wohlbefinden) sowie die kognitive und soziale Entwicklung (Entwicklung von Schulbereitschaft, soziale Lenkbarkeit). Die Partizipation der Familie und ihr Engagement sind deshalb eine wichtige Bedingung für eine entwicklungsangemessene Integration und Förderung.

Dass die Unterstützung der Eltern in der Optimierung ihrer erzieherischen Fähigkeiten durch das pädagogische Fachpersonal zwar in vielen Fällen erfolgreich ist, gerade aber im Hinblick auf Eltern- und Familienbildungsprogramme nicht immer die gewünschte Wirksamkeit hat, ist in Kapitel 5 bereits festgehalten worden. Dies ist einer der Gründe, weshalb FBBE-Institutionen, die vor allem Kinder aus benachteiligten Familien betreuen, begonnen haben, ihre Arbeit mit extensivem Elterneinbezug und direkter kindlicher Intervention zu kombinieren. Am häufigsten kommen Strategien wie wöchentliche oder 14-tägliche Hausbesuche des Personals oder Elterngruppentreffen zum Tragen. Mit solchen Strategien werden in der Regel drei Ziele verfolgt:

- Eltern sollen ihre Interaktion mit dem Kind optimieren, variieren und reflektieren können.
- Das pädagogische Fachpersonal soll das Kind besser verstehen lernen und deshalb effektivere Fördermethoden einsetzen können.
- Das pädagogische Fachpersonal soll den kindlichen Aufwachskontext, d. h. die elterlichen Ziele, Hoffnungen und Werthaltungen, welche die kindliche Kultur bestimmen, besser verstehen lernen.

Problematisch ist allerdings, dass in den meisten der FBBE-Institutionen Hausbesuche – wenn sie überhaupt angeboten werden – unregelmäßig sind und das Personal sie häufig auch nicht selbst durchführt. Elternabende oder gelegentliche Elterntreffen sind am weitesten verbreitet.

Raumgestaltung

Die Forschung zeigt, dass die Größe des Raums in Bezug auf die Qualität der Fremdbetreuung nur eine geringe Rolle spielt. Nimmt die Einrichtung allerdings zu viele Kinder auf, dann hat dies natürlich negative Auswirkungen. Ähnliches gilt für die Anzahl von Spielsachen. Bedeutsamer sind eine kindgemäße Raumgestaltung und die Qualität vorhandener Spielmaterialien. Kinder entwickeln sich besser in Einrichtungen, die geschmackvoll, sauber und ordentlich wirken, die über Spiel- und Lernecken verfügen, welche den kindlichen Interessen angemessen und altersentsprechend sind. Zur Qualität der Raumausstattung gehört auch der Einbezug weiterer Erfahrungsräume und -kontexte im Umfeld der Einrichtung.

Betreuungsschlüssel und Gruppengröße

Beide Indikatoren beeinflussen die Angebotsqualität, das kindliche Lernen und die kindliche Entwicklung. Ein günstiger Betreuungsschlüssel erlaubt dem Personal, den Kindern individuellere Aufmerksamkeit zu schenken und sie unterstützend und herausfordernd zu begleiten. Er geht auch mit einer besseren Allgemeinqualität einher, mit weniger restriktivem und kontrollierendem Erwachsenenverhalten, stärkerem kindlichem Engagement in sozialen Interaktionen, komplexerem und extensiverem Sprachgebrauch und komplexerem Spiel. Solche Ergebnisse sind einleuchtend, denn je weniger Kinder eine Fachperson betreuen muss, desto ausgeprägter kann sie intensive Spracharbeit betreiben, die kindliche soziale Interaktion steuern sowie Exploration und Problemlöseverhalten ermutigen. Es wäre allerdings falsch, einen günstigen Betreuungsschlüssel per se als Garant für eine hohe Strukturqualität zu postulieren.

Das Know-how, wie man mit Kindern entwicklungsfördernd und anspruchsvoll arbeitet, ist das Herzstück des Erfolgs. Deshalb spielen Ausbildungsqualität und Professionalisierung eine ebenso bedeutsame Rolle.

	Bis 1 Jahr	Unter 2-Jährige	2-Jährige	2½-Jährige	Ab 3 bis 6 Jahren
Erzieherin-Kind-Schlüssel	1:2 bis 1:3	1:3 bis 1:4	1:4 bis 1:5	1:5 bis 1:6	1:8 bis 1:10
Gruppengröße	4–6	6–8	8–10	10–12	16–20

Tabelle 7.1: Empfohlener Betreuungsschlüssel gemäß des Kinderbetreuungsnetzwerks der EU

Das Kinderbetreuungsnetz der Europäischen Union (vgl. Tabelle 7.1) empfiehlt für Kinder von 24 bis 36 Monaten fünf bis acht Kinder pro Gruppe und einen Personalschlüssel von eins zu drei für Kinder im Alter von null bis 24 Monaten, für Kinder im Alter von 24 bis 36 Monaten einen Personalschlüssel von eins zu drei bis eins zu fünf. Von diesen Vorgaben sollte z. B. bei Kindern mit Behinderung oder bei Kindern mit Migrationshintergrund (wenn die Familiensprache nicht Deutsch ist) abgewichen werden, um ihren besonderen individuellen Bedürfnissen gerecht zu werden.

Personalqualifikation

Viele Forschungsergebnisse belegen: Die Qualität von vorschulischen Angeboten korreliert mit der Qualifikation des Personals. Damit einher geht häufig die Forderung, das Fachpersonal dieser Stufe müsse (1) über einen akademischen Abschluss und (2) über eine generell auf diese Stufe fokussierte Ausbildung verfügen. Weshalb?

Zu (1): Der *Starting-Strong*-Bericht I (2001) unterstreicht die europäische Tendenz zu einer mindestens dreijährigen Ausbildung auf Tertiärniveau. Begründen lässt sich diese Forderung mit dem komplexer gewordenen Feld und dem Anschluss an europäische Standards, die eine verstärkte Qualifizierung der pädagogischen Fachkräfte und die Bildung multiprofessioneller Teams notwendig machen. International diskutiert man jedoch darüber, dass Ausbildungen im FBBE-Bereich auf *unterschiedlichen* Ebenen zur Verfügung stehen müssen. So wird vorgeschlagen, dass das Leitungspersonal eine Ausbildung auf Tertiärniveau besitzen solle, während das Personal ohne Leitungsfunktion auch über eine Ausbildung auf einem niedrigeren Niveau verfügen kann.

Zu (2): Den hohen Anforderungen an die pädagogische Arbeit und Kooperation mit den Eltern sowie an die eigene Person (im Sinne eines Verhaltensmodells) kann nur Genüge getan werden, wenn die Fachkräfte stufenspezifisch qualifiziert sind. Obwohl junge Kinder fähig und motiviert sind, eine große Menge in kurzer Zeit zu lernen, hängt das Was und das Wieviel stark von den Erwachsenen ab, mit denen sie interagieren. Erwachsene bieten Struktur und Unterstützung für das kindliche Lernen durch die Aktivitäten an, welche sie wählen, die Konzepte, welche sie betonen, und die Häufigkeit ihrer Interaktionen mit Kindern.

7.2.2 Prozessqualität

Kontinuität, Sicherheit und Wohlbefinden sind entscheidend für das Lernen junger Kinder. Die Beziehungsqualität zwischen Fachkraft und Kind drückt sich in der Art der Interaktion und Kommunikation mit dem Kind aus. Fachkräfte in Kindertageseinrichtungen brauchen die Bereitschaft und die Gelegenheit zur Reflexion des eigenen Handelns auf der Grundlage einer systematischen Dokumentation der eigenen Arbeit. Sie müssen systematische Erziehungs- und Bildungspartnerschaften mit den Eltern aufbauen und kontinuierlich gestalten. Auch die Arbeit in den Einrichtungen muss vom Prozess einer systematischen Qualitätsentwicklung getragen sein. Diese sollte anhand empirisch bewährter Instrumente gesteuert werden. Dazu gehören die vorangehend dargestellten Skalen wie KES-R, KRIPS-R, TAS und HUGS. Das Schlüsselmerkmal eines qualitativ hochstehenden FBBE-Angebots bildet die Interaktion zwischen Kind und Betreuungsperson. Dies lässt sich anhand verschiedener Interaktionsparameter belegen, welche nicht nur für institutionelle, sondern auch für familiäre Betreuungsformen und solche in Tagespflege gelten.

- *Interaktionshäufigkeit:* Kinder, deren Kontakt zur Betreuungsperson eingeschränkt ist, erkunden ihre Umwelt weniger aktiv und verbringen mehr Zeit mit ziellosem Umherwandern. Sie befinden sich sowohl im Spiel als auch in der sprachlichen, kognitiven und sozialen Entwicklung auf einem niedrigeren Entwicklungsniveau als Kinder, die in einer guten Interaktion mit der Betreuungsperson stehen.
- *Sensitivität und Responsivität:* Eine sensitive Betreuungsperson verhält sich dem Kind gegenüber einfühlsam und unterstützend, und sie beachtet die Stimmung sowie die jeweilige Situation, in der sich das Kind befindet. Sie befasst sich aktiv mit ihm und steht mit ihm in einem fortdauernden gegenseitigen Austausch. Ihre Responsivität zeigt sich, wenn sie das Kind ermutigt, seine Ideen und Gefühle auszudrücken oder etwas zu wagen, wenn sie sensibel auf seine verbalen und nonverbalen Hinweise reagiert, ihm Fragen stellt, die es zu eigenen Aktivitäten und zum Nachdenken anregen, und es aktiv in soziale Spiele einbezieht.

- *Interesse und Engagement der Betreuungsperson:* Kinder, deren Erzieherinnen sich aktiv für die kindlichen Aktivitäten interessieren und ihnen dabei hinreichend Unterstützung zukommen lassen, zeigen ein ausgeprägtes und angstfreies Explorationsverhalten, mehr selbstinitiiertes Spielen, positive Interaktionen mit Gleichaltrigen, mehr Sozialkompetenz sowie eine fortgeschrittenere sprachliche und kognitive Entwicklung.
- *Ermutigung zum sprachlichen Austausch durch die Betreuungspersonen:* Zwischen der Häufigkeit von Austausch und verbaler Stimulation einerseits sowie der sprachlichen und sozialen Entwicklung andererseits besteht ein nachgewiesener Zusammenhang. Der Schlüssel zur Förderung der sprachlichen Entwicklung liegt in der Fähigkeit der Betreuungsperson, gemeinsam die Aufmerksamkeit auf eine Aktivität oder ein Objekt zu lenken.
- *Reziproke statt direktive und restriktive Interaktion:* Betreuungspersonen verhalten sich in den Interaktionen mit den Kindern unterschiedlich. So zeichnet sich direktives Verhalten dadurch aus, dass Betreuungspersonen wenig Rücksicht auf die individuellen Bedürfnisse und Wünsche des Kindes nehmen und ihm in erster Linie Anweisungen geben. Ein Interaktionsstil, in dem Diskussionen darüber möglich sind, was das Kind in einer spezifischen Situation tun möchte, schlägt sich in deutlich ausgeprägterem verbalem Austausch zwischen Betreuungsperson und Kind nieder. Solche Interaktionen stimulieren nachweislich die Sozialkompetenz wie auch die Sprachentwicklung des Kindes, während direktive und restriktive Umgangsformen zu Benachteiligungen führen.
- *Wertschätzung kultureller Differenzen:* Kinder aus unterschiedlichen Kulturen sehen und interpretieren die Vorgänge der Welt auf unterschiedliche Weise, kennen unterschiedliche soziale Organisationsformen, verwenden unterschiedliche Sprachmuster, verfügen über unterschiedliche Lernstile und zeigen unterschiedliche Konzepte angemessenen Verhaltens. Ein effektiver und qualitativ hochwertiger Umgang der Betreuungsperson mit jungen Kindern erfordert das Verständnis und die Wertschätzung kultureller Unterschiede sowie die Fähigkeit, die Förder- und Betreuungspraxis an die unterschiedlichen Kinder anzupassen, sie gleichwohl jedoch auch zu führen.

7.2.3 Orientierungsqualität

Zentrale Parameter der Orientierungsqualität müssen sich sowohl auf Einstellungen und Ansichten des Personals als auch auf die Orientierung an Fachwissen ausrichten. Dazu gehören zum einen Leitbilder und Konzepte der Einrichtung, die Kenntnis und Reflexion gesellschaftlicher Entwicklungen und Veränderungen, aber auch Auffassungen zu pädagogischen Zielen und Normen, so etwa, was unter Betreuung, Bildung und Erziehung verstanden werden soll oder wie diese Elemente in der Praxis umgesetzt und nach außen hin vertreten werden sollen. Während beispielsweise in einem Leitbild zum Ausdruck kommt, in welcher Art und Weise das Kind sowie seine Entwicklungs- und Bindungsbedürfnisse Basis und Mittelpunkt der Arbeit bilden, konkretisieren pädagogische Konzepte den Bildungsauftrag der Einrichtung und die Arbeit mit dem Kind, die Erziehungspartnerschaft mit den Eltern und die Vernetzung mit dem und die Einbindung in den Sozialraum.

Zum anderen gehören auch Parameter dazu, die Auskunft geben über das Ausmaß, in welchem sich das Personal am Status quo der Wissenschaft, an den durch Evaluation und Qualitätssicherung ermittelten Bedürfnissen der Zielgruppen oder an den rechtlichen Grundlagen orientiert.

7.2.4 Organisationsqualität

Die Zufriedenheit der pädagogischen Fachkräfte mit der Arbeitsorganisation ihrer Institution ist entscheidend für die Qualität der FBBE-Arbeit mit dem Kind. Die entscheidenden Kriterien sind gut abgestimmte und gemeinsam aufgeteilte Arbeitsprozesse, eine im Team organisierte gemeinsame Weiterentwicklung der Qualität der pädagogischen Arbeit, eine kompetente und engagierte Leitung der Einrichtung, eine gute Zusammenarbeit mit externen Fachkräften und die Vernetzung mit anderen Institutionen sowie ein reichhaltiges und kontinuierliches Fortbildungsangebot. Gute Vorschulangebote zeichnen sich darüber hinaus durch einen seltenen Personalwechsel und ein funktionierendes Team aus. Dies führt dazu, dass sich die Fachkräfte mit dem pädagogischen Konzept identifizieren, sich über ihre Aufgaben im Klaren sind und die pädagogische Arbeit gemeinsam planen. Auf diese Weise entwickeln sie eine positive Arbeitshaltung, fühlen sich im Team und in ihrer Gruppe wohl und sind mit ihrem Beruf zufrieden.

Damit ein Team auf diese Weise arbeiten kann, braucht es eine gute Führung. Sie verfügt über Führungs- und Managementfähigkeiten und kommt mit anderen Menschen zurecht. Sie wählt Personen als neue Mitarbeitende aus, die qualifiziert sind und in das Team passen. Sie würdigt die Arbeit der Kolleginnen und Kollegen, hilft ihnen und berät sie, hat eine demokratische Grundhaltung, ist offen für neue Ideen, initiiert Innovationen und schafft eine positive Atmosphäre.

In guten Vorschulangeboten gibt es in der Regel einen Jahres- und Wochenplan. So wird sichergestellt, dass alle pädagogischen Ziele berücksichtigt werden und das pädagogische Angebot reichhaltig und vielfältig ist. Ebenfalls sichtbar wird eine gewisse Strukturierung des Tagesablaufs mit einem ausgewogenen Verhältnis von Freispiel und Beschäftigung. Auf der einen Seite können die Kinder dann in einer angereicherten integrativen Umwelt ihre Bedürfnisse und Interessen ausleben, haben genügend Freiraum, etwas selbst zu erforschen und für sich oder mit anderen zu spielen, und werden auch zum Lernen herausgefordert. Sie können mit anderen Kindern interagieren, die als Verhaltensmodelle wirken. Auf der anderen Seite nehmen die Kinder an bildenden Aktivitäten teil, wobei ihnen auch hier Wahlmöglichkeiten gegeben werden können (Kleingruppen, Projektarbeit, offene Gruppen). Diese Beschäftigungen werden von den Fachkräften kindgemäß angeboten und sind weder zu schwer noch zu leicht, sodass sie die Kinder nicht frustrieren bzw. langweilen. Sie sprechen alle Sinne an und umfassen alle Entwicklungsbereiche. So gibt es angeleitete Aktivitäten, die der kognitiven Stimulierung, dem Wissenserwerb und der Schulvorbereitung dienen, die (fein-)motorische Kompetenzen und kreative Fähigkeiten fördern, die Malen, Tanzen, Musizieren und Rollenspiel umfassen. Dem Erwerb kommunikativer Fertigkeiten und der interkulturellen Erziehung wird dabei besondere Bedeutung beigemessen.

7.3 Lernen anregen, herausfordern, vermitteln: Erfolgreiche pädagogische Strategien

In jeder Diskussion über die FBBE-Qualität sind die Fachkräfte ein zentrales Thema. Dieser Sachverhalt hat sich auch in der vorangehenden Diskussion zu den Qualitätsdimensionen abgebildet. In diesem Kapitel geht es nun gezielt um die Frage, wie vorschulische Fachkräfte am besten Lernen anregen und Wissen vermitteln können. Exemplarisch dargestellt werden dabei zwei Modelle – das Modell des *reflective teaching* und das Modell der entwicklungsangemessenen Praxis.

7.3.1 Reflective teaching

Besonders erfolgreiche Vorschulangebote zeichnen sich dadurch aus, dass das pädagogische Fachpersonal an der Durchführung von Praxisforschung beteiligt wird. So besehen, ist Fördern in bester Form auch Forschen: Pädagogische Fachleute generieren Fragen, sammeln Daten, testen Hypothesen und ziehen Schlüsse. Eine solche Aufmerksamkeit gegenüber dem eigenen Denken, Planen und Evaluieren mit externer Unterstützung ist in vielen Modellprojekten üblich, insbesondere auch in der Reggio-Pädagogik oder im *High/Scope Perry Preschool Project.*

Dieses *reflective teaching* hat seine historischen Wurzeln beim Philosophen und Pädagogen John Dewey (1859–1952). Dewey bezeichnete Lehrpersonen, die ihr Tun systematisch hinterfragten und besonders aktiv nach Lösungsmöglichkeiten für

Schwierigkeiten suchten, als *reflective practitioners.* An seine Überlegungen anknüpfend, wurden in den 1980er-Jahren verschiedene *Reflective-teaching*-Konzepte erarbeitet. In Anlehnung an Dubs (1981) zeichnet sich *reflective teaching* durch folgende Charakteristika aus:

1. Erfahrungen, Eindrücke und Gefühle werden mit dem Ziel hinterfragt, für zukünftige Unterrichtssituationen besser gerüstet zu sein.

2. Durch einen Vergleich der Erfahrungen verschiedener Individuen wird versucht, ein tieferes Verständnis für die vorliegende Problemsituation zu gewinnen.

3. Um eine Verbindung zwischen Theorie und Praxis herzustellen, werden die erarbeiteten Einsichten mit wissenschaftlichen Erkenntnissen verglichen.

4. Der Austausch von Erfahrungen ermöglicht es, die eigene professionelle Sprache weiterzuentwickeln und Lehr-/Lernphänomene adäquat zu benennen.

Pädagogisches Fachpersonal auf der Vorschulstufe kann dann als *reflective teachers* bezeichnet werden, wenn es die Auswirkungen seines Handelns auf die Kinder evaluiert und aktiv nach Möglichkeiten zur Verbesserung und Professionalisierung des eigenen Handelns sucht. Dazu gehört beispielsweise die Bereitschaft, die eigenen, durch Routinen verdichteten Wissensstrukturen aufzubrechen, neu zu reflektieren respektive zu bewerten und sich dadurch neue Handlungsmöglichkeiten zu eröffnen. Dies wird durch die Fähigkeit zum Perspektivenwechsel erleichtert. Professionelle im Vorschulbereich nehmen nicht alles für bare Münze, sondern überlegen auch, ob sie einer Selbsttäuschung verfallen sein könnten. Kontinuierliche Reflexion und Evaluation der eigenen Handlungen gehen deshalb einher mit dem Wunsch, die pädagogische Praxis weiterzuentwickeln und zu professionalisieren.

Das Berufswissen soll dabei bewusst und systematisch an den eigenen praktischen Erfahrungen aufgebaut und verbessert werden. Eine Reflexion der eigenen Werte, Überzeugungen und Vorstellungen erfordert, dass die häufig unbewussten (impliziten) subjektiven Theorien erst einmal expliziert, d. h. bewusst gemacht, werden.

7.3.2 Entwicklungsangemessene Praxis

Für viele Vorschulpädagogen repräsentiert das Konzept der Entwicklungsangemessenheit ein Best-Practice-Modell, das Theorie, Forschung und Praxis in idealer Weise kombiniert. In den USA spricht man von DAP *(Developmentally Appropriate Practice).* Die neueste Version der entwicklungsangemessenen Praktiken stammt aus dem Jahr 1997 von Bredekamp und Copple. Sie fokussiert drei Entwicklungsprinzipien, welche für die professionelle Praxis der frühen Kindheit relevant sind und im Wesentlichen dem entsprechen, was im deutschen Sprachraum «Situationsansatz» genannt wird (vgl. dazu Kapitel 2). Es sind dies das Alter der Kinder, ihre individuellen Unterschiede sowie ihre Herkunftssprache und -kultur. Grundlage ist dabei eine konstruktivistische Orientierung. Sie lenkt die Aufmerksamkeit der Fachkräfte und der Eltern auf die kindlichen Bedürfnisse, aus den eigenen Erfahrungen die Wirklichkeit zu konstruieren. Heute betont der entwicklungsangemessene Ansatz explizit, dass die Frage nach der optimalen frühkindlichen Bildungsförderung und Erziehung geprägt ist von den der jeweiligen Kultur zugrunde liegenden Werthaltungen und Normsystemen. Demgemäß reflektieren Erziehungs- und Bildungsziele einer Gesellschaft und ihre Vorstellungen, wie diese erreicht werden sollen, ihre sozioökonomische Geschichte und ihre grundlegenden kulturellen Werte. Folglich ist FBBE-Arbeit immer kulturell geprägt.

Als entwicklungsangemessene Praxis gelten alle kindzentrierten Methoden, welche das Kind in die Lage versetzen, in Interaktion mit und unter behutsamer Unterstützung der Umwelt sein Wissen zu konstruieren. Entwicklungspsychologische Grundlagen stehen dabei im Mittelpunkt. Darauf bauen die Einschätzungen der kindlichen Bedürfnisse auf, welche die pädagogische Fachperson anhand ihrer Beobachtungen und auf der Basis ihrer Kenntnisse normativer Entwicklung und kultureller Charakteristika vornimmt. Mit entwicklungsangemessener Praxis ist aber kein spezifisches Curriculum verbunden. Vielmehr gelten sowohl freies Spiel und selbst organisierte Projektarbeit als auch lehrerzentrierte Instruktion als zentral. Damit lässt die entwicklungsangemessene Praxis sowohl einen routinegelenkten Ablauf des Tagesgeschehens als auch eine genügend große Flexibilität für die individuellen kindlichen Aktivitäten zu. Solche Aspekte haben jedoch nur dann eine positive Auswirkung auf die sprachliche und kognitive kindliche Entwicklung, wenn die Angebote kindgemäß und explorativ angelegt und kulturell sensitiv sind. Entwicklungsunangemessen angelegte Angebote führen zu emotionalen Belastungsreaktionen und Verhaltensschwierigkeiten. Dazu gehören beispielsweise vorgezogene verschulte Methoden.

Trotzdem wird der Ansatz der entwicklungsangemessenen Praxis oft auch mit Kritik belegt (vgl. dazu auch Elkind, 2001; Willingham, 2008). Diese Kritik ist für die Weiterentwicklung frühkindlicher FBBE-Systeme bedeutsam. Sie bildet auch die Grundlage für die Ausführungen in den nachfolgenden Kapiteln.

1. Es wird kritisiert, dass das Konzept der entwicklungsangemessenen Praxis den Vorstellungen der Mehrheitsgesellschaft unterliegt, weil sie zwar die kulturelle Prägung, nicht jedoch die kulturelle Diversität genügend berücksichtigt. Zudem wird kritisiert, dass das Konzept nicht ausreichend auf die aktuellen Aufwachsbedingungen vieler Kinder zugeschnitten ist. Dazu gehören Armut, Gewalt und

die vielfältigen Formen der sozialen Ungleichheit. Deshalb würden empirische Ergebnisse zu wenig beachtet und reflektiert, wonach Kinder mit anderem kulturellem Hintergrund in Lernumgebungen, die wir als «entwicklungsangemessen» bezeichnen, häufig schlechtere Resultate erzielen als einheimische Kinder. Einer der Gründe dürfte darin liegen, dass viele familienergänzende Betreuungs- und Bildungsangebote das in der Herkunftsfamilie generierte Wissen und damit verbundene Erfahrungen nicht verwenden und diese häufig lediglich als Ausdruck mangelnder Sprachkenntnisse interpretieren. Andererseits können Familien mit Minoritätshintergrund entwicklungsangemessene Praktiken möglicherweise gar nicht akzeptieren, weil sie andere Ideen als die für die Mainstreamkultur vorgesehenen Praktiken haben.

2. Kritisiert wird ferner die starke Fokussierung auf die Ausschöpfung der kindlichen Lernpotenziale und damit auf die frühe Schulvorbereitung. Es wird befürchtet, dass Kinder unter dem Deckmantel dieser Förderkultur instrumentalisiert und geradezu auf die Leistungsanforderungen der globalisierten Welt getrimmt würden. Derartige Kritik ist sehr ernst zu nehmen, denn sie verweist – ob es letztlich um intensive Sprachförderung, Mathematikförderung oder um die Fähigkeit geht, starke und entwicklungsfähige Beziehungen aufzubauen, damit die Startchancengleichheit für alle Kinder garantiert werden kann – darauf, dass das Was, Wie und Wann des FBBE-Themenkomplexes nach wie vor nicht geklärt ist und die Meinungen weit auseinanderdriften.

3. Ein weiterer Kritikpunkt betrifft eine gesellschaftspolitische Forderung: Der Ansatz der entwicklungsangemessenen Praxis würde zu wenig Wert auf die Vermittlung und Aneignung von Schlüsselkonzepten wie lernmethodische Kompetenzen, Gemeinschaftsfähigkeit und Verantwortung legen. Wenn dies erst in der Schule geschehe, dann würden wichtige Chancen frühkindlicher Bildung vertan.

4. Schließlich wird Kritik auch im Hinblick auf mögliche Missinterpretationen entwicklungsangemessener Praxis durch Fachkräfte laut: Befürchtet wird, dass diese, aufgrund ihrer oft starken Betonung des Spiels und der Selbstbestimmung des Aktivitätenkatalogs durch die Kinder selbst, der kindlichen Selbstbildung zu starkes und zu einseitiges Gewicht geben würden. Verstärkt würde dies durch ihre «Strategie der freien Persönlichkeitsentfaltung», welche sich auf die Moderation von Lernprozessen und die Bereitstellung anregender Lernumgebungen beschränke und deshalb das Potenzial junger Kinder mit Migrationshintergrund zu wenig herausfordere.

Diese Kritik scheint vor dem Hintergrund der in dieser Publikation dargelegten Ausführungen in Kapitel 3 und 4 sehr berechtigt: Kinder mit Minoritätshintergrund brauchen eine andere Führung durch das pädagogische Fachpersonal als privilegiert aufwachsende Kinder. Sie sind auf eine frühe, provokative Heranführung an Lernmöglichkeiten angewiesen – jedoch unter gleichzeitiger Orientierung an ihren spezifischen Bedürfnissen. Notwendig ist deshalb eine neue Balance zwischen einer provokativ-konstruktivistischen und einer instruktiven Förderstrategie. Wygotski (1987) hat diese Strategie bahnbrechend vorgezeichnet.

7.4 Evaluation der FBBE-Qualität

Seit einigen Jahren gibt es auch im deutschsprachigen Raum, insbesondere in Deutschland, ernsthafte Bemühungen, die Qualität von Vorschulangeboten zu evaluieren. Dieser Gedanke war vor zehn Jahren noch weitgehend fremd, als Tietze (1998) die pädagogische Qualität von Kindergärten untersuchte. Neuerdings hat sich im Zuge des *Starting-Strong*-Berichts II der OECD (2006) diese Qualitätsdebatte jedoch etabliert. Aktuell konzentriert sie sich in erster Linie auf die Verbesserung des frühpädagogischen Gesamtsystems. Damit ein solches System verbessert werden kann, ist es notwendig, den Status quo, die damit verbundenen Ziele und die daraus resultierenden Abweichungen zu kennen. Dies festzustellen ist Aufgabe einer Evaluation. Im Unterschied zu einer Diagnose oder zur Darstellung eines deskriptiven Ergebnisses hat Evaluation immer eine beurteilende Komponente. Folglich lässt sich Evaluation definieren als *systematische, datenbasierte und auf die Anwendersysteme ausgerichtete Sammlung und nachvollziehbare Bewertung von Daten zum Zweck rationaler Entscheidungsfindung und mit der Absicht der Programm-, Produkt- oder Projektverbesserung.* Geht es um einen Vergleich von Zielformulierung und Zielerreichung, so spricht man von Effektivität, interessiert man sich für das Verhältnis von Aufwand und Ertrag, geht es um die Effizienz.

Die Inhalte frühpädagogischer Evaluationsinstrumente sind auf ganz unterschiedliche Adressatengruppen ausgerichtet, also auf Vorschulkinder, auf das Fachpersonal, auf das vorschulische Angebot selbst, auf die Fachpersonen oder auf den Kontext. Auch die Ziele können ganz unterschiedlicher Art sein und auf eine oder mehrere der in Kapitel 7.1 dargestellten Qualitätsdimensionen ausgerichtet sein. Wie dargelegt worden ist, liegen dazu viele unterschiedliche Verfahren vor. Ihr Wert hängt jedoch davon ab, wie zuverlässig sie sind und wie korrekt sie das, was sie messen wollen, auch tatsächlich erfassen. Deshalb gilt, dass alle eingesetzten Evaluationsverfahren den erforderlichen Messgütekriterien genügen müssen. Dazu gehören Objektivität,

Reliabilität und Validität für die quantitative Forschung sowie Glaubwürdigkeit, Übertragbarkeit, Abhängigkeit und Bestätigung für die qualitative Forschung. In der quantitativen Forschung sind diese Gütekriterien breit akzeptiert. Sie lassen sich wie folgt umschreiben:

- *Objektivität* meint, dass das Messergebnis unabhängig von der Person ist, welche die Messung durchführt. Demzufolge sollten verschiedene Personen zum selben Messergebnis kommen. Die Objektivität betrifft verschiedene Aspekte: die Durchführungsobjektivität (das Ausmaß, in dem der Mess- oder Untersuchungsvorgang z. B. durch Aufgabenstellung, Bearbeitungszeit, Hilfestellungen reglementiert und vereinheitlicht ist), die Auswertungsobjektivität (das Ausmaß, in dem die Korrektur von Antworten vereinheitlicht und reglementiert ist) und die Interpretationsobjektivität (inwiefern die Bewertung des Messergebnisses durch Bewertungsrichtlinien festgelegt ist).

- *Reliabilität* oder *Zuverlässigkeit* bedeutet, dass die Messung oder Untersuchung zuverlässig sein muss. Die Überprüfung der Reliabilität ist möglich durch die Wiederholungsmethode (indem der Test nach einiger Zeit wiederholt wird), die Halbierungsmethode (indem die Auswertung zweier strukturgleicher Teile im Test getrennt erfolgt) und die Paralleltestmethode (indem zwei strukturgleiche Tests mit zeitlichem Abstand oder unmittelbar nacheinander durchgeführt werden).

- Validität umschreibt den Sachverhalt, dass ein Verfahren dann valide ist, wenn es genau das misst, was es messen soll. Die verschiedenen Messverfahren können sein: die Inhaltsvalidität (sie ist gegeben, wenn der Inhalt aufgrund theoretischer Erwägungen oder aufgrund von Expertenurteilen als gültig erachtet wird), die Prognosevalidität (sie ist gegeben, wenn aus Messergebnissen Schlüsse für Ergebnisse zukünftiger Messungen gezogen werden können), die Übereinstimmungsgültigkeit oder die konvergente Validität (sie ist gegeben, wenn das Verfahren mit anderen Verfahren, die Gleichartiges zu messen beanspruchen, hoch korreliert), die Konstruktvalidität (sie ist gegeben, wenn die theoretisch zu erwartenden Zusammenhänge mit anderen Konstrukten empirisch bestätigt werden können).

In der qualitativen Forschung gibt es jedoch bislang keinen Konsens, sondern unterschiedliche Vorschläge, von denen nachfolgend diejenigen von Lincoln (1995) besprochen werden.

- *Glaubwürdigkeit,* d.h. das Vertrauen in die Wahrheit der Daten. Dabei spricht man auch von der sogenannten inneren Validität. Gemeint ist damit, dass jemand tatsächlich vor Ort war und Beobachtungen oder Interviews durchgeführt hat.
- *Übertragbarkeit,* d.h., in welchem Ausmaß sich die Ergebnisse einer Studie auf ein anderes Setting bzw. eine andere Personengruppe übertragen lassen.
- *Abhängigkeit,* d.h., dass die Ergebnisse nie im quantitativen Sinn statistisch sein und deshalb immer veränderbar bleiben sollen. Ergebnisse einer Studie können nur innerhalb des untersuchten Kontextes Bedeutung haben respektive nur auf die untersuchte Population verallgemeinerbar sein. Sobald sich der Kontext ändert, werden sich auch die Ergebnisse einer neuen Untersuchung ändern.
- In diesem Zusammenhang spricht man auch von der *externen Validität (Bestätigung),* d.h. der kritischen Beurteilung des Forschungsprozesses durch einen Mentor oder eine Mentorin.

Im frühpädagogischen Bereich werden zwar viele Verfahren eingesetzt, doch ist ihre Messgüte lange nicht immer überprüft worden. Einer der Gründe liegt darin, dass die Überprüfung der Messgüte viele Detailuntersuchungen erfordert und insgesamt aufwendig ist.

7.4.1 Evaluationsverfahren

In den letzten Jahren sind im frühpädagogischen Bereich viele Verfahren entwickelt worden. Dies gilt in erster Linie für die Sprachstandsdiagnostik. In Kapitel 6 ist bereits deutlich geworden, dass daneben auch viele Verfahren zur Feststellung des kindlichen Entwicklungsstands, der bildungsrelevanten Fertigkeiten und Fähigkeiten und des Sozialverhaltens verfügbar sind. Diese sind jedoch meist auf die Erfassung des Status quo ausgerichtet. Deshalb kann man beim Einsatz eines Messverfahrens noch nicht von Evaluation im vorangehend definierten Sinn sprechen. Dies ist erst der Fall, wenn auch die Effektivität untersucht wird, d.h., ob, in welchem Ausmaß und – möglicherweise – in welchem Kosten-Nutzen-Verhältnis die vorgegebenen Ziele erreicht worden sind. Im Rahmen von Evaluationsverfahren sind bislang folgende Verfahren am meisten eingesetzt worden (vgl. dazu auch Tietze, 2006, S. 246 ff.):

- *Entwicklungsposter:* Sie enthalten eine meist tabellarische Darstellung des Entwicklungsverlaufs bis zu zirka fünf Jahren in verschiedenen Dimensionen der kindlichen Entwicklung).

- *Entwicklungsscreenings:* Sie erlauben die frühzeitige Entdeckung und Evaluation von Entwicklungsakzelerationen, -verzögerungen und -gefährdungen. Dabei handelt es sich um schnelle Einschätzungen, die durch Fragen und Beobachtungen ergänzt werden. Sie zielen darauf ab, einen Gesamtüberblick zu bekommen und Hypothesen zu entwickeln, die zu weiteren Befunden und Maßnahmen führen.
- *Entwicklungstests:* Entwicklungstests sind Verfahren, die den Entwicklungs- respektive Leistungsstand eines Kindes in Relation zu seinem Lebensalter erfassen. Ihr Ziel ist es, durch Vergleich der individuellen Ergebnisse mit den Normwerten Gleichaltriger rechtzeitig Hinweise auf Entwicklungsretardierungen und -akzelerationen zu erhalten.
- Verfahren zur Evaluation sozial-emotionaler Kompetenzen: Ähnlich wie die Entwicklungstests erfassen diese Verfahren sozial-emotionale Kompetenzen von Kindern. Sie können sowohl Screening- als auch Testcharakter haben.
- Evaluation pädagogischer Umwelten: Diese Verfahren sind auf umfassendere Merkmale vorschulischer Angebote ausgerichtet. In Kapitel 7.2 sind die im deutschsprachigen Raum am häufigsten verwendeten Verfahren wie die KES-R, KRIPS-R, TAS und HUGS sowie die amerikanische ECERS-Skala vorgestellt worden. Diese Verfahren können auch in Evaluationen eingesetzt werden. Ein klassisches Beispiel ist die Evaluation der deutschen Kindertagesstätten (und Grundschulen) von Tietze, Rossbach und Grenner (2005).

7.4.2 Qualitätsmanagementansätze

Kindertageseinrichtungen, Institutionen mit vorschulischer Bildungsförderung, Tagespflegeangebote (Tagesfamilien, Tagesmütter) oder Spielgruppen möchten ihre Arbeit zunehmend auch nach außen ausweisen. Deshalb sind viele Trägerorganisationen dazu übergegangen, Qualitätsmanagementsysteme einzuführen, die ursprünglich für andere Bereiche entwickelt worden sind. Besonders bekannt geworden sind betriebswirtschaftlich orientierte Modelle wie EFQM *(European Foundation of Quality Management)*, die sich mehrheitlich an internationalen Normen orientieren. Im Wesentlichen wird ein Unternehmen in sieben Einheiten (Mitarbeiterführung, Politik und Strategie, Ressourcen, Prozesse, Mitarbeiter- und Kundenzufriedenheit, gesellschaftliche Verantwortung und Geschäftsergebnisse) analytisch zerlegt, deren Ist-Zustand mittels einer Selbstevaluation *(Self Assessment)* erhoben wird. Darüber hinaus ist es möglich, sich nach einer längeren Umsetzungsphase um eine Zertifizierung zu bewerben. Das Qualitätsnormensystem ISO 9000 ff. ist ein hoch standardisiertes System, das ursprünglich für den Produktionsbereich konzipiert und für den Dienstleistungsbereich erweitert worden ist. In dieser Form wird es auch an pädagogischen Institutionen verwendet, obwohl es in erster Linie die Betriebsabläufe berücksichtigt, die auf der Grundlage von Qualitätskriterien in einem Handbuch festgehalten werden. Pädagogische Prozesse werden, ähnlich wie bei EFQM, nur am Rande thematisiert. Sobald eine Institution die Anforderungen an das Qualitätsmanagement nach ISO erfüllt, kann sie sich um die Zertifizierung bewerben.

Seit Kurzem liegt für Deutschland das sogenannte Kindergartengütesiegel vor, das gute Kindertagesstätten auszeichnet. Dabei werden verschiedene Qualitätsbereiche von unabhängigen Prüfern untersucht. Das Gütesiegel wurde von PädQUIS entwickelt, einem Kooperationsinstitut der Freien Universität Berlin unter der Leitung von Professor Wolfgang Tietze. Es wird für drei Jahre vergeben. Dafür muss eine Kita u. a. folgende Mindestanforderungen erfüllen:

1. In einer Gruppe dürfen maximal 23 Kinder sein.
2. Eine Erzieherin darf maximal elf Kinder betreuen. Ein erhöhter Betreuungsbedarf wird angenommen, je jünger die Kinder sind und je länger sie täglich in der Einrichtung betreut werden.
3. Die pädagogischen Fachkräfte müssen im Schnitt eine Ausbildung als staatlich geprüfte Erziehungsperson haben. Sie sollte sich in den vergangenen zwölf Monaten anderthalb Tage lang fortgebildet haben.
4. In der Kita sollte jedem Kind eine Fläche von mindestens 3,5 Quadratmetern zur Verfügung stehen, Multifunktionsräume eingerechnet. Der Außenbereich muss mindestens 500 Quadratmeter groß sein beziehungsweise jedem Kind 20 Quadratmeter Platz bieten. Eingerechnet werden nur Flächen, die von den Kindern tatsächlich genutzt werden können.
5. Die Eltern sollen in die Arbeit eingebunden und über ihr Kind und dessen Bildungsfortschritte informiert werden.
6. Jede Erzieherin muss mindestens 10% der wöchentlichen Arbeitszeit kinderfrei zur Vor- und Nachbereitung haben.

7.4.3 Der Spezialfall einer Evaluation: Das klinische Interview als Assessment

Das klinische Interview ist eine informative, aber auch schwierige Evaluationstechnik, mit der das Denken der Kinder beurteilt wird. Der Begriff des klinischen Interviews ist eng mit dem Namen Jean Piaget verknüpft, bei dessen Forschungsarbeit klinische

Interviews eine zentrale Rolle gespielt haben. Obwohl es bei ihm um eine allgemein von Therapeuten verwendete Technik handelt, um Kinder mit Lernproblemen oder anderen Schwierigkeiten zu beurteilen, lässt es sich auch von pädagogischen Fachkräften anwenden.

Das klinische Interview erlaubt, über das Denken des Kindes Hypothesen zu formulieren, diese zu testen und zu revidieren. Dabei werden verschiedene Methoden kombiniert: Beobachtung, Tests, Experimentieren und lautes Denken, d.h. Verbalisieren. Ein Interview ist zeitaufwendig und herausfordernd. Es dauert zwischen 20 Minuten und einer Stunde und erfordert andauernde Konzentration. Eine gute Interviewerperson muss einen Überblick über die relevanten Inhalte, welche beurteilt werden sollen, haben und familiär mit typischem Denken sein, d.h. mit dem normativen Verhalten auf dem Niveau des Kindes. Weil es sich beim klinischen Interview um eine hoch interaktive Technik handelt, muss die durchführende Person die Fähigkeit haben, Methoden für das Testen von Hypothesen während des Interviewverlaufs zu entwerfen und auch gegenüber den Nuancen der kindlichen Emotion und Motivation sensitiv zu sein, sodass Beziehung und Motivation hergestellt werden können.

Das Ziel des klinischen Interviews besteht darin, die Gedankenprozesse zu identifizieren, welche das Kind beschäftigen. Dabei bittet die interviewende Person das Kind, über Denkprozesse zu reflektieren und solche zu artikulieren. Die initialen Fragen sind dabei ziemlich allgemein, beispielsweise: «Wie hast du dies gemacht?», «Was hast du selber dazu gesagt?» und «Wie würdest du dies einer Freundin erklären?». Damit wird bezweckt, eine reiche Verbalisierung zu ermuntern und Verzerrungen in den Antworten zu vermeiden. Die kindlichen Antworten bestimmen dabei teilweise, wie sich das Interview weiterentwickelt. Aufgaben werden variiert, modifiziert und spezifiziert, um auf besondere Aspekte des Denkens zu fokussieren und auch um die Grenzen des Verstehens zu testen.

Beim klinischen Interview geht es somit nicht darum, die Kinder durch geschicktes Fragen möglichst schnell zur richtigen Lösung zu führen. Die Hauptintention besteht vielmehr darin, mehr darüber zu erfahren, wie Kinder denken. Aus diesem Grund sollten die Reaktionen der interviewenden Person grundsätzlich keine negativen Rückmeldungen («falsch» oder «Das hätte ich so nicht gemacht») enthalten. Nach solchen Rückmeldungen würden die Aktionen der Kinder leicht zu Reaktionen auf das Verhalten der der interviewenden Person werden. Gleiches gilt auch für positive Rückmeldungen: Auf sie aus gleichen Gründen zu verzichten und ein Kind für seine Anstrengungen nicht zu loben, ist ebenso wenig sinnvoll. Beispielsweise kann dies dazu führen, dass ein Kind verunsichert wird.

Grundsätzliche Probleme beim klinischen Interview sind: die Schwierigkeit, das Unbewusste bewusst zu machen, der Umgang mit dem Schweigen und mit Fehlern.

7.5 Best Practice: Das *High/Scope Perry Preschool Project*

Seit den 1960er- und 1970er-Jahren gibt es verschiedene angloamerikanische Studien, welche die Effekte verschiedener Vorschulangebote für benachteiligte Kinder miteinander vergleichen. Ziel dieser Studien war es, die *Best Practice* zu bestimmen. Wie in dieser Publikation bereits mehrfach angedeutet, schnitt das *High/Scope Perry Preschool Project* in allen Studien sehr gut ab. Das Projekt war Anfang der 1960er-Jahre von David P. Weikart entwickelt und in erster Linie auf sozial benachteiligte Kinder ausgerichtet worden (Schweinhart et al., 2005). Diese Kinder wurden zunächst in Gruppen von 15 bis 16 Drei- bis Vierjährigen von zwei pädagogischen Fachpersonen in Sessionen an fünf Vormittagen pro Woche während sieben Monaten pro Jahr unterrichtet. Unterstützt wurden sie von einer Förderperson, welche wöchentlich einen Hausbesuch abstattete. Nach einer Anlaufzeit von einigen Jahren wurde der Ansatz auf Kinder von drei bis zehn Jahren ausgeweitet, die aus allen sozialen und kulturellen Gruppen stammen und auch behindert sein können. Heute setzt er ein Betreuungsverhältnis von eins zu acht bis eins zu zehn voraus.

Insgesamt stellt der Ansatz sehr hohe Anforderungen an die Fachkräfte, nicht nur hinsichtlich der Ausbildung und der Bereitschaft zur Weiterbildung, sondern auch bezüglich der pädagogischen Arbeit mit den Kindern, der täglichen Planungs- und Evaluationsbesprechungen sowie der Team- und Elternarbeit. Der Erfolg des Ansatzes hängt somit in hohem Maße davon ab, ob sich die Fachkräfte mit ihm identifizieren und ob sie ihn effektiv umsetzen.

Der *High/Scope*-Ansatz im evaluativen Vergleich

In verschiedenen Studien verglichen Schweinhart und Weikart (1997) die Effekte von drei verschiedenen Curricula auf die kindliche Entwicklung miteinander: Ein Curriculum mit traditioneller formaler Instruktion wurde einem spielorientierten, kindzentrierten Curriculum und dem eigenen offenen Curriculum (d. h. dem *High/Scope*-Programm) gegenübergestellt. In der traditionellen formalen Unterrichtsgestaltung wurden vor allem akademische, d. h. schulvorbereitende Fähigkeiten instruiert. Im spielorientierten und kindzentrierten Unterricht übernahmen die pädagogischen Fachkräfte ebenfalls eine leitende Position, stellten den Kindern aber vielfältige Möglichkeiten zur eigenen Lerngestaltung zur Verfügung, indem sie bestimmte (Lern-)Themen, aber keine konkreten Lerninhalte vorgaben. Im offenen Curriculum experimentierten die Kinder unter Anleitung von Erwachsenen, aber geleitet durch ihr eigenes Interesse, in einem gut ausgestatteten Lernraum bzw. in der freien Natur.

Eine erste Untersuchung zeigte, dass die Kinder aller drei Curricula beim Schuleintritt über bessere kognitive Fähigkeiten verfügten als beim Programmstart. Im Alter von 15 Jahren jedoch zeigten Jugendliche, welche in formalen Curricula unterrichtet worden waren, vermehrt antisoziales Verhalten und größere Schuldistanz als die Teilnehmenden der beiden anderen Curricula. Die positiven Effekte der frühkindlichen Bildung hielten nur bei den Jugendlichen, welche spielorientierte oder offene Curricula durchlaufen hatten, bis in dieses Alter noch an. Sie manifestierten sich insbesondere in prosozialem Verhalten und höherem Vertrauen in die eigene Leistungsfähigkeit. Als die Probanden 23 Jahre alt waren, untersuchten Schweinhart und Weikart (ebd.) die Auswirkungen der drei Curricula in einem weiteren Follow-up. Die in Tabelle 7.2 dargestellten Ergebnisse verdeutlichen, dass die ehemals formal instruierten jungen Erwachsenen nicht nur schlechtere Schulleistungen in der Sekundarstufe II zeigten, sondern auch eine höhere Rate an emotionalen Auffälligkeiten aufwiesen. Jugendliche, welche das offene *High/Scope*-Programm oder spielbasierte Vorschulangebote besucht hatten, zeigten im Vergleich zur formal instruierten Gruppe deutlich weniger Absenzen am Arbeitsplatz und ein höheres freiwilliges Engagement. Am ausgeprägtesten traf dies für das politische Engagement des offenen *High/Scope*-Curriculums zu. Auffällig war zudem, dass die jungen Erwachsenen aus der *High/Scope*-Gruppe deutlich häufiger in einer Partnerschaft lebten als die formal instruierte Gruppe.

	Formale Instruktion	***High/Scope***	**Spiel-orientierung**	**p**
Anzahl Jahre mit emotionalen Auffälligkeiten	1,1	0,1	0,1	.004
Anzahl der ungenügenden Fächer in der Sekundarstufe II	9,6	5,0	4,9	.05
Leben in einer Partnerschaft	0%	31%	13%	.045
Freiwilligenarbeit	11%	43%	44%	.047
Politisches Engagement (Beteiligung bei der letzten Präsidentenwahl)	21%	62%	22%	.030
Regelmäßige Absenzen am Arbeitsplatz	16%	7%	0%	.033

Tabelle 7.2: Ausgewählte Ergebnisse der *High/Scope Preschool Curriculum Comparison Study* im Alter von 23 Jahren (Schweinhart & Weikart, 1997). *Anmerkung:* Prozentuale Unterschiede, berechnet mit Chi-Quadrat-Tests; Unterschiede in den Mittelwerten, berechnet mit Varianzanalysen

Die in Tabelle 7.2 dargestellten Ergebnisse unterstützen die Annahme, dass frühkindliche, auf benachteiligt aufwachsende Kinder ausgerichtete Bildungsförderprogramme, in denen die Kinder ihr eigenes Lernen initiieren können, wertvoller sind als formal-didaktisch ausgerichtete Programme. Damit legitimiert sich der *High/*

Scope-Ansatz nicht nur in der kurzfristigen, sondern auch in der wirkungsorientierten, langfristigen Perspektive.

Piagets kognitive Entwicklungstheorie als Basis

Das *High/Scope Perry Preschool Project* basiert auf einem pädagogischen Zugang, der auf Piagets Theorie der kindlichen Entwicklung aufbaut. Angenommen wird infolgedessen, dass die kindliche Entwicklung nicht durch Routinelernen, sondern durch aktive Exploration und Manipulation des Kontextes sowie durch Interaktion mit Gleichaltrigen und Erwachsenen angekurbelt wird. Dementsprechend werden Förderstrategien darauf ausgerichtet, die Kinder mit Erfahrungen auszustatten, welche ihnen helfen, diese Ziele zu erreichen. Das bedeutet, dass jedes Lernangebot *entwicklungsangemessen* und auf das aktive kindliche Lernen ausgerichtet sein sollte. Das pädagogische Fachpersonal muss sich dementsprechend an folgenden Standards orientieren. Es muss

- berücksichtigen, dass sich Fähigkeiten in einer bestimmten Abfolge entwickeln, und dementsprechend seine Anforderungen dem Entwicklungsniveau des jeweiligen Kindes anpassen,
- bereit sein, die Individualität eines jeden Kindes anzunehmen und ihm zu helfen, diese entsprechend zu entwickeln,
- beachten, dass in einzelnen Entwicklungsphasen bestimmte Dinge besonders gut gelernt werden, weshalb spezifische Lernerfahrungen gerade in solchen Phasen ermöglicht werden sollten.

Die pädagogische Fachperson als Herzstück

Die pädagogische Fachperson ist das Schlüsselelement des *High/Scope-Perry-Preschool*-Programms. Erstens ist sie Förderin der kindlichen Entwicklung, teilnehmende Beobachterin, Spiel- und Interaktionspartnerin – letztlich jedoch auch Lernende, die gemeinsam mit den Kindern Aktivitäten initiiert, plant, durchführt und reflektiert. Zweitens obliegt ihr die Gestaltung der Lernumgebung, d.h. die Schaffung einer Umwelt, in der selbsttätiges, aktives Lernen möglich ist. Sie stellt den Kindern ein abwechslungsreiches Angebot an Materialien zur Verfügung, die in offenen Regalen bereitstehen. Die Fachperson teilt den Gruppenraum auch in Spielecken auf. In jeder dieser Ecken sind nur bestimmte Aktivitäten möglich: Bauen mit Klötzen, Malen, Rollenspiel, Bilderbuchbetrachtung, Experimente, Kategorisieren/Zählen etc. In der Regel ist den Kindern auch ein Computer frei zugänglich, wobei hohe Ansprüche an die dort eingesetzte Software gestellt werden.

Die *High/Scope*-Pädagogen haben keinen bestimmten Lernstoff zu vermitteln, wie er in Bildungsplänen festgehalten wird. Sie haben vielmehr die Aufgabe, den Kindern genau zuzuhören, was sie planen, um mit ihnen auf dieser Basis weiterzuarbeiten und sie kognitiv voranzubringen. Aus solchen Situationen und Aktivitäten ergeben sich 58 sogenannte Schlüsselerfahrungen, die sechs Bereichen zugeordnet werden:

- Initiative
- Soziale Beziehungen
- Kreative Darstellung
- Musik und Bewegung
- Sprache und Literacy
- Logik und Mathematik

Solche Schlüsselerfahrungen können weder akzeleriert noch direkt unterrichtet werden. Vielmehr muss die Fachperson das Kind so lenken, dass diese Schlüsselerfahrungen möglich und dann auch umgesetzt werden können. Von besonderer Bedeutung ist die Fragetechnik der Fachkräfte: Durch indirektes Fragen, Hinweise und Vorschläge sollen sie das Kind motivieren, seine Aktivitäten in die anvisierte Richtung auszuweiten, oder sein Interesse auf bestimmte Phänomene und Ereignisse lenken.

Wie bereits in Kapitel 6 ausgeführt, ist die Diagnostik eine besonders wichtige Aufgabe der *High/Scope*-Fachkräfte. Grundlegend ist dabei die Beobachtung der ihnen anvertrauten Kinder. Die Fachkräfte versuchen herauszufinden, wie jedes einzelne Kind denkt und urteilt, welches seine besonderen Charakteristika sind und was es an Unterstützung benötigt. Jeden Tag machen sie Notizen über ihre Beobachtungen anhand der sechs Bereiche der kindlichen Entwicklung. Auf der Grundlage des Beobachtungsbogens *High/Scope Child Observation Record for Ages 2½–6 (COR)* und den täglichen Teamsitzungen bestimmen sie den Entwicklungsstand eines jeden Kindes. Insgesamt praktizieren sie auf diese Weise eine Form des *reflective teaching* und der entwicklungsangemessenen Praxis.

Tagesablauf

Dem *High/Scope*-Ansatz liegt die Überzeugung zugrunde, dass selbstständiges, aktives Lernen leichter zu erreichen ist, wenn die Tage gleich strukturiert sind. Während eines Teils des Tages sind die Kinder alleine oder mit einigen anderen Kindern zusammen in den Spielecken tätig, wobei sie einer Sequenz aus den drei Phasen «Planen», «Arbeiten» und «Reflektieren» – wie dies bereits in Kapitel 6 beschrieben wurde – folgen sollen.

- Planungszeit (20 Minuten): Kinder, assistiert von Erwachsenen, setzen tägliche Aktivitätsziele für sich selber.
- Arbeitszeit (15 Minuten): Kinder gehen ihren Plänen in den Arbeitsbereichen nach.
- Gruppenzeit (10 Minuten): Dazu gehören Selbstevaluation und Gruppendiskussionen zur getanen Arbeit sowie die lehrerinitiierten Aktivitäten, welche auf die kognitiven Ziele fokussieren.
- Aufräumzeit (15 Minuten): Beim Aufräumen der Bereiche werden die Kinder von ihren Lehrkräften assistiert. Sie helfen ihnen dabei, die Materialien zu klassifizieren.
- Pausenzeit (25 Minuten).
- Aktivitätszeit (15 Minuten): Dazu gehören lehrerinitiierte Gruppenaktivitäten entweder im Haus (Musik, Spiele) oder im Freien (Spiele, Nutzung von Spielplatzausrüstungen).
- Gemeinschaftszeit (15 Minuten): Lehrkräfte führen eine Review der Tagesarbeiten durch und erzählen manchmal Geschichten.
- Abschluss (10 Minuten): Die Lehrkräfte überführen Tagesaktivitäten in den Prozess des Nach-Hause-Gehens.

7.6 Zusammenfassende Bilanz

In diesem Kapitel wurden zuerst die Grundlagen der frühpädagogischen Qualitätsdiskussion erläutert. Dazu gehören Qualitätskonzepte und Indikatoren, anhand deren man Qualität messen kann. Sie umfassen die Struktur-, die Prozess-, die Organisations- und die Orientierungsqualität.

Die hier dargestellten Ergebnisse legitimieren die Annahme, dass der Nutzen frühkindlicher FBBE-Programme einen Bezug zu den untereinander zusammenhängenden Faktoren hat, so zur Angebotsstruktur (Gruppengröße, Betreuungsschlüssel, Intensität der Dienstleistungen), den Prozessen (z. B., dass hoch qualifizierte Fachkräfte reflektive Unterrichtspraktiken und enge Beziehungsstrukturen zu den Kindern und gegenüber den Eltern nutzen) und zur Qualität der einzelnen Fachperson. Arbeitet sie beispielsweise in einer Institution hoher Qualität, dann ist davon auszugehen, dass sie besonders aufmerksam gegenüber dem einzelnen Kind ist, relativ wenig Kinder in ihrer Betreuungsgruppe hat und Strategien nutzt, die mit entwicklungsangemessener Praxis assoziiert und auf die Unterstützung des kindlichen Lernens und Wachstums ausgerichtet sind.

Wenn – wie in Kapitel 6 aufgezeigt – Bildungspläne heute einen eindeutigen Fokus auf Bildung haben und infolgedessen die Qualität von Vorschulangeboten auch im Hinblick auf ihr Bildungspotenzial verbessert werden soll, dann ruhen große Hoffnungen auf dem pädagogischen Fachpersonal. Verstehen sie sich als *reflective teachers*, dann orientieren sich ihre Bemühungen an einer entwicklungsangemessenen Praxis. Dass diese jedoch nicht unumstritten ist, wurde mittels vier Kritikpunkten dargelegt.

Die Forschung zeigt, dass viele der Lernsettings, welche langfristige Effekte haben, von solchen pädagogischen Fachleuten arrangiert werden, die über gute diagnostische Fähigkeiten verfügen und sich auf die individuellen kindlichen Entwicklungsniveaus ausrichten können. Solche Pädagoginnen und Pädagogen sind fähig, die individuellen Interessen des Kindes zu verstehen, und sie können Aktivitäten entwerfen und Interaktionen gestalten, um diese in der Zone der nächsten Entwicklung herauszufordern. Solches Fachpersonal hat in der Regel auch enge Beziehungen zu Eltern und dem übrigen Betreuungspersonal.

Auf der Basis der in diesem und den vorangehenden Kapiteln dargelegten Ausführungen lassen sich Faktoren benennen, welche auf eine hohe Qualität eines Vorschulangebots hinweisen. Sie können als *Standards von FBBE-Qualität* bezeichnet werden. Demnach zeichnen sich FBBE-Angebote durch fünf Standards aus: (1) Stimulation und kognitive Förderung, (2) Sensibilisierung der Fachkräfte und sichere Bindungen, (3) strukturqualitative Grundlagen, (4) Professionalität und Organisationsqualität, (5) Maßnahmen zur Qualitätssicherung. Sie lassen sich wie folgt operationalisieren:

(1) *Stimulation und kognitive Förderung*

- Eine umfassende Stimulierung der Kinder erfolgt durch ein interessantes und abwechslungsreiches Angebot, das alle Bildungs- und Entwicklungsbereiche berücksichtigt und positive Beziehungen zu den anderen Kindern ermöglicht.
- Kognitiv anspruchsvolle Interaktionen finden sowohl zwischen Fachkräften und (einzelnen) Kindern als auch zwischen Kindern statt.
- Das Verhältnis zwischen Freispiel und Beschäftigung, zwischen Innen- und Außenaktivitäten sowie zwischen fachkraft- und kindinitiierten Aktivitäten ist ausgeglichen.
- Die Beobachtung der Kinder und die Dokumentation ihrer Entwicklung erfolgen regelmäßig.

(2) *Sensibilisierung der Fachkräfte und sichere Bindungen*

- Das Verhalten der Fachkräfte ist auf den individuellen Entwicklungsstand ausgerichtet.
- Die Fachkräfte zeigen Sensibilität und Responsivität für die Bedürfnisse und Interessen der Kinder.
- Die Kinder haben eine sichere Bindung an mindestens eine Fachkraft.
- Wohlbefinden, Zugehörigkeit, Sicherheit und Geborgenheit der und Engagement für Kinder sind sichtbar.

(3) *Strukturqualitative Grundlagen*

- Es steht genügend Vorbereitungs- und Nachbereitungszeit für bildende Angebote zur Verfügung. Gleiches gilt für Einzelbeobachtungen, Elternarbeit, Teamsitzungen sowie Kontakte zu psychosozialen Diensten.
- Die Gruppengrößen sind klein, der Betreuungsschlüssel ist günstig, und es kommt zu wenig Personalwechsel.
- Die Ausstattung der Innen- und Außenräume mit Geräten und Materialien ist adäquat. Es steht angemessener Platz (Bewegungsraum) für die Kinder zur Verfügung.
- Sauberkeit, Hygiene und Unfallverhütung (z. B. ungefährliche Geräte und Spielsachen) sind garantiert.

(4) *Professionalität und Organisationsqualität*

- Die pädagogischen Fachkräfte verfügen über stufenspezifische Berufserfahrung und besuchen häufig Fortbildungen und manifestieren hohe fachliche und persönliche Kompetenz.
- Die Leitung der Einrichtung ist engagiert und fachlich qualifiziert. Sie achtet auf Professionalität und gute Arbeitsbedingungen, entwickelt gemeinsam mit den Kolleginnen/Kollegen die pädagogische Konzeption (weiter) und plant mit ihnen das Bildungsprogramm.
- Das Team definiert sich durch gegenseitige Akzeptanz, Respekt, Vertrauen, Kooperation sowie wechselseitige Unterstützung.

(5) *Maßnahmen zur Qualitätssicherung*

- Die Eltern werden als Partner einbezogen. Der Austausch über das Kind, seine Entwicklung und seine Erziehung erfolgt häufig. Ebenso werden die Eltern regelmäßig über die Konzeption der Einrichtung und die pädagogische Arbeit informiert. Elternengagement und -mitbestimmung werden aktiv unterstützt.

8 Pädagogische Professionalität

Bereits am Ende des vorhergehenden Kapitels standen die pädagogischen Vorschulfachkräfte mit Blick auf die FBBE-Qualität zur Diskussion. Dabei ging es um die Wege, wie sie am besten Entwicklung unterstützen, Lernen anregen und Wissen vermitteln können. Dieses Kapitel stellt nun den Begriff «Professionalität» in den Mittelpunkt. Gefragt wird nach seiner Bedeutung und Wirksamkeit in Bezug auf die berufliche Sozialisation des Personals, aber auch nach seinem tatsächlichen Denken und Handeln sowie nach den Facetten seiner Ausbildung.

8.1 Professionalität

Was ist Professionalität im Vorschulbereich? Dieser Begriff umschreibt die Besonderheiten des fachlich-pädagogisch-interaktiven Tuns in verschiedenen Kategorien, die in den Bildungsplänen meist «pädagogisches Sehen», «pädagogisches Denken» und «pädagogisches Handeln» genannt werden. Innerhalb jeder Kategorie kann der Grad des qualifizierten Denkens und Handelns spezifiziert werden (vgl. Tabelle 8.1).

Bildungspläne	Professionalität
Pädagogisches Sehen	Die innere Repräsentanz des Berufs und die damit verbundenen Überzeugungen, die sich in Motiven, Zielen und Normen äußern
Pädagogisches Denken	Die pädagogische Kompetenz und das damit verbundene Fachwissen, die Kenntnisse von Methoden, Instrumenten, die Diagnosekompetenz
Pädagogisches Handeln	Die alltägliche Arbeit mit seiner Planung, seinen bestimmten und unbestimmten Situationen, Interaktionen sowie seinen Routinen

Tabelle 8.1: Abbildung von Professionalität in Bildungsplänen

Pädagogisches Sehen, pädagogisches Denken und pädagogisches Handeln manifestieren sich in der Art und Weise, wie die pädagogische Fachkraft eine anregende Entwicklungsumwelt schafft. Sie kann drei unterschiedliche Ausprägungen haben: (1) eine indirekte, die als Pädagogik der indirekten Erziehung umgesetzt wird (wie beispielsweise Fröbels «zufälliger Unterricht» oder Montessoris «vorbereitete Umgebung»), (2) eine Pädagogik des Vorbilds, wie sie in der Waldorfpädagogik verwirklicht ist, (3) eine Pädagogik des Dialogs, wie sie im metakognitiven Ansatz und insbesondere bei Wygotski zum Tragen kommt.

Zur Professionalität gehört auch die berufliche Sozialisation. Sie spielt im Werdegang des vorschulischen Personals eine bedeutende Rolle. Gemeint ist damit, dass im Rahmen des Berufseinstiegs und der weiteren Berufsarbeit das Individuum die erworbenen Kenntnisse und Kompetenzen anwendet, gleichzeitig jedoch auch von der Berufsumgebung beeinflusst wird. Aus dieser dynamischen Wechselwirkung zwischen institutioneller Vermittlung (alles, was in der Ausbildung gelernt worden ist) und subjektivem Erwerb (alles, was im Rahmen der beruflichen Tätigkeit aufgenommen oder verändert worden ist) entstehen die persönlich ausgestalteten und sichtbar werdenden Normen, Regeln, Verhaltensweisen und Ansprüche. Diese «neuen» Vorstellungen und Verhaltensweisen sind häufig nicht auf bewusstes Lernen zurückführbar, sondern das Ergebnis geplanter, oft aber auch ungeplanter Einflüsse. Diese Einflüsse können drei Ebenen zugeordnet werden: der Makro-, der Meso- und der Mikroebene.

- Zur *Makroebene* gehören alle trägerspezifischen und gesetzlichen Regelungen, aber auch die gesellschaftlichen Vorstellungen und Erwartungen. Der Blick in die Medien, aber auch in die neuere wissenschaftliche Literatur, verdeutlicht die enormen Anforderungen, welche an den Beruf der frühpädagogischen Fachperson geknüpft sind. Selbst empfinden sich jedoch viele Fachkräfte als wenig anerkannt, häufig auch als ausgenutzt und wenig wahrgenommen.
- Auf der *Mesoebene* angesiedelt ist die Trägerschaft der vorschulischen Einrichtung. Je nach Ausrichtung sind damit spezifische Erwartungen an die Fachpersonen verbunden. Die Trägerschaft einer Betriebskrippe beispielsweise formuliert bestimmte Anforderungen, wie die betrieblichen Interessen im Berufsalltag gewahrt werden sollen. Eine kirchliche Trägerschaft wiederum wird ihre Vorstellungen im religionspädagogischen Alltag verwirklicht sehen wollen. In jedem Fall kommen die Erwartungen der Eltern dazu. Mütter und Väter haben bestimmte Vorstellungen, wie ihr Kind betreut, gefördert oder erzogen werden soll. Vor allem wenn es um die Frühförderung oder schulvorbereitende Massnahmen geht, sind Eltern häufig relativ fordernd. Daraus können problembeladene Beziehungen entstehen, aus denen echte Konflikte resultieren. Beim pädagogischen Fachpersonal führen sie häufig zu Burn-out-Gefühlen, zu Distanzierungstendenzen dem Beruf gegenüber oder sogar zu seiner Aufgabe.
- Die *Mikroebene* umfasst die unmittelbare berufliche Umwelt. Hier kann die pädagogische Fachkraft ihre persönlichen Fähigkeiten und Neigungen unmittelbar als Berufshandeln einsetzen und dabei auch eigene Schwerpunkte setzen. Dies gelingt jedoch nur, wenn sie sozial-kommunikativ begabt und in der Lage ist, auch andere Standpunkte zu akzeptieren und Kritik am eigenen Handeln zuzulassen.

Wie jedoch wird die Professionalität gelebt? Sie zeigt sich in der Berufsauffassung der Fachpersonen, in der Formulierung des Berufsauftrags, in ihrer Wertung der verschiedenen Aufgabenfelder sowie in ihrem tatsächlichen Handeln (vgl. dazu auch Teschner, 2002).

Das *fachliche Selbstverständnis:* Im Mittelpunkt der Berufsauffassung – auch bereits von Anfängerinnen – steht in der Regel die emotionale Dimension des Kindes. Ihr angegliedert ist die fachliche Dimension, die Kenntnis über die Entwicklung und Förderung junger Kinder sowie die Zusammenarbeit mit den Eltern. Dazu kommt die Bereitschaft, sich weiterzubilden und Neues dazuzulernen. Zusammen machen diese drei Dimensionen das aus, was als professionelles Selbstkonzept bezeichnet wird. Die berufliche Selbstverwirklichung steht dabei ganz oben auf der Liste. Dazu gehören aber auch ein angemessenes Einkommen sowie entsprechende Aufstiegschancen.

Facetten des Berufsauftrags: Fachkräfte werten in der Regel die erzieherischen, fördernden und kompensatorischen Aufgaben höher als schulvorbereitende Aufgaben (Mauron Schläppi, 2009). Eine relativ große Einigkeit ergibt sich auch im Hinblick auf Erziehungs- und Förderziele, die sich ungefähr in nachfolgende Reihenfolge bringen lassen (Fried, 2002):

1. Soziale Kompetenz und Persönlichkeitsentwicklung
2. Autonomie
3. Verantwortlichkeit
4. Kritikfähigkeit
5. Gemeinsinn
6. Gute Umgangsformen
7. Sauberkeit/Ordnung
8. Religiosität

Solche Erziehungsziele sind jedoch immer an die gesellschaftlichen Wertvorstellungen gebunden und über die Zeit hinweg wandelbar. So fällt deren Einschätzung in kollektiven Gesellschaften, wie etwa im japanischen Kulturraum, anders aus. Hier werden Ziele betont, welche Normen und Pflichten oder die kollektive Verbundenheit betonen. Diese haben gegenüber persönlichen Zielen Priorität.

Wie handeln pädagogische Fachkräfte tatsächlich? Aus verschiedenen Erhebungen (Tietze et al., 1998; Rabe-Kleberg, 2006) wissen wir, dass pädagogische Vorschulfachkräfte den Kindern zwar eine mittlere bis gute Wertschätzung entgegenbringen und sie emotional akzeptieren, ihnen gegenüber jedoch eher zurückhaltend sind in Bezug auf Anregung und Kreativität, aber auch hinsichtlich Lenkung und Verboten. Aggressiven und schwierigen Kindern gegenüber sind sie restriktiver und bemühen sich weniger um ein konstruktives Sozialverhalten. Gleichzeitig bestrafen sie konfliktreiches Verhalten häufiger. Fachkräfte gehen auch subtil stärker auf Jungen als auf Mädchen ein.

Insgesamt zeigt sich in allen Studien, dass die Persönlichkeit der Fachkraft wichtiger ist als die in der Aus- oder Weiterbildung erworbene Kompetenz und dass die konkreten pädagogischen Bedingungen stärker auf das pädagogische Handeln Einfluss nehmen als das ideelle Konzept (Fried, 2002). Einerseits ist das Fachpersonal ambitioniert und stark auf die Kinder ausgerichtet. Andererseits scheint sein praktisches Handeln hinter diesen Ansprüchen zurückzubleiben. Die angestrebte Professionalität kann somit offenbar nur bedingt realisiert werden. Dies gilt es bei der Diskussion um die Rolle des pädagogischen Fachpersonals im Hinblick auf die Wirksamkeit der frühkindlichen Bildungsförderung zu bedenken. Denn im Kern ist diese Rolle eine vielschichtige, beinhaltet sie doch sehr unterschiedliche Verantwortlichkeiten und damit Funktionen im Bereich von Management, Bildungsförderung und Erziehung, die in der Praxis miteinander verschränkt sind und durch Weiterbildung und Training entwickelt werden können. Dazu gehören folgende Bereiche mit ihren Dimensionen:

Im Bereich der Managementrollen:

- die Dimension der Planung des kindlichen Lernens, der Bereitstellung und Organisation von Lernmöglichkeiten,
- die Dimension der Aufzeichnung und Dokumentation des kindlichen Lernens,
- die Dimension der Evaluation von Betreuungs- und Förderpraxis und deren Adaptation an die Interessen und Bedürfnisse des Kindes.

Im Bereich der Bildungsförderung und Erziehung:

- *die Dimension des Vertrauens in das eigene Wissen:* Pädagogische Fachkräfte lernen, die dynamischen Dimensionen der kindlichen Entwicklung zu erkennen. Auf diese Weise erwerben sie die Fähigkeit, professionell darauf zu antworten. Sie werden vertraut mit der Altersangemessenheit der kindlichen Fähigkeiten und dem kindlichen Wissen.
- *die Dimension der Feinfühligkeit:* In Bezug auf diese Dimension lernen pädagogische Fachleute Haltungen des feinfühlenden Engagements. Dazu gehört beispielsweise, wie man den Kindern mit Respekt begegnet oder ihnen ein sensitives Feedback gibt. Genauso lernen sie, die jungen Kinder mit ihren Erwartungshal-

tungen in allen Leistungsniveaus angemessen zu unterstützen und auf die große Bandbreite der unterschiedlichen Bedürfnisse der Kinder zu antworten.

- *die Dimensionen der selbstkritischen Förderperson:* In Weiterbildung und Training sollen pädagogische Fachkräfte auch einen gesunden Skeptizismus erwerben, der ihnen hilft, die eigene Praxis infrage zu stellen und sie kritisch zu reflektieren. Dies gelingt dann Erfolg versprechend, wenn ihnen ein robustes Wissenschaftswissen zur Verfügung steht, auf das sie jederzeit zurückgreifen können.

Diese Bereiche mit ihren Dimensionen bilden die Grundpfeiler einer effektiven Fort- und Weiterbildung. Wo sie zu stark und ausschließlich auf Wissenschaft und Inhalte fokussiert werden und Faktenwissen wichtiger wird als die effektive Anwendung von Wissen oder wo dieses umgekehrt unreflektiert und ohne Bezug zur Wissenschaft geschieht, können pädagogische Fachpersonen in ihren vielfältigen Rollen unsicher werden. Unsicherheit zeigt sich etwa dort, wo die Aufmerksamkeit auf die Vorbereitung und Planung gerichtet wird, anstatt auf die individuelle Förderung des Kindes. Um nicht durch Ungewissheit paralysiert zu werden, müssen pädagogische Fachpersonen in der Lage sein, Selbstvertrauen in die Richtigkeit ihrer Handlungen zu entwickeln. Dabei müssen sie auf einen gehaltvollen Rucksack an Wissen und Handlungskompetenzen zurückgreifen können.

8.2 Denken und Überzeugungen des Vorschulpersonals

Trotzdem ist der Erwerb eines gesunden Skeptizismus gegenüber der eigenen Praxis ein wichtiger Aspekt beruflicher Professionalität. Besonders wichtig ist er, um beruflicher Einseitigkeit zu begegnen. Um eine solche handelt es sich dann, wenn Praktikerinnen und Praktiker ihren langjährigen Erfahrungen oder ihrem «gesunden Menschenverstand» mehr Bedeutung beimessen als dem wissenschaftlichen Wissen und dieses deshalb kaum zur Kenntnis nehmen. Dieser «gesunde Menschenverstand» ist weit verbreitet. Die Wissenschaft nennt ihn «Alltagstheorien». Eine professionelle Fort- und Weiterbildung muss hier ansetzen und die Problematik subjektiven Wissens und verfestigter, weil nicht mehr reflektierter Praxisprinzipien einschließen. Zweifellos erfordert eine solche Aufgabe beträchtliche Veränderungen und stellt damit große Herausforderungen für die Weiterbildung dar. Diese dürfen nicht unterschätzt werden. Dies zeigt sich in vielerlei Hinsicht:

- *in der oft vorfindbaren Resistenz vorschulischer Fachkräfte gegenüber neuen Erkenntnissen:* Alltagstheorien haben auf das Verhalten einen bedeutsamen Einfluss auf die Lernumgebung. Solche Lernumgebungen sind komplexe Settings mit vielen überlappenden Interaktionen zwischen Erwachsenen, Kindern, Materialien und konzeptuellen Aufgaben. Dass der Mensch Komplexität zu bewältigen versucht, indem er auf Meinungsvorräte, Erfahrungen und Prioritäten zurückgreift, und dabei eine solche Position einnimmt, welche die Arbeit erfüllbar macht, ist hinlänglich bekannt. Mit Blick auf den Vorschulbereich problematisch ist jedoch, dass pädagogische Fachkräfte vielen Forschungserkenntnissen gegenüber häufig resistent sind. Ansichten und Überzeugungen zum «richtigen» Umgang mit jungen Kindern sind bei ihnen in der Regel tief verwurzelt.
  Ein Beispiel: Pädagogische Fachkräfte bevorzugen Idealbilder, welche nahelegen, das Kind sich selbst zu überlassen, weil es sich aus seiner eigenen Stärke heraus natürlich entwickeln werde. Dahinter verbergen sich bestimmte Vorstellungen über die Intelligenz und ihre Auswirkungen, die in unserer Kultur verbreitet sind. Obwohl sich die Wissenschaft heute einig ist, dass Anlage und Umwelt ungefähr zu gleichen Teilen die Entwicklung eines Menschen beeinflussen und dass darüber hinaus jedes Individuum einen eigenen Beitrag dazu leisten kann, tendieren wir nach wie vor dazu, jegliche Leistung als Ausdruck der angeborenen Intelligenz zu betrachten, die wenig beeinflussbar und deshalb Schicksal sei. Obwohl es viele Beispiele und wissenschaftliche Ergebnisse gibt, welche zeigen, dass Anstrengung, Motivation, Engagement und Wille effektiv sein können, ist die Idee der übermächtigen Intelligenz insbesondere in der vorschulischen, aber auch in der schulischen Praxis und auch in der Bildungspolitik stark vertreten.

- *in den fehlenden Standards:* Wenn wir die Ausbildung unseres pädagogischen Fachpersonals mit internationalen Gepflogenheiten vergleichen, so zeigen sich Unterschiede vor allem in Bezug auf die hierzulande weitgehend fehlenden nationalen Standards und Zertifizierungsprozesse für diese Berufsgruppe. Obwohl in den letzten Jahren ihren Fähigkeiten und ihrem notwendigen Wissen weit stärkere Aufmerksamkeit geschenkt wurde als je zuvor, lässt sich das Feld trotzdem noch nach wie vor als wenig professionalisiert beschreiben. Es gibt ein ausgeprägtes Ungleichgewicht zwischen dem Status quo der Professionalität des Fachpersonals und den zunehmenden Erwartungen von Eltern und Bildungspolitikern.

- *in den neuen wissenschaftlichen Erkenntnissen:* Erziehungswissenschaften und Entwicklungspsychologie haben in den letzten Jahren viele neue Erkenntnisse generiert. Sie machen es notwendig, dass das pädagogische Fachpersonal über ein gründlicheres Wissenschaftswissen als bisher verfügen muss. Ein Beispiel: Heute wissen wir, dass funktionale Literalität als Maß für das Informationslesen sowie das Analysieren und Interpretieren komplexer Ideen gilt. Unter funktionaler Literalität versteht man die Sprachlichkeit, welche in einem engen Bereich von Situationen und Tätigkeiten passend benutzt wird. Es versteht sich deshalb von selbst, dass das Fachpersonal mehr Aufmerksamkeit sowohl auf die kindliche Kapazität zur Informationsaneignung als auch auf die Konditionen, unter denen Kinder lernen, legen sollte. Legitimieren lässt sich diese Forderung auch anhand vieler empirischer Studien. Sie weisen nach, dass das, was Vorschullehrkräfte wissen und zu was sie fähig sind, die stärksten Einflussfaktoren auf das Lernen und die Entwicklung junger Kinder darstellen. Die strengste Beziehung besteht dabei zwischen der Anzahl ihrer Ausbildungsjahre, der Angemessenheit ihrer Vermittlung und ihrem Managementverhalten. Wenn sie zumindest über ein Zertifikat im FBBE-Bereich verfügen, dann ist ihre Effektivität im Sinne von Sensitivität, Responsivität, positiver Verstärkung, entwicklungsangemessenen Praxisstrategien und der Animation von Peerinteraktionen am höchsten.

Vor diesem Hintergrund ist die Entwicklung eines gesunden Skeptizimus gegenüber der eigenen Praxis das Herzstück der zukünftigen frühpädagogischen Bildungsförderung. Sollen Pädagogen der frühen Kindheit ein professionelles, auf Wissen, Reflexion und Analyse aufbauendes Verständnis nicht nur erwerben, sondern auch in der Praxis umsetzen, dann müssen Aus-, Fort- und Weiterbildung dieses neue Wissen sowohl vermitteln als auch mögliche Widerstände direkt ansprechen. Sie sind entscheidend, welche Vorstellungen eine Fachperson zu Fragen entwickelt, was eine effektive vorschulische Förderung ausmacht, wie junge Kinder am besten lernen und wie sie sich persönlich verhalten soll.

8.3 Zur Ausbildung des Personals

In unseren deutschsprachigen Ländern sind die Aus- und Weiterbildungssysteme sehr verschieden. Deshalb wird in diesem Kapitel nur ein allgemeiner Überblick über die Facetten der Ausbildungsreform des Vorschulpersonals gegeben. Für detaillierte Ausführungen wird eine Lektüre der Texte von Oberhuemer und Schreyer (2010) sowie Stamm et al. (2009) empfohlen.

International gilt, dass die Ausbildung von vorschulischem Fachpersonal ein Flickwerk von Ausbildungsarten darstellt und dass das System insgesamt den modernen Qualitätsansprüchen kaum mehr genügt. Bemängelt werden u. a. die gesellschaftlich schwache Anerkennung der Berufsgruppe innerhalb des gesamten Systems, die fehlende Durchlässigkeit, die teilweise schulähnlichen Strukturen sowie das insgesamt niedrige formale Ausbildungsniveau. In verschiedenen Ländern werden heute die theoretischen Grundlagen der Ausbildungen neu konzeptualisiert. Vor allem in Deutschland hat sich im Rahmen der Einführung von Bildungsplänen und der Auswirkungen der PISA-Studie von 2001 viel getan.

Vergleichbare Ausbildungen im Überblick

Allgemein unterscheidet man verschiedene Typen von Fachpersonal: solche mit Funktion von Gruppen- oder Institutionsleitungen, mit einer Erziehungsfunktion, solche in Ausbildung oder Praktikantinnen und Praktikanten. In unseren deutschsprachigen Ländern verfügen wir über eine Grundbildung (Fachfrau/-mann Betreuung), die zwischen Praxis (Lehrbetriebe) und Theorie (Berufsfachschule oder höhere Fachschule) angesiedelt ist. Zusätzlich zur betrieblichen Grundbildung bestehen Ausbildungsmöglichkeiten auf Tertiärniveau (Studium zum/zur Sozialpädagogen/Sozialpädagogin an einer höheren Fachschule; Abschluss als Lehrperson auf Vorschul- bzw. Grundschulstufe). Problematisch ist allerdings, dass Absolvierende solcher Studiengänge seltener eine Anstellung in einer vorschulischen Institution suchen, da für sie damit Lohn- und Prestigeeinbußen verbunden wären, weshalb sie letztlich den Weg in soziale Einrichtungen oder Schulen wählen.

Das duale System hat einige Vorteile, aber auch Nachteile. Zu den Vorteilen gehört beispielsweise die solide Basisausbildung mit kombinierter Praxiserfahrung. Nachteile ergeben sich jedoch dadurch, dass an das Fachpersonal immer höhere Anforderungen gestellt werden, die ohne eine intensivere theoretische Ausbildung und entsprechendes Fachwissen nicht zu bewältigen sind. Verbände, Organisationen und Fachpersonen im FBBE-Bereich sind sich deshalb einig, dass die aktuelle Ausbildungssituation und -qualität unter dem Stichwort «Professionalisierung des Berufsfeldes» überdacht und eine Ausbildung auf Tertiärniveau diskutiert werden soll, um damit nicht nur die Qualität, sondern auch die Reputation der FBBE-Arbeit insgesamt steigern zu können.

Im internationalen Vergleich sieht die Situation folgendermaßen aus: In mehr als der Hälfte der EU-Länder gibt es grundständige Ausbildungen für das Leitungspersonal an Universitäten. In einigen Ländern fokussiert die Ausbildung auf den gesamten Bereich vom ersten Lebensjahr bis zur Einschulung, während sie in anderen Ländern lediglich die Altersspanne zwischen drei und sechs Jahren umfasst. Daneben existieren in verschiedenen Ländern auch Ausbildungsgänge an berufsqualifizierenden Hochschulen. Nicht auf Hochschulniveau angesiedelt sind die Ausbildungsgänge neben der

Schweiz in fünf EU-Staaten: in Deutschland, Österreich, Malta, der Slowakei und in der Tschechischen Republik. In Bezug auf unter Dreijährige sind die Anforderungen besonders unterschiedlich. Während in den skandinavischen Ländern, aber auch in Spanien, eine solche Ausbildung auf Hochschulniveau erfolgt, ist sie in anderen Ländern auf dem Niveau einer höheren Fachschule angesiedelt.

Diese insgesamt großen Divergenzen sind auch auf die unterschiedlichen Zuständigkeitsbereiche zurückzuführen. Darauf wurde bereits in Kapitel 2 verwiesen. Während in den einen EU-Ländern diese nicht geteilt sind und einem integriert arbeitenden Bildungs- und Sozialdepartement zugehören, ist die politisch-administrative Verantwortung in den anderen zweigeteilt. So auch in unseren deutschsprachigen Ländern. Meist ist der Betreuungssektor unter der Kontrolle der Sozial- und Gesundheitsbehörden, die gleichzeitig auch die Angebote im vorschulischen Bereich regeln, während der Bildungssektor die Angebote des obligatorischen Bereichs regelt und unter der Kontrolle der Bildungsbehörden steht. So organisiert sind neben Deutschland, Österreich und der Schweiz auch Belgien, Frankreich, Griechenland, Italien und Luxemburg. Die Forderung nach einem System, das einen zusammenhängenden, Synergien schaffenden Bildungs- und Betreuungsraum ermöglicht, hat der *Starting-Strong*-Bericht II der OECD (2006) nachdrücklich gefordert, nicht zuletzt deshalb, weil damit getrennte, unterschiedlich regulierte Systeme entstanden sind, welche auch Qualitätsunterschiede bemerkbar machen.

Fast in allen Ländern ist es darüber hinaus auch heute noch erlaubt, im FBBE-Bereich ohne professionelle Vorbereitung tätig zu werden. Verschiedene Länder haben Vorschriften, welche von einem Praktikum von ein paar Wochen Dauer bis zu einer mehrjährigen Ausbildung auf tertiärer Stufe reichen. Die betriebliche Ausbildung ist ebenso unterschiedlich geregelt. Sie umfasst eine große Bandbreite an Bildungsmöglichkeiten zur Verfeinerung der professionellen Fähigkeiten oder zur Aktualisierung des professionellen Wissens.

Praktische Ausbildung

Frühkindliches Bilden, Integrieren, Betreuen und Erziehen ist ein handlungsbezogener Beruf, bei dem es viel um Instrumentelles geht. Auf der anderen Seite ist er eben kein Handwerk, weil nicht das Trainieren von ganz bestimmten Handlungen im Vordergrund steht. Das berufliche Handeln der Fachkraft ist komplexer, widersprüchlicher und auch unübersichtlicher. Heute wird viel diskutiert, was eine vorschulische Fachkraft wissen muss. Aber es wird kaum darüber nachgedacht, *wie* sie es schafft, dieses Wissen umzusetzen, sodass es zu einem professionellen Handeln, zu einem Können, wird. Und dies hat viel mit ihrer Persönlichkeit und mit ihrem Selbstvertrauen zu tun. Es geht weniger um bestimmte Fertigkeiten, als darum, dass sie erstens davon überzeugt ist, etwas zu können, dass ihr zweitens das, was sie vermitteln will, wirklich wichtig ist und dass sie drittens einen gesunden Skeptizismus ihrem Handeln und Wissen gegenüber entwickelt.

Gerade aus diesem Grund ist die theoretische Ausbildung nicht als ein Ort zu sehen, an dem nur permanent neues Wissen erworben wird. Selbstverständlich ist der Erwerb von Basiswissen zentral. Zugleich aber müssen bei den Auszubildenden die vorhandenen Kompetenzen und die kritische Distanz gefördert werden. Hier geht es auch um einen Paradigmenwechsel. Praktika dürfen nicht nur als Austragungsorte von Ausbildungswissen betrachtet werden. Dies käme einer Abwertung der Bildungsressourcen gleich, die in der praktischen Arbeit stecken. Es muss eine Gleichwertigkeit zwischen theoretischer und praktischer Ausbildung hergestellt werden.

Gerade die Diskussion um die Akademisierung der Ausbildung des pädagogischen Fachpersonals macht auf die Bedeutung der Ausbildungsreform und damit auch auf die Bedeutung der praktischen Ausbildung aufmerksam. Denn die Akademisierung macht lediglich eine Dimension von Professionalisierung aus. Ebenso notwendig wird auch die gezielte, reflektive Praxisentwicklung. Legitimieren lässt sich diese Aussage durch viele empirische Befunde: So gibt es nicht nur eine Beziehung zwischen der Anzahl an Ausbildungsjahren und der Wirksamkeit vorschulischer Förderung, sondern ebenso eine Beziehung zwischen der Verzahnung von theoretischer und praktischer Ausbildung und der langfristigen Wirksamkeit. Vor allem die amerikanischen Modellprojekte liefern hierzu die notwendigen Belege (Schweinhart et al., 2005; Barnett, 2006; 2008): Fachleute, welche professionell ausgebildet und in der selbstkritischen Reflexion trainiert sind, können Kinder besser und vor allem adäquater fördern als solche ohne professionelle Ausbildung. Zudem brechen sie ihre Berufslaufbahn seltener ab. Dies lässt vermuten, dass eine reflexive praktische Ausbildung die Entscheidung beeinflusst, im Beruf zu bleiben. Deshalb ist eine genauere Betrachtung der vorschulischen Ausbildung bedeutsam. Bisher haben jedoch die Bemühungen zur Verbesserung ihrer Qualität fast ausschließlich auf die akademisierte, d. h. theoretische und selten auf die praktische Ausbildung fokussiert.

Es stellt sich somit die Frage, wie Fachkräfte auf junge Kinder vorbereitet werden sollten. Die Forschung zeigt, dass sie am besten kontextsensitiv erfolgt, also wenig abstrakt, dafür kontextabhängig und mit deutlichen Bezügen zum realen Leben, kontinuierlich und wenig sporadisch, reflexiv-selbstkritisch und wenig vorschreibend, wissensbasiert und kaum in konventionellen Weisheiten verwurzelt. Handlungssicherheit und Entscheidungsfähigkeit in der vorschulischen Arbeit scheint somit ein reflektiertes professionelles Verständnis und eine fundierte Wissensbasis auf verschiedenen Ebenen vorauszusetzen. Dementsprechend sollten FBBE-Aus-, Weiter-

und Fortbildungsprogramme professionelle Ausbildungseinheiten in insgesamt vier Wissensebenen beinhalten. Es sind dies das Wissen für die Praxis, das Wissen über die Praxis, das Wissen innerhalb der Praxis und das Wissen über die eigene Person (vgl. Tabelle 8.2).

Wissensebenen	**Wissensinhalte**
Wissen für die Praxis	Wissen, das außerhalb des Arbeitsfeldes erworben wird. Dazu gehören grundlegende theoretische und empirische Erkenntnisse aus verwandten Wissensgebieten zu Schlüsselthemen des pädagogischen Handelns.
Wissen über die Praxis	Wissen, das durch die Praxis entsteht, wenn eine gezielte Reflexion erfolgt. Dazu gehören beispielsweise Fragen, wie bildungsferne Eltern in die Zusammenarbeit mit der Vorschulinstitution einbezogen werden, wie Mehrsprachigkeit umgesetzt oder soziale Integration konkret gelebt wird.
Wissen innerhalb der Praxis	Wissen, das durch Erfahrung als *reflective practitioner* erworben wird.
Wissen über die eigene Person	Wissen, das aus der selbstkritischen Reflexion zu den eigenen Wertorientierungen, Vorstellungen und Emotionen erworben wird

Tabelle 8.2: Ebenen von Wissenskonzepten für die Aus- und Weiterbildung (nach Oberhuemer, 2006, S. 372)

Diese vier Wissenskonzepte können sowohl im Rahmen der praktischen und der theoretischen Ausbildung als auch im Rahmen der Fortbildung (als Einzelmaßnahme) und Weiterbildung (als formale, abschlussbezogene Form der Professionalisierung) erworben werden. Gerade der Fokus auf die praktische Ausbildung betont jedoch auch die große Bedeutung des Kompetenzzuwachses und der Pflege der Selbstreflexionsfähigkeit vor Ort. Damit solche Kompetenzen in der Praxis greifen können, sind personelle, zeitliche und materielle Ressourcen erforderlich und eine Leitung der Vorschulinstitution, welche kollegiales Lernen großschreibt. In den inzwischen berühmt gewordenen *Early Excellence Centers* in England werden solche Ansätze verwirklicht.

8.4 Zusammenfassende Bilanz

In diesem Kapitel ist dargelegt worden, was Professionalität in Bezug auf das vorschulische Personal bedeutet, wie der Begriff gefasst werden kann, mit welcher Wirksamkeit er verbunden ist und was diese Erkenntnisse für die Aus-, Fort- und Weiterbildung bedeuten. Es ist davon auszugehen, dass die Bedeutung der Professionalität auch in Zukunft weiter zunehmen wird. Viele Veränderungen stehen an. Sie können nur gelingen und ihre gesellschaftliche Akzeptanz finden, wenn das professionelle Denken des Fachpersonals auf die neuen Erfordernisse ausgerichtet wird. Allerdings genügt es nicht, wenn lediglich gefordert wird, die Erkenntnisse der Wissenschaft seien in die Aus-, Weiter- und Fortbildung – aber auch in die Bildungs- und Sozialpolitik – zu tragen. Es bedarf ebenfalls der gesellschaftlichen Akzeptanz und Unterstützung, dass es sich bei diesen Berufen um ausgesprochen anspruchsvolle Aufgaben handelt, welche in der Praxis mit vielgestaltigen Herausforderungen, Rollenkonflikten und auch Überlastungen konfrontiert sind.

Überblickt man den Status quo in Europa, dann wird die enorme Bandbreite der gegenwärtig praktizierten Strukturmodelle überdeutlich. Welche grundsätzliche Richtung sollte die Ausbildung im vorschulischen Bereich somit nehmen? Darauf lässt sich keine klare Antwort finden. Aber im Anschluss an Oberhuemer und Schreyer (2009) lassen sich einige offene Fragen formulieren, deren Klärung für die Ausarbeitung der Berufsprofile grundlegend sein kann. Dabei spielt auch die gesamtgesellschaftliche Stellung der vorschulischen Angebotsstruktur eine wichtige Rolle. Solche Fragen betreffen

- *die Ausrichtung der Berufsausbildung:* Soll sie eher sozialpädagogisch oder eher bildungsorientiert-elementarpädagogisch sein?
- *den Zeitraum, den die Ausbildung umfassen soll:* Soll er die Phase zwischen der Geburt und acht Jahren, zwischen drei und sechs Jahren oder zwischen der Geburt und der Einschulung umfassen?
- *die Bereiche, welche die Ausbildung umfassen soll:* Soll sie eine gesonderte Ausbildung für den vorschulischen respektive für den schulischen Bereich vorsehen oder eine gemeinsame Ausbildung?

Schwerpunkt III

FBBE und ihre Wirksamkeit

9 Auswirkungen familienergänzender Frühförderung

In diesem Kapitel werden zwei Fragen beantwortet, die mit den Auswirkungen frühkindlicher Förderung zu tun haben: erstens, wie früh ein Kind bereits familienextern betreut und gefördert werden soll oder kann und wie viel Mutter es somit in den frühen Lebensjahren braucht; zweitens, welche Auswirkungen frühe Förderprogramme auf den späteren Schulerfolg von Kindern haben. Beide Fragen gehören zusammen, denn spezifische und systematische frühkindliche Förderung muss in der Regel eine Trennung des Kindes von seiner Familie während ein paar Stunden des Tages beinhalten.

9.1 Wie viel Mutter braucht das Kind?

Mütter mit Kleinkindern, die berufstätig sind und das Kind auch noch fremd betreuen lassen: Die Wogen gehen hoch, und die Meinungen sind mehr als nur gespalten. Während die Linke dieses neue Bild forciert und flächendeckende Krippenplätze fordert, postuliert die Rechte die Stärkung der Familie als Erziehungshoheit und eine Mutter, die zum Kind gehört und deshalb zu Hause bleibt. Sozialpolitisch sind aber solche Forderungen unrealistisch. Darauf verweist die Statistik: In Deutschland und der Schweiz sind 55 bis 60% der Mütter der einjährigen und 61 bis 70% der dreijährigen Kinder berufstätig, in Österreich etwas weniger. Noch vor zehn Jahren waren es erst 43 bzw. 49% gewesen. Wir müssen somit davon ausgehen, dass zwei von drei Kleinkindern Erfahrungen in Fremdbetreuung haben und dass die Tendenz steigend ist. Diese Situation bildet sich auch in der Diskussion um den Ausbau der Krippenplätze ab. In Deutschland beispielsweise will das Bundesfamilienministerium bis ins Jahr 2013 ca. 500 000 neue Angebote für unter Dreijährige schaffen.

In der Schweiz ist die Situation etwas anders: Zwar steht ebenfalls die Optimierung und Erweiterung des Angebots an familienergänzenden Betreuungsmaßnahmen zur Diskussion, doch geht es verstärkt um die Frage der früheren Einschulung und der Rolle, welche den Müttern (und indirekt auch den Vätern) dabei zukommt. Befürchtet wird dabei, dass die Familie durch das frühe Eingreifen des Staates in ihrer Hoheit beschnitten und neoliberalistischen Ideen unterworfen werde. Damit einher gehen auch Ängste, dass eine derartige Entwicklung «ein Heer an Bildungs- und Erziehungsexperten» nach sich ziehen könnte, die nur noch diagnostizieren, Abklärungsbedarf formulieren und Fördermaßnahmen einleiten wollen. Eltern würden auf diese Weise nicht nur ihre Erziehungskompetenz, sondern auch ihr Selbstvertrauen verlieren.

Wie stark die Diskussion gesellschaftspolitisch geprägt ist, kommt insbesondere in den medialen Debatten in Deutschland zum Ausdruck, so in den Wochenzeitungen «Die Zeit» sowie «Der Spiegel». Mayer (2006) will beispielsweise die Bedeutung des Humankapitals hervorheben und in der Folge gut qualifizierte Frauen in produktiver Verwendung dem Arbeitsmarkt zugeführt sehen. Entsprechend rechnet sie das Ausmaß wirtschaftlicher Einbußen vor, wenn gut ausgebildete Frauen aufgrund von Familiengründung ihren Beruf nicht mehr ausüben, und sie bezeichnet diese Situation als «fürchterlichstes Investitionsdebakel» (S. 50). Andere halten wenig von mütterlicher Berufstätigkeit und Fremdbetreuung der Kinder und sehen in der vermeintlichen Vereinbarkeit von Familie und Beruf nichts anderes als eine Addition der Belastungen. Deshalb plädiert etwa Radisch (2007) für mehr Familienzeit, d.h. für unverplante Mußezeit, die nicht unter dem Diktat von Konkurrenz und Nützlichkeit steht.

Polaritäten wie diese sind nichts Neues. Auch in der angloamerikanischen Debatte gibt es über Jahrzehnte hinweg zur mütterlichen Berufstätigkeit derart widersprüchliche Positionen. In erster Linie geht es dabei um die vorwiegend emotional gestellte und beantwortete Frage, ob Kinder durch Fremdbetreuung Schaden nehmen respektive inwiefern berufstätige Mütter weniger sicher gebundene Kinder haben. Leider sind viele Antworten deutlich sozialpolitisch motiviert und kaum forschungsbasiert: Kontrahenten der Fremdbetreuung argumentieren mit Entwicklungsrisiken, Protagonisten mit Entwicklungsvorteilen für die Kinder. So befürchten die Kontrahenten etwa, dass mütterliche Berufstätigkeit und Fremdplatzierung der Kinder die Erziehungsfunktion der Familie untergraben und das Kind Schaden nehmen kann. Verschiedentlich wird auch von einer «Ideologie der Entmutterung» oder einer «Denaturierung der frühen Lebensjahre» gesprochen. Protagonisten versuchen andererseits nachzuweisen, dass sich außerfamiliär betreute Kinder nicht anders entwickeln als ausschließlich familienintern betreute Kinder.

Vor diesem Hintergrund stellen sich verschiedene Fragen: Was weiß die Forschung zur Thematik? Wie war es früher? Machen wir heute gewaltige Rückschritte? Sicher scheint, dass der während vieler Jahre dominante Muttermythos eine wesentliche Ursache für die geringe Rezeption der forschungsbasierten Befunde darstellt und die Diskussion deshalb bisher ideologiebasiert geblieben ist. Darauf verweisen die nachfolgenden Ausführungen. Zunächst werden die historische Entwicklung sowie die Erkenntnisse zu den Auswirkungen mütterlicher Berufstätigkeit und der damit verbundenen Fremdbetreuung auf die kognitive und soziale Entwicklung dargestellt. Dabei wird auch auf die aktuelle Kritik an der Bindungsforschung eingegangen. Das Kapitel schließt mit einigen Konklusionen, welche die sozialpolitische Diskussion bereichern und einen Beitrag dazu leisten können, die Frage der mütterlichen Berufstätigkeit weniger auf Ideologie und verstärkt auf Forschungsergebnissen basierend zu diskutieren.

9.1.1 Historischer Rückblick

Die Forschungsgeschichte, die sich mit den Auswirkungen außerfamiliär betreuter im Gegensatz zu ausschließlich familiär betreuter Kinder auf ihre Entwicklung befasst, ist gut 20 Jahre alt. Analog zur Darstellung der internationalen FBBE-Praxis in Kapitel 2 lässt sie sich ebenfalls in Wellen beschreiben. Sie verdeutlichen die Entwicklung vom Fokus auf die Vor- oder Nachteile von familienexterner Betreuung, über die Qualität und den kindlichen Kontext bis auf die interindividuellen Unterschiede und neu nun die «Betreuungsökologie» des Kindes.

- Bereits die erste Welle zwischen den 1960er- und 1980er-Jahren hatte auf die Frage fokussiert, welche heute erneut die Debatte ideologisch prägt (Hock, 1980): «Ist die familienexterne Betreuung gut oder schlecht für die sozial-emotionale und intellektuelle kindliche Entwicklung?» Die Angst war, dass Kleinkinder auf die tägliche Trennung von ihren Müttern mit mangelndem Vertrauen in die Verfüg- und Ansprechbarkeit und Sensitivität ihrer Betreuungsperson reagieren. Insgesamt zeigten die Befunde, dass sich die familienexterne Betreuung per se als nicht schädlich für die kindliche Entwicklung erweist (Belsky & Steinberg, 1978).

- Die zweite Welle setzte in den 1980er-Jahren bei der Qualität des Settings und der damit verbundenen frühen Erfahrung mit der Frage an: «Wie beeinflussen verschiedene und qualitativ unterschiedliche familienexterne Betreuungstypen die kindliche Entwicklung?» (Howes & Olenick, 1986) Neu war nun, dass die kindliche Separation von der Mutter nicht mehr an sich problematisiert wurde, sondern vor allem in Bezug auf die Qualität des familienexternen Angebots. Einbezogen wurde nun eine größere Bandbreite an familienexternen Betreuungsangeboten (Kinderkrippen, Tagespflege, Betreuung durch Verwandte etc.). Insgesamt erwiesen sich die Ergebnisse jedoch als sehr unterschiedlich und deutlich weniger konsistent als diejenigen der ersten Welle. Sie reichten von der Feststellung, dass familienexterne Betreuung für die kindliche Entwicklung günstig sei (Andersson, 1989), bis zu Nachweisen ihres schädlichen Einflusses (Haskins, 1985). Dies dürfte in erster Linie an der Variabilität der Angebote, an den unterschiedlichen methodologischen Zugängen, an der Auswahl der moderierenden Variablen und an der vielfältigen Interpretation der Ergebnisse gelegen haben (Howes & Stewart, 1987; Kisker et al., 1990).

- Diese divergierenden Befunde waren Auslöser der dritten Welle in den 1990er-Jahren. Ziel der neuen Studien war es, diese Divergenzen durch die Suche nach zusätzlichen interaktiven Effekten zu präzisieren. Im Fokus standen deshalb nun der familiäre Hintergrund und die Merkmale der Angebotsqualität. Die Hauptfrage lautete dabei: «Wie beeinflusst die Qualität von familienexterner Betreuung, kombiniert mit Familienfaktoren, die Wirkung auf die kindliche Entwicklung?» (Kontos, 1994). Diese Frage führte auch in Deutschland zur groß angelegten Untersuchung der Qualität von Kindergärten (Tietze et al., 1998).
- Eine vierte, Ende der 1990er-Jahre einsetzende Welle erweiterte den Blick auf individuelle Unterschiede zwischen Kindern und auf die Auswirkungen familienexterner Betreuung. Handlungsleitend war dabei die Frage: «Wie beeinflussen qualitativ hochstehende familienexterne Betreuungsangebote unterschiedliche Gruppen junger Kinder?» (Loeb et al., 2004). Hierzulande liegen dazu einige Überblicksarbeiten vor, beispielsweise von Ahnert (2005b) oder von Roßbach (2005).
- Aktuell zeichnet sich eine fünfte Welle ab. Sie basiert auf der Feststellung, dass familienextern betreute Kinder immer weiterhin auch zu Hause aufwachsen und dass auf diese Weise neue Interaktionsbeziehungen entstehen, die das familiäre Umfeld verändern. Um die Auswirkungen von Fremdbetreuung und familiärer Betreuung richtig einschätzen zu können, wird deshalb zunehmend die gesamte Betreuungsökologie des Kindes in den Blick genommen. Studien wie diejenigen von Ahnert (2006) fragen unter Berücksichtigung einer großen Anzahl unterschiedlicher Variablen nach den multiplen Faktoren, welche die Verbindung zwischen mütterlicher, familienexterner Betreuung und kindlichem Verhalten moderieren.

Insgesamt verdeutlicht dieser Rückblick zweierlei: (1) Fragestellungen, die heute aktuell sind und zu ideologischen Grabenkämpfen führen, sind bereits vor 20 Jahren diskutiert und auch beantwortet worden. (2) Im Verlaufe der Zeit wurden die Fragestellungen stark differenziert. Deshalb erstaunt, dass die traditionelle Sichtweise, welche die prägende Natur frühkindlicher Erfahrung und die ausschlaggebende Wirkung der frühen Mutter-Kind-Bindung auf die spätere Persönlichkeitsentwicklung betont, immer noch stark prägnant ist und zur Folge hat, dass die mütterliche Berufstätigkeit nach wie vor als generelles Risiko für die kindliche Entwicklung bezeichnet wird. Vor diesem Hintergrund scheint es deshalb notwendig, den aktuellen Forschungsstand auf der Basis empirischer Längsschnittstudien nachzuzeichnen. Nicht diskutiert werden dabei psychoanalytisch-klinische Erkenntnisse. Der Grund liegt nicht etwa darin, dass sie frühe, extensive Fremdbetreuung großteils mit umfangreichen Beziehungs- und Persönlichkeitsproblemen in den späteren Lebensjahren in Verbindung bringen, sondern in erster Linie in der traditionellen psychoanalytischen Methodologie. Da sie keine Beobachtung der Qualität der Kinderbetreuung zulässt, sondern diese – wie Dornes (2008, S. 193) schreibt – nur «erinnert» werden kann, besteht die Gefahr, dass Effekte schlechter Betreuung als Betreuungseffekte schlechthin interpretiert werden.

9.1.2 Der Einfluss familienexterner Betreuung auf die kindliche Entwicklung

Durch die groß angelegte amerikanische NICHD-Studie und weitere Studien konnten einige der dauerhaft diskutierten Probleme in den letzten Jahren aufgeklärt werden. Das «NICHD Early Child Care Research Network» führte in den USA ab 1991 eine Längsschnittuntersuchung durch, bei der Kinder von der Geburt bis zum Ende der sechsten Schulklasse im Hinblick auf ihre unterschiedlichen Aufwachssettings und deren Auswirkungen auf die sozialen, intellektuellen und emotionalen Kompetenzen begleitet und untersucht wurden. Eine Nachuntersuchung läuft.

Die Studie begann mit 1364 Kindern und deren Familien, verkleinerte sich jedoch auf 293 Kinder im Alter von zwölf Jahren, für die vollständige Datensätze vorliegen. Zudem waren Mütter mit höheren Bildungsabschlüssen überrepräsentiert. Die Stichprobe lässt sich wie folgt beschreiben: Etwas mehr als 20% der untersuchten Kinder wurden bereits als Babys in Familientagespflege und 8% in Kindertageseinrichtungen betreut. Im Alter von drei Jahren wurden mehr als 90% der Kinder regelmäßig fremdbetreut (im Durchschnitt für 33 Wochenstunden). Bereits im Alter von drei bis 54 Monaten hatten sie durchschnittlich mehr als fünf verschiedene Betreuungsarrangements erlebt.

Im Hauptergebnis zeigt die Studie, dass die frühe Inanspruchnahme von Tagesbetreuung nicht grundsätzlich die Eltern-Kind-Beziehung verschlechtert: Jedoch war die mütterliche Feinfühligkeit die dominierende Einflussgröße auf die Sicherheit der Mutter-Kind-Bindung, unabhängig davon, ob das Kind ausschließlich zu Hause oder in nicht mütterlicher Betreuung war. Die Kombination von nicht feinfühliger Betreuung sowohl zu Hause als auch außerfamiliär war allerdings sehr häufig mit unsicheren Mutter-Kind-Bindungen verbunden. Kinder, die ausschließlich von ihrer Mutter betreut wurden, entwickelten sich nicht anders als Kinder, die auch von anderen Personen betreut wurden. Kinder, die in qualitativ hochstehenderen Betreuungssituationen waren, zeigten eine etwas bessere sprachliche und kognitive Entwicklung in den ersten viereinhalb Lebensjahren. Sie waren auch etwas kooperativer als Kinder, die in ihren ersten drei Lebensjahren eine weniger gute außerfamiliäre Betreuung erfahren hatten.

Von besonderem Interesse sind somit auch Fragen nach der Wirkung von außerfamiliärer Betreuung auf junge Kinder – d. h. auf ihre kognitive und sozial-emotionale Entwicklung –, die auch das Alter und die Intensität, den Betreuungstyp und die Betreuungsqualität berücksichtigt, aber auch, wie die Eltern mit dieser Situation umgehen und welche Beziehung zur Betreuungsinstitution aufgebaut werden kann. Diese Fragen lassen sich wie folgt beantworten:

- *Die Rolle des Beginns und der Intensität familienexterner Betreuung:* Ab wann soll ein Kind außerhäuslich betreut werden, und wie viel Zeit soll es dort verbringen, damit es nicht Schaden nimmt, sondern optimal profitiert? Obwohl es sich bei dieser Frage um eine der umstrittensten überhaupt handelt, gibt es dazu nur wenige empirisch abgesicherte Erkenntnisse, sodass sie sich nicht schlüssig beantworten lässt (vgl. dazu auch Ahnert, 2005 b).

  Sozial-emotionale Entwicklung: Für diesen Bereich sind die Ergebnisse sehr unterschiedlich. Während Burchinal et al. (2000) oder Lamb (1998) bessere Sozialkompetenzen familienextern betreuter Kinder belegen konnten, zeigten sich im EPPE-Projekt («The effective provision of preschool education») zwischen dem Zeitpunkt des erstmaligen Besuchs eines familienexternen Angebots und der sozialen Entwicklung keine (Sylva et al., 2004), in der NICHD-Studie jedoch sehr vielfältige Effekte. Belsky et al. (2007) konnten nunmehr an Zwölfjährigen zeigen, was vorher schon bei den Vier-, nicht jedoch bei den Achtjährigen festgestellt worden war: Kinder, die besonders früh und intensiv familienextern betreut worden waren, neigten später im Fremdurteil der Lehrpersonen zu eher auffälligem Verhalten als ausschließlich zu Hause betreute Kinder. Die Autoren kamen dabei zu dem Schluss, dass der Zeitfaktor (der Beginn familienexterner Betreuung) und die Intensität (das Ausmaß der Betreuung) in ihrer Kombination eine bedeutsame Rolle spielen und dass intensive, früh einsetzende familienexterne Betreuung die Wahrscheinlichkeit erhöht, dass Kleinkinder unsichere Bindungsverhältnisse zu ihren Müttern entwickeln.

  Kognitive Entwicklung: Die verfügbaren Studien hierzu weisen insgesamt minimale oder gar keine Auswirkungen nach. Dies ist beispielsweise in der NICHD-Studie der Fall. Eine wichtige Variable ist jedoch die soziale Herkunft. Zeitpunkt und Intensität scheinen begünstigende Effekte auf benachteiligt aufwachsende Kinder derart zu haben, als sie von früher und intensiver Fremdbetreuung stärker profitieren als eher privilegiert aufwachsende Kinder (Loeb et al., 2004; Rumberger & Tran, 2006; Stamm, 2009). Zusammengenommen, fördern diese Studien zwei markante Erkenntnisse zutage: Benachteiligte Kinder profitieren von intensiven Vorschulangeboten dann am meisten, wenn sie bereits vor drei Jahren außerfamiliäre Angebote besuchen können. Zwar zeigten sich bei ihnen Negativeffekte auf das Sozialverhalten, doch sind diese lediglich zufällig.

Die Rolle des Betreuungstyps: Auch diese Frage lässt sich nicht schlüssig, jedoch wie folgt auf der Basis verschiedener Vergleichsstudien zu den Auswirkungen von Kindertagespflegeangeboten (Tagesmütter respektive Tagespflege), Kinderkrippen sowie familieninterner Betreuung (Babysitter, Verwandte, Au-pairs) beantworten. Aus den Befunden einer angloamerikanischen Studie von Clarke-Stewart et al. (1994), die dann auch durch die NICHD-Studie (NICHD Early Childcare Research Network/Duncan, 2003) bestätigt wurden, wissen wir, dass sich Betreuungstypen in einer Vielzahl von Wegen unterscheiden. Beispielsweise verfügen Kinderkrippen im Vergleich zu den anderen Betreuungsangeboten über besser ausgebildetes Personal, gleichzeitig jedoch auch über ungünstigere Betreuungsschlüssel und schulähnlichere Tagesabläufe.
Im Gegensatz dazu ermöglichen Tagespflegesettings ausladenderes exploratives Spiel, viel informelles und zwangloses Lernen, aber auch unkontrollierteren Fernsehkonsum (Ahnert, 2005 a). Kinderkrippen weisen in der Regel die höchsten Gruppengrößen und die ungünstigsten Betreuungsschlüssel auf, aber auch die stimulierendsten Umgebungskontexte. Tagespflegesettings wiederum nehmen zwischen den Kinderkrippen und der familieninternen Betreuung eine mittlere Position ein.

Soziale Entwicklung: In der Bilanzierung verschiedener Studien – so das EPPE-Projekt (Sammons et al., 2004) und die NICHD-Studie (Belsky et al., 2007) – weist sich Tagespflegebetreuung günstiger als Krippenbetreuung aus, weil diese in einem höheren Ausmaß mit späteren Verhaltensproblemen einhergeht. Insgesamt zeigen in Kinderkrippen betreute Kinder deutlichere externalisierende Verhaltensauffälligkeiten im Vergleich zu Kindern in Familientagespflege.

Kognitive Entwicklung: In Bezug auf die kognitive Entwicklung zeigen sich konträre Befunde. So erzielen in Kinderkrippen betreute Kinder höhere kognitive Gewinne als Kinder in Tagespflege. Hierin sind die Ergebnisse der NICHD-Studie (Belsky et al., 2007), der Studie von Blau (2000) und von Loeb et al. (2004) fast identisch. Dabei ergibt sich eine Moderation der kognitiven Entwicklung durch die Betreuungsqualität: Während es bei schlechter Krippenbetreuung durchaus vorkommen kann, dass die Ergebnisse im Vergleich zur Betreuung durch Tagesfamilien negativ ausfallen, sind sie bei exzellenter Anregungsqualität positiv (NICHD, Early Childcare Research Network/Duncan, 2003).

Unter Berücksichtigung des Alters lassen die Forschungsbefunde die vorsichtige Interpretation zu, dass institutionelle Bildungs- und Betreuungsformen vor dem dritten Lebensjahr für die kognitive Entwicklung etwas förderlicher sind als Formen der Tagespflege. Besonders förderlich scheint jedoch ein früher Beginn mit Tagespflegeangeboten zu sein, die später von institutionellen Angeboten abgelöst werden.

- *Die Rolle der Qualität:* Zur Frage, welche Rolle die Qualität familienexterner Betreuung spielt, damit junge Kinder nicht Schaden nehmen, liegen bis heute divergierende Antworten vor, insbesondere dann, wenn die Qualität operationalisiert wird. In Kapitel 8 wurde ausgeführt, dass in der Regel drei Hauptdimensionen unterschieden werden: die Strukturqualität (die Gruppengröße, die Personal-Kind-Relation, die Qualifikation des Ausbildungspersonals), die Prozessqualität (soziale Beziehungen und Interaktionen innerhalb des pädagogischen Alltags) und die Orientierungsqualität. Hohe Werte respektive günstige Konstellationen in allen diesen Qualitätsdimensionen tragen zu einer hohen «Angebotsqualität» bei. Sie erlaubt, familiäre Risiken zu kompensieren und die kindliche Entwicklung positiv zu unterstützen. Dies trifft für verschiedene amerikanische Modellprojekte zu, insbesondere für das *High/Scope Perry Preschool Project,* das in Kapitel 7 als Best-Practice-Projekt vorgestellt worden ist.

Sozial-emotionale Entwicklung: Im Hinblick auf die sozial-emotionale Entwicklung scheint die Strukturqualität bedeutsamer zu sein als die Prozessqualität. Während diese nur eine geringe positive Auswirkung auf das kindliche Sozialverhalten hat, ist die Strukturqualität insofern bedeutsamer, als kleine Gruppen, ein günstiger Betreuungsschlüssel und ein höherer Professionalisierungsgrad des Fachpersonals mit niedrigeren Verhaltensproblemen einherzugehen scheinen (Sammons et al., 2004; Belsky et al., 2007). Allerdings dürften die Prozess- und Strukturqualität eine nach Lebensalter unterschiedliche Rolle spielen. So konnten in der EPPE-Studie für sehr junge Kinder kaum Zusammenhänge zwischen Merkmalen der Prozessqualität und der Sozialentwicklung festgestellt werden, wohl jedoch für dreijährige und ältere Kinder. Ferner erwiesen sich einzelne Merkmale der Strukturqualität entweder als bedeutsamer für ältere Kinder (wie etwa die Qualifikationen des Fachpersonals) oder für sehr junge Kinder (wie Gruppengröße und Betreuungsschlüssel).

Kognitive Entwicklung: Allgemein wird davon ausgegangen, dass eine hohe Prozessqualität die kognitive Entwicklung besonders fördert. Dies gilt sowohl für sehr junge als auch für etwas ältere Kinder, für solche aus benachteiligten als auch solche aus eher privilegierten Familien (Barnett, 1998; Roßbach, 2005). In Bezug auf die Strukturqualität sind die Ergebnisse nicht so eindeutig. Während in der NICHD-Studie (NICHD Childcare Research Network/Duncan, 2003) Kinder vor allem dann kognitive Fortschritte machten, wenn das pädagogische Fachpersonal gut ausgebildet und das Gruppenklima angenehm war, waren es im EPPE-Projekt ein günstiger Betreuungsschlüssel und kleine Gruppen (Sammons et al., 2004).

Insgesamt entwickeln sich Kinder in guten Angeboten – mit günstigem Betreuungsschlüssel, gut ausgebildetem Personal und unterstützender Familienbegleitung – kaum negativer als ausschließlich familiär betreute Kinder. Kontinuierliche familienexterne Betreuung beeinflusst das vorschulische Sozialverhalten positiv und das Bindungsverhalten nicht negativ – mit der Einschränkung allerdings, dass die Qualität der Institution respektive des Angebots überdurchschnittlich sein muss. Es ist jedoch vor allem die Qualität der Mutter-Kind-Beziehung in dieser Zeitspanne, welche die spätere Fähigkeit des Kindes, sich an andere Personen sicher zu binden, prägt. Familienergänzende Betreuung hat darauf wenig Einfluss. Aber: Schlechte Betreuungsqualität beeinträchtigt die Mutter-Kind-Bindung.

Fazit

Wissenschaftlich unbestritten ist, dass familienexterne Angebote einen Beitrag zur sozialen und kognitiven Entwicklung benachteiligter Kinder leisten können. Qualität, Zeitpunkt und Intensität der Betreuung sowie Betreuungstyp scheinen dabei eine nicht zu unterschätzende Rolle zu spielen. Zwar scheint eine intensive Fremdbetreuung mit stärkeren Verhaltensauffälligkeiten einherzugehen, insbesondere dann, wenn sie bereits in den ersten sechs Lebensmonaten einsetzt. Weil das junge Kind in seinen ersten drei Lebensjahren wegen seiner körperlichen und seelischen Verletzlichkeit ganz besonders auf eine schützende und stabile Umgebung angewiesen ist, bindet es sich an die ihm am verlässlichsten zur Verfügung stehenden Personen. Ein langer Aufenthalt in einer öffentlichen Kindereinrichtung über viele Stunden und mit relativ häufig wechselnden Betreuungspersonen kann mit nachlassender kindlicher Aufmerksamkeit und verminderter mütterlicher Sensitivität verbunden sein.

Um die vielfältigen Einflüsse insgesamt zu verstehen, muss man neuere Interaktionsmodelle berücksichtigen. Die Forschung geht heute davon aus, dass das Kind auf bestimmte Weise lernt, seine Fähigkeiten einzubringen, indem es dazu angehalten, ermutigt (oder auch gedrängt!) wird, gewisse Potenziale stärker zu entwickeln als andere, auf einige Dinge besser zu achten und bestimmte Gefühle eher zuzulassen als andere. In Kapitel 3 ist in diesem Zusammenhang von der *Kind-Umwelt-Passung* gesprochen worden. Schon durch die genetische Ausstattung und das Temperament ist jedes Kind unterschiedlich veranlagt. Dies ist der Hauptgrund, weshalb die Professionalität der Betreuungsperson, aber auch die Eltern eine derart zentrale Rolle spielen, wenn es um eine gute Passung geht.

9.1.3 Wer profitiert am meisten?

Die bisherigen Ausführungen haben deutlich gemacht: Die Frage des Einflusses familienergänzender Betreuung wird kontrovers diskutiert. Wissenschaftlich unbestritten ist, dass sie einen Beitrag zur sozialen und kognitiven Entwicklung benachteiligter Kinder leisten kann. Umstritten ist jedoch, in welchem Ausmaß auch privilegiert aufwachsende Kinder von ihr profitieren können. Einleuchtend ist zunächst, dass familienexterne Betreuung dort kompensatorisch wirken kann, wo suboptimale familiäre Bedingungen bestehen. Sind diese jedoch optimal oder zumindest entwicklungsadäquat, muss dies nicht zwingend der Fall sein. Der Grund für diese Zweifel hat Barnett (1998) mit der Annahme begründet, dass das Ausmaß der Effekte familienexterner Betreuung eine Funktion des Unterschieds zwischen ihrer Qualität und derjenigen der häuslichen Umgebung darstellt. Dieser Unterschied kann positiver oder negativer Art sein:

- Ist die familienexterne Qualität besser als die des häuslichen Umfelds, dann ergibt sich ein größerer positiver Unterschied und somit auch eine größere positive Wirksamkeit. Eine hohe Qualität familienexterner Betreuung kann somit die möglicherweise negativen Auswirkungen familiärer Einflussmerkmale kompensieren.
- Haben Kinder zu Hause förderlichere Entwicklungsbedingungen als in der außerfamiliären Betreuung, so führt dieser negativ gefärbte Unterschied zu «verlorenen Ressourcen», die sich möglicherweise in Verhaltens- und anderen Problemen äußern können.
- Ein «doppeltes Risiko» ergibt sich bei einem sogenannten doppelt negativen Unterschied. Gemeint ist damit, dass bei sowohl schlechter familiärer als auch schlechter familienexterner Betreuungsqualität die negativen Auswirkungen familiärer Risikofaktoren durch eine nicht adäquate Fremdbetreuungsqualität verstärkt werden.

Familieninterne Betreuung und familienexterne Betreuung stehen somit in einer expliziten Wechselwirkung und können negative kindliche Erfahrungen abpuffern oder intensivieren und solche positiver Art abschwächen oder verstärken. Dabei ist ein weiterer Sachverhalt zu beachten (vgl. Wustmann, 2005): Es gibt resiliente Kinder, die trotz schwierigen Lebenskontexten relativ unbeschädigt Negativerfahrungen überstehen, während andere deutliche Auswirkungen zeigen. Die Forschung belegt, dass sich resiliente Kinder durch Fähigkeiten auszeichnen, Entwicklungsrisiken weitestgehend zu vermindern respektive zu kompensieren, negative Einflüsse zu neutralisieren und sich bewältigungsrelevante Kompetenzen anzueignen. Damit wird die systemisch orientierte Betrachtung von Risikosituationen bedeutsam. Das Individuum, das selbstregulierend auf seine Umwelt einwirkt und diese an der Entwicklung resilienten Verhaltens beteiligt, bekommt eine immer wichtigere Position. Protektive Faktoren haben bereits bei geringer Ausprägung einen positiven Effekt. Es ist aber unzulässig, positive und negative Einflüsse einander kumulativ gegenüberzustellen, weil der sogenannte Puffereffekt ein spezielles Zusammenwirken von Risiko- und Schutzfaktoren bedingt. Demnach kommen protektive Faktoren nur zum Tragen, wenn eine Gefährdung vorliegt. Liegt keine Gefährdung vor, dann kommt den Schutzfaktoren auch keine besondere Bedeutung zu.

9.1.4 Kritik an der Bindungstheorie

Die Frage, wie viel Mutter das Kind brauche, und die damit verbundene Diskussion um den möglichen Schaden, den ein Kind aufgrund früher familienexterner Betreuung nehmen kann, basiert letztlich auf den Erkenntnissen der traditionellen Bindungsforschung, so wie sie bereits in Kapitel 3 dargelegt worden ist. In den vergangenen Jahren ist diese jedoch – nicht zuletzt im Zusammenhang mit den Erkenntnissen der Resilienzforschung – zunehmend kritisiert worden. Diese Kritik fokussiert auf drei Aspekte: (a) das Temperament und das Verhalten des Säuglings, (b) die fremde Situation und (c) den kulturellen Hintergrund. Diese Kritiken rufen nach einem grundsätzlichen Überdenken der Bindungstheorie.

- *Temperament und Verhalten des Säuglings:* Säuglinge entwickeln sich relativ schnell zu sozialen Wesen, denen es nicht nur darum geht, Bedürfnisse nach Essen, Trinken, Körperkontakt und Wärme zu befriedigen, sondern auch um die Durchsetzung ihres Willens, um die Exploration von Raum, Selbstaktivität und Beziehungsmöglichkeiten. Demnach können sie bereits früh aktiv in ihre Lebenswirklichkeit hineinwirken. Somit spielt nicht nur das Verhalten der Bindungspersonen, meist der Mutter, bei der Interaktion und der Entwicklung eines Bindungstyps eine Rolle, sondern auch das Temperament und das Wesen des Säuglings. Das gleiche Verhalten Erwachsener kann unterschiedliche Reaktionen bei den Kindern hervorrufen und somit auch einen Beitrag zur Entstehung unterschiedlicher Bindungstypen leisten. Nur so kann man verstehen, weshalb es durchaus normal entwickelte Erwachsene gibt, die unter frühkindlichen Traumatisierungen wie Misshandlungen, Verlust der Eltern oder Krieg zu leiden hatten.

- *Die fremde Situation:* Verschiedentlich wird argumentiert, dass das Konzept der fremden Situation nicht äquivalent sowohl auf Kleinkinder von außerhäuslich arbeitenden Müttern als auch auf solche, die sich auf die Hausarbeit konzentrieren, übertragbar sei. Die Validität des Fremde-Situation-Verlaufs hänge vielmehr davon ab, ob eine moderate Stresssituation für Kleinkinder geschaffen werden könne. Während sich für Kinder arbeitender Mütter eine solche Situation nicht als besonders stressvoll erweise, dürfe dies für Kinder nicht außerhäuslich berufstätiger Mütter in besonderem Maße zutreffen. Deshalb sei das Ausmaß infrage zu stellen, in welchem Unterschiede im Verhalten – wie sie in der fremden Situation aufgedeckt wird – indikativ für unterschiedliche Bindungstypen seien.
- *Der kulturelle Hintergrund:* Nach Ahnert (2006) ist der Blick weg von einer defizitorientierten hin auf eine ganzheitliche Betrachtung der Bindungsfrage zu lenken und dadurch die dominante und einkanalige Beeinflussung der Mutter zu relativieren. Gleiches gilt in Bezug auf die Erkenntnisse der Kulturanthropologie, wonach die Kultur bestimmt, wie der Mensch mit seinem Baby umgeht. Darauf verweisen auch vergleichende Untersuchungen zwischen Deutschland, Japan und Israel, welche andere Verteilungsmuster der Bindungsklassifikation aufzeigen (Van Ijzendoorn & Sagi, 1996). Die ausschließliche Betreuung durch die Mutter stellt somit nur *eine* Variante in den weltweit praktizierten *multiplen* Betreuungsarrangements dar.

9.1.5 Zusammenfassung

Ob ein Kind, das ein familienexternes Betreuungsangebot besucht – dies kann eine Tagesfamilie, eine Krippe oder auch eine verwandte Person sein –, eine unsichere Bindung an seine Eltern entwickelt und sich deshalb später schlechter als ein ausschließlich von der Mutter betreutes Kind in Schule und Gesellschaft integrieren kann, muss mit «in der Tendenz: nein» beantwortet werden. Kleinkinder entwickeln sich durch zeitlich beschränkte familienergänzende Betreuungsverhältnisse nicht per se nachteiliger, als wenn sie vorwiegend von der Mutter, vom Vater oder von einer anderen relevanten Bindungsperson betreut werden. Solche Kinder zeigen weder zwangsläufig schlechtere Bindungsstile noch eine ungünstigere kognitive Entwicklung als innerfamiliär betreute Kinder. Einige Studien weisen sogar einen intellektuellen Gewinn krippenbetreuter Kinder bei Schuleintritt nach, doch scheint er im Verlaufe der Schulzeit wieder verloren zu gehen. In Bezug auf die soziale Entwicklung, insbesondere der Aggression, ergeben sich allerdings einige Hinweise auf tendenzielle Probleme.

Es kommt jedoch bei der Wirkung von nicht mütterlicher Betreuung auf junge Kinder darauf an, in welchem Alter und mit welcher Intensität familienexterne Betreuung einsetzt respektive stattfindet, wie die Betreuungsqualität ist, wie die Eltern mit dieser Situation umgehen und welche Beziehung zur Betreuungsinstitution aufgebaut werden kann. Daraus folgt, dass Fremdbetreuung in höchster Qualität angeboten werden muss, um allen Kindern eine optimale Entwicklung garantieren zu können.

Fast scheint es, dass die starke Konzentration auf die familienergänzenden Betreuungsangebote die Bedeutung, welche Eltern für die Entwicklung ihres Kindes spielen, in den Hintergrund gedrängt hat. Interessant ist in diesem Zusammenhang, dass in Schweden, bisher ein «Krippen-Musterland», aktuell eine Art «Roll-back» stattfindet. So wurde ein gehaltsbezogenes Elterngeld von insgesamt 480 Tagen eingeführt, davon wird während 360 Tagen ein Anteil von 80% des früheren Lohns bezahlt. 80% aller Väter nehmen Elternzeit. Dieses schwedische Modell zeigt, dass das Ziel der simultanen Vereinbarkeit von Erwerbs- und Familienphasen mit großem Erfolg erreicht werden kann. Zudem wurden Phasen der Elternzeit definiert, die ausschließlich einem Elternteil und somit auch ausschließlich dem Vater zugeschrieben wurden. Diese Maßnahme unterstützt die Gleichstellung der Geschlechter bei der Kindererziehung enorm. Die flexible Ein- und Aufteilung der Elternzeit unterstützt die Familien in ihrer individuellen Situation, anstatt sie zu einer einmaligen Entscheidung zu zwingen. Zudem hat sich gezeigt, dass Unternehmen langfristig von familienfreundlichen Maßnahmen, zu denen u.a. Teilzeitangebote, flexible Arbeitszeiten und Wiedereinsteigerprogramme zählen, profitieren. Insgesamt hat Schweden den Grundsatz umgesetzt, dass die Familie, Vater *und* Mutter, nach wie vor die wichtigste Komponente im Aufwachsen eines Kindes ist. Vater und Mutter haben dafür die Verantwortung zu tragen. Auch Krippenplätze in genügender Zahl können ihnen dies nicht abnehmen.

9.2 Auswirkungen frühkindlicher Förderprogramme auf den Schulerfolg

Mit den PISA-Erkenntnissen, die Deutschland und der Schweiz einen besonders starken Zusammenhang zwischen sozialer Herkunft und Schulerfolg attestiert hatten, ist die Frage aufgekommen, inwiefern vorschulische institutionelle Förderung soziale Benachteiligung kompensieren und allen Kindern annähernd gleiche Startchancen für ihre Bildungslaufbahn ermöglichen kann. Bildungsgerechtigkeit ist in diesem

Zusammenhang zur Aufgabe einer vorsorgenden Gesellschaftspolitik erklärt worden. Ihr Anfang wird in der vorschulischen Förderung gesehen. Vor dem Hintergrund der in Kapitel 3 dargestellten empirischen Tatsache, dass die ersten Lebensjahre eine kritische Phase für die sozial-emotionale und die kognitive Entwicklung eines Kindes darstellen, kommt dieser Aussage besondere Bedeutung zu. Vorschulische Einrichtungen bilden demnach neben der Familie die natürliche Umgebung zur Prävention von Bildungsbenachteiligung.

Dass frühpädagogische Förderprogramme wirksam sein können, belegt nicht nur das *High/Scope-Perry-Preschool*-Modellprojekt, sondern auch ein umfassender, theoretisch und empirisch fundierter Forschungskorpus (vgl. zusammenfassend Barnett, 1998). So sind Studien verfügbar, welche positive Effekte auf Kinder aller sozialen Schichten und Ethnien wie auch für beide Geschlechter nachweisen wie auch solche, die sich auf Kinder benachteiligter Schichten beschränken. Für diese Kinder scheinen die Effekte in der Tat am größten zu sein, wenn man die Indikatoren Klassenwiederholung, sonderpädagogische Stütz- und Fördermaßnahmen sowie anspruchsvolle Schulabschlüsse fokussiert. Barnetts neueste Überblicksstudie (2008) kommt darüber hinaus zu dem Schluss, dass lange nicht alle Angebote die intendierten Wirkungen erzeugen und dass es vielen von ihnen an bildungsorientierter Förderintensität mangelt. Er geht sogar davon aus, dass nicht wenige der Angebote auch leichte Negativeffekte auf die soziale und emotionale kindliche Entwicklung haben. Solche unerwünschten Effekte erachtet er als bedenklich, weil viele Angebote keiner Qualitätssicherung und schon gar nicht einer Zertifizierung unterzogen werden.

In diesem Kapitel wird aufgezeigt, unter welchen Bedingungen FBBE-Programme Schulversagen und Anpassungsproblemen vorbeugen, sozialer Benachteiligung entgegenwirken und damit einen entscheidenden Beitrag für eine verbesserte Bildungsgerechtigkeit leisten können. Zunächst werden jedoch einige Ausführungen zum Präventionsgedanken im FBBE-Bereich gemacht. Abschließend werden einige Schlüsse gezogen, was dies für die Erarbeitung von entsprechenden Angeboten bedeutet.

9.2.1 Prävention und frühe soziale Benachteiligung

Unter dem Begriff «Prävention» versteht man vorbeugende Maßnahmen, welche unerwünschte Entwicklungen oder ein unerwünschtes Ereignis (wie etwa Schulversagen) verhindern sollen. Prävention zielt somit auf die Verhinderung von Störungen. Präventionsmaßnahmen werden als wichtig erachtet, sind doch 15 bis 30% – je nach Definition – aller Kinder durch körperliche, physische, soziale, ökonomische oder psychische Risiken belastet.

Eine Form der Prävention ist die Gesundheitsförderung. Dazu gehören Maßnahmen, welche auf die Unterstützung und Erhaltung der Gesundheit und des Wohlbefindens angelegt sind. Es sind dies beispielsweise die Schaffung von förderlichen Handlungsspielräumen und Lernumgebungen für Kinder, aber auch die Befähigung der Eltern und des pädagogischen Personals für ihre erzieherischen und bildenden Aufgaben. Von Prävention und Gesundheitsförderung unterscheidet man die klassische Intervention. Sie meint das Eingreifen in eine problematische Situation mit dem Ziel, diese mit angemessenen Maßnahmen zu verändern und für alle Beteiligten zu optimieren. Wenn ein FBBE-Konzept das Risiko von Schulversagen benachteiligter Gruppen minimiert, dann funktioniert es als Prävention.

Will man FBBE-Konzepte zur Prävention einsetzen, so muss man allerdings wissen, welche Vorschulkinder risikogefährdet und damit in besonderem Maße für präventive Angebote geeignet sind. Die Zahl risikogefährdeter Kinder hat in den letzten Jahren enorm zugenommen. Einer der Gründe liegt darin, dass sich der Blick auf die kindliche Entwicklung allgemein differenziert hat und dies ganz besonders für solche mit unvorteilhaften Entwicklungsprozessen gilt. In der Folge werden solche Kinder auch häufiger als risikogefährdet identifiziert. Hierin liegt eine große Chance, Entwicklungsbeeinträchtigungen rechtzeitig zu erkennen, aber auch die Gefahr, junge Kinder schon sehr früh zu stigmatisieren und ihnen einen belastenden Rucksack mit auf den Lebensweg zu geben. In Kapitel 6 ist auf solche Negativeffekte im Rahmen von Lern- und Entwicklungsstandsmessungen hingewiesen worden. Gerade deshalb müssen pädagogische Fachkräfte des Vorschulbereichs in diesem Bereich besser ausgebildet sein, um Entwicklungsbeeinträchtigungen von harmlosen Entwicklungsverzögerungen unterscheiden zu lernen. Kinder dürfen nicht einfach auf ihre Risiken reduziert werden, sondern sie sind in erster Linie auf ihr Potenzial hin zu fördern. Problematisch ist darüber hinaus, dass entwicklungsfördernde Aufgaben schnell an externe Fachkräfte delegiert werden und junge Kinder (zu) schnell therapeutische Hilfe bekommen. In vielen Fällen würden vorbeugende, also präventive Maßnahmen reichen. Das Bewusstsein für die präventive Funktion im Vorschulbereich ist gerade aus solchen Gründen massiv zu stärken. Junge Kinder sind so anzuregen und zu stützen, dass sie riskante Lebensbedingungen bewältigen können. Präventive Unterstützung brauchen Kinder, die

- von Armut betroffen sind,
- aus sozial schwachen Familien stammen und wenig familiäre Anregung bekommen (fehlende Spiel- und Lernmaterialien, fehlende kulturelle Angebote),

- über unzureichende Vorläuferfähigkeiten im sprachlichen und mathematischen Bereich verfügen,
- sozial insofern benachteiligt sind, als sich ihre Eltern nicht adäquat um sie kümmern («Wohlstandsverwahrlosung»),
- besondere Bedürfnisse haben (Behinderungen, überdurchschnittliche Begabungen).

Präventive Maßnahmen sind sorgfältig zu reflektieren. Dies gilt – wie vorangehend bereits angesprochen – ganz besonders im Bereich der Resilienzforschung. Sie hat verstärkt darauf aufmerksam gemacht, dass an der kindlichen Entwicklung verschiedene Faktoren beteiligt sind, die unterschiedliche Funktionen, einmal eine Risiko-, ein andermal eine Schutzfunktion, übernehmen können. Je nachdem, wie ein Kind eine Situation verarbeitet und in welchem Kontext dies geschieht, wird ein Entwicklungsschub, eine Entwicklungsverzögerung oder eine Entwicklungsproblematik resultieren. Für die Praxis der Prävention gilt deshalb, risikobelasteten Kindern einen Kontext zu geben, der mögliche Schädigungsfaktoren durch Schutzfaktoren abpuffert.

Für frühe Lernprobleme gilt dies ganz besonders. Aus vielen Studien ist bekannt, dass ab dem Schulalter die Schulleistung zum besten Prädiktor für die nachfolgenden schulischen und beruflichen Leistungen wird. Frühe Lernprobleme, insbesondere, wenn sie mit Klassenwiederholungen einhergehen, ziehen weitere schlechte Schulleistungen, persönliche und soziale Schwierigkeiten, Schuldistanz, Schulschwänzen sowie unvorteilhafte Schulkarrieren und Schulabbruch nach sich. Das ist ein Teufelskreis, dem nur schwer zu entkommen ist. Die Hoffnung von Eltern und Lehrkräften, dass Kinder ihre Schulschwierigkeiten im Verlauf der Schulzeit spontan überwinden würden, erfüllt sich nur in den seltensten Fällen. Offenbar werden entsprechende Fähigkeiten oder Schwächen bereits vor der Einschulung weitgehend ausgebildet und bleiben anschließend weitgehend stabil. Hier kommen die bekannten Matthäuseffekte zum Tragen: Wer bei Schuleintritt gute Startchancen und dadurch auch einen guten Schuleinstieg hat, wird später eher erfolgreich sein. Wem dieser Start weniger gut gelingt, wird während der anschließenden Schullaufbahn über weite Strecken mit dem Aufholen beschäftigt sein. Je länger somit Schulprobleme ignoriert werden, umso schwieriger ist es, sie zu stabilisieren. Besonders davon betroffen sind Kinder aus benachteiligten Familien und solche nicht deutscher Muttersprache. So erstaunt es kaum, dass diese Kinder und Jugendlichen in sonderpädagogischen Stütz- und Förderangeboten massiv übervertreten, in allen Begabtenförderungsprogrammen jedoch deutlich unterrepräsentiert sind.

9.2.2 Kurz- und langfristige Auswirkungen

Um das präventive Ziel zu erreichen, allen Kindern die gleichen Startchancen für eine befriedigende Schul- und Berufslaufbahn zu geben, benötigen bestimmte Kinder in der frühen Kindheit einen pädagogischen Schutzraum. Wie kann man einen solchen entwickeln? Infrage kommen präventive Konzepte, die (a) auf eine verstärkte Eltern- und Familienbildung ausgerichtet sind, (b) auf eine bessere Ausschöpfung institutioneller Ressourcen insofern fokussieren, als Spielgruppen, Kindergärten oder Vorschulprogramme verstärkt mit Sozialdiensten zusammenarbeiten, oder sich (c) auf die Professionalisierung des Vorschulpersonals konzentrieren. Aus pädagogischen, politischen und volkswirtschaftlichen Gründen stellt sich somit die Frage, welche Effekte solche Konzepte auf die kognitive Entwicklung, die Sozialisation und den Schulerfolg benachteiligter Kinder erzielen und ob sie eher kurzfristiger oder auch langfristiger Art sind. Nachfolgend werden die wichtigsten hierzu vorliegenden Erkenntnisse zu den Modellen zusammengetragen, die auf alle oben genannten Bereiche ausgerichtet sind und nachgewiesenermaßen sowohl die kognitive als auch die soziale und emotionale Entwicklung fördern. Unterschieden wird dabei zwischen kurz- und langfristigen Wirkungen.

Kurzfristige Wirkungen

In Tabelle 9.1 sind die Effekte von vier als qualitativ hochstehend bezeichneten Vorschulprogrammen für benachteiligte Kinder dokumentiert. Neben dem *High/Scope Perry Preschool Project* sind es das *Early Training*, das *Harlem* sowie das *Mother-Child Home-Project*. Die dargestellten Ergebnisse belegen die kurzzeitigen Projektwirkungen bei der Untersuchungsgruppe nach zwei Jahren hinsichtlich der kognitiven Entwicklung, des Bedarfs an sonderpädagogischen Maßnahmen sowie der Klassenwiederholungen im Vergleich zu einer Kontrollgruppe. Drei Ergebnisse stechen dabei besonders hervor: erstens, dass im Vergleich zur Kontrollgruppe alle Projektkinder über signifikant bessere kognitive Fähigkeiten mit Unterschieden zwischen vier *(Mother-Child Home-Project)* und elf Punkten *(High Scope/Perry Preschool Project)* verfügten. Zweitens benötigten sie signifikant seltener sonderpädagogische Maßnahmen. Im *High/Scope Perry Preschool Project* betrug die Differenz 12%, im *Early Training Project* sogar 26%. Etwas geringer ausgeprägt – aber in der Tendenz ebenso vorhanden – waren drittens die Klassenwiederholungen, die im *Harlem Project* bei der Untersuchungsgruppe nur fast halb so häufig waren wie bei der Kontrollgruppe (24 zu 45%).

Befund/Studie	**Untersuchungs-Gruppe**	**Kontroll-gruppe**	**p**
Intellektuelle Fähigkeiten bei Schuleintritt (IQ)			
Early Training	96	86	< .01**
Perry Preschool	94	83	< .01**
Harlem	96	91	< .01**
Mother-Child Home	107	103	—
Sonderpädagogische Maßnahmen			
Head Start	11%	25%	< .05*
Early Training	3%	29%	< .01**
Perry Preschool	16%	28%	< .05*
Mother-Child Home	14%	39%	< .01**
Klassenwiederholung			
Head Start	51%	63%	—
Early Training	53%	69%	—
Perry Preschool	35%	40%	—
Harlem	24%	45%	< .01**
Mother-Child Home	13%	19%	—

Tabelle 9.1: Kurzzeitwirkungen guter US-Vorschulprogramme für benachteiligte Kinder (vgl. Berueta-Clement et al., 1984)
Fehlerwahrscheinlichkeit p: Signifikanzniveaus * $p < .05$; ** $p < .01$; *** $p < .001$

Langfristige Wirkungen

Barnett (1998) hat in einer umfassenden Metaanalyse die kurz- und langfristigen Auswirkungen von 36 amerikanischen FBBE-Studien untersucht. Seine Ergebnisse bestätigen zum einen die bereits dargelegten Kurzzeiteffekte in vielen Studien und weisen zum anderen nach, dass FBBE-Angebote auch langfristige Effekte auf die kognitiven Fähigkeiten, auf Schulleistungen, auf das Ausmaß sonderpädagogischer Maßnahmen, auf Klassenwiederholungen und auf soziale Anpassung erzielen können. Dass jedoch lange nicht bei allen Projekten solche Effekte festgestellt werden konnten und sie sich im Wesentlichen auf das Abecedarian und das *High/Scope-Perry-Preschool-*Projekt beschränkten, interpretierte Barnett mit Unterschieden in der Qualität und der Finanzierung.

Nachfolgend werden die neuesten Ergebnisse aus dem *High/Scope Perry Preschool Project* diskutiert. Abbildung 9.1 präsentiert ausgewählte Resultate des letzten Untersuchungszeitpunkts im Alter von 40 Jahren (Schweinhart et al., 2005). Sie verdeutlicht, dass der Anteil der Personen mit Highschoolabschluss bei den Programmteilnehmern mit 65% um 20% höher war als in der Gruppe der Personen, die das Programm nicht besucht hatten (45%). Auch hinsichtlich der beruflichen Anstellung zeigen sich ähnliche Unterschiede: 76% der Programmteilnehmer waren mit 40 Jahren in einer beruflichen Anstellung, im Gegensatz zu 62% der Nichtprogrammteilnehmer. Besonders augenfällig sind die Unterschiede in Bezug auf delinquente Handlungen: So wurden prozentual weniger Programmteilnehmende zu einer Gefängnisstrafe verurteilt (28 zu 52%), und die Festnahmequote war tiefer (36 zu 55%). Schließlich war auch die Rate des Sozialleistungsbezugs geringer (59 zu 80%).

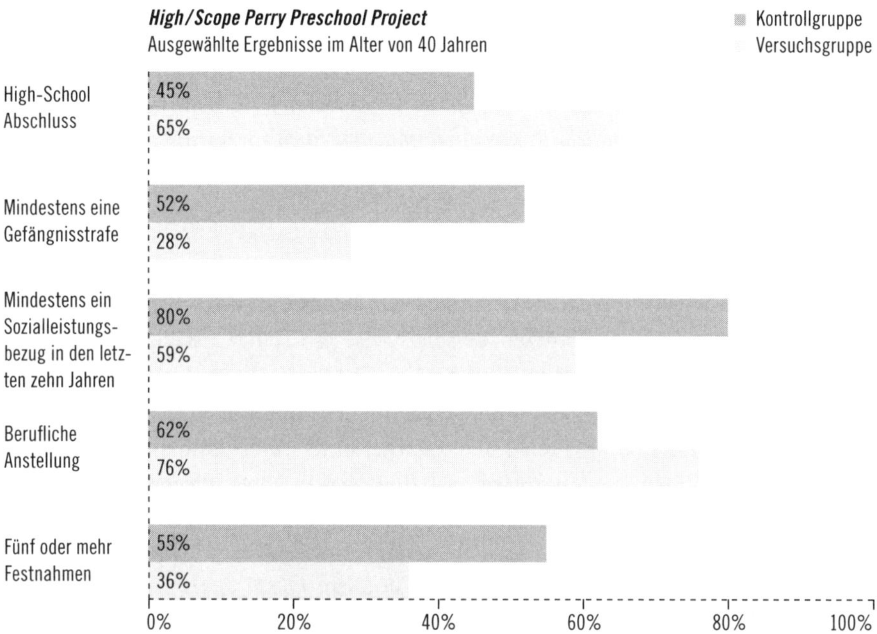

Abbildung 9.1: Ausgewählte Resultate des *High/Scope Perry Preschool Project*, nach Schweinhart et al. (2005)

Erklärung der langfristigen Effekte

Versucht man die langfristigen Auswirkungen zu verstehen, dann stellen sich vorerst weitere Fragen: Weshalb haben Erwachsene, welche als Kinder das *High/Scope-Perry-Preschool*-Projekt absolvierten, weniger Ärger in der Familie und mit den Lehrkräften? Warum entwickelten sie weniger Schuldistanz, und warum zeigten sie geringere Ansätze zu deviantem Verhalten als altersgleiche Erwachsene der Kontrollgruppe? Warum bekamen sie als Erwachsene besser bezahlte Arbeitsstellen? Solche Fragen sind in der Zwischenzeit anhand von drei unterschiedlichen Hypothesen beantwortet worden: der kognitiven Vorteilshypothese, der Familienunterstützungshypothese und der Schulunterstützungshypothese (Barnett, 1998; Schweinhart et al., 2005). Sie werden nachfolgend kurz skizziert und jeweils mit einem Fazit kommentiert, das die Inhalte der Umsetzung formuliert.

- Gemäß der *kognitiven Vorteilshypothese* zeigen sich die positiven Effekte der Vorschulprogramme vor allem in der kognitiven Entwicklung. Sie äußern sich in erster Linie in positiven Leistungsentwicklungen und günstigen Schuleinstellungen bereits ab Schuleintritt. Sie begünstigen gute Entwicklungsergebnisse in der Adoleszenz und im Erwachsenenleben und führen zu sicheren Schulabschlüssen.
  Fazit: *Zu den Fähigkeiten, welche gemäß dieser These im Vorschulbereich besonders gefördert werden müssen, gehören Sprache und Wortschatz, Kenntnis numerischer Konzepte sowie mündliche Kommunikation, aber auch allgemeine kognitive Fähigkeiten, Leistungsmotivation und -einstellungen.*
- Die *Familienunterstützungshypothese* geht davon aus, dass langfristige Effekte in Form von Schulabschlüssen in dem Maße auftreten, in welchem das Programm in der Lage ist, die Selbstwirksamkeit der Familie in ihrer Erziehungspraxis kontinuierlich zu unterstützen. Beispielsweise kann eine verstärkte Programmintegration der Eltern dazu führen, dass sie höhere Bildungsaspirationen für die schulischen Leistungen und die beruflichen Ambitionen ihres Kindes entwickeln, seine Schularbeiten deshalb stärker unterstützen und mit ihm infolgedessen auch mehr bildungsorientierte Freizeitaktivitäten pflegen wie Vorlesen, gemeinsames Lesen oder Besuche von Bibliotheken, Konzerten oder Kunstausstellungen.
  Fazit: *Gemäß dieser These ist das häusliche Umfeld des jungen Kindes in erster Linie zu stärken. Vorschulprogramme sind zeitlich zwar limitiert, Familienerfahrungen jedoch sind beständig. Familienexterne vorschulische Förderung muss immer auf den Familienerfahrungen aufbauen. Diese haben größere Auswirkungen auf die kindliche Entwicklung als jedes qualitativ hochstehende Förderprogramm.*
- Gemäß der *Schulunterstützungsthese* erhöht ein qualitativ gutes Vorschulprogramm die Wahrscheinlichkeit, dass das Kind im Verlauf der Schulzeit ein Bindungsverhalten in Bezug auf die Schule und in der Folge eine gute Schulpräsenz entwickelt. Die Wahrscheinlichkeit schuldistanzierten Verhaltens dürfte deshalb vermindert und ein Bildungsabschluss wahrscheinlicher werden. Der Aufbau eines sozialen Commitment steht deshalb im Zentrum.
  Fazit: *Vorschulprogramme, welche sowohl den Aufbau eines sozialen Commitment als auch lernförderlicher Leistungsdispositionen unterstützen, legen die Grundbausteine für enge Schulbindungen, für die Übernahme sozialer Verantwortung*

und für die Entwicklung von Gemeinschaftssinn. Die Schule hat dann ihrerseits die Aufgabe, einen aktiven Beitrag zur Weiterentwicklung dieser drei Bereiche und zur Entfaltung ihrer «Haltekraft» zu leisten.

Bei differenzierter Betrachtung finden sich Belege für den Support dieser Schulunterstützungshypothese im *High/Scope-Perry-Preschool*-Projekt. In seiner frühen Version war das Programm ausschließlich auf Piagets Konzept der kognitiven Schlüsselerfahrungen wie Klassifikation, Seriation oder Repräsentation ausgerichtet gewesen. In den neueren Versionen wurde hingegen neben diesen Aspekten kontinuierlich die Entwicklung sozialer Fähigkeiten und sozialer Kohäsion eingeplant und im Rahmen der täglichen Aktivitäten als gemeinschaftliches Handeln praktiziert, beispielsweise wie man zwischenmenschlichen Respekt lernt, wie man Fähigkeiten zur Vermeidung und zur Lösung von Peerkonflikten erwirbt und wie man problemorientiertes Denken entwickelt. Daher ist anzunehmen, dass die langfristigen Effekte wesentlich eine Konsequenz des Erwerbs von Persönlichkeitsmerkmalen (Aufbau von Vertrauen, Neugier und Beharrlichkeit, einem guten Selbstkonzept und einer guten Aufgabenorientierung) sind. Dieser Sachverhalt wurde bereits in Kapitel 6 hervorgehoben: dass der Aufbau von Lerngewohnheiten und die Reflexion darüber (Metakognition) ebenso wichtig sein mögen wie das, was tatsächlich gelernt wurde.

Belege für die Schulunterstützungshypothese finden sich jedoch auch in der Tatsache, dass die ehemaligen Probanden als junge Erwachsene im Vergleich zur Kontrollgruppe bei ihrem Highschoolabschluss nicht nur schulerfolgreicher, sondern politisch und sozial engagierter in der Wohngemeinde waren. Dies legt die Annahme nahe, dass gute FBBE-Programme auch soziale Haltungen im Sinne des Aufbaus einer sozialen Verpflichtung beeinflussen können.

9.3 Zusammenfassende Bilanz

Frühkindliche Bildungs- und Förderprogramme können kurz- und langfristige Auswirkungen auf benachteiligt aufwachsende Kinder haben. Da es angesichts der unterschiedlichen Ergebnisse schwierig ist, im Kern stimmige Informationen zu liefern, welche der Bildungs- und Sozialpolitik dienlich sein könnten, werden abschließend nur diejenigen Erkenntnisse dargestellt, welche als gesichert gelten.

- Frühkindliche Bildungsförderprogramme können einen markanten Beitrag zum späteren Schulerfolg leisten. Die Auswirkungen sind kurz- und – wenngleich weniger ausgeprägt – auch langfristiger Natur. Sie manifestieren sich in erster Linie in besseren Schulleistungen, höherem Schulengagement, geringerem sonderpädagogischem Förderbedarf, niedrigeren Klassenwiederholungsraten sowie reduzierter Schuldistanz und vermehrten Bildungsabschlüssen.

- Das Ausmaß und die Qualität der Auswirkungen sind abhängig von einer überdurchschnittlichen Angebotsqualität, einem gut ausgebildeten Personal, einem vorteilhaften Betreuungsschlüssel, einer intensiven Elternmitwirkung, einem Curriculum mit entwicklungsspezifischen und pädagogischen Zielen sowie einer abnehmenden Schule, welche Kinder kontinuierlich fördert und auch eine gewisse Haltekraft entwickelt.

- Frühe, eher dyadisch angelegte Betreuungsformen sind für die frühe kognitive Entwicklung etwas förderlicher als institutionelle Fremdbetreuung, während Umgekehrtes eher für die spätere Entwicklung zutreffen dürfte.

- Ob die Auswirkungen *alle* Kinder betreffen, ist nicht schlüssig, d. h., es ist fraglich, wie stark privilegiert aufwachsende Kinder von öffentlichen FBBE-Programmen profitieren, wenn diese lediglich mittlerer Qualität sind und sie zu Hause möglicherweise anregungsreichere Kontexte vorfinden. Kinder aus benachteiligten Familien jedoch sind geradezu auf eine frühe und qualitativ hochstehende familienexterne Unterstützung angewiesen.

- Die Familienfaktoren – insbesondere die engste Betreuungsperson – spielen trotzdem nach wie vor eine besonders wichtige Rolle. Merkmale der Familie haben größere Effekte auf die kindliche Entwicklung als jedes qualitativ hochstehende Förderprogramm.

10 Zum volkswirtschaftlichen Nutzen von FBBE

Lohnen sich Investitionen in die frühe Kindheit überhaupt? Sollte man sie nicht eher dort tätigen, wo der Bedarf am größten ist, also bei den Schulkindern mit Lernschwierigkeiten, bei Jugendlichen mit Verhaltensproblemen oder bei arbeitslosen Jugendlichen? Welche Rolle kommt dabei dem Staat zu? Aus ethischer Sicht lassen sich solche Fragen kaum beantworten, aus volkswirtschaftlicher Sicht hingegen schon. In diesem Kapitel wird dies versucht. Einleitend wird die Problematik dargelegt und auf die Rolle des Staates eingegangen. Hierauf werden konkrete Beispiele präsentiert, die den Nutzen frühkindlicher Bildungsförderprogramme aufzeigen. In einer abschließenden Bilanz wird zusammenfassend dargelegt, weshalb sich FBBE nicht nur – wie in den vorhergehenden Kapiteln dargelegt – aus entwicklungspsychologischer, neurophysiologischer, erziehungswissenschaftlicher und soziologischer Sicht lohnt, sondern auch aus volkswirtschaftlicher Perspektive ein klares und kaum zurückzuweisendes Plädoyer für das zukünftige Engagement aller darstellt.

10.1 Die Gesamtproblematik

In dieser Publikation ist durchgehend herausgestrichen worden, dass FBBE-Maßnahmen für die soziale, kognitive und emotionale kindliche Entwicklung eine zentrale Rolle spielen. Im Mittelpunkt standen dabei folgende Schwerpunkte:

- *die Entwicklung des kompetenten Kleinkindes:* Es ist aufgezeigt worden, dass die Wissenschaft die Vorstellung des schwachen und passiven Kindes aufgegeben und sie durch das Bild des «kompetenten Kindes» ersetzt hat. Dieses konstruiert das Wissen selbst, lernt aus sich heraus, erkundet die Welt und sucht den aktiven Dialog. Diese Aktivitäten und Kompetenzen sind im Hinblick auf die sprachliche, soziale und emotionale Entwicklung besonders wichtig und machen die frühkindliche Phase zum wichtigen Fundament für den Erwerb späteren Wissens und für eine förderliche Integration.
- *die Grundlagen für Lebenschancen:* Es ist aber auch dargelegt worden, dass die Perspektive des kompetenten Kindes in erster Linie auf Kinder mit eher privilegiertem Bildungshintergrund zutrifft, die in anregungsreichen Milieus aufwachsen und deshalb vieles beiläufig lernen. Kinder, die in Armut oder in sozial deprivierten Verhältnissen aufwachsen, brauchen gezielte und anregende Bildungsmöglichkeiten durch ihre Umwelt, in Interaktion mit Gleichaltrigen

> und Erwachsenen. Weil soziale Segregation, Armut und Chancenlosigkeit früh «vererbt» werden und in der Schule dann nur ihre Vollendung finden, werden Kinder, welche schon im vorschulischen Bereich benachteiligt sind, nur in Ausnahmefällen ihre privilegierter aufwachsenden Gleichaltrigen einholen können. Für solche Kinder sind deshalb FBBE-Maßnahmen die zentrale Grundlage für ihre Lebenschancen. Aus dieser Perspektive bekommt die Forderung, dass jedes Kind ein Recht auf Bildung haben muss, eine neue Akzentuierung.

Die Diskussion dieser Schwerpunkte hat dabei zur Konklusion geführt, dass frühkindliche Bildungsförderung bislang unterschätzt worden ist. Trotzdem ist sie gerade in den letzten Jahren im gesamten deutschsprachigen Raum ins gesellschaftliche, aber auch ins mediale Bewusstsein gerückt. Der Hauptgrund dürfte allerdings kaum in den wissenschaftlichen Erkenntnissen gelegen haben, welche von der Bildungs- und Sozialpolitik plötzlich zur Kenntnis genommen worden wären. Eher ist er in der Demografie und in der Volkswirtschaft zu suchen. Angesichts der diagnostizierten Überalterung unserer Gesellschaft aufgrund der Tendenz zunehmender Kinderlosigkeit ist nicht nur verstärkt der Ruf nach Investitionen in die Familienpolitik laut geworden, sondern ebenso nach solchen in die Kinder- und Nachwuchsförderung. Im Mittelpunkt stehen Forderungen nach einer familienfreundlicheren Gesellschaft, in der sich die Berufstätigkeit bestmöglich mit einer Elternschaft verbinden lässt und Menschen sich vermehrt für Kinder entscheiden können. Im Zuge dieser Debatte sind gerade auch hoch qualifizierte Frauen in den Blickpunkt der Betrachtung gerückt. Denn angesichts des Fachkräftemangels in Wirtschaft und Industrie und der Tatsache, dass das Qualifikationsniveau der jungen Frauen dasjenige der Männer überholt, bekommt die (qualifizierte) weibliche Arbeitskraft zukünftig eine immer wichtigere Bedeutung. Zusammen mit dem Ruf nach einer frühen, anderen und besseren Förderung junger Kinder ist dadurch auch die volkswirtschaftliche Perspektive unterstrichen worden, wonach jedes Kind, das im Kindergarten oder in der Schule scheitere, ein Problemkind sei – aber als eines von viel zu vielen. Denn es werde zukünftig auf dem Arbeitsmarkt und als Beitragszahler für unsere Sozialversicherungen gebraucht.

Solche Perspektiven und Argumentationsmuster lassen die FBBE-Thematik nicht nur als individuell, sondern auch als gesamtgesellschaftlich verantwortete Angelegenheit aufscheinen. Demzufolge werden zwei Fragen besonders bedeutsam: (a) Hat der Staat im frühkindlichen Bereich überhaupt Aufgaben und, wenn ja, welche? (b) Lohnen sich Investitionen in die frühe Kindheit auch volkswirtschaftlich? Diese beiden Fragen werden nachfolgend beantwortet.

10.2 Zur Rolle des Staates

Allgemein wird davon ausgegangen, dass der Staat dann in eine freie Marktwirtschaft eingreifen darf oder muss, wenn diese keine optimalen Ergebnisse produziert. Dass dem in Bezug auf die FBBE-Thematik so ist, haben die vorangegangenen Kapitel mehr als deutlich gemacht. Die gegenwärtige Problematik liegt hauptsächlich darin, dass frühkindliche Bildungsförderung hierzulande heute teils in der Familie «produziert», teils jedoch auch – wie andere Dienstleistungen – erkauft wird. Dabei gilt grundsätzlich das Ausschlussprinzip. Dies bedeutet, dass, wer nicht bezahlen kann oder will, von dieser Dienstleistung ausgeschlossen ist. Welche Aspekte sprechen somit für das Engagement des Staates?

- *Die verzerrten Präferenzen der Eltern:* Als Entscheidungsträger bestimmen Eltern über die Lebenschancen ihrer Kinder. Gerade als «bildungsfern» bezeichnete Familien haben häufig geringe Einkommen und sind deshalb kaum in der Lage, solche vorschulischen Dienstleistungen zu finanzieren. Dazu kommt, dass sie die Bedeutung frühkindlicher Bildungsförderung häufig gar nicht wahrnehmen, unterschätzen oder ablehnen und deshalb FBBE-Angebote nicht von sich aus nutzen und ihre Kinder folglich auch nicht davon profitieren können.

- *Die hohen «Reparaturkosten» und die positiven Effekte von FBBE:* Die Forschung zeigt schon lange und differenziert auf, dass beispielsweise Schulschwänzen, Arbeitslosigkeit, Delinquenz, bestimmte Krankheiten oder mangelnde respektive falsche Ernährung inklusive eines inadäquaten Gesundheitsverhaltens keine plötzlich auftretenden Erscheinungen oder Problembereiche sind, sondern eine lange Geschichte haben und meist mit problematischen Verhaltensmustern in der Vorschulzeit verbunden sind. Genauso überzeugend weist sie nach, dass mittels qualitativ hochstehender FBBE-Maßnahmen solche problematischen Effekte deutlich reduziert werden können.

- *Die arbeitsteilige Gesellschaft:* Die Geburt eines Kindes geht häufig mit einer zwangsläufigen Unterbrechung der Erwerbstätigkeit oder mit familienverantworteter Finanzierung von Betreuungsleistungen einher. Ein Ausfall der Arbeitskraft bedeutet jedoch, dass das notwendige Know-how für die Arbeitswelt nicht mehr weiter aufgebaut, sondern abgebaut wird und damit volkswirtschaftlich gesehen wichtiges Humankapital verloren geht. Je höher die betreffende Person qualifiziert ist, desto größer ist dieser Effekt. Ein gut ausgebautes Betreuungssystem erlaubt jedoch die Berufstätigkeit beider Elternteile und liefert damit nicht nur wichtige Ressourcen für die Wirtschaftsfähigkeit eines Landes, sondern trägt auch zur positiven Beeinflussung der Geburtenrate bei. Dies zeigt sich am Beispiel Skandinaviens, wo die Geburtenrate pro Frau parallel zum Ausbau frühkindlicher Angebote gesteigert werden konnte.

- *Die Verteilung von Einkommen und Vermögen durch den Markt:* Staatliche Intervention legitimiert sich auch aufgrund der nach dem Leistungsprinzip orientierten Verteilung von Einkommen und Vermögen durch den Markt. Dies gilt für Eltern im Niedriglohnbereich, Alleinerziehende oder für solche, die von Krankheit bedroht sind. Neben den normalen Lebenshaltungskosten haben sie häufig keine Möglichkeiten, FBBE-Angebote zu bezahlen. Weil daraus ein Teufelskreis entstehen kann – indem Kinder als Erwachsene ihren eigenen Kindern die erlebten ökonomischen Risiken und Benachteiligungen weitergeben und so Kinder mit generell erhöhten Risiken reproduzieren –, ist diese Vererbung von Chancenlosigkeit die größte Herausforderung und Legitimation für eine staatliche Verpflichtung.

Die aktuell bestehenden Systeme an Steuer-, Unterstützungs- und Beitragsvergünstigungen sind jedoch wenig geeignet, das notwendige quantitative und qualitative Ausmaß an FBBE-Angeboten sicherzustellen. Ein (umfassendes) staatliches Verantwortungsengagement erfordert kurz- und mittelfristig zusätzliche Finanzmittel – verständlich deshalb, dass die Politik zögert. Gerade aus solchen Gründen sind die Ergebnisse volkswirtschaftlicher Effektivitätsstudien als Legitimationsgrundlage besonders relevant.

10.3 Zum volkswirtschaftlichen Nutzen frühkindlicher Bildung

Wenn es gelingt, durch FBBE-Programme den Bildungsstand benachteiligter Kinder und der Bevölkerung insgesamt zu erhöhen, so kann dies Auswirkungen auf das Wirtschaftswachstum haben, weil Bildungsstand und berufliche Beschäftigung Wachstumstreiber sind. Allgemein wird heute davon ausgegangen, dass von optimaler frühkindlicher Bildungsförderung langfristig volkswirtschaftliche Effekte für den Bereich «Arbeit» ausgehen. Diese Arbeit kann den Rückgang des wirtschaftlichen Wachstums (das durch die geringere Geburtenzahl entstanden ist) dann ausgleichen, wenn die Menschen hoch qualifizierte Arbeitsplätze finden. Dazu liegen verschiedenste Studien, ältere und aktuelle, vor.

10.3.1 Aktuelle Studien

Verschiedene Analysen unterstreichen die volkswirtschaftliche Bedeutung von guten frühkindlichen Bildungsprogrammen. Eine Studie von Anger, Plünnecke und Tröger (2007) belegt mit Verweis auf Länder wie Schweden, die Niederlande oder Dänemark, dass sich Bildungssysteme dann als volkswirtschaftlich ertragreich erweisen, wenn sie von vorschulischen, mit einem guten Betreuungsapparat vernetzten Bildungsprogrammen her aufgebaut, im Stufenverlauf miteinander verzahnt sind und von einer umgedrehten Bildungsfinanzierungsspirale profitieren können. Damit gemeint ist, dass staatliche Investitionen in die bildungs- und betreuungsorientierte Vorschulerziehung eine hohe langfristige Rendite ausweisen, die weitaus höher ist als bei vergleichbaren Kapitalanlagen. Diese Rendite äußert sich zum einen darin, dass Eltern ausgeprägter berufstätig sein können und damit ein höheres Einkommen erzielen. Weil zum anderen – wie in Kapitel 9 dargelegt worden ist – frühkindliche Bildung für benachteiligte Kinder besonders wirksam ist, brauchen sie während der Schullaufbahn weniger sonderpädagogische Stützmaßnahmen, müssen seltener Klassen wiederholen, zeigen als Jugendliche auch weniger delinquentes Verhalten und erzielen insgesamt bessere Schulabschlüsse. In der Folge spart der Staat Kosten und profitiert von höheren Steuereinnahmen.

Die Autoren machen auch geltend, dass eine umfassende Investition in den Frühbereich nicht nur Chancenungleichheit bestmöglich auszubalancieren vermag, sondern auch Humankapital durch mehr Wachstum fördert. So gehen sie beispielsweise davon aus, dass mit einem gut ausgebauten FBBE-System das Wachstumspotenzial einer Volkswirtschaft um jährlich 0,1% gesteigert, das Ausmaß von Bildungsarmut und Kinderarmut hingegen um mehrere Prozente gesenkt werden könne. Um dieses Ziel zu erreichen, fordern sie den Ausbau der Vereinbarkeit von Familie und Beruf, eine bessere Qualität frühkindlicher Förderung durch eine Höherqualifizierung des Fachpersonals sowie eine Finanzierung, die sich stärker an bildungsökonomischen Leitlinien orientiert.

Eine ähnliche Botschaft formuliert Heckman für den amerikanischen Sprachraum. Er vertritt die Ansicht, dass eine verbesserte FBBE den Bildungsstand benachteiligter Kinder und der Bevölkerung insgesamt erhöhen kann und dass dies wiederum Auswirkungen auf das Wirtschaftswachstum hat, weil Bildungsstand und berufliche Beschäftigung Wachstumstreiber sind. Cunha und Heckman (2007) haben ein Simulationsmodell zu den möglichen Effekten von FBBE entwickelt. Sie konnten zeigen, dass durch ein gutes vorschulisches Angebot der Anteil der benachteiligten Kinder, welche einen Sekundarstufe-II-Abschluss erreichen, von 41,1 auf 65,8% gesteigert werden kann und die Absolvierung einer höheren Ausbildung von 4,5 auf 12,6%.

Umgekehrt könne mit einer guten FBBE-Politik der Anteil Jugendlicher, die mit dem Gesetz in Konflikt geraten oder unter Bewährung stehen, um 5,7 respektive 6,6% und spätere Sozialhilfe von 17,7 auf 9,1% gesenkt werden.

Auch in der Schweiz wurde der volkswirtschaftliche Nutzen von Kindertagesstätten untersucht. Dazu liegen Studien aus Zürich, der Region Bern und verschiedener Kantone der Romandie vor (Fritschi, Strub & Stutz, 2007; Mackenzie Oth, 2002; Müller Kucera & Bauer, 2000). Im Mittelpunkt dieser Studien stand die Frage, was sich hinsichtlich des Finanzhaushalts ändern würde, wenn Kinder die Kindertagesstätten nicht mehr besuchen würden, die sie bisher besucht hatten.

Abbildung 10.1 zeigt, wie die Kosten-Nutzen-Verhältnisse in den einzelnen Studien ausfielen. Abgebildet sind die Mindestnutzen. Das Verhältnis zwischen Investition und Ertrag betrug dabei je nach Berechnung 1 zu 3,5 Schweizer Franken bis 1 zu 4 Schweizer Franken. Damit konnte die Untersuchung aufzeigen, dass jeder Franken, der in eine Kindertagesstätte investiert wird, volkswirtschaftlich gesehen vier Franken an Nutzen abwirft. Dieser Nutzen entsteht beispielsweise durch eine höhere Erwerbsbeteiligung der Mütter, durch einen geringeren Bezug von Sozialleistungen aufgrund besserer Ausbildung und positiverer Sozialisations- und Integrationseffekte auf die Kinder. Auch eine in den Kantonen Jura, Fribourg, Neuchâtel, Waadt und Genf durchgeführte Untersuchung von Mackenzie Oth (2002) kam zu ähnlichen Ergebnissen. Eine jüngere Studie zu Kindertagesstätten in der Region Bern konnte schließlich für die Gesamtgesellschaft kurzfristig ein Verhältnis von 1,5 bis 2 Schweizer Franken und langfristig ein Verhältnis von 2,6 bis 3,5 Schweizer Franken ermitteln (Fritschi, Strub & Stutz, 2007).

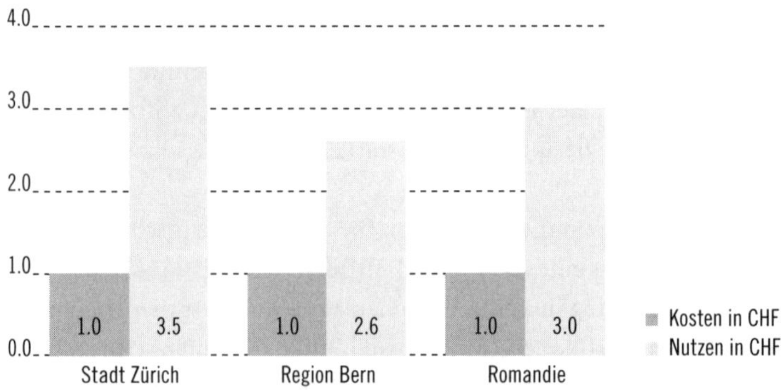

Abbildung 10.1: Kosten-Nutzen-Verhältnisse in der Stadt Zürich, der Region Bern und der Romandie (Mindestnutzen: Fritschi et al., 2002; Mackenzie Oth, 2002; Müller Kucera & Bauer, 2000)

In Abbildung 10.2 sind die Kosten-Nutzen-Verhältnisse der Kindertagesstätten in der Region Bern dargestellt. Dabei wird zwischen einem Minimal- und einem Maximalnutzen unterschieden. Dieser wird wiederum nach den verschiedenen Finanzträgern unterteilt, d. h. nach Gemeinden, Kanton, Bund, Fiskus (öffentliche Hand), Eltern und Gesamtgesellschaft. Die Kosten-Nutzen-Vergleiche zeigen, dass für fast jeden Finanzträger eine Rendite ermittelt werden konnte, welche die Investition überstieg. Dabei zeichnet sich insbesondere für die Eltern und für die Gesamtgesellschaft ein hoher Nutzen ab.

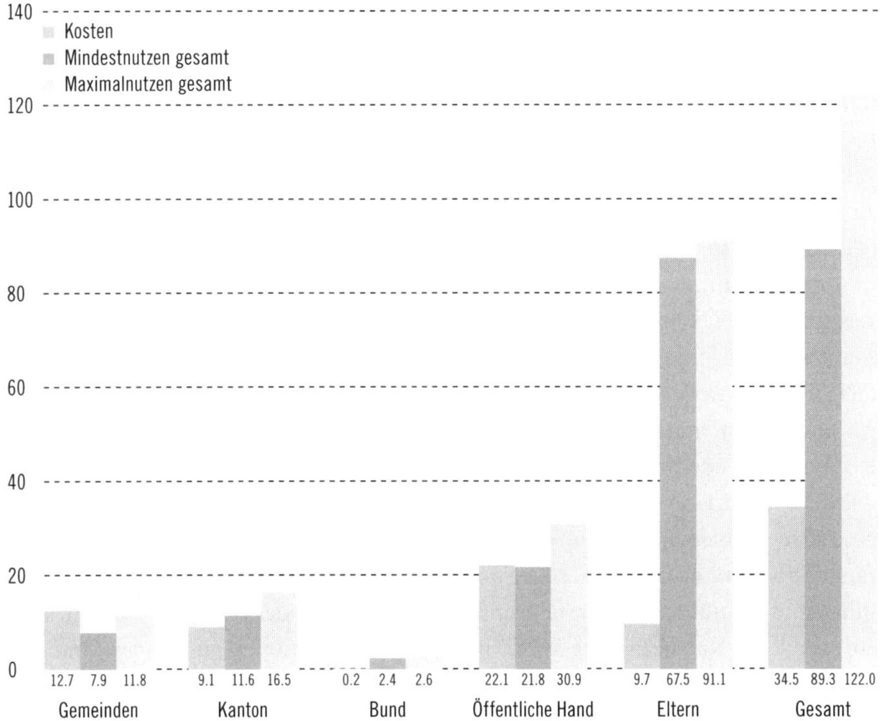

Abbildung 10.2: Kosten-Nutzen-Verhältnisse der Kindertagesstätten in der Region Bern nach Finanzträgern für das Jahr 2006 (Fritschi, Strub & Stutz, 2007)

In Deutschland untersuchten Fritschi und Oesch (2008) im Auftrag der Bertelsmann Stiftung den Einfluss des Besuchs von Kinderkrippen (null bis drei Jahre) auf die Bildungsbiografie und die zu erwartenden volkswirtschaftlichen Effekte. Neben dem Ergebnis, dass sich beim Durchschnitt der Kinder die Wahrscheinlichkeit, ein Gymnasium zu besuchen, von 36 auf rund 50% erhöht, wenn sie vorher eine Krippe besucht haben, und diese Quote für benachteiligte Kinder noch höher liegt, ist vor allem der langfristige Nutzen durch den verstärkten Ausbau von Krippenplätzen von Interesse. Ein Gymnasialabschluss erhöht die Wahrscheinlichkeit, ein höheres Lebenseinkommen zu erzielen. Die durchschnittliche Differenz zwischen den erwarteten diskontierten Lebenseinkommen von Personen mit und ohne Abitur beträgt rund 230 000 Euro. Hiervon sind durchschnittlich fast 22 000 Euro an Bruttomehreinkommen (inklusive Arbeitgeberbeiträge) auf Effekte des Krippenbesuchs zurückzuführen. Durch den Krippenbesuch eines Kindes werden volkswirtschaftliche Nutzeneffekte ausgelöst, die nahezu dreimal höher sind als die entstandenen Kosten für den Krippenbesuch von rund 8000 Euro für eine durchschnittliche Verweildauer von 1,36 Jahren.

Eine Erhöhung der Krippenbetreuungsquote würde ebenfalls einen volkswirtschaftlichen Nutzen bringen. Am Beispiel der Geburtsjahrgänge konnte aufgezeigt werden, dass – wenn 35% der Kinder eines Jahrgangs eine Krippe besucht hätten – insgesamt ein Nutzen von durchschnittlich 2,1 Milliarden Euro pro Geburtsjahrgang entstanden wäre. Demnach, so die Autoren, entgehe der deutschen Volkswirtschaft ab 2009 für die sechs untersuchten Jahrgänge insgesamt ein Nettonutzen von 12,6 Milliarden Euro.

Diese Befunde sind allerdings angemessen zu würdigen. So ist beispielsweise zu vermerken, dass keine direkte Untersuchung von Kindern erfolgte. Es handelt sich somit lediglich um eine statistische Hochrechnung von Sekundärdaten. Unklar ist dabei die Datenerfassung selbst. So bleibt offen, wie viele Kinder in welchem Alter wie lange eine Krippe besuchten, wie viele Kinder erst im Alter von zwei Jahren in die Krippe gingen oder weshalb in die Kategorie «Keine Betreuung» alle Kinder eingestuft wurden, deren Eltern ihre Kleinkinder nicht in Institutionen betreuen ließen. Als besonders problematisch muss die Tatsache erachtet werden, dass weder Familienvariablen noch Entwicklungsvariablen berücksichtigt werden konnten und dass darüber hinaus nur Durchschnittswerte gebildet wurden. Es ist deshalb anzunehmen, dass aufgrund der Nichterfassung von Daten Scheinkorrelationen entstanden sind, die einer Überprüfung nicht standhalten würden.

10.3.2 Der volkswirtschaftliche Nutzen von *High/Scope*

Die Analysen des vorangehenden Kapitels haben die Qualität des vorschulischen Angebots nicht berücksichtigt. Da jedoch diese bekanntlich eine große Rolle in Bezug auf die Wirksamkeit spielt, sind die umfangreichen Studien zur volkswirtschaftlichen Rendite des *High/Scope Perry Preschool Projects* von besonderem Interesse. Heckman und Masterov (2007) konnten in ihrer Analyse nachweisen, dass gute Vorschulprogramme eine ausgezeichnete Investition für Steuerzahler darstellen können. Dabei haben sie das *High/Scope-Perry-Preschool*-Programm mit einem anderen qualitativ hochstehenden Projekt verglichen, dem *Chicago-Child-Parent Program (Chicago CPC)*. Dieses Programm (Barnett, 2006; Ramey et al., 2000) konnte ebenfalls durchgehend positive Effekte auf sozioökonomisch benachteiligte Kinder nachweisen. Im Unterschied zum *High/Scope-Perry-Preschool*-Programm handelt es sich jedoch um ein in das Schulsystem integriertes Programm. Die Ergebnisse dieser Kosten-Nutzen-Analyse sind in Tabelle 10.1 als Vergleich zwischen dem *High/Scope-Perry-Preschool*-Programm und dem *Chicago-Child-Parent-Program (Chicago COC)* dargestellt. Die Tabelle präsentiert die geschätzten Kosten und Nutzen, diskontiert auf einer 3%-Rate.

	Perry Preschool	***Chicago CPC***
Kinderbetreuung	986	1.916
Verdienst	40.537	32.099
K-12	9.184	5.634
College	– 782	– 644
Kriminalität	94.065	15.329
Sozialhilfe	355	546
Verdienst nachfolgender Generation	6.181	4.894
Totaler Nutzen	150.525	60.117
Totale Kosten	16.514	7.738
Mehrwert	134.011	52.038
Kosten-Nutzen-Rate	9.11	7.77

Tabelle 10.1: Vergleichende Kosten-Nutzen-Analyse (in Dollar)

Der Nutzen variiert zwischen den beiden Programmen. Das *High/Scope-Perry-Preschool*-Programm produzierte gewisse Gewinne im Hinblick auf die reduzierten Kinderbetreuungskosten, und auch die Zunahme des Verdiensts war substanziell. Die Kategorie College repräsentiert das pro Schüler, der das College besuchte, extra bezahlte Schulgeld. Kriminalität zeigt die Reduktion der direkten Kosten (Inhaftierung und Strafvollzug), aber auch die Schäden, welche dem Opfer entstanden sind. Die Effekte der Sozialhilfe sind moderat. Die Kategorie Verdienst nachfolgender Generation repräsentiert die verbesserten Verdienstmöglichkeiten der Partizipierenden aufgrund ihrer Projektteilnahme. Die Kosten des *High/Scope-Perry-Preschool*-Projekts waren im Vergleich zum *Chicago-Child-Parent*-Projekt höher, der Mehrwert jedoch auch: neun zu eins für das *High/Scope-Perry-Preeschool*-Projekt, acht zu eins für das *Chicago CPC*. Heckman und Masterov (2007) gehen von einem jährlichen Mehrwert für die Programmteilnehmer von 4%, für die Gesellschaft als Ganzes von 12% aus, also insgesamt von 16%.

10.4 Zusammenfassende Bilanz

In diesem Kapitel ist diskutiert worden, dass eine Gesellschaft für ihre Verlierer zu sorgen hat, wenn sie das Sozialstaatsprinzip erfüllen will. Der Staat muss sich darum bemühen, dass jeder Mensch die Chance bekommt, aus dem Teufelskreis von Herkunft und Bildungsbenachteiligung auszubrechen. Wir wissen inzwischen, dass junge Kinder aus benachteiligten Familien schon im Kindergarten gegenüber privilegiert aufwachsenden Kindern im Nachteil sind, wenn ihre kognitiven, sozialen, emotionalen und motorischen Kompetenzen verglichen werden. Wir wissen auch, dass Familien aus bescheidenen Verhältnissen ihren Kindern weniger frühe Bildungsmöglichkeiten angedeihen lassen und diese auch nicht als besonders relevant erachten. Deshalb hat der Staat eine Bringschuld. Er muss darüber wachen, dass die soziale Herkunft nicht schon kurz nach der Geburt und dann über das gesamte Leben hinweg über die individuelle Bildungsbiografie entscheidet. Es ist jedoch nicht nur ein Modell von Chancenungerechtigkeit, sondern gleichzeitig auch eine ungünstige Grundlage für den Staat, weil er sich selbst auf diese Weise Zukunftschancen verbaut. Dies deshalb, weil alle in diesem Kapitel präsentierten volkswirtschaftlichen Analysen deutlich machen, dass frühe Bildungsmaßnahmen gerade im Hinblick auf benachteiligte Kinder mit einer hohen Rendite verbunden sind. Spätere Interventionen im Bildungssystem sind hingegen häufig sehr teuer und aus volkswirtschaftlicher Sicht nicht rentabel.

Fazit: Die frühen Lebensumstände prägen das Leben. Wenn man Kinder, insbesondere auch benachteiligte, früh fördert, sind die ökonomischen Effekte enorm. Wenn man sie erst im Jugendalter unterstützt, sind die Effekte minimal. Qualitativ hochstehende FBBE-Angebote schaffen wichtige Grundlagen für das Interesse am lebenslangen Lernen. Dieses wiederum fördert die integrative, emotionale, physische, sprachliche und kognitive Entwicklung. Aus bildungs-, sozial- und volkswirtschaftlicher Perspektive setzt deshalb eine frühe Bildungsförderung genau an der richtigen Stelle an.

Schwerpunkt IV

FBBE und ihre Diskurse

11 Bildung und/oder Betreuung?

Die vorangegangenen Kapitel haben verdeutlicht, dass frühkindliche Bildung, Betreuung und Erziehung (FBBE) weder auf eine einzelne Entität noch auf ein allgemeines Verständnis dessen fokussieren, was mit den Begriffen gemeint sein soll. Hinter FBBE steckt vielmehr eine große Bandbreite an Programmen, Entwicklungsabschnitten oder institutionellen Zugängen für Kinder zwischen Geburt und acht Jahren. Frühkindliche Bildung kann in der Familie stattfinden oder in öffentlich respektive privat finanzierten Institutionen, in Kinderkrippen, Spielgruppen oder in Tagespflege, z. B. bei Tagesmüttern. Jedes dieser Settings zeichnet sich durch unterschiedliche Charakteristika in Bezug auf den Betreuungsschlüssel, die Gruppengröße und die Altersspanne, das Ausbildungsniveau des Personals und die Unterrichtsstile aus. Diese Charakteristika wiederum beeinflussen, was, wie und in welcher Intensität Kinder lernen.

Eine ähnliche Vielfalt gilt für die Forschung. Auch sie gestaltet sich je nach fokussierter Akteurgruppe unterschiedlich. In Kapitel 7 ist bereits darauf verwiesen worden, dass Fachpersonal, Anbieter und Eltern ganz unterschiedliche Vorstellungen von dem haben, was die FBBE-Thematik umfassen soll, und dementsprechend auch differente Interessen haben. Diese Interessen spiegeln sich in der Vielfalt der Studien wider. Diese wiederum stützen sich auf unterschiedliche Modelle, entweder auf das eher spielbasierte Betreuungsparadigma oder auf das Paradigma der vorwiegend kognitiv orientierten Frühförderung und Schulvorbereitung.

Zwar sind die Befürwortenden dieses zweiten Paradigmas in der Überzahl, nicht zuletzt auch deshalb, weil sie die große Bedeutung solcher Maßnahmen im Hinblick auf eine erfolgreiche Schullaufbahn und auf ihren volkswirtschaftlichen Nutzen herausstreichen (Barnett, 2006). Doch gibt es auch Gegner und Befürworter des ersten Paradigmas, wie beispielsweise Elkind (2001), der bereits vor 20 Jahren mit seinen Publikationen «Das gehetzte Kind» (1988) und «Wenn Eltern zuviel fordern – die Rettung der Kindheit vor leistungsorientierter Erziehung» (1989) vor der Ausweitung bildungsorientierter Curricula in die Vorschulzeit warnte, oder Postman (1994), der in diesem Zusammenhang «Vom Verschwinden der Kindheit» sprach. Im deutschsprachigen Raum ist der Diskurs bis auf die Warnungen vor einer insgesamt unangemessenen Euphorie der Frühförderung von Dollase (2007) sowie einiger medialer Repliken auf die Fragen, die in der «Neuen Zürcher Zeitung» aufgeworfen wurden (Stamm, 2007), ob eine glückliche Kindheit nur eine solche ohne Bildung sein könne und was angemessene Förderung durch das Elternhaus sei, noch kaum in Schwung gekommen.

Insgesamt wirft diese Kontroverse ein Licht auf die vielleicht brisanteste Frage, welche die Pädagogik der frühen Kindheit betrifft: Sollen junge Kinder vor Schuleintritt lediglich gut und entwicklungsangemessen betreut oder auch durch gezielte Bildungsprogramme auf die Schule vorbereitet werden? In diesem Kapitel wird versucht, diese Frage zu beantworten. Im Mittelpunkt stehen dabei die Analyse des Bildungs- und des Betreuungsparadigmas und ihre historischen Hintergründe sowie die Skizzierung der aktuellen Diskussion und die Formulierung einiger Konsequenzen für die pädagogische Praxis und für die professionelle Entwicklung des Fachpersonals.

11.1 FBBE im historischen Kontext

Historisch gesehen, sind zwei Aspekte für den Entwicklungsgang der beiden Begriffe «Bildung» und «Betreuung» wichtig: erstens die bereits im 19. Jahrhundert vollzogene Unterscheidung zwischen Kindergarten und Tagesbetreuung. Während Kindergärten im Allgemeinen ein Werk inspirierter junger Pädagogen darstellten, lagen den Betreuungseinrichtungen gemeinnützige Initiativen zugunsten benachteiligter Kinder zugrunde. Diese wurden in der Folge den Sozial-, Fürsorge- und Gesundheitsbehörden unterstellt, während die Kindergärten unter die Obhut der Gemeinden insgesamt kamen. In diesen auch heute noch bestehenden, unterschiedlichen Verantwortlichkeiten liegt einer der Gründe für die fehlende Integration beider Bereiche zu einem gemeinsamen Bildungs- und Betreuungsraum. Der zweite Aspekt gründet in der international bedeutsamen Tatsache, dass früh schon unterschiedliche Entwicklungsströmungen die Ausgestaltung der Kindergartenprogramme bestimmten. In den deutschsprachigen Ländern wurden Pestalozzi und Fröbel die beiden Leitfiguren und damit das freie Spiel und die ganzheitliche Förderung die zentralen Programmelemente. Ganz anders in den angelsächsischen und frankophonen Ländern (und auch in der französischsprachigen Schweiz), wo das englische Modell der *infant school* mit kognitiver Frühförderung und gezielter Schulvorbereitung Pate stand. Diese unterschiedlichen Ausrichtungen änderten sich auch mit den kompensatorischen Erziehungs- und Bildungsprogrammen der 1960er- und 1970er-Jahre nicht. Denn die Idee, dass sich frühe Bildungserfahrungen positiv auf junge Kinder auswirken können, wurde nur in den angloamerikanischen Ländern Teil eines kollektiven Diskurses. Hierzulande blieb der Betreuungsaspekt lange Zeit maßgebend. Aktuell hat die Diskussion um die Vorverlegung des Schuleintrittsalters zu Forderungen geführt, Vorschulbetreuung sei verstärkt mit Bildungsaufgaben zu versehen, damit der Aufbau von Startchancengleichheit für alle Kinder, insbesondere jedoch der Kinder mit Migrationshintergrund, verwirklicht werden könne.

11.2 Die Dichotomie «Bildung versus Betreuung»

Die Dichotomie «Bildung versus Betreuung», die sich aktuell vor allem in der Bildungspolitik als solche entpuppt, zeigt sich auch in den derzeit verwendeten Begrifflichkeiten.

Frühkindliche Bildung: Dieser Begriff wird vielerorts ausschließlich mit der bewussten Anregung der kindlichen Aneignungstätigkeit durch Erwachsene im Umfeld des Kindes umschrieben und mit dem allgemeinen Kompetenzerwerb gleichgesetzt. Dass Bildung nicht nur Information und Wissen ist, sondern auch die Einübung und Pflege aller Sinne sowie Erfahrungen, die zu vorausschauendem und kompetentem Handeln befähigen, und dass der Erwerb von Schlüsselkompetenzen jenseits von Sprache und Mathematik dazugehört, wird jedoch häufig vergessen. Ein derart umfassendes Verständnis macht aus Bildungsprozessen Konstruktionsprozesse, die jedoch durch eine betreuende Umgebung professionell angeregt werden müssen.

Betreuung: Ein Blick in Erklärungsversuche des Betreuungsbegriffs zeigt, dass er fast ausschließlich in Bezug auf eine asymmetrische Beziehung definiert wird, in der das Kind von einem übermächtigen Erwachsenen abhängig ist. Damit untermauert er das Bild vom hilflosen Kind. Dies belegt auch eine am Departement Erziehungswissenschaften der Universität Fribourg (Schweiz) verfasste Masterarbeit (Mauron Schläppi, 2009). Soll der Betreuungsbegriff jedoch auch in den neuen frühpädagogischen, auf Bildung fokussierenden Programmen Sinn machen, dann muss er aus Abhängigkeits- und Hilflosigkeitsbeziehungen herausgelöst und mit wechselseitiger Anerkennung, mit individuellen kindlichen Bedürfnissen und Interessen, in Zusammenhang gebracht werden. Aus diesem Grund eignet sich der Begriff «Förderung» besser als der Begriff «Betreuung». Während Betreuung mit Pflege verbunden wird, die ein Minimum an Interaktion erfordert und von der erwachsenen Person lediglich verlangt, dass sie das Kind versorgt und nach ihm schaut, impliziert Förderung Engagement und Aktivität. Eine erwachsene Betreuungsperson zu sein, heißt somit nicht mehr nur, zu pflegen, zu hüten oder dem Kind mit Wärme zu begegnen, sondern auch bereit zu sein, sich auf das Kind im Rahmen wechselseitiger Beziehungen und intellektueller Herausforderungen einzulassen, und ihm als «sichere Basis für ihre Bildungsprozesse zur Verfügung zu stehen» (Laewen, 2006, S. 98).

11.3 Bildung und Betreuung in der Praxis

Schulvorbereitende respektive spielbasierte Curricula, Bildungspläne oder pädagogische Zugänge haben unterschiedliche Zielsetzungen: Während der erste Typ auf ein lernzielorientiertes und inhaltlich vorgegebenes Programm ausgerichtet und durch den Inhalt und die erwarteten Ergebnisse bestimmt ist, fokussiert der zweite Typ auf ein entwicklungsangemessenes Curriculum, das auf das Hier und Jetzt setzt, eher Absichten als Ziele betont und Lernen als Ergebnis von Aktivität versteht. Zu beiden curricularen Ausrichtungen liegen Kritiken vor. Elkind (2001) beispielsweise warnt vor einer unangemessenen frühen schulvorbereitenden und wenig entwicklungsadäquaten Förderumgebung, Siraj-Blatchford (2004) vor der ungenügenden Aufmerksamkeit schulvorbereitender Angebote gegenüber den Bedeutungen der Alltagserfahrungen, dem unmittelbaren Lernkontext sowie der sozialen und kulturellen Herkunft des Kindes. Aber auch entwicklungsangemessene Zugänge werden kritisiert, dass sie den Erwachsenen in die Rolle der beobachtenden Person zurückdrängen, junge Kinder zu wenig herausfordern und insgesamt einen Laisser-faire-Stil begünstigen. Eine Folge davon kann sein, dass das Kind unterfordert wird und ihm kein Zugang zu ihm unbekannten Bereichen ermöglicht wird. Diese Problematik wurde bereits in Kapitel 7.3 diskutiert.

Auf der Basis der in Kapitel 3 dargestellten Komplexität des kindlichen Lernens ist zu folgern, dass für sich allein keiner der beiden Zugänge genügend ist. Dies deshalb, weil beide Zugänge die Curricula- und Praxismethoden *jenseits* der traditionellen Dichotomie Bildung und Betreuung übersehen und eine dritte Option untergewichten und unterbewerten: die Option des integrierenden Zugangs, der auf die Prozesse in der Lernumgebung fokussiert. Er erlaubt den Kindern, ihre unmittelbaren Lernbedürfnisse zu befriedigen, aber auch den sie begleitenden Erwachsenen, die zukünftigen kindlichen Lernentwicklungen in Übereinstimmung mit den kindlichen Interessen und Erfahrungen und unter Berücksichtigung des Entwicklungsniveaus planend zu ermöglichen. Eine solche Integration und Synthese von Bildung und Betreuung ist die Basis für eine dynamische frühkindliche Bildungsförderung.

Logischerweise muss eine derartige Betonung der dynamischen Natur von frühkindlicher Betreuung von herkömmlichen Zugängen wegführen, wie wir sie von Kindergarten und Grundschule her kennen. International liegen dazu einige Modellvarianten vor oder sind in Erarbeitung. So sind beispielsweise in Ländern wie Neuseeland oder Skandinavien bereits Bildungspläne in Gebrauch und in Deutschland mehrheitlich in der Erprobungsphase, welche auf der Basis zeitgenössischer Erkenntnisse entwicklungspsychologischer Theorien aufbauen und Kontextvariablen sowie dynamische Interaktion als Eckpfeiler definieren (Fthenakis & Oberhuemer, 2004; Stamm

& Edelmann, 2010). Solche Entwicklungen haben zunehmend zu einer Abwendung von beiden Paradigmen, sowohl von formal-didaktischen Instruktions- als auch von auf Pflege und Versorgung ausgerichteten Betreuungsmodellen, und zu einer größeren Aufmerksamkeit gegenüber einem pädagogischen, kind- und kontextsensitiven Stil geführt. Dieser betont die soziale, auf Erfahrung, Anregung und kindliche Aktivität beruhende Natur des Lernens und der Entwicklung.

Was jedoch bedeutet die hier eingeforderte Integration der beiden Perspektiven für die professionelle Praxis? Zunächst einmal eine Hinterfragung vorherrschender Überzeugungen. Viele Vorschulpädagoginnen und -pädagogen sehen das Kind mehrheitlich als vom Erwachsenen abhängiges Wesen und als Gegenstand der eigenen Bemühungen. Andere erachten es als autonomes, sich selbst bildendes Wesen. Vor dem Hintergrund der Prämisse Pestalozzis, wonach der Mensch als Werk seiner selbst zu betrachten ist, als auch der humboldtschen Tradition der Selbstbildung hat diese Betrachtungsweise durchaus ihre Berechtigung. Kritisch einzuwenden ist jedoch, dass diese Subjektorientierung nur so lange Gültigkeit haben kann, wie das junge Kind in einem anregungsreichen, der vorherrschenden Kultur entsprechenden System aufwächst und deshalb von außen keine direkte Steuerung braucht. Dies trifft in erster Linie für Kinder mit privilegiertem Bildungshintergrund zu. Für ein Kind, das in benachteiligenden Verhältnissen aufwächst oder in einem nicht der Mehrheitsgesellschaft entsprechenden Milieu, genügt dieses Postulat kaum.

Gefordert ist somit ein neues Instruktionsverständnis. In seinem Mittelpunkt kann weder lediglich die Selbstbildung des Kindes noch eine traditionelle Vermittlungstaktik stehen, sondern die aktive und behutsam-provokative Stärkung des eigenen Anteils des Kindes an seiner Bildung. Notwendig ist eine neue Balance zwischen diesen beiden Vermittlungsstilen, der auf Selbstbildung bedachten, konstruktivistischen und der vorwiegend instruktiven Vermittlungsstrategie. Vorstellungen, welche dieser neuen Balance entsprechen, werden in Wygotskis (1987) Konzept zur Förderung der kognitiven Entwicklung des Vorschulkindes in der Zone der nächsten Entwicklung aufgegriffen und im Postulat konkretisiert, der Unterricht habe der Entwicklung vorauszueilen und sich an den noch nicht voll ausgebildeten, sondern in Entwicklung befindlichen psychischen Prozessen auszurichten.

Diese Erkenntnisse sowohl zur Rolle des Kindes als auch zu derjenigen der Erwachsenen können nur erfolgreich in die pädagogische Praxis umgesetzt werden, wenn das pädagogische Fachpersonal einen Perspektivenwechsel vollzieht, der das Kind als aktiven Lerner in den Mittelpunkt der Betrachtungen stellt. Er manifestiert sich jedoch nicht einfach darin, inwiefern eine erwachsene Fachperson eine «kindzentrierte» Sichtweise einnimmt. Vielmehr muss sie versuchen, in den Intentionen des Kindes die Wurzeln systematischen Wissens zu suchen und dessen Heranbildung behutsam-provokativ zu fördern. Wie dies in Kapitel 6.1 nachgezeichnet worden ist, tun dies verschiedene frühpädagogische Bildungskonzepte, so etwa die Montessori- oder die Reggio-Pädagogik, der *High/Scope*- oder der Projektansatz. Sie alle betonen die dynamische Natur von FBBE-Konzepten und markieren damit einen Perspektivenwechsel, der vom Kind als aktivem Lerner ausgeht und seine damit verbundenen Bedürfnisse in den Mittelpunkt stellt. Damit verpflichten sie das Ausbildungspersonal – wie im Reggio-Ansatz verdeutlicht –, auf seine «hundert Sprachen» zu achten.

11.4 Zusammenfassende Bilanz

Lernen ist ein sozialer Prozess. Kinder sind zwar vom frühesten Alter an aktive Partizipierende in der geteilten Konstruktion von Wissen, aber gerade im Hinblick auf solche aus eher benachteiligten Milieus sind sie auf eine aktive, betreuende und zuweilen auch provokative Anleitung durch Erwachsene angewiesen. Dieses Verständnis der sozialen Natur von Lernen und die interaktive Herstellung von Bedeutungen rufen nach einer Diskussion von neuen Praktiken im FBBE-Feld, die bildend, betreuend, reziprok und herausfordernd sind. Ein vielversprechendes Modell ist dasjenige der dynamisch-prozessorientierten frühkindlichen Bildungsförderung. Es erkennt die bildende Rolle von Betreuung als Förderung. Ein solches komplexes Verständnis von Betreuung spiegelt nicht nur die vielfältigen Rollenanforderungen an Fachleute, die direkt mit den Kindern arbeiten, sondern konturiert auch das Bild des professionellen Raums, in welchem Bildung, Betreuung und Erziehung interagieren und miteinander verschmelzen.

Zentral für ein solches Konzept ist die Idee, dass die Zeit zwischen null und acht Jahren einen einmaligen Integrationsraum für Bildung und Betreuung darstellt. Um die Veränderungen in der frühkindlichen Bildungs- und Betreuungspolitik inklusive der Praxis voranzutreiben, ist indes eine Strukturreform unumgänglich. Sie bedingt einen signifikanten Wechsel im bisherigen FBBE-Verständnis und eine Reform der Ausbildung für all diejenigen, welche in solchen Settings arbeiten.

Vor diesem Hintergrund sollen abschließend zwei Punkte hervorgehoben werden, welche für eine erfolgreiche Umsetzung des Paradigmas frühpädagogischer Bildungsförderung handlungsleitend sind.

- Ein solches Konzept erfordert vom Erwachsenen, Lernschritte zu planen, welche das Kind im Sinne Wygotskis (1987) in die Zone der nächsten Entwicklung herausfordern und weiterbringen. Dies weist der pädagogischen Fachperson die Aufgabe zu, die individuelle und vor allem die kompensatorische Entwicklung des Kindes aktiv zu unterstützen. Das bedeutet, es sowohl möglichst früh an seine individuellen Lernmöglichkeiten heranzuführen und ihm Gegenstände zuzumuten, zu denen es von sich aus keinen Zugang suchen würde, als auch sich gleichzeitig an seinen spezifischen Bedürfnissen zu orientieren.

- Vorschulprogramme mit verstärkter Bildungsorientierung lassen sich nur dann erfolgreich umsetzen, wenn sich der Paradigmenwechsel auch in den subjektiven Überzeugungsmustern der pädagogischen Fachkräfte niederschlägt. Wir wissen jedoch aus vielen Evaluationen, dass sich das pädagogische Fachpersonal häufig nur zögerlich auf neue Erkenntnisse einlässt. Viele betonen in erster Linie den Bewahrungsgedanken und Ziele wie soziale Kompetenz oder Ordnung und Fleiß. Bildungsaufgaben stehen sie häufig eher skeptisch gegenüber. Gerade deshalb sind Aus-, Weiter- und Fortbildung besonders gefordert. Damit das Konzept frühpädagogischer Bildungsförderung verwirklicht werden kann, sind zwei Ziele zu fokussieren: Erstens sollten sie an die alltäglichen Erfahrungen und die kognitiven Verstehenshorizonte des pädagogischen Fachpersonals anknüpfen und gleichzeitig neue Ergebnisse und Erkenntnisse liefern. Zweitens sollten sie ihre Ausbildungselemente immer an der Praxisausrichtung insofern messen, als diese aus der Sicht der Auszubildenden gewährleistet sein muss.

Internationale Erfahrungen – etwa in Schweden, Neuseeland oder Australien – weisen nach, dass Betreuung mit dem Primat von Bildung zusammenzubringen ist und der Paradigmenwechsel erfolgreich verlaufen kann. Herzstück des Erfolgs in diesen Ländern dürfte u. a. sein, dass (a) die Bildungspläne mit den pädagogischen Fachkräften zusammen erarbeitet wurden und (b) die konzeptuelle Teilung in Betreuung (meist in Verantwortung der Sozial- und Gesundheitsbehörden) und Bildung (meist in Verantwortung der Schulbehörden) überwunden und einer einzigen verantwortlichen Behörde übertragen wurde.

Trotzdem geht es nicht darum, die Konzepte der einzelnen Länder und ihre *Best-Practice*-Modelle unhinterfragt zu kopieren. Insbesondere in Frankreich, England, den USA und ebenso in den Niederlanden gibt es eine wachsende Kritik an der Überbetonung der systematisierten, kognitiv ausgerichteten frühkindlichen Bildungsförderung. Daraus folgt, dass es nicht darum geht, standardisierte Vorschulprogramme zu übernehmen oder ein systematisches Bildungskonzept der Vorschule, das für alle Kinder gleichermaßen gültig sein soll, zu entwickeln. Frühpädagogische Bildungsförderkonzepte sollten sich vielmehr am individuellen Entwicklungsstand des Kindes und an den allgemeinen Merkmalen der frühen Kindheit orientieren. Nicht das chronologische Alter, sondern das Entwicklungsalter, die individuellen Bedürfnisse und Interessen sowie die soziale Herkunft sind zentral. Während für privilegierte

Kinder die Bereitstellung anregungsreicher Lernumwelten durchaus genügt und es zudem fraglich ist, wie stark solche Kinder von Bildungsangeboten lediglich mittlerer Qualität profitieren, da sie zu Hause möglicherweise anregungsreichere Kontexte vorfinden, brauchen Kinder aus benachteiligten Familien eine proaktive Unterstützung, die mit schulvorbereitenden Maßnahmen – wie sie in Kapitel 6 dargelegt worden sind – verbunden ist.

12 Je früher und intensiver, desto besser?

Weil die ersten Lebensjahre die für das Lernen bedeutsamsten sind, gelten sie als Grundstein für den späteren Bildungs- und Lebenserfolg. Was in dieser Phase versäumt wird, kann später kaum aufgeholt werden. Im Zuge der PISA-Untersuchungen hat sich gezeigt, dass in vielen erfolgreichen Ländern die Vorschulzeit mit frühem systematischem, kognitiv orientiertem Lernen verknüpft wird, während bei uns lange Zeit Fördervorstellungen dominierten, die in erster Linie auf soziales Verhalten, Emotionalität und Motorik abzielten. Dies hatte zur Folge, dass hierzulande der Förderung kognitiver Entwicklung mit großer Skepsis begegnet und intellektuelles Lernen in der Vorschulzeit als unangemessen erachtet wurde. Solche Einstellungsmuster sind zwar auch heute noch präsent, doch kehrten sie sich in den letzten Jahren teilweise fast ins Gegenteil. Dies zeigt sich anhand von mindestens drei Phänomenen:

- *am enormen Angebot zur Frühförderung, das vor allem von Mittel- und Oberschichtfamilien genutzt wird:* In privaten Vorschulen und Kleinkindkursen können schon die Allerkleinsten etwas über Astronomie oder Biologie lernen und sich erste Englisch-, Chinesisch-, Arabisch- oder Lese- und Mathematikkenntnisse aneignen. Lern-DVDs mit vielversprechenden Namen wie «Baby-Einstein» oder «Baby-Van Gogh» lassen ehrgeizige Eltern in der Hoffnung zugreifen, ihr Kind früh schon fit für die harte Zukunft zu machen.
- *am riesigen Markt an Ratgeberliteratur für Eltern:* Fast unübersehbar sind die Anleitungen, wie Kleinkindern Lesen und Rechnen «auf spielerische Weise» vermittelt und sie so auf den Schulalltag vorbereitet werden können.
- *an der Tendenz, Kinder früh schon auf die Schule vorzubereiten oder auch das Schuleintrittsalter vorzuverlegen:* Vielerorts werden Curricula, welche bisher für Schulkinder bestimmt waren, unhinterfragt nun bereits bei Drei- und Vierjährigen angewendet, Vorschulprogramme auf ganze Tage verlängert, Spielgruppen zu Vorschulen «aufgewertet» oder Kindergärten schon für Zweijährige geöffnet. Viele der vorschulischen Angebote basieren auf Textbüchern und Dokumenten, die ursprünglich für Erstklässler bestimmt gewesen waren. Vierjährige sind jedoch nicht einfach kleine Schulneulinge, denen man das Gleiche wie Älteren vorsetzen kann, genauso wie Zweijährige nicht einfach kleine Kindergartenkinder sind, welche die gleichen Bedürfnisse wie ältere Kinder haben.

Dieses Kapitel wirft einen kritischen Blick auf solche Entwicklungen. Es hinterfragt sie im Hinblick auf ihre entwicklungsfördernde Angemessenheit und problematisiert die Tendenz, wonach intellektuelle Kompetenzen immer früher, schneller und intensiver erworben werden und sich Kinder Fähigkeiten aneignen sollen, die typischerweise einem späteren Entwicklungsniveau vorbehalten sind. Drei Fragen stehen dabei im Mittelpunkt:

- Warum ist dies so? Wie in den vorangehenden Kapiteln klar geworden ist, unterstützen Theorie und Forschung einhellig die These, dass junge Kinder anders lernen als ältere und erwachsene Menschen. Und niemand stellt tatsächlich das Prinzip infrage, dass Bildung und Erziehung an die Lernmöglichkeiten von Kindern angepasst werden sollten. Weshalb wird die Spezifik des Lerncharakters junger Kinder in der frühen Kindheit häufig ignoriert, wenn der Wissensstand doch eigentlich ein anderer ist?
- Weshalb schadet es jungen Kindern, wenn sie so lernen sollen, wie dies für ältere Kinder üblich ist? Oder, anders gefragt: Werden unsere jungen Kinder, die ja besonders eifrige Lerner sind, verhätschelt, wenn sie nicht früh genug in schulvorbereitende Fördermaßnahmen eingeführt werden?
- Wenn gezeigt werden kann, dass akzelerierte schulähnliche Lernförderung den Kindern mehr schadet als nützt, was können wir dann damit anfangen? Raubt die Frühförderung den Kindern einen Teil ihrer Kindheit? Sollen wir uns über diesen Trend Sorgen machen und den Eltern ins Gewissen reden?

Auf den Punkt gebracht, liegt das Ziel dieses Kapitels darin zu diskutieren, ob eine immer früher, d. h. akzeleriert einsetzende schulvorbereitende Förderung besser ist als eine solche, welche auf entwicklungsangemessene Anreicherung setzt. Der Grund dafür, dass dabei eher für eine anreichernde als für eine akzelerierende Förderung plädiert wird, liegt nahe. So wird aufgezeigt, dass junge Kinder in der Regel zu früh an schulische Aufgaben herangeführt werden und dass diese Problematik auch bei Kindern mit Migrationshintergrund beachtet werden muss. Denn viele Beobachtungen von Kindern in vorschulischen Förderangeboten verweisen darauf, dass sie sehr wohl im Erwerb von Buchstaben, Silben, im Zählen und in anderen Aufgaben unterrichtet werden können, dass jedoch insgesamt eine *gezielte schulorientierte Frühförderung* zur Überforderung führt. Dieser Druck, junge Kinder zu einseitig und akzelerierend zu fördern, geht mit Gefahren für ihre emotionale Gesundheit einher. So gibt es einen breiten Strang an Forschungserkenntnissen, welche auf das Auftreten von Leistungsängstlichkeit als Folge solcher akzelerativer Förderung verweisen. Es gibt jedoch viele anreichernde Alternativen, welche junge Kinder mit reichhaltig bildenden Möglichkeiten ausstatten und sie zu maximal motivierten und minimal leistungsängstlichen Kindern heranwachsen lassen.

12.1 Problematik

Im Zuge der internationalen Leistungsstudien PISA ist der Konkurrenzdruck erwacht. Vor dem Hintergrund der lediglich mittelmäßigen Platzierungen der Schülerinnen und Schüler Deutschlands – teilweise auch der Schweiz und Österreichs – in Lesen und Mathematik ist ein großes Interesse an den erfolgreichen Bildungssystemen anderer Länder entstanden, um die Quellen ihres Erfolgs zu studieren. Dabei hat sich gezeigt, dass viele der erfolgreichen Länder über gut ausgebaute Frühfördersysteme verfügen. Solche Erkenntnisse haben hierzulande zu einer Wiederbetonung des Werts von «Bildung» geführt. Dabei hat insbesondere die Annahme Anklang gefunden, dass akzelerierende Bildungsanstrengungen in einem «Mehr an Lernen», einer Verbesserung der kognitiven Fähigkeiten und damit einer höheren Effektivität späterer Schulleistungen resultieren würden. Schulvorbereitende Frühförderung und früherer Schuleintritt wurden zu zwei Schwerpunkten der PISA-Folgen-Diskussion. Gepaart mit den in den Medien stark aufgebauschten Krisenszenarien und dem kompetitiven Geist vieler Eltern, wenn es um Entwicklungsfortschritte und Schulvorbereitung ihrer Kinder geht, haben sich Akzelerierungsbemühungen nach und nach durchgesetzt.

Obwohl diese Trends kaum durch konkrete Daten dokumentiert werden können, machen verschiedene Studien deutlich, dass viele frühe Förderprogramme tatsächlich beginnen, das Schulische hervorzustreichen (Stamm & Edelmann, 2010). Verschiedene Evaluationen belegen zudem, dass Eltern diese Entwicklung mehrheitlich begrüßen und Lehrkräfte von ihnen zunehmend unter Druck gesetzt werden, damit ihr Kind bereits im Kindergarten lesen lernt oder früher eingeschult wird (Fried, 2002; 2007; Puhani & Weber, 2006).

Hinter der Frage, ob es sich bei derartiger Frühförderung eher um Elterndruck – im angloamerikanischen Sprachraum «Hothousing» (Treibhausförderung) genannt – oder um intellektuell-kreative Herausforderung und frühe Stimulation handelt, stecken jedoch auch emotional und politisch gefärbte Motive. Sie verweisen auf einen ideologischen Konflikt zwischen den Vorstellungen strenger Befürworter und stimmgewaltiger Gegner. Treibhausförderung ist nicht ausschließlicher Ausdruck von Wunsch und Wille des Elternhauses. Es sind auch gesellschaftliche Trends, welche den Förderehrgeiz als attraktive Option erscheinen lassen.

- Zum einen sind es populäre Darstellungen wissenschaftlicher Erkenntnisse, die häufig von selbsternannten neurodidaktischen Experten vorgetragen werden. Sie alarmieren Eltern, die Zeit der Gehirnentwicklung ihres Kindes nicht ungenutzt verstreichen und seine geistigen Kapazitäten brachliegen zu lassen. Schon Zweijährige würden bereitgestellte Information wie ein Schwamm aufsaugen und könnten deshalb früh schon auf Wissen und Können ausgerichtet werden (vgl. auch Kapitel 3).
- Zum anderen sind es demografische Veränderungen wie höhere Scheidungsraten, doppelt verdienende Paare und die mütterliche Erwerbstätigkeit generell, welche die Vereinbarkeit von Beruf und Familie vor neue Herausforderungen stellen. Solche Veränderungen haben eine Generation von Eltern produziert, die sowohl weniger Zeit für sich als auch für ihre Kinder haben. Wenn beide Elternteile arbeiten und Kinder betreuen, dann können sie die verschiedenen Rollen gleichzeitig nur erfüllen, wenn sie persönliche Freizeit dafür opfern. Viele fühlen sich schuldig, weil sie den ganzen Tag vom Kind getrennt sind, es in Fremdbetreuung geben müssen, aber auch, weil sie stark im Beruf eingespannt sind und nur wenig Freizeit mit ihrem Kind verbringen können. Deshalb fürchten viele Eltern, dass die begrenzte Zeit ihrer Interaktion mit dem Kind für den Aufbau einer guten Beziehung nicht ausreichen könnte, um seine geistige Entwicklung optimal voranzutreiben. Frühförderangebote sind folglich eine willkommene Alternative.

12.2 Historische Konzepte

12.2.1 Vertreter frühkindlicher Bildung und die Akzeleration

Friedrich Fröbel hat in seiner Pädagogik des Kindergartens (1840) formuliert, dass Kinder die Sprache der Dinge früher beherrschen müssten als die Sprache der Wörter. Damit meinte er, dass selbsttätiges Handeln das Primat gegenüber jeglicher Instruktion haben müsse. Angeregt würde dieses Handeln durch den angeborenen Tätigkeitstrieb und verwirklicht vor allem im Spiel, der nach Fröbel wichtigsten Tätigkeit des Kindes. Mit diesem einen Satz formulierte Fröbel bereits vor fast 120 Jahren, was die Essenz frühkindlicher Bildung ausmacht: Kinder werden nicht geboren, um zu wissen, was «2 + 2» ergibt, was «AUTO»heißt oder welches der Unterschied zwischen Rot und Grün ist. Nicht die Instruktion ist das erste Curriculum des Kindes, sondern seine natürliche Umgebung. Angeeignet werden kann es nur in der direkten Interaktion mit den Dingen. Deshalb gibt es keinen anderen Weg zu lernen als über be-greifen, be-tasten oder an-fühlen. Lernen in diesem Sinne ist ein zeitintensiver Prozess, der nicht im Eilzugstempo absolviert werden kann.

Die von Fröbel dargelegte Sicht von frühkindlicher Bildung ist von vielen Wissenschaftlern aufgenommen worden, so von Maria Montessori, Jean Piaget oder Lev Wygotski. In den vorangegangenen Kapiteln, vor allem in Kapitel 3, ist bereits eingehend darauf verwiesen worden. Sie alle betonten die Bedeutung manipulativer Aktivitäten, die auf Singen, Reimen und Vorlesen, das gemeinsame Spiel, auf die Beobachtung von Naturphänomenen, den Gebrauch von Grob- und Feinmotorik, die Pflege der Fantasie und Kreativität über Musik und Kultur sowie auf die soziale Einbettung des Kindes ausgerichtet sind. Sie verwiesen aber auch auf die Gefahren, wenn junge Kinder zu früh in die Welt der Symbolik eingeführt werden. Das bedeutet jedoch nicht, dass sich Piaget, Montessori, Fröbel oder Wygotski in allen Belangen kindlicher Entwicklung einig waren. Beispielsweise unterschieden sie sich in der Rolle der pädagogischen Fachperson oder im Nutzen von individuellem versus gemeinsames Lernen. Fröbel beispielsweise war der Überzeugung, dass die Einführung junger Kinder in den Gebrauch unterschiedlicher Materialien wie Holzbälle, Vierecke oder Rhomben sie nicht lediglich in der Erkennung geometrischer Figuren unterrichte, sondern auch in abstrakten Konzepten wie Harmonie und Einheit. An solchen Auffassungen zweifelte Montessori. Sie argumentierte eher für kritische Perioden – sogenannte sensible Phasen in der Entwicklung –, während deren Kinder ihre sensorisch-motorischen Fähigkeiten nutzen müssen, um auch abstrakte Konzepte zu erfassen. Fröbel erachtete das Spiel als wertvolle Lernart, während Montessori es als Arbeit des Kindes verstand.

Piaget, obwohl er kein spezielles Vorschulprogramm unterstützte, argumentierte, dass Kinder primär von ihrer eigenen spontanen Exploration der Dinge und der nachfolgenden reflektiven Abstraktion lernten. Wygotski wiederum, obwohl er wie Piaget davon überzeugt war, dass ein Großteil des intellektuellen Wachstums spontan erfolgt, propagierte, dass Kinder ihr Potenzial nicht vollständig ohne Hilfe Erwachsener realisieren können. Bekanntlich vertrat er die Ansicht, dass es eine Zone der nächsten oder proximalen Entwicklung gibt, welche vom Kind nur mit der Führung und Moderation durch Erwachsene erreicht werden kann. Dementsprechend fokussierte Wygotski auf die Rolle der pädagogischen Fachperson weit stärker als die anderen hier diskutierten Autoren, die eher davon ausgingen, dass junge Kinder vieles von sich aus und alleine lernen. Sowohl Fröbel als auch Montessori, Piaget und Wygotski stimmten in der Überzeugung überein, dass im Mittelpunkt frühkindlicher Bildung das Kind zu stehen hat und nicht ein zu vermittelnder Stoffinhalt. Ihr Hauptprinzip sahen sie in der Passung von Curriculum und Instruktion. In Kapitel 7 ist aufgezeigt worden, dass dieses Prinzip heute allgemein als «entwicklungsangemessene Praxis» akzeptiert wird, teilweise aber auch umstritten ist.

12.2.2 Der Sputnikschock und seine Folgen

Der richtige Zeitpunkt zum Lesen- und Rechnenlernen wird heute – wie Kapitel 13 zeigen wird – schwerpunktmäßig unter der Frage abgehandelt, ob junge Kinder früher eingeschult werden sollten. Der richtige Zeitpunkt ist jedoch kein neues, sondern ein bereits im Gefolge des Sputnikschocks von 1957 abgehandeltes Thema, das sowohl im angloamerikanischen als auch im deutschsprachigen Raum umfassend diskutiert wurde. In den USA war es vor allem die Frühleserbewegung, welche in eine doppelte Strategie eingebettet wurde: Getrieben von der Angst, die Vorherrschaft in der westlichen Welt verloren zu haben, wurde einerseits die frühe Förderung und Unterrichtung besonders begabter Kinder vor allem in den Bereichen der Naturwissenschaften und Mathematik forciert. Andererseits wandte man sich im Zuge der sich entwickelnden Humankapitalforschung und der Bildungsökonomie den benachteiligten jungen Kindern zu. Die kompensatorische Erziehung und das *Head-Start*-Programm wurden dabei zur handlungsleitenden Strategie des sogenannten *war on poverty.* Er wollte die Schwierigkeiten und Benachteiligungen bekämpfen, die arme Kinder – schwarze, weiße und sogenannte Hispanics – in der Schule hatten. Es wurde davon ausgegangen, dass solche Kinder schlechte Zukunftsaussichten hätten, wenn nicht Bildungsinterventionen ihnen helfen würden, die schulischen Probleme zu meistern. Viele Theoretiker und Praktiker engagierten sich in umfassenden Anstrengungen für *Head Start* und trugen auch zu seiner theoretischen Untermauerung bei. Dazu gehören Namen wie Hunt, Piaget, Bruner, Bronfenbrenner, Sigl, Weikart, Epstein, Schweinhart, Zigler oder Valentine.

Aus heutiger Sicht erscheint die defizitorientierte Zielsetzung von *Head Start* und ähnlicher Programme problematisch: Sie ging davon aus, dass in Armut lebende Kinder Defizite in den verbalen, intellektuellen und sozialen Fähigkeiten aufweisen, welche jedoch für den Schulerfolg grundlegend wären. Aus diesem Grund wurden die Programme auch als «kompensatorisch» bezeichnet. In gewisser Hinsicht waren sie Ausdruck der Bemühungen, das Kind von dort, wo es herkam, nach dorthin, wo es gelangen sollte, durch akzelerative, d. h. frühere Förderung zu führen. Implizit wurde dieses «früher und intensiver» auch mit «besser» gleichgesetzt. Die unhinterfragte Norm war dabei das Mittelschichtkind, das sich die angemessene Bereitschaft, in der Schule gut zu funktionieren, bereits früher angeeignet hatte. Wenn Mittelschichtkinder – so wurde angenommen – in Vorschulangeboten ihren Horizont erweitern und ihre Sozialisationserfahrung bereichern konnten, dann würden Kinder benachteiligter sozialer Herkunft die gleichen Möglichkeiten brauchen. Vorschulangebote für jene Kinder müssten allerdings stärker auf grundlegende Fähigkeiten in der Sprache, dem sozialen Miteinander und in Spielsituationen ausgerichtet sein.

Ähnliche Gründe waren es, die ein paar Jahre später in Deutschland zur Initiierung der deutschen Bildungsreform führten. Unter dem Titel «Die deutsche Bildungskatastrophe» (Picht, 1964) startete eine breit angelegte Diskussion des Verhältnisses von Bildung und Gesellschaft. Zum einen ging es auch hier um die Folgen des Sputnikschocks, zum anderen um die Bedeutung von Bildung in einer demokratischen Gesellschaft. Dabei setzte sich nach und nach die Erkenntnis durch, dass der Zusammenbruch des Bildungssystems nur durch rigorose Maßnahmen verhindert werden könne. Neben den umfangreichen Studien zu den sogenannten «Begabungsreserven» (Heller, 1969) wurde insbesondere die «deutsche Frühleserbewegung» zu einer solchen Maßnahme. Sie strebte eine generelle Intelligenzförderung und Sprachentwicklung durch institutionalisiertes Lesenlernen an. Insbesondere Lückert (1969) war es, der mit seiner deutschen Fassung des Buchs von Doman (1964) «How to teach your baby to read» diese Diskussion lancierte und von Wissenschaftlern wie Correll oder Schmalohr mit ihren Studien zu den positiven Wirkungen des frühen Lesenlernens gestützt wurde. Frühes Lesenlernen – so der Tenor dieser Publikationen, meist angereichert durch entsprechende Erfahrungen aus Ländern wie den USA, Großbritannien und Australien – sei angezeigt, um das neurologische Wachstum zu beschleunigen, das Interesse von Vorschulkindern an Buchstaben und Wörtern zu befriedigen und die Intelligenz zu steigern. Gleichzeitig meldeten sich jedoch auch kritische Stimmen, vor allem aus den Reihen des Kindergartenpersonals und der Sozialpädagogik (Tietze, 1973). Sie sahen im vorschulischen Lesen in erster Linie eine Überforderung der Kinder und eine Verschulung der Kindheit.

Heute – so scheint es zumindest im Hinblick auf die sich abzeichnende Frühfördereuphorie – leben die Grundgedanken der 1960er-Jahre wieder auf. Mindestens in zweierlei Hinsicht scheint dies der Fall zu sein:

- Ein Grundgedanke ist die an *Head Start* erinnernde Vorstellung, dass Bildung ein Wettlauf sei und dass ein Kind, je früher und intensiver es starte, desto früher am Ziel anlange.
- Ein anderer Grundgedanke lebt in den privaten Frühförderangeboten wieder auf: die an Thorndike oder Skinner erinnernde behavioristische Philosophie, dass Kinder nahezu alles lernen können, wenn es nur gut arrangiert ist und wenn das kindliche Lernen auf allen Altersniveaus den gleichen Prinzipien folgt.

12.3 Konzeptionen des Kleinkindes im Blickwinkel der Akzeleration

Das aktuelle Interesse an der frühen Kindheit geht mit einer neuen Konzeption des Kleinkindes einher. Nicht nur die Bildungs-, Betreuungs- und Erziehungspraxis wird durch den sozialen, ökonomischen und politischen Zeitgeist bestimmt. Auch die Konzeption des Kindes wird davon beeinflusst. Darauf verweist auch ein Blick auf die Vorstellungen, welche Erwachsene von Kindern und Kindheit in den letzten 100 Jahren entwickelt haben. Vorstellungen vom «sündigen Kind», vom «sinnlichen Kind» und aktuell vom «kompetenten Kind» waren und sind für die Erziehung, die Sozialisation und auch das bildungspolitische Handeln einflussreich.

- *Das sündige Kind:* Im 19. Jahrhundert dominierte die Konzeption «des sündigen Kindes», die von der religiösen Orthodoxie der damaligen Zeit bestimmt war. Die Erziehung des Kindes schloss notwendigerweise auch die Brechung seines Willens ein, welche Mittel auch immer dazu notwendig waren.
- *Das sinnliche Kind:* Entlang der Säkularisierung und Urbanisierung unserer Gesellschaft im Verlaufe des 20. Jahrhunderts und der Verbreitung der freudschen Psychologie wurde das Konzept des sündigen Kindes durch das Konzept des sinnlichen Kindes ersetzt. Die freudsche Beschreibung der kindlichen Sexualität und seine Theorien zur zentralen Rolle der Sexualität in der Ausbildung von Neurosen fokussierte die Aufmerksamkeit auf die gesunde Persönlichkeit. Nunmehr galt, dass eine fortschrittliche Erziehung in erster Linie spontane Gefühlsäußerungen und nicht deren Unterdrückung oder Repression zu beinhalten habe. Basis dieser Überzeugung bildete die Annahme, dass sich ein emotional gesundes Kind intellektuell gut entwickle und keine zusätzlichen Anregungen brauche. Dabei diktierten die vorherrschenden Normen und Werte den Müttern, zu Hause zu bleiben, die Kinder zu erziehen und den Ehemann zu unterstützen. Die Führung des Haushalts wurde eine bedeutsame Domäne der Ehefrau. Dieser gesellschaftlichen Leitvorstellung entsprach das Konzept des sinnlichen Kindes sehr genau.
- *Das intellektuelle Kind:* Die intellektuelle Bewegung der 1960er-Jahre entsprach jedoch nicht mehr diesem Konzept. Gefragt war deshalb nun eines, das mit Fokus auf frühe Förderung und Schulvorbereitung kompatibel war. Das Ergebnis war das Konzept des intellektuellen Kindes. In den USA wurde Jerome S. Bruners Aussage berühmt, wonach man jedem Kind jeden Sachverhalt in jedem Alter in einer intellektuell angemessenen Art und Weise vermitteln könne. Benjamin Blooms mehrdeutiges Statement, dass ein junges Kind die Hälfte seiner

intellektuellen Fähigkeiten bereits im Alter von vier Jahren erreicht habe, war ein weiterer Hinweis auf die Leitidee des intellektuellen Kindes. Schließlich war es James Hunts Idee von der Formbarkeit der Intelligenz, welche einen Paradigmenwechsel einleitete, weg vom fixen IQ hin zur «begabenden» Umwelt.

- *Das kompetente Kind:* Heute dominiert die Konzeption des kompetenten Kindes die frühpädagogische Diskussion. Sie geht davon aus, dass das Kind von Geburt an sozial und emotional ebenso kompetent ist wie ein Erwachsener. Diese Kompetenz, die sich entsprechend der kindlichen Reife äußert, muss ihm nicht erst durch Erziehung, d. h. durch die Eltern oder durch Institutionen, beigebracht werden. Folglich kann sich ein kompetentes Kind bereits früh auf die Separation von den Eltern einstellen und ist in der Lage, sich mit geringen Schwierigkeiten an Babysitter, Krippen, Tagesmütter etc. anzupassen.

12.4 Aktuelle Forschungserkenntnisse

Gute frühkindliche Bildungsangebote – so die Ergebnisse zahlreicher Studien, die in den vorangegangenen Kapiteln berichtet worden sind – lassen sich als Legitimationsbelege für die Hoffnung heranziehen, dass in erster Linie benachteiligte Kinder in ihrer sozialen, intellektuellen und emotionalen Entwicklung gefördert werden können. Neue Erkenntnisse aus der Hirnforschung unterstützen diese Annahme und betonen darüber hinaus, dass die intellektuelle Kompetenz von jungen Kindern bislang unterschätzt worden ist. Trotzdem sind empirisch nachgewiesene Erfolge vorschulischer Frühförderung dünn gesät. Keine wissenschaftliche Studie konnte bisher belegen, dass frühe Lese- oder Mathematikinstruktion oder der wöchentliche Kleinkinderkurs im Frühenglisch aus den Kleinsten spätere Sprachtalente oder Rechengenies macht (Marcon, 2002). Die wenigen verfügbaren Untersuchungen zeigen vielmehr, dass Kinder, welche vorschulisch im Kompetenzerwerb gefördert worden sind, ihren Vorsprung gegenüber nicht explizit geförderten Kindern wieder verlieren und später kaum schulerfolgreicher sind als nicht geförderte Kinder. Auch aus der Hochbegabungsforschung wissen wir, dass viele der früh geförderten Wunderkinder ihren Vorsprung kaum beibehalten können und im Erwachsenenalter nicht mehr die überragenden Leistungen zeigen, die von ihnen aufgrund ihrer frühen Exzellenz erwartet werden.

Legitimationsbeweise für eine akzelerierte Frühförderung werden auch in der neuen Technologie verankert. Vielfach wird davon ausgegangen, dass junge Kinder heute gescheiter und cleverer sind als Kinder in der Vergangenheit. Derartige Annahmen haben die Konzeption des kompetenten Kindes verstärkt und dazu beigetragen, die schulvorbereitende Funktion frühkindlicher Förderung weiter zu verstärken. Tatsache ist jedoch, dass die Technologie weder das menschliche Potenzial erhöht noch die menschliche Entwicklung akzeleriert. Vielmehr erweitert sie unser Potenzial. So dehnt beispielsweise das Telefon unser Hören, der Fernseher unseren Blick, der Computer unser Gedächtnis aus. Aber weder unsere Kapazität für das Hören noch für das Sehen oder das Erinnern sind durch diese Technologien verändert worden. Genau das Gleiche trifft in Bezug auf junge Kinder zu. Computer und Fernseher haben keinesfalls die kindlichen intellektuellen Kapazitäten verbessert. Sie haben lediglich ihre Grenzen erweitert. Die TV-Sendung «Sesamstraße», eine der erfolgreichsten Fernsehserien für Kinder im Vorschulalter, war beispielsweise lange Zeit darauf ausgerichtet, dass Kinder schneller lesen lernen sollten. Allerdings zeigte sich dann bald einmal, dass die rasche Präsentation des Materials die Informationsprozessfähigkeiten junger Kinder bei Weitem überstieg und dass die Lesefähigkeiten dadurch nicht wesentlich verbessert wurden, mit Ausnahme des Erkennens bestimmter Symbole. Trotzdem hält sich die Überzeugung, dass die Technologien die kindlichen Fähigkeiten verbessern.

Insgesamt steht derartigem Denken, wonach heutige Kinder gescheiter seien als solche früherer Generationen, weit oben auf der Liste der Gründe für die frühere Einschulung. Diese Sachverhalte werden in Kapitel 13 detaillierter erörtert. Tatsache ist: Wer an die Effektivität schulähnlicher Trainings für Vorschulkinder glaubt, macht einen fundamentalen Fehler: Man erkennt nicht, dass es unterschiedliche Niveaus des Lese- und Mathematikverständnisses gibt. Buchstaben und Zahlen erkennen zu können, ist weit entfernt vom Beherrschen mathematischer Operationen oder von einem umfangreichen Wortschatz und einem guten Leseverständnis. Dies ist einfach anhand der «Sesamstraße» nachzuweisen. Die halbstündigen Folgen setzen sich aus sechs bis zehn Einzelbeiträgen zusammen, die beispielsweise Puppendialoge, Trickfilme und Kinderlieder umfassen und den Kindern die ganze Symbolik vertraut machen. Im Ergebnis eignen sich junge Kinder jedoch lediglich antrainiertes Wissen an, keinesfalls aber ein vertieftes Lese- oder Mathematikverständnis. Wenn von der Effektivität vorschulischer Förderung die Rede ist, wird zudem vielfach vergessen, dass weitere nicht intendierte Wirkfaktoren dazukommen. So sind beispielsweise Kinder heute mit ihren Eltern mobiler denn je. Dies hat zur Folge, dass sie in Einkaufszentren, Vergnügungsparks, auf Autobahnen oder Flughäfen zur Genüge mit mathematischen und sprachlichen Symbolen eingedeckt werden. Solche Gründe sind es somit in erster Linie, die verantwortlich dafür zu machen sind, dass Kinder heutzutage Zahlen und Buchstaben früher lernen. Aber Kinder lernen deswegen Mathematik oder Lesen nicht früher als Kinder vorangehender Generationen. Eine sinnvolle Frühförderung geht mit der Entwicklung von Verstehensprozessen einher. Das zeigt sich in folgendem Beispiel:

Kürzlich bat ich ein überdurchschnittlich begabtes fünfjähriges Kind aus einem ausgeprägt bildungsorientierten Elternhaus darum, das Wort «Tier» zu definieren. Es gab mir eine Vielzahl von Definitionen. Als ich es fragte, ob die Schnecke ein Tier sei, sagte es, nein, sie ein Reptil. Ein Tier habe vier Beine, sei ein Säugetier und lebe auf einem Bauernhof. Dieses Beispiel zeigt das große Wissen des Kindes, jedoch sein limitiertes Verständnis, weil es das Konzept von «Tier» noch nicht beherrschte, sondern nur die Definition von gewissen Beispielen von Tieren.

Der zentrale und kritische Punkt dieses Beispiels ist somit der, dass man jungen Kindern zwar in der Tat eine Menge von Materialien in einer mechanistischen Art und Weise vermitteln kann, ohne dass das notwendige Verstehen damit einhergeht. Schon Piaget hat uns aufgezeigt, dass Aneignung und Nutzung von Wissen das Verstehen einschließen.

Selbstverständlich ist früher Kompetenzerwerb möglich, weil Kinder eine natürliche Lernproduktivität haben und hoch motiviert sind, alles zu lernen, was ihnen präsentiert wird. Es kann deshalb sehr wohl sinnvolle Frühförderung sein, wenn ein Vierjähriger aus eigener Initiative lesen lernen oder rechnen lernen *will* und ihn die Eltern unterstützen – nicht jedoch, wenn sie ihn instruieren. Es gibt junge Kinder, für die akademische Lernumgebungen ähnlich faszinierend sind wie das Spiel. Angesichts des Ansatzes von Fröbel oder Montessori gilt dabei jedoch, dass die natürliche Welt der erste Lehrplan des Kindes sein muss. Die direkte Begegnung, das unmittelbare Tun und die daraus resultierenden Erfahrungen erfordern jedoch Zeit. Akzeleration ist deshalb keine geeignete Antwort.

12.5 Risiken einer Frühförderung

Frühförderung, wie sie insbesondere bildungsambitionierte Eltern ihren Kindern angedeihen lassen, hat häufig günstige, längerfristig jedoch oft keine oder sogar negative Effekte. Dies belegen sowohl klinische Studien als auch Längsschnittuntersuchungen. Erstere lassen annehmen, dass die wahrscheinlichste Reaktion von derart geförderten Kindern der Aufbau des Gefühls von Inkompetenz sein kann. Einer der Gründe dürfte darin liegen, dass junge Kinder von ihren ehrgeizigen Eltern in einer Weise erzogen und gebildet werden, welche sie fühlen macht, dass sie nur etwas wert sind, wenn sie Produktivität und Leistungsbereitschaft zeigen. Längsschnittstudien wiederum belegen, dass es zwar möglich ist, den meisten Vorschulkindern schulische Fähigkeiten zu vermitteln, genauso jedoch auch, ihre Lerndispositionen und ihre psychischen Kompetenzen zu beschädigen (Schweinhart, Weikart & Larner, 1986; Walberg, 1984; Stamm, 2005).

Für junge Kinder ist frühkindliche Bildung nicht nur eine akzelerierende Erfahrung. Sie erfahren gleichzeitig, dass die Eltern ihre Fortschritte genau beobachten und bewerten. Damit ist jedoch die Gefahr verbunden, dass sie sich zu ängstlichen und gestressten Kindern entwickeln. Obwohl es bis heute zu den psychosozialen Effekten forcierter frühkindlicher Bildungsbemühungen kaum verfügbare Daten gibt, wissen wir relativ viel über Stresseffekte auf junge Kinder. So ist hinlänglich bekannt, dass das Kind zwischen vier und sieben Jahren seine Verhaltensmuster als lernende Person ausbildet. Kinder, welche sich in diesem Zeitabschnitt gut fühlen, welche Freude am Lernen haben, selbstgesteuert spielen und die Umwelt nach eigenem Antrieb erkunden können, werden nachhaltiges Interesse für den Wissenserwerb aufbauen. Kinder jedoch, deren Selbstkonzept in diesen Jahren beschädigt wird und die gegenüber dem Lernen Ablehnung entwickeln, die ständig fremdgesteuert sind und ihre Interessen nicht ausleben können, werden ihre latent vorhandenen Fähigkeiten und Talente kaum realisieren. Ähnliche Wirkungen dürften sich einstellen, wenn junge Kinder mit schulähnlichen Förderangeboten, mit schnell wechselndem Informationsfluss oder mit einer Fülle von Detailinformationen *überfüttert* werden, die sie nur minimal verarbeiten können. Negative direkte und indirekte Fördereffekte lassen sich in Kurzzeit- und Langzeitrisiken differenzieren.

Kurzzeitrisiken: Stress ist eine Grundlage für die Anpassung des Körpers an bestimmte Stressoren. Das können objektive, von außen auf den Menschen einwirkende Größen und Faktoren sein, psychische Belastungen sowie bestimmte eigene Einstellungen, Erwartungshaltungen und Befürchtungen, aber auch solche physikalischer Art. In diesem breiten Sinn ist Stress das Leben selbst. In einer klinischen Perspektive bezieht sich Stress allerdings auf jede als zu hoch empfundene Anpassungsnotwendigkeit. Was überhöht oder zu groß ist, hängt allerdings sowohl vom Individuum als auch von der Art der Herausforderung selbst ab. Wenn die überhöhten Herausforderungen anhalten und keine Erholungszeit bleibt, werden Stresssymptome stärker und können den Organismus beeinträchtigen. Junge Kinder, welche einer gezielten, wenig entwicklungsadäquaten vorschulischen Förderung ausgesetzt werden, zeigen häufig beide Typen von Stresssymptomen. Der Grund dafür liegt darin, dass eine gezielte, schulähnliche Förderung an das Kind hohe Ansprüche stellt. Ein Kind ist gestresst, wenn die elterlichen Erwartungen weit über oder jenseits seiner Fähigkeiten liegen. Abhängig vom Tempo des Lernens und dem Ausmaß, in welchem Eltern Erwartungen, Ziele und Wettbewerbsmaßstäbe formulieren, zeigen viele dieser Kinder früh schon Stresssymptome, meist, indem sie defensiv, apathisch oder hyperaktiv reagieren. Dies kann mit einer geringen Frustrationstoleranz, erhöhter Aggression, Aufmerksamkeitsdefiziten, Schlafproblemen, Kopfschmerzen oder anderen Symptomen einhergehen. Pädiater berichten neuerdings über eine enorme Zunahme von frühkindlichen Stresssymptomen in explizit bildungsambitionierten Familien (Largo, 2009).

Es muss allerdings betont werden, dass die schulorientierte Frühförderung nur eine Komponente der gesamten Stressproblematik darstellt. Expliziten Stress kann das Kind auch dann erleben, wenn es von seinen Eltern früh schon separiert wird. Die Entwicklungspsychologin Liselotte Ahnert konnte dies mit ihrem Team in mehreren Forschungsstudien nachweisen, indem sie das Stresshormon Cortisol aus dem Speichel der Kinder analysieren ließ. Es zeigte sich dabei wiederholt, dass die anfängliche Trennung für ein Kleinkind mit Stress verbunden ist. In der Trennungsphase stieg der Cortisolpegel bei den Kindern jeweils deutlich an. Die Situation konnte allerdings dann deutlich verbessert werden, wenn die Eingewöhnungsphase durch die Eltern begleitet wurde (Ahnert, 2005 a). Eine weitere Stresskomponente bildet die Tatsache, dass eine Platzierung in einem familienexternen Förderprogramm vom jungen Kind erfordert, sich in einer fremden Umgebung mit fremden Kindern und Erwachsenen einzuleben und auch neue Verhaltensregeln zu lernen. Insgesamt dürften es somit mehrere Stresskomponenten sein, welche belastende Auswirkungen haben können.

Langzeitrisiken: Eine längerfristige Gefahr akzelerierter Frühförderung ist die potenziell negative Beeinträchtigung der Lernmotivation. Junge Kinder lernen in erster Linie spontan. Deshalb eignen sie sich ihre Herkunftssprache nicht etwa deshalb an, weil sie jemand in einer formalen Art und Weise unterrichtet, sondern, weil sie sowohl das Bedürfnis als auch die Kapazität für spontanes Lernen haben. Sie nutzen die Sprachmodelle und verbalen Interaktionen, welche ihnen ihr Umfeld anbietet, um diese komplizierten Fähigkeiten zu erwerben. Junge Kinder haben ihr eigenes Set an Lernprioritäten. Selbstverständlich müssen gewisse Dinge jungen Kindern beigebracht werden. Beispielsweise müssen sie lernen, was gesunde Ängste sind: Feuer nicht zu berühren, die Finger nicht in eine Steckdose zu stecken und nicht die Straße zu überqueren, ohne vorher nach links und rechts geschaut zu haben. Dieses Lernen ist nicht selbstinitiiert, sondern angeleitet, weil es für das Überleben notwendig ist. In intellektueller Hinsicht ist das selbstinitiierte Lernen jedoch insofern zentral, als es dem Kind erlaubt, einen Sinn von Initiative zu entwickeln. Wenn sich Erwachsene in dieses selbstinitiierte Lernen einschalten und auf ihren eigenen Prioritäten beharren, dann behindern sie selbstinitiierte kindliche Impulse, begünstigen jedoch möglicherweise, dass das Kind einen ausgeprägten Sinn von Schuld entwickelt und sich nur dann geliebt und akzeptiert fühlt, wenn es den Prioritäten der Erwachsenen folgt. Erikson (1973) hat die frühe Kindheit als Periode beschrieben, in der das Kind eine Balance zwischen einem Sinn von Initiative und einem Sinn von Schuld sucht. Diese Balance hat Konsequenzen für das gesamte Leben.

Akzelerierte Frühförderung setzt Kinder auch intellektuellen Risiken aus. Piaget hat die Wichtigkeit der «reflektiven Abstraktion» für die geistigen Fähigkeiten des Kindes betont. Ein Kind, das sich im selbstinitiierten Lernen üben kann, kann solche Aktivitäten reflektiv abstrahieren. Dies wiederum fördert das Wachstum neuer mentaler Fähigkeiten. Zur Veranschaulichung hat Piaget folgendes Beispiel angeführt:

Ein Kind ordnet zehn Kieselsteine neu. Zuerst bildet es aus ihnen ein Quadrat, dann ein Dreieck. Gewissermaßen als Ergebnis dieser Aktivität entdeckt das Kind, dass bei diesem ordnenden Tun nichts passiert und immer noch zehn Kieselsteine verfügbar sind. Effektiv jedoch hat das Kind den Unterschied zwischen Wahrnehmung und Verstehen gelernt. In der Wahrnehmung erscheint es so, als ob mehr Kieselsteine in einer Form als in einer anderen seien. Der Verstand sagt ihm jedoch, dass es immer gleich viele sind. Wenn nun Erwachsene das kindliche Lernen bestimmen, dann stören sie den Prozess der reflektierenden Abstraktion. Die frühe akzelerierte Förderung gerät deshalb in Gefahr, dass sie dem Kind Inhalte präsentiert, die es fremdbestimmt lernen soll.

Die frühe Schulvorbereitung setzt das Kind auch sozialen Risiken aus. Ein Aspekt – der in einer guten frühkindlichen Bildungsförderung nicht vorhanden ist – ist die Einführung von bewertenden Bemerkungen wie «richtig» oder «falsch». Solche Bemerkungen bewirken, dass sich das Kind nicht nur an solchen Bewertungen orientiert, sondern dass es auch beginnt, soziale Vergleiche anzustellen. Beispielsweise beginnt es, ein anderes Kind, das die «richtige» Antwort sagt oder in einer Tätigkeit «richtig» handelt, im Gegensatz zu einem, das «falsch» antwortet oder «falsch» handelt, als cleverer als das andere wahrzunehmen. Soziale Vergleiche sind in diesem Alter schädlich. Dies gilt auch für Schulkinder, aber noch viel ausgeprägter für Vorschulkinder. Sie sind deshalb schädlich, weil der Fokus auf «richtig» und «falsch» das Kind von selbstinitiierten Aufgaben ablenkt und es sich eher auf die Erwachsenen und ihre Anerkennung sowie auf soziale Vergleiche zu konzentrieren beginnt.

Selbstverständlich sind solche potenziellen Risiken nicht bei jedem Kind wirksam, das akzeleriert gefördert wird. Wenn sich seine Eltern und seine betreuende Umgebung um Entwicklungsangemessenheit und um die Unterstützung seiner Interessen bemühen, dann kann eine solche Frühförderung keinen Schaden anrichten. Handelt es sich jedoch um Muster von Überengagement und entwicklungsunangemessenen Erwartungen, die mit frühem vorschulischem Drill verbunden werden, dann sind Entwicklungsrisiken wahrscheinlicher. Am wahrscheinlichsten sind sie, wenn die Motivation, das intellektuelle Wachstum und das Selbstkonzept behindert werden, weil dadurch die sich herausbildende kindliche Persönlichkeit markant beschädigt werden kann. Es ist somit richtig zu vermuten, dass als «Treibhausförderung» betriebene Stimulation in erster Linie den Bedürfnissen und Prioritäten der

Erwachsenen entspricht und weniger dem, was eine gute frühkindliche Bildungsförderung ausmacht. Eine solche ermöglicht dem Kind, ein gutes Selbstwertgefühl zu entwickeln, das sich an den eigenen Interessen orientieren kann und nicht von den bewertenden Vorgaben der Eltern abhängig ist.

12.6 Zusammenfassende Bilanz

Akzelerierende Förderung und familieninitiierte Treibhausmethoden sind konträr zu unserem frühpädagogischen Forschungswissen zur intellektuellen, sozialen und emotionalen Entwicklung junger Kinder. Nicht selten gehen sie mit späteren Schul- und Entwicklungsproblemen einher. Warum sind all diese frühen Förderanstrengungen trotzdem so weit verbreitet? Warum setzen wir junge Kinder häufig schon so früh unter schulvorbereitenden Druck? Ist es Ignoranz? Nichtwissen? Hilflosigkeit? Die Antwort dürfte am ehesten in zwei Erklärungsmustern zu finden sein: erstens in der mangelnden Information, zweitens in der Tatsache, dass nicht das Kind im Mittelpunkt steht, sondern Eltern und Erwachsene:

1. Viele Umfragen zeigen immer wieder, dass entwicklungspsychologisches Wissen zu frühpädagogischen Fragen recht bescheiden oder veraltet ist. Dies betrifft sowohl FBBE-Konzeptionen im Allgemeinen als auch Auswirkungen früher Förderung durch Elternhaus und familienexterne Betreuungsinstitutionen im Speziellen. Es ist ein Problem, wenn in unserer Gesellschaft der Glaube so stark verankert ist, dass frühes Lesen- oder Rechnenlernen einen Schulstart auf der Überholspur erlaubt und frühe Lernprogramme ein Leben lang für Vorsprung sorgen werden.

2. Der Trend zu akzelerierenden Fördermaßnahmen setzt nicht das junge Kind in den Mittelpunkt, sondern die Vorstellungen und Wünsche seiner Eltern. Oft steckt dabei ihre Angst um die Zukunft des Kindes dahinter, es könne nichts Rechtes aus ihm werden, aber auch die schlechten Erinnerungen an eigene negative Lern- und Schulerfahrungen. Diese Erfahrungen wollen Eltern ihrem Kind ersparen, vielleicht wollen sie jedoch auch sich über seine Erfolge selbst verwirklichen.

Fazit: Frühe Treibhauserfahrungen lohnen sich kaum, weil sie langfristig negative Konsequenzen haben dürften. Eine erste Aufgabe der Pädagogik der frühen Kindheit ist es deshalb, auf die Bedeutung solcher Probleme hinzuweisen und aufzuzeigen, was sinnvolle, entwicklungsangemessene und damit gesunde Frühförderung durch

Elternhaus und familienexterne Bildung und Betreuung darstellen. Gute frühkindliche Bildung ist eine Ausweitung des Zuhauses und nicht der Schule. Kapitel 3 hat darauf verwiesen, dass heute das Verständnis des «kompetenten Kindes» dominiert, dass damit jedoch nicht ein Kind gemeint ist, das im Namen von Entwicklung und Lernen von seinen Eltern zu überbetonter Lernbereitschaft angetrieben und zu dem gemacht wird, was diese gerne haben möchten. Forcierter Elternehrgeiz und eine einzig auf den Wissenserwerb ausgerichtete Fördereuphorie machen die gut fundierten und seriösen FBBE-Anstrengungen, die dem Begriff auch angemessen sind, zunichte.

Was macht eine gute frühkindliche Bildung aus? Sicher weder eine vorgezogene Schulvorbereitung noch ein systematisches kognitives Training und auch keine Kleinkindförderkurse. «Früher und intensiver» heißt nicht «besser». «Früher und intensiver» wird nur zu «besser», wenn damit auch ein «anders» verbunden ist. Selbstverständlich besteht dieses Andere keinesfalls lediglich aus endlosem und lustvollem Spiel. Der angemessene Kontrast ist ein umfassenderer. Er lässt sich anhand von vier Standards aufzeigen.

- *Frühkindliche Bildung als Herausforderung zur Exploration:* Frühpädagogische Bildungsmöglichkeiten sind dann intellektuell unterstützend und bereichernd, wenn Eltern und pädagogische Fachpersonen Kinder explorieren und ihre Neugier ausdrücken lassen, ohne Druckgefühle zu erzeugen. Druckgefühle entstehen, wenn die Kinder die Produktivitätskriterien der Erwachsenen erfüllen sollen und auf dieser Basis dann als «pfiffig» oder «unsicher» beurteilt werden. Junge Kinder lieben es, zu explorieren, zu erfinden, sich in Fantasien zu engagieren, aber sie tun dies je nach Temperament auf unterschiedlichste Art und Weise.

- *Frühkindliche Bildung als emotionales Lernen:* Junge Kinder lernen anders als ältere Kinder, Jugendliche und Erwachsene. Kindliches Lernen vollzieht sich in einem stark emotionalen Kontext. Deshalb ist es unsinnig, Kinder früh schon mit trockenem Lernstoff zu überfrachten und sie dazu anzuhalten, möglichst schnell das zu lernen, was den Vorstellungen Erwachsener entspricht. Gute frühkindliche Förderung zeigt sich in der Schaffung herausfordernder, anregungsreicher, liebevoller und unterstützender Entwicklungsumgebungen inner- und außerhalb der Familie. Eltern und pädagogische Vorschulfachleute sollen sich dabei auch bewusst sein, dass sie als emotionale Vorbilder eine große Rolle spielen. Kinder brauchen sie, damit sie ihre Lust auf Lernen und Erfahrung wecken. Ihre erste Aufgabe ist die emotionale Unterstützung des Kindes, und diese kann nicht durch kognitives Training ersetzt werden.

- *Frühkindliche Bildung als Nutzung aller Sinnesorgane:* Junge Kinder müssen solche Möglichkeiten für selbst gerichtete Aktivitäten durch das Spiel und andere explorative Abenteuer bekommen, die alle Sinnesorgane berücksichtigen. Solche Aktivitäten enthalten alle Extras an geistiger Entwicklung, die ein Kind braucht. Dieses *learning by doing* ist höchst bedeutungsvoll. Aber es braucht viel Zeit, viel Ermutigung und keine Reizüberflutung.

- *Frühkindliche Bildung als individuelle Konzeption:* Weil unterschiedliche soziale Milieus und Entwicklungsmuster heterogene Ergebnisse produzieren, unterscheiden sich bereits junge Kinder in ihren Entwicklungsniveaus deutlich voneinander. Eigentlich soll deshalb Heterogenität betont und als grundlegende Erkenntnis einer modernen Pädagogik verstanden werden. Aber es gibt auch Ergebnisse, von denen wir wünschen, dass sie homogener Art sind. Dazu gehört in erster Linie, dass alle Kinder Lerndispositionen erwerben, welche ihnen einen guten Schulanfang garantieren und ihnen ermöglichen, gute Leser oder Rechner zu werden. Der Homogenitätsgedanke erfordert deshalb von unserer Bildungs- und Sozialpolitik, dass sie alles daransetzt, Startchancengleichheit zu erzielen. Sollen somit unterschiedliche Kinder die gleichen Lernausgangslagen erreichen, dann müssen sie unterschiedlich gefördert werden. Demzufolge müssen Kinder mit Minoritätshintergrund anders gefördert werden als Kinder aus bildungsnahen Milieus. Es gibt nicht *das* junge Kind und *das* System frühkindlicher Bildungsförderung, sondern nur individuelle Lösungen. Während Kinder aus sozioökonomisch unterprivilegierten Schichten früh überhaupt an Bildungsmöglichkeiten herangeführt werden sollten, um gravierende Mängel in ihren individuellen Entwicklungsbedingungen auszugleichen und nicht einfach hinzunehmen, gilt Gleiches kaum für Kinder aus gut situierten Familien, wenn sie forciert gefördert werden.

13 Frühere Einschulung

Es gibt nur wenige Themen, welche die Aufmerksamkeit von Bildungspolitik, Wissenschaft, Medien und Gesellschaft gleichermaßen erregen wie die Frage, wann ein Kind schulpflichtig werden soll. Aktuell heißt das Ziel «frühere Einschulung». Für die Schweiz bedeutet dies aus Sicht der Erziehungsdirektorenkonferenz EDK, dass die Schulpflicht mit dem vollendeten vierten Lebensjahr beginnen und neu auch den Kindergarten umfassen soll. Insbesondere bei der Schweizerischen Volkspartei SVP stieß dieses Ziel jedoch auf Ablehnung. Die Partei befürchtet, dass damit der Kindergarten abgeschafft und durch eine leistungsorientierte Basisstufe ersetzt würde, dass eine frühere Einschulung die Eltern entmündige oder dass sich früher eingeschulte Kinder schlechter entwickeln würden. Tatsache ist jedoch, dass die Kantone weiterhin selbst entscheiden können, wie sie die ersten beiden obligatorischen Schuljahre gestalten wollen. Gleiches gilt für Eltern, die finden, ihr Kind sei noch nicht schulbereit. Sie können im Gespräch mit den jeweiligen Schulbehörden Ausnahmeregelungen treffen.

Auch in Deutschland sind die Meinungen geteilt. So hat Bundesbildungsministerin Schavan im Sommer 2009 beklagt, dass Kinder in Deutschland erst mit sechs Jahren eingeschult würden. Es dürfe keinen starren Stichtag für die Einschulung geben. Vielmehr solle mit dem Lernen früher begonnen werden können, «etwa im Alter von vier Jahren». Die Altersgrenze von sechs Jahren führe dazu, dass viele Kinder in Deutschland für ihre Verhältnisse zu spät in die Schule kämen und sie dann am Ende der ersten Klasse kaum mehr Lust auf Schule hätten, weil sie unterfordert seien. Die Zukunft liege in einer viel stärkeren Verbindung von Kindergarten und Grundschule. In Bayern jedoch stießen Versuche, den Stichtag nach vorne zu verschieben, bei Lehrern auf Kritik. Wenn häufig fünfjährige Mädchen neben siebenjährigen Jungen sitzen würden, sei dies ein fast nicht zu bewältigender Spagat. Deshalb ist das Kultusministerium im Herbst 2009 wieder zurückgerudert.

Dass die frühe Einschulung eine stark polarisierende Angelegenheit darstellt, zeigt sich auch bei den Eltern selbst. Während die einen das Schuleintrittsalter so belassen möchten wie bisher und teilweise fürchten, eine frühere Einschulung würde eine glückliche Kindheit verkürzen, wächst das Heer der Ungeduldigen. In Deutschland beispielsweise hat sich die Zahl derer, die vor der offiziellen Aufforderung in die Schulen drängen, innerhalb eines Jahrzehnts beinahe verdreifacht: Mitte der 1990er-Jahre waren es nur 2,5%, 2006 lag die Quote der freiwilligen Einsteiger bereits bei 7,3%. Im Gegenzug lassen immer weniger Eltern ihre Kinder ein Jahr zurückstellen. In der Schweiz ist der Trend ebenfalls vorhanden, jedoch nicht so ausgeprägt.

Wenn die Meinungen und Fakten so unterschiedlich sind, stellen sich verschiedene Fragen: Wann ist das optimale Schuleintrittsalter? Was bedeutet dies für die Schulen, wenn sie sich auf die Bedürfnisse Fünfjähriger einstellen müssen? In diesem Kapitel wird versucht, die Grundlagen für eine objektivierte Diskussion zusammenzustellen. Dies geschieht dadurch, dass zunächst die Grundlagen der Problematik erläutert werden und das Konzept der Schulfähigkeit in seinem historischen Werdegang nachgezeichnet wird (Kapitel 13.1 und 13.2). Daran schließen zwei Kapitel an, welche eine Übersicht zum internationalen Status quo des Einschulungsalters und die empirischen Erfahrungen mit früher Einschulung zusammenstellen (Kapitel 13.3 und 13.4). Abschließend werden dann in Kapitel 13.5 einige Bedingungen formuliert, die verwirklicht sein sollten, wenn die frühere Einschulung erfolgreich verlaufen soll.

13.1 Grundlagen der Problematik

Für eine Vorverlegung des bisherigen Schuleintrittsalters sprechen zunächst Argumente, dass man sich vor «Schule» heute kaum mehr zu fürchten brauche. Noch nie sei der Umgang mit den Kindern so behutsam und so schülerzentriert gewesen. Die Angst, ein früherer Beginn der Schulpflicht würde Kinder traumatisieren, sei somit unbegründet. Vielmehr eile es, dass wir uns von der Hypothek der zu späten Schulpflicht befreien würden, die uns vor Jahrhunderten zum Nachteil unserer Kinder aufgezwungen worden sei. Solchen Argumenten stehen Ängste entgegen, dass die Verbindlichkeit des Lernens, die mit der frühzeitigen Einschulung verbunden wird, mit dem Alter des Kindes nicht vereinbar sei. Viele wollen am traditionellen Konzept des spiel- und sozial orientierten Kindergartens festhalten. In allen deutschsprachigen Ländern treffen jedoch ideologisch unterschiedlich untermauerte Konzepte aufeinander: In der Schweiz sind es das Konzept der *scuola dell'infanzia* im Tessin, das auf der Montessoripädagogik aufbaut und frühes intellektuelles Lernen durchaus legitimiert, der auf Fröbel aufbauende Kindergarten der deutschsprachigen Schweiz (der eigenartigerweise dessen Aussage kaum aufgenommen hat, wonach der Schule eine frühe geistige Bildung vorauszueilen habe) und die *école enfantine* der französischsprachigen Schweiz, welche auf das englische Modell der kognitiven Entwicklung zurückgeht.

Für eine frühere als bisher übliche Einschulung sprechen viele Argumente:

- eine stete Zunahme einer früheren Einschulungspraxis, welche in allen deutschsprachigen Ländern zu konstatieren ist;
- die Diskussion im Anschluss an die PISA-Studien: Diese Befunde haben zu Interpretationen geführt, dass bessere Leistungen von 15-Jährigen einer stär-

keren Berücksichtigung der Basis bedürften. Die Lösung liege deshalb in der früheren Einschulung, in der damit einhergehenden längeren Lernzeit sowie in der früheren Erfassung von Problemlagen;

- die im internationalen Vergleich deutlich früheren Einschulungspraktiken der europäischen Länder;
- internationale Studien, welche positive Effekte kognitiver Frühförderung nachweisen. (In den vorangegangenen Kapiteln ist allerdings aufgezeigt worden, dass Befunde in diesem Zusammenhang allzu stark generalisiert worden sind. Zwar stimmt es, dass gute Förderprogramme für sozial benachteiligte Kinder kurzfristig sehr und längerfristig teilweise erfolgreich sind. Aber eine Generalisierung der Ergebnisse auf alle Kinder ist zum jetzigen Zeitpunkt unangemessen. Inwiefern auch privilegierte Kinder profitieren würden, wissen wir nicht, weil nur sehr wenige Befunde vorliegen und diese äußerst widersprüchlich sind, vgl. Barnett, 2008.)
- Studien, welche akzelerierte Mathematik-, Lese- und Schreibkenntnisse von vier- und fünfjährigen Kindern (Stamm, 2004) und von Schulneulingen (Martschinke & Kammermeyer, 2003; Moser, Stamm & Hollenweger, 2005) nachweisen. Gleichzeitig verweisen sie auf die enorme Heterogenität und damit auf den Umstand, dass ein recht großer Teil der Kinder über gar keine oder minimalste Vorkenntnisse verfügt.

Auf der Basis solcher Erkenntnisse ist es verständlich, dass viele für eine frühere Einschulung plädieren. Genauso plausibel und legitim sind allerdings die Gegenargumente: Solange Schule so sei, wie sie sei, und sich noch nicht auf die Bedürfnisse, Lernmöglichkeiten und -eigenheiten fünfjähriger Kinder eingestellt habe, mache eine generelle frühe Einschulung keinen Sinn. Der Druck, Kinder sollten möglichst schnell lernen, möglichst früh fertig werden und möglichst bald dem Arbeitsmarkt zur Verfügung stehen, ließe sich kaum legitimieren. Unterstützung erhalten solche Argumente auch im historischen Rückblick.

13.2 Von der Schulreife zur Schulfähigkeit

In den 1950er- und 1960er-Jahren ging man davon aus, dass ein höheres Schuleintrittsalter Kinder vor dem Schulversagen bewahren könne und der beste Zeitpunkt für die Einschulung folglich von der Anlage und der Reifung des Kindes abhänge. Die Umwelt wurde lediglich als Auslöser gesehen. Deshalb wurde ihr nur ein sehr geringer

Stellenwert zugeschrieben. Gemäß dieser «Reifungstheorie» von Kern (1951) ging man davon aus, dass jedes Kind die Stufe der Schulfähigkeit erreichen soll, eines früher, das andere später. Es galt als unumstritten, dass Schulreife nur mit Abwarten erreicht werden kann. Die Diagnose «schulreif» erhielt, wer mit der rechten Hand über den Kopf das linke Ohr fassen und sich als Mensch mit Kopf, Rumpf und Gliedern zeichnen konnte. Wem dies nicht gelang und wer sich selbst womöglich noch als Kopffüßler zeichnete, der musste zurück in den Kindergarten oder – ab den 1970er-Jahren – in die Einschulungsklasse. Dieses Konzept der Schulreife hat den Start des Kindes ins Schulleben jahrzehntelang bestimmt. Heute gilt es als widerlegt. Aus vielen Längsschnittstudien wissen wir, dass ein verzögerter Schulbeginn sogar negativ mit der Intelligenzentwicklung zusammenhängen kann. «Abwarten und Tee trinken», «Das wird sich auswachsen» – solche Aussagen bewähren sich nicht.

Abgelöst wurde das Schulreifekonzept in den 1970er-Jahren durch das Konzept der «Schulfähigkeit». Dieses Konzept fragte danach, welche Eigenschaften ein Kind haben muss, um eingeschult zu werden. Seit den 1980er-Jahren ist das von Nickel (1981) entwickelte ökologisch-systemische Verständnis von Schulfähigkeit unumstritten. Dieses hat die Vorstellung, Schulfähigkeit sei eine Eigenschaft eines Kindes, abgelöst und durch ein sehr komplexes Verständnis ersetzt. Demzufolge hängt Schulfähigkeit nicht nur vom Kind und seiner Familie, z. B. seiner Motivation und der Unterstützung der Eltern, ab, sondern auch von der aufnehmenden Schule und vom abgebenden Kindergarten. Je nachdem, wie z. B. der Lehrplan die Anforderungen definiert und die Lehrkräfte sich verhalten und welche Bildungsziele der Kindergarten formuliert, desto komplexer oder einfacher wird die Definition von Schulfähigkeit. Damit wird die Komplexität deutlich, die sich in diesem Modell verbirgt. Schulfähigkeit ist weder lediglich eine Eigenschaft eines Kindes noch etwas Eindeutiges und Feststehendes, sondern eher das Ergebnis eines Aushandlungsprozesses zwischen den beteiligten Personen. Deshalb wird verständlich, wieso Schulfähigkeit in verschiedenen Schulen unterschiedlich definiert wird. Kammermeyer (2000) spricht gar von einer «Schulfähigkeitsphilosophie» einzelner Schulen.

13.3 Einschulungsalter international

Im internationalen Vergleich liegt das Einschulungsalter in Deutschland, Österreich und der Schweiz eher über dem Durchschnitt. Obwohl es gesetzlich geregelt wird, ist die Ermessensfreiheit von Eltern und Schulen hoch. Kinder, die vor dem Stichtag eines Kalenderjahres Geburtstag haben, sollen zu Beginn des betreffenden Schuljahres eingeschult werden, später geborene Kinder erst im folgenden Kalenderjahr. Abweichungen von dieser Regelung sind möglich, wenn Eltern und Schule das Kind noch nicht als schulfähig ansehen. In der Praxis wird unterschiedlich von der Möglichkeit der Rückstellung respektive der frühzeitigen Einschulung Gebrauch gemacht.

Kinder treten im Allgemeinen zwischen fünf und sieben Jahren in die Schule ein. Bereits mit fünf Jahren werden sie in den Niederlanden, in England und in Malta eingeschult. Die Niederlande kennt eine freiwillige Vorschulerziehung ab vier, England und Malta bereits ab drei Jahren. Den Schuleintritt auf sechs Jahre festgelegt haben Deutschland, Österreich, Frankreich, Italien, Portugal, Spanien, Belgien, Zypern, Norwegen, Island, Ungarn, Griechenland, Luxemburg, Litauen, Island und Irland. Einen obligatorischen Vorschulbesuch kennen aber nur Ungarn (für Fünfjährige) und Luxemburg (für Vier- und Fünfjährige). Während in Norwegen, Litauen und Island bereits Einjährige und in Frankreich Zweijährige aufgenommen werden, beginnt die Vorschule in den anderen genannten Ländern mit drei Jahren. Mit sieben Jahren schulen neben der Schweiz auch die skandinavischen Länder Finnland, Schweden und Dänemark ein, aber auch Slowenien, Bulgarien, Liechtenstein, Estland, Polen, Rumänien und Lettland. Ein Obligatorium für einen Vorschulbesuch kennen aber nur Luxemburg, Lettland, Bulgarien und Slowenien (ab sechs Jahren). In den Niederlanden, in Malta, in Belgien und in Großbritannien ist die Vorschule in das öffentliche Bildungssystem integriert.

	3	4	5	6	7	8	9	10	11	12	13	14	15	16	17
Luxemburg		░	░	▓	▓	▓	▓	▓	▓	▓	▓	▓			
Ungarn			░	▓	▓	▓	▓	▓	▓	▓	▓	▓	▓		
Lettland			░	░	▓	▓	▓	▓	▓	▓	▓	▓	▓		
Slowenien				░	▓	▓	▓	▓	▓	▓	▓	▓			
Malta, England		▓	▓	▓	▓	▓	▓	▓	▓	▓	▓	▓	▓		
Niederlande		▓	▓	▓	▓	▓	▓	▓	▓	▓	▓	▓	▓	▓	
Italien, Rumänien				▓	▓	▓	▓	▓	▓	▓	▓				
Österreich, Zypern, Tschechische Republik, Deutschland**, Griechenland, Portugal				▓	▓	▓	▓	▓	▓	▓	▓	▓			
Frankreich, Italien, Schweden, Irland, Litauen Türkei, Norwegen, Slowakei				▓	▓	▓	▓	▓	▓	▓	▓	▓	▓		
Belgien				▓	▓	▓	▓	▓	▓	▓	▓	▓	▓	▓	▓
Bulgarien, Dänemark, Estland, Fürstentum Liechtenstein					▓	▓	▓	▓	▓	▓	▓	▓	▓		
Finnland					▓	▓	▓	▓	▓	▓	▓	▓	▓	▓	
Polen, Schweiz					▓	▓	▓	▓	▓	▓	▓	▓	▓	▓	

** Je nach Bundesland auch zehn Jahre obligatorischer Schulbesuch

░ Obligatorischer Vorschulbesuch ▓ Obligatorischer Schulbesuch

Tabelle 13.1: Einschulungsalter international (vgl. Wannack et al., 2006, S. 22)

13.4 Empirie

13.4.1 Ältere Untersuchungen

In historischer Hinsicht verfügt Deutschland über einige Erfahrung mit früher Einschulung. Beispielsweise waren die sogenannten «Kindergarten-Vorklassen-Versuche» der 1960er- und 1970er-Jahre Ausdruck der Forderung, dass Kinder so früh wie möglich einzuschulen seien, damit sie lesen und rechnen lernen, wenn ihre intellektuelle Entwicklung optimal unterstützt werden solle. Beispiele waren der Modellversuch Nordrhein-Westfalen und der Schulversuch Schwäbisch Gmünd (Winkelmann et al., 1977; Retter, 1977). Der Strukturplan des deutschen Bildungsrats erkannte dann in der Folge den Kindergarten neu als Elementarstufe an und postulierte sowohl eine Vorverlegung des Einschulungsalters als auch weiterer Schulversuche mit Vorklassen.

Der Schulversuch von Winkelmann et al. (1977) umfasste 50 repräsentativ ausgewählte Modellkindergärten und Vorklassen. Während fünf Jahren wurden nach gezielt entwickelten Bildungsplänen und entsprechender Fortbildung des Personals jeweils unterschiedliche Bildungskonzepte realisiert und evaluiert. Im Kindergarten wurde selbstinitiiert unterrichtet und auf gelenkte Instruktion weitgehend verzichtet. In den Vorklassen hingegen stand der Erwerb der Kulturtechniken im Vordergrund, der jedoch von spielorientierten Phasen abgelöst wurde. Auch in Bezug auf die Professionalität des Personals wurde unterschiedlich vorgegangen: Während in den Vorklassen Sozialpädagogen die Führung innehatten und von Grundschullehrkräften unterstützt wurden, waren es in den Kindergärten jeweils zwei Erzieherinnen. Der Schulversuch wurde wissenschaftlich begleitet, wobei das besondere Interesse den unterschiedlichen didaktischen Konzepten galt. Insgesamt fielen die Ergebnisse ernüchternd aus: Im Wesentlichen zeigten sich keine Unterschiede zwischen den beiden Konzepten. Der Schulversuch wurde schließlich sistiert.

13.4.2 Neue Untersuchungen

Zur Frage, wie erfolgreich eine frühe respektive spätere Einschulung ist, liegen verschiedene aktuelle internationale Untersuchungen vor. Die meisten befassten sich retrospektiv mit dem Schulerfolg früh eingeschulter Kinder (in deutschen Studien häufig als «vorzeitig» bezeichnet), operationalisiert über Klassenwiederholung, Schulnoten, Testleistungen, Schulabschlüsse oder sozial-emotionales Verhalten. Insgesamt lassen sich die zwar heterogenen, in der Tendenz jedoch zuungunsten der frühzeitigen Einschulung ausfallenden Ergebnisse wie folgt zusammenfassen: Ein Großteil der Studien belegt höhere Klassenwiederholungsraten, so die Auswertungen von Schülerdaten in Nordrhein-Westfalen (Bellenberg & Klemm, 1998) oder die Schweizer

Untersuchung von Moser, Keller und Tresch (2003). Vergleichbare Ergebnisse liefert auch eine schwedische Langzeitstudie zum Einschulungsalter von Fredriksson und Öckert (2005) sowie eine Studie aus Norwegen (Strøm, 2004). In diesen beiden Untersuchungen hatte sich gezeigt, dass mit sieben Jahren eingeschulte Kinder die ganze Schulzeit hindurch im Mittel besser abschnitten als die Kinder, die bereits mit sechs Jahren in die erste Klasse aufgenommen wurden.

Differenzierte Befunde legen Puhani und Weber (2007) in ihrer IGLU-Sekundäranalyse zu Früh- und Späteingeschulten vor. Dabei konnten sie aufzeigen, dass früh eingeschulte Kinder in der vierten Klasse in IGLU-Aufgaben deutlich schlechter abschnitten als spät eingeschulte Kinder. Des Weiteren konnten sich Siebenjährige besser konzentrieren, organisierter handeln und eher negative Erfahrungen wegstecken als Sechsjährige. Auch den PISA-2000-Daten von Hagemeister (2009) ist Ähnliches zu entnehmen: So war die Gruppe der frühzeitig eingeschulten Kinder zwar sozial besonders vorteilhaft zusammengesetzt, doch kamen viele der frühzeitig eingeschulten Kinder trotzdem in der Schule schlechter mit als Kinder, die erst mit sieben Jahren in die Schule eingetreten sind (vgl. Tabelle 13.2).

Geburtszeitraum	Jahr der Einschulung	Alter und Status bei der Einschulung	Schuljahr (Mai 2000)	N	Klasse wiederholt		Wiederholer/ Schuljahr (%)
					nie	einmal oder mehr	
Februar bis Juni 1984	1990	6 Jahre alt, schulpflichtig	10	N	6.408	1.692	20,9/9 = 2,3
				%	79,1%	20,9%	
Juli 1984 bis Januar 1985	1991	7 oder fast 7, schulpflichtig	9	N	10.716	1.688	13,6/8 = 1,7
				%	86,4%	13,6%	

Tabelle 13.2: Zahl der Sitzenbleiber und der Nichtsitzenbleiber Datenbasis: Nur 15-Jährige aus dem deutschen PISA-2000-Datensatz in Bezug auf ihre Einschulung (Hagemeister, 2009, S. 14)

Tabelle 13.2 zeigt, dass die Wahrscheinlichkeit in der Hagemeister-Untersuchung, mindestens einmal nicht versetzt zu werden, bei früher eingeschulten Kindern signifikant erhöht war: Jüngere Kinder waren in der Regel nicht so erfolgreich in der Schule wie ihre etwas älteren Klassenkameraden. So zeigt die Tabelle 13.3, dass z. B. die frühzeitig eingeschulten Kinder trotz besserer Testergebnisse bei PISA und trotz vorteilhafterem sozialem Hintergrund später im Gymnasium schlechtere Deutschzensuren als die Gruppe der mit sieben Jahren Eingeschulten erhielten.

Geburtszeitraum	Alter und Status bei der Einschulung 1991	N	Deutschzensuren Mittelwert	SE	SD
Juli bis Dezember 1984	7 respektive fast 7, schulpflichtig	3.208	2,75	.016	.913
Juli bis Dezember 1985	5 respektive gerade 6, vorzeitig eingeschult	260	2,87	.057	.919

Tabelle 13.3: Deutschzensuren im Vergleich, die ältesten unter den regulär eingeschulten Kindern versus frühzeitig Eingeschulte
Datenbasis: Neuntklässler an Gymnasien, Einschulung 1991, keine Klasse wiederholt (vgl. Hagemeister, 2009, S. 15)

Dass jedoch auch eine regelkonforme oder verspätete Einschulung die Chancen auf einen besseren Schulabschluss kaum beeinflusst, belegt eine Studie des Rheinisch-Westfälischen Instituts für Wirtschaftsforschung (RWI) Essen. Fertig und Kluve (2005) werteten Daten des sogenannten «Junge-Erwachsene-Längsschnitts» aus, der rund 2800 Personen aus Ost- und Westdeutschland umfasste, die zwischen den Jahren 1966 und 1980 eingeschult wurden. Sie wurden zwischen 1991 und 1996 rückblickend zu ihrer Schulzeit befragt. Die Studie zeigt, dass das Einschulungsalter keinen Einfluss auf den späteren Lernerfolg hat. Kinder, die zunächst zurückgestellt und damit verspätet eingeschult wurden, erreichten keinen nachweisbar besseren Schulabschluss. Die zurückgestellten Kinder blieben auch nicht seltener sitzen als die anderen Schüler. Um den Bildungserfolg der Schüler zu messen, wurden zwei Faktoren berücksichtigt: Klassenwiederholung und Schulabschluss. Die späte Einschulung spielte dabei keine Rolle. Vielmehr kam es auf andere Bedingungen an: Für die Schulkarriere eines Kindes war vor allem der Bildungshintergrund der Eltern entscheidend: Je höher der Abschluss der Eltern war, desto weiter kamen auch ihre Kinder.

Unsere Schweizer Frühleserstudie (Stamm, 2005) liefert Befunde, welche sowohl gegen als auch für eine frühzeitige Einschulung sprechen. In negativer Hinsicht ist es die empirische Tatsache, dass frühe Einschulung, die mit zusätzlichem Lesetraining durch die Eltern einhergeht, später keine Vorteile bringt. So verzeichneten 46% der Kinder, die bei Schuleintritt im Jahr 1995 über deutlich akzelerierte Lese- oder Rechenkenntnisse verfügt hatten, jedoch von den Eltern gezielt instruiert worden waren, bereits im Verlaufe des ersten Schuljahres einen markanten Leistungseinbruch. Diesen konnten sie großmehrheitlich nicht mehr wettmachen. Positive Hinweise liefert jedoch eine kleine Gruppe Früheingeschulter, die besonders schulerfolgreich wurde (N = 13). Dabei handelte es sich um Kinder, die aus Eigeninitiative vor Schuleintritt lesen und rechnen gelernt und dies bei Schuleintritt auf einem hohen Niveau unter

Beweis gestellt hatten. Sie erwiesen sich auch am Ende der obligatorischen Schulzeit noch als ausgesprochen leistungserfolgreiche Schülerinnen und Schüler.

Auch einige weitere Studien liefern etwas Schützenhilfe für die positive Wirksamkeit frühzeitiger Einschulung: Frühzeitig eingeschulte Kinder erwiesen sich in den Studien von Tietze (1973), von Moser, Keller und Tresch (2002) sowie in der sogenannten LAU 5-Studie (Lehmann, Peek & Gänssfuss, 1997) als leistungsstarke Gruppe. In dieser Studie wurden die Aspekte der Lernausgangslagen und der Lernentwicklung von Schülerinnen und Schülern aus der fünften Klasse in Hamburg untersucht. Tabelle 13.4 gibt die Verteilung der Schülerinnen und Schüler auf die drei Gruppen und die entsprechenden Kennwerte für die Testleistung im «Hamburger Kombinierte Schulleistungstest für vierte und fünfte Klassen (KS HAM 4/5)» an.

Gruppe	**N**	**%**	**KS HAM 4/5**	
			Mittelwert	Standardabweichung
Vorzeitige Einschulung	464	4,2%	74,4	22,3
Reguläre Einschulung	9.407	84,5%	69,4	22,6
Zurückstellung	1.263	11,3%	59,8	22,6
Gesamt	11.134	100,0%	68,6	22,8

Tabelle 13.4: Testergebnisse im KS HAM 4/5 (erreichte Gesamtpunktzahl) nach dem Einschulungszeitpunkt

Aus der Tabelle 13.4 wird ersichtlich, dass die Gruppe der frühzeitig Eingeschulten im Hinblick auf ihre Testleistung am Ende der Grundschulzeit überdurchschnittlich leistungsstark war. Der Mittelwert ihrer Testleistung in der fünften Klasse war um fünf Punkte höher als derjenige der regulär und um 14,6 Punkte höher als bei den verspätet eingeschulten Kindern. Allerdings förderten Detailanalysen zutage, dass bei frühzeitig eingeschulten Kindern von Migranten und solchen aus bildungsfernen Elternhäusern die Wahrscheinlichkeit einer späteren Klassenwiederholung zusätzlich erhöht war und dass frühzeitig eingeschulte Jungen fast doppelt so häufig davon betroffen waren wie Mädchen.

Die bekannte Studie von Gagné und Gagnier (2004) ging ferner folgender Frage nach: Wie gut können sich früh eingeschulte Kinder sozial und emotional im Vergleich zu normal eingeschulten Kindern an den schulischen Alltag anpassen? Im Ergebnis zeigte sich, dass früh eingeschulte Kinder (N = 98) ebenso angepasst waren wie normal eingeschulte Kinder (N = 1723). Die früh eingeschulten Kinder erhielten jedoch signifikant höhere Mittelwerte in allen vier untersuchten Dimensionen (Verhalten, soziale Integration, Schulfähigkeit, Schulleistung) als die jüngsten der normal eingeschulten Klassenkameraden und erlangten zudem in den Schulleistungen signifikant höhere Werte als alle anderen Klassenkameraden.

13.4.3 Fazit

Betrachtet man die hier vorgestellten Analysen insgesamt, so lässt sich folgende Bilanz ziehen: Die Machbarkeit früherer Einschulung, aber auch ihre Optimierbarkeit sind unbestritten. Generalisierende Aussagen zu den schulischen Erfolgschancen sind jedoch kaum möglich, denn die Langzeitwirkungen sind unklar. Zwar liegen einige Untersuchungen vor, welche ihre positive Wirkung bestätigen und nachweisen, dass früh eingeschulte Kinder im Allgemeinen keinem höheren Risiko für Anpassungsprobleme ausgesetzt sind als normal eingeschulte Kinder. Doch gibt es bedeutend mehr ernst zu nehmende Untersuchungen, wonach eine frühzeitige Einschulung die Anzahl möglicher krisenhaft verlaufender Schulkarrieren erhöht. Auch Lehrereinschätzungen fördern häufig Anpassungsprobleme zutage. Vor diesem Hintergrund lässt sich bilanzieren, dass Früheinschulung keine per se optimale Bildungsförderung darstellt, sondern mit Nachteilen versehen sein kann. Dies bedeutet jedoch keinesfalls, dass alle Indizien gegen eine frühere Einschulung sprechen. Es stellt sich vielmehr die Frage, ob und in welchem Ausmaß die Schule und damit die Bildungspolitik bereit sind, sich auf die entwicklungspsychologischen Bedürfnisse fünfjähriger Kinder einzustellen und die notwendigen organisatorischen, pädagogischen und strukturellen Grundbedingungen zu schaffen. Das nächste Kapitel liefert Hinweise, wie diese beschaffen sein müssten.

13.5 Bedingungen für eine erfolgreiche Früheinschulung

Früheinschulung kann – wie dies andere Länder verdeutlichen – durchaus erfolgreich sein, wenn bestimmte Bedingungen erfüllt sind. Solche Bedingungen sind organisatorisch-materieller sowie pädagogischer Art. Insgesamt verweisen sie auf große Herausforderungen, welche auf die Institution Schule zukommen würden: dass nicht nun bereits das fünfjährige Kind «schulfähig» werden muss, sondern dass es die Schule ist, die dies werden sollte.

13.5.1 Organisatorisch-materielle Bedingungen

Eine frühzeitige Einschulung bedingt die Verwirklichung verschiedener organisatorisch-materieller Bedingungen. Dazu gehören eine strikte Individualisierung der Lernsettings sowie eine offene Planung und Kontinuität im Personalbestand. Da die Gruppen in diesem Alterssegment relativ klein sein müssen, braucht es zudem mehr und professioneller ausgebildetes Personal. Solche Forderungen sind zwar inzwischen «pädagogische Folklore», aber für dieses Entwicklungsalter sind sie unabdingbar.

Frühere Einschulung ist prinzipiell möglich, aber nur mit finanziellem Mehraufwand und mit neuen Konzepten. Ein derartiges Konzept

- baut auf Lernumgebungen, die familiär sind, d. h., die an den je unterschiedlichen Interessen der Kinder anknüpfen und die notwendige Zeit und Muße für die jeweiligen Lernschritte gewährleisten;
- fokussiert auf eine andere Didaktik, die nicht der bisherigen Art und Weise der Stoffvermittlung entspricht. Der traditionelle Erstklassunterricht kann nicht per se bereits auf Fünfjährige übertragen werden. Kinder unterscheiden sich in ihren Lern- und Entwicklungsständen, aber auch in ihrem Vorwissen und in ihren familiären Vorerfahrungen. Erforderlich ist deshalb eine «optimale» Didaktik, welche auf jedes Kind ausgerichtet ist, d. h. auf den Langsamlerner, auf den Schnelllerner, aber auch auf das durchschnittlich lernende Kind. Eine solche Didaktik ist bis heute noch nicht bestimmt;
- wird von pädagogisch-psychologisch kompetentem Personal umgesetzt, das improvisationsfähig, kreativ, flexibel, sensibel und intelligent mit Kleinkindern arbeiten kann;
- verfolgt eine andere Elternarbeit. Insbesondere im Hinblick auf die Tatsache, dass sich für Kinder mit Migrationshintergrund die frühe Integration der Eltern und des gesamten sozialen und kulturellen Umfelds als ausschlaggebend für den Schul- und Integrationserfolg erweist, müsste eine frühere Einschulung auch mit einer frühen, intensiven, begleitenden Aufklärungsarbeit der Eltern einhergehen.

Während ein solches Konzept differenziert und eindeutig die inhaltlichen Vorgaben bestimmt, sind zahlreiche Fragen baulicher, struktureller und organisatorischer Art offen. Im Mittelpunkt stehen dabei die nachfolgend formulierten Fragen:

- Kindergärten sind in der Regel örtlich von den öffentlichen Schulen getrennt. Eine frühere Einschulung bedingt, dass Kindergarten und Schule nicht nur in Konzepten und in gesetzlichen Ausführungen zusammenrücken müssten, sondern auch in baulicher Hinsicht. Sollen Kindergärten somit in die Schule integriert werden? Oder soll eine neue Institution entstehen, wie sie in der Schweiz als Basisstufe (Kindergarten plus erste und zweite Klasse) oder als Grundstufe (Kindergarten plus erste Klasse) aktuell im Schulversuch erprobt wird oder wie sie von Bundesbildungsministerin Schavan als Bildungshäuser proklamiert worden ist?

- Eine Vorverlegung des Schuleintrittsalters betrifft sowohl den Kindergarten als auch die Grundschule. Das Verhältnis zwischen den beiden Institutionen ist kein einfaches. Ihre unterschiedlichen Welten mit ihren je eigenen Gesetzen erschweren aktuell eine objektive Erörterung der Früheinschulungsfrage. Denn – etwas plakativ formuliert – dass der Kindergarten bislang nur «Kinder» gekannt hat, die nicht lernen durften, aber noch spielen mussten (bis vor Kurzem war beispielsweise im Schweizer Kanton Zürich der Kompetenzerwerb im Kindergarten verboten), die Grundschule jedoch vom ersten Schultag an nur noch «Schülerinnen» und «Schüler» zu unterrichten hat, die nun lernen und nicht mehr spielen sollten, ist Hinweis genug, dass bislang den Erkenntnissen der Wissenschaft kaum Rechnung getragen wird. Wird somit genügend eingeplant, dass diese getrennten Welten es erschweren, eine frühere Einschulung lediglich mit einer Abstimmung, einer Gesetzänderung sowie mit einem neuen Ausbildungskonzept umzusetzen?
- Allerorts spricht man von der Einführung von Tagesstrukturen. Ist man sich bewusst, dass ihre Umsetzung bei einer Vorverlegung des Schuleintritts eine intensivere Tagesbetreuungsstruktur für vier- und fünfjährige Kinder nötig machen würde?
- Ein früherer Schuleintritt bedingt, dass die Bildungsstandarddiskussion erweitert werden müsste. Würde diese somit bedingen, dass bereits für vier- und fünfjährige Kinder Standards entworfen, Instrumente entwickelt und Szenarien geplant werden müssten, wie Mindeststandards formuliert, überprüft und deren Erreichen gefördert werden könnten? Ist man sich dabei im Klaren, dass in anderen Ländern, wie beispielsweise in Frankreich, Großbritannien oder den Niederlanden, diesbezüglich eher ungünstige Erfahrungen gemacht worden sind?

Obwohl komplex, sind diese Probleme nicht unlösbar. Die Bereiche, welche sie anschneiden, verweisen auf die Notwendigkeit sorgfältiger, wohl geplanter Implementationsstrategien, solche, welche den Schulen respektive Anbietern Zeit geben, ihre individuellen Kapazitäten im Lichte der spezifischen Bedürfnisse junger Kinder zu bewerten und die notwendigen Veränderungen einzuleiten. Wie auch immer dies geschehen mag: Damit sind pädagogische Bedingungen verknüpft.

13.5.2 Pädagogische Bedingungen

Viele Diskussionen zur früheren Einschulung erwecken den Eindruck, dass frühkindliche Bildung machbar und in jedem Fall erfolgreich sei. Dadurch rückt eine wichtige entwicklungspsychologische Komponente in den Hintergrund, die in den vorangegangenen Kapiteln immer wieder und aus verschiedenen Perspektiven betrachtet worden ist: die Tatsache, dass jegliche vorschulische Bildung und Betreuung auf einem Fundament anthropologischer Konstanten basiert. Die erste Konstante manifestiert sich in der Tatsache, dass sich junge Kinder immer beträchtlich voneinander unterscheiden. Dies gilt in kognitiver, sozial-emotionaler und körperlicher Hinsicht. Die zweite Konstante zeigt sich darin, dass das junge Kind am besten «natürlich» lernt. Es braucht den Kontakt zu Erwachsenen, es braucht genügend Zeit, um mit Gleichaltrigen und Erwachsenen, aber auch für sich allein, die Welt zu erschließen. Damit sich Kinder optimal entwickeln können, müssen sie in ihrem natürlichen, unmittelbaren Lebensalltag unterstützt und gefördert werden.

Solche Konstanten verweisen auf die Notwendigkeit eines Bildungskonzepts, das definiert, *wann* systematisches Lernen bei einem Kind angezeigt ist und wann nicht. Liegt ein solches Konzept nicht vor, dann bleibt die Entscheidung im Ermessen der pädagogischen Fachkraft respektive der Lehrperson. Dies kann jedoch problematisch sein. Die neuesten Erkenntnisse aus der Evaluation des Schweizer Schulversuchs der Grundstufe/Basisstufe von Moser et al. (2008) zeigen weshalb und machen auch verständlich, warum Bildungspläne so wichtig sind: Die Evaluation verdeutlicht, dass leistungsstarke Kinder aus privilegierten Familien früh schon an den Kompetenzerwerb in Lesen und Rechnen herangeführt werden, während bei Kindern aus bildungsfernen Familien oder bei Migrantenkindern eher abgewartet wird. Dies hat zur Folge, dass solche Kinder in den ersten zwei Jahren in der Grundstufe/Basisstufe bislang eher zurückgeblieben sind. Es ist somit zu vermuten, dass allein mit der Vorverlegung des Schuleintrittsalters keine Startchancengleichheit geschaffen werden könnte. Somit genügt es nicht, die Vorverlegung des Schuleintrittsalters zu beschließen, dann jedoch erst die Rahmenbedingungen vorzugeben und die Lehrpersonen gewissermaßen *on the job* eruieren zu lassen, welches denn das beste pädagogische Konzept zur Förderung aller Kinder sein könnte. Bevor ein früherer Schuleintritt eingeführt wird, braucht es

- Bildungspläne, die genau definieren, wann ein Kind schulfähig oder schulbereit ist und an das systematische Lernen herangeführt werden kann und soll,
- eine Grund- und Weiterbildung der Lehrkräfte, welche solchen hohen Anforderungen Rechnung trägt.

Obwohl künftig nur noch das Alter über den Schuleintritt entscheiden soll, ist ein verbindliches Konzept der Schulfähigkeit oder Schulbereitschaft vor allem aus einem Grund besonders wichtig: Bekanntlich machen sich Lehrpersonen sehr schnell ein Bild von einem Kind, ob es «schulfähig» ist und mit schulischem Lernen beginnen darf oder nicht. Die Forschung geht davon aus, dass diese Zeitspanne nur gerade 14 Tage beträgt und der erste Eindruck der bleibende ist. Problematisch ist nun, dass nicht nur jede Lehrperson ein solches Konzept unbewusst in sich trägt, sondern vor allem, dass dieses Konzept viele Gesichter hat. Solche Konzepte sind ausgesprochen normativ und basieren auf unterschiedlichen Annahmen. Am verbreitetsten sind das Ressourcenkonzept und das Defizitkonzept. Lässt sich eine Lehrperson vom Ressourcenkonzept leiten, dann sucht sie nach Kindern, die in einem angemessenen Umfeld mit guter häuslicher Förderung aufwachsen. Diese findet sie am häufigsten in bildungsnahen Familien. Im Kontrast dazu steht das Defizitkonzept. Lehrpersonen, die sich von ihm leiten lassen, gehen von der Annahme aus, dass bestimmte Familien unfähig sind, das Kind so zu erziehen, dass es schulfähig wird. Weil sie ihren Blick dabei in erster Linie auf Kinder aus bildungsfernen Milieus richten, finden sie hier ihre Annahme bestätigt. In der Konsequenz führt dies dazu, dass Lehrpersonen solche Kinder, die ihrem ersten Konzept entsprechen, automatisch an das schulische Lernen heranführen, während sie bei Kindern des zweiten Konzepts viel länger zuwarten.

13.6 Zusammenfassende Bilanz

Obwohl aus dem aktuellen Forschungsstand keine Empfehlung für die Ablehnung oder Unterstützung der früher als bisher üblichen Einschulung abgeleitet werden kann, ist Letztere in der Tendenz doch zu unterstützen: Der hauptsächliche Grund liegt darin, dass die frühere Schulpflicht dem frühen kindlichen Lernen, der Potenzialentwicklung, insbesondere auch derjenigen von benachteiligten Kindern, aber auch der Forderung nach Startchancengleichheit das nötige Gewicht gibt. Insgesamt müssten jedoch folgende Bedingungen erfüllt werden:

- «Früher rein» muss durch die Formel «früher und intensiver = anders» ersetzt werden. Frühere Einschulung darf nicht dazu führen, dass die bisherige traditionelle Schuldidaktik einfach um zwei Jahre vorverlegt wird. Die Schule muss sich deutlich stärker als bisher auf die Bedürfnisse ihrer jüngeren Klientel einstellen: auf das entwicklungspsychologisch andere Lernen des jungen Kindes, auf mehr Tobe- und Spielzeiten sowie auf engere Kontakte zu Erwachsenen. Mit anderen Worten: Frühere Einschulung macht nur Sinn, wenn die Eigenheiten und Probleme, aber auch die enormen Entwicklungschancen jüngerer Kinder aufgefangen und unterstützt werden können.
- Das Gebot zukünftiger Ausrichtung auf das Kind als individuellen Lerner und auf seinen besonderen Entwicklungsstand darf nicht dazu führen, dass es im willkürlichen Ermessen der Lehrperson bleibt, ob das Kind nun als schulfä-

hig erachtet wird und in der Folge Lesen und Rechnen lernen darf. Bevor die frühere Einschulung umgesetzt wird, muss deshalb sichergestellt sein, dass die notwendigen pädagogischen Maßnahmen und Konzepte der Schulfähigkeit oder Schulbereitschaft in verbindlichen Bildungsplänen verankert sind und dass Lehrkräfte so aus- und weitergebildet sind, dass sie diese Konzepte professionell anwenden können.

Das Konzept der früheren Einschulung bildet eine Herausforderung, die Schule neu zu denken – und nicht einfach lediglich eine weitere Reform zu initiieren. Ansetzen müssen solche Reflexionen bei der Tatsache, dass nicht jedes Kind die gleichen biologischen und familiären Entwicklungsbedingungen hat. Dann wird klar, dass gleiche Startchancen für alle nicht allein mit einer früheren Einschulung garantiert werden können. Sollen alle Kinder – die privilegierten und die benachteiligten, Frühreife und Spätzünder – die gleichen Starchancen bekommen, dann ist nach flexiblen Lösungen zu suchen, d. h. nach individuellen Varianten. Bisher sind diese noch kaum diskutiert worden. Solche Varianten wären Ausdruck dafür, dass das Kind selbst das Herzstück der Diskussion um die frühere Einschulung ist und nicht die Bildungspolitik, die Lehrkräfte oder die Eltern.

Anhang

Literaturverzeichnis

Ahnert, L. (2004). Bindung und Bonding: Konzepte früher Bindungsentwicklung. In L. Ahnert (Hrsg.), *Frühe Bindung. Entstehung und Entwicklung* (S. 63–81). München: Reinhardt.

Ahnert, L. (2005 a). Caregiver Behaviors as Related to Infant Cortisol Activity at Child Care Entry. *Journal of Psychophysiology, 19,* 106.

Ahnert, L. (2005 b). Entwicklungspsychologische Erfordernisse bei der Gestaltung von Betreuungs- und Bildungsangeboten im Kleinkind- und Vorschulalter. In Sachverständigenkommission 12. Kinder- und Jugendbericht (Hrsg.), *Materialien zum 12. Kinder- und Jugendbericht: Band 1: Bildung, Betreuung und Erziehung von Kindern unter sechs Jahren* (S. 9–54). München: DJI.

Ahnert, L. (2006). Herausforderungen und Risiken in der frühen Bildungsvermittlung. *Frühförderung Interdisziplinär, 2,* 58–65.

Andersson, B.-E. (1989). Effects of public day-care: a longitudinal study. Child Development, 60(4), 857–866.

Andersson, B.-E. (1992). Effects of day care on cognitive and socioemotional competence of thirteen-year-old Swedish schoolchildren. *Child Development, 63*(1), 20–36.

Anger, C., Plünnecke, A. & Tröger, M. (2007). *Renditen der Bildung – Investitionen in den frühkindlichen Bereich. Studie im Auftrag der Wissensfabrik – Unternehmen für Deutschland e. V. http://www.wissensfabrik-deutschland.de/bildung/bildungsoekonomie/index.php* (03.01.2010).

Asendorpf, J. B. & Aken, M. A. G. van (1993). Deutsche Versionen der Selbstkonzeptskalen von Harter. *Zeitschrift für Entwicklungspsychologie und Pädagogische Psychologie, 25,* 64–86.

Auernheimer, G. (2003). *Einführung in die interkulturelle Erziehung.* Darmstadt: Wissenschaftliche Buchgesellschaft.

Auernheimer, G. (2003). *Einführung in die Interkulturelle Pädagogik.* Darmstadt: Wissenschaftliche Buchgesellschaft.

Aufenanger, S. & Gerlach, F. (2005). *Vorschulkinder und Computer. Sozialisationseffekte und pädagogische Handlungsmöglichkeiten in Tageseinrichtungen für Kinder – Ein Forschungsprojekt der Hessischen Landesanstalt für privaten Rundfunk (LPR Hessen) in Zusammenarbeit mit dem Hessischen Sozialministerium und IBM Deutschland. http://www.ict-olten.ch/downloads/Studie_Hessen.pdf* (13.12.2009).

Barnett, W. S. (1998). Long-term effects on cognitive development and school success. In W. S. Barnett & S. S. Boocock (Eds.), *Early care and education for children in poverty. Promises, programs, and long-term results* (pp. 11–44). Albany: State University of New York Press.

Barnett, W. S. (2006). What is the value of early childhood education for our society: maximizing returns from prekindergarten education? In J. E. van Kuyk (Ed.), *The quality of early childhood education. Report of a scientific conference* (pp. 57–72). Arnhem: Cito.

Barnett, W. S. (2008). *Preschool education and its lasting effects: Research and policy implications. http://epicpolicy.org/publication/preschool-education* (11.01.2010).

Becker, A. (2007). *Stärken und Schwächen Fragebogen (SDQ). Auswertungen und Anwendungen. Dissertation.* Göttingen: Georg-August-Universität.

Becker-Stoll, F. (2008). Welche Bildung brauchen Kinder? In W. Thole et al. (Hrsg.), *Bildung und Kindheit. Pädagogik der Frühen Kindheit in Wissenschaft und Lehre* (S. 115–125). Opladen: Barbara Budrich.

Becker-Stoll, F. (o. J.). *Die Bedeutung der Qualität in der Kindertagesbetreuung für Kinder in den ersten drei Lebensjahren. http://www.kindergartenpaedagogik.de/1990.pdf 15.09.2009* (15.12.2009).

Bellenberg, G. & Klemm, K. (1998). Von der Einschulung bis zum Abitur – zur Rekonstruktion von Schullaufbahnen in NR. *Zeitschrift für Erziehungswissenschaft, 4,* 577–596.

Belsky, J. & Rovine, M. (1988). Nonmaternal care in the first year of life and the secrity of infant-parent attachment. *Child Development, 59,* 157–167.

Belsky, J. & Steinberg, L. D. (1978). The effects of day care: A critical review. *Child Development, 49,* 929–949.

Belsky, J., Vandell, D. L., Burchinal, M., Clarke-Stewart, K. A., McCartney, K. & Owen, M. T. (2007). Are there long-term effects of early child care? *Child Development, 78,* 681–701.

Bennett, J. (2003). Starting Strong: The Persistent Division Between Care and Education. *Journal of Early Childhood Research, 1,* 21–48.

Berk, L. E. (2005). *Entwicklungspsychologie.* München: Pearson.

Berueta-Clement, J., Schweinhart, L., Barnette, W., Epstein, A. & Weikart, D. (1984). *Changed Lives: The Effects of the Perry Preschool Program on Youths Through Age 19.* Ypsilanti, MI: High/Scope.

Blau, D. M. (2000). The production of quality in child-care centers: another look. *Applied Developmental Science, 4,* 136–147.

Bolz, M., Grenner, K., Schlecht, D., Tietze, W. & Wellner, B. (2005). *Krippen-Skala (KRIPS-R). Feststellung und Unterstützung pädagogischer Qualität in Krippen.* Berlin: Scriptor.

Bowlby, J. (1969). *Attachment. Attachment and loss.* London: Hogarth Press.

Bowlby, J. & Ainsworth, M. (1985). *Mutterliebe und kindliche Entwicklung.* Basel: Reinhardt.

Bowman, B. T., Donovan, S. M. & Burns, S. M. (2000). *Eager to learn. Educating Our Preschoolers.* Washington, D. C.: National Research Council & National Academy Press.

Bredekamp, S. & Copple, C. (1997). *Developmentally appropriate practice in early childhood programs.* Washington, D. C.: National Association for the Education of Young Children.

Bronfenbrenner, U. & Morris, P. A. (1998). The ecology of developmental processes. In W. Damon & R. M. Lerner (Eds.), *Handbook of child psychology* (pp. 993–1027). New York: Wiley.

Brügelmann, H. (1989). *Die Schrift entdecken: Beobachtungshilfen und methodische Ideen für einen offenen Anfangsunterricht im Lesen und Schreiben.* Konstanz: Faude.

Bundesamt für Statistik (BfS) (2008). *Armut von Erwerbspersonen in der Schweiz.* Neuenburg: Bundesamt für Statistik.

Bundesministerium für Bildung und Forschung (BMBF) (Hrsg.) (2007). *Auf den Anfang kommt es an* (S. 20–118). Bonn: Bundesministerium für Bildung und Forschung.

Bundesministerium für Familie, Senioren, Frauen und Jugend (Hrsg.) (2005). *12. Kinder- und Jugendbericht. Bericht über die Lebenssituation junger Menschen und die Leistungen der Kinder- und Jugendhilfe in Deutschland.* Bonn: Bundesministerium für Familie, Senioren, Frauen und Jugend.

Burchinal, M. R., Peisner-Feinberg, E., Bryant, D. M. & Clifford, R. (2000). Children's social and cognitive development and childcare quality: Testing for differential associations related to poverty, gender, or ethnicity. *Applied Developmental Science, 4,* 149–165.

Burger, K. (2010). Frühkindliche Bildungsforschung: Nationale und internationale Bestandsaufnahme und Konsequenzen für Bildungspraxis und -politik in der Schweiz. In M. Stamm & D. Edelmann (Hrsg.), *Frühkindliche Bildung, Betreuung und Erziehung. Was kann die Schweiz lernen?* (S. 273–292). Zürich/Chur: Rüegger.

Clarke-Stewart, K. A., Gruber, C. P. & Fitzgerald, L. M. (1994): *Children at home and in day care.* Hillsdale, NJ: Lawrence Erlbaum Associates, Inc.

Coleman, J. S., Campbell, E. Q., Hobson, C. J., MacPartland, J., Mood, A. M., Winfeld, F. & York, R. (1966). Equality and educational opportunity. Washington D. C.: United States Department of Health, Education and Welfare, Office of Education.

Cunha, F. & Heckman, J. J. (2007). The Technology of Skill Formation. *American Economic Review, 97*(2), 31–47.

Damon, W. & Lerner, R. M. (Hrsg.) (2006). *Handbook of Child Psychology Volume 1: Theoretical Models of Human Development.* New York: John Wiley & Sons.

Dollase, R. (2007): *Bildung im Kindergarten und Früheinschulung. Ein Fall von Ignoranz und Forschungsamnesie.* Zeitschrift für Pädagogische Psychologie, 21, 5–10.

Doman, G. (1964). *How to teach your baby to read.* New York: Random House.

Döpfner, M. (1993). Verhaltensstörungen im Vorschulalter. *Kindheit und Entwicklung, 2,* 177–190.

Döpfner, M., Berner, W., Fleischmann, T. & Schmidt, M. H. (2003). *Verhaltensbeurteilungsbogen für Vorschulkinder (VBV).* Weinheim: Beltz.

Dornes, M. (2001 a). *Die frühe Kindheit: Entwicklungspsychologie der ersten Lebensjahre.* Frankfurt: Geist und Psyche, Fischer.

Dornes, M. (2001 b). *Der kompetente Säugling. Die präverbale Entwicklung des Menschen.* Frankfurt: Geist und Psyche, Fischer.

Dornes, M. (2008). Frisst die Emanzipation ihre Kinder? Mütterliche Berufstätigkeit und kindliche Entwicklung: Eine Neubetrachtung aus aktuellem Anlass. *Psyche, 62,* 182–201.

Dubs, R. (1981). Reflective Teaching. Eine neue Form des Lehrerverhaltenstrainings. *Schweizerische Zeitschrift für Kaufmännisches Bildungswesen, 75*(3/4), 93–105.

Duhm, E. & Althaus, D. (1980). *Beobachtungsbogen für Kinder im Vorschulalter (BBK 4–6).* Göttingen: Hogrefe.

Eccarius, J. (Hrsg.) (2007). *Handbuch Familie.* Wiesbaden: VS Verlag für Sozialwissenschaften.

Edelmann, D. (2010). Frühe Förderung von Kindern aus Familien mit Migrationshintergrund – von Betreuung und Erziehung hin zu Bildung und Integration. In M. Stamm & D. Edelmann (Hrsg.), *Frühkindliche Bildung, Betreuung und Erziehung. Was kann die Schweiz lernen?* (S. 199–220). Zürich/Chur: Rüegger.

Eidgenössische Kommission für Kinder- und Jugendfragen (EKKJ) (2007). *Jung und arm: das Tabu brechen.* Bern: Eidgenössische Kommission für Kinder- und Jugendfragen.

Elkind, D. (1988). *Das gehetzte Kind.* Hamburg: Kabel.

Elkind, D. (1989). *Wenn Eltern zuviel fordern – die Rettung der Kindheit vor leistungsorientierter Erziehung.* Hamburg: Hoffmann und Campe.

Elkind, D. (1991). Developmentally appropriate practice: A case study of educational inertia. In S. L. Kagan (Ed.), *The care and education of America's young children: obstacles and opportunities* (pp. 1–15). Chicago, Ill: The University of Chicago Press.

Elkind, D. (2001). *Early childhood education: developmental or academic? http://media.hoover.org/documents/ednext20012unabridged_elkind.pdf* (10.01.2010).

Elschenbroich, D. (2002). *Weltwissen der Siebenjährigen. Wie Kinder die Welt entdecken können.* München: Goldmann.

Erikson, E. (1973). *Identität und Lebenszyklus. Drei Aufsätze.* Frankfurt: Suhrkamp.

Fertig, M. & Kluve, J. (2005). *The Effect of Age at School Entry on Educational Attainment in Germany.* Essen: Rheinisch-Westfälisches Institut für Wirtschaftsforschung.

Filzinger, O. (2006). Interkulturelle Erziehung und Bildung. In L. Fried & S. Roux (Hrsg.), *Pädagogik der frühen Kindheit* (S. 216–223). Weinheim: Beltz.

Frede, E. C. (1998). Preschool program quality in programs for children in poverty. In W. S. Barnett & S. S. Boocock (Eds.), *Early care and education for children in poverty: Promises, programs, and long-term outcomes* (pp. 77–98). Buffalo, NY: SUNY Press.

Fredriksson, P. & Öckert, B. (2005). *Is Early Learning Really More Productive? The Effect of School Starting Age on School and Labour Market Performance.* IZA Discussion Paper No. 1659. Bonn: Institute for the Study of Labor (IZA).

Fried, L. (2002). *Pädagogisches Professionswissen und Schulentwicklung. Eine systemtheoretische Einführung in die Grundkategorien der Schultheorie.* Weinheim: Beltz.

Fried, L. (2003): *Pädagogische Programme und subjektive Orientierungen.* In L. Fried, B. Dippelhofer-Stiem, B., M.-S. Honig & L. Liegle (Hrsg.): *Einführung in die Pädagogik der frühen Kindheit* (S. 54–85): Weinheim: Beltz.

Fried, L. (2006). Sprachförderung. In L. Fried & S. Roux (Hrsg.), *Pädagogik der frühen Kindheit* (S. 173–178). Weinheim: Beltz.

Fried, L. (2007). Familie und Elementarerziehung. In J. Eccarius (Hrsg.), *Handbuch Familie* (S. 285–299). Wiesbaden: VS Verlag für Sozialwissenschaften.

Fried, L. & Roux, S. (Hrsg.) (2006). *Pädagogik der frühen Kindheit.* Weinheim: Beltz.

Fritschi, T. & Oesch, T. (2008). Volkswirtschaftlicher Nutzen von frühkindlicher Bildung in Deutschland. Eine ökonomische Bewertung langfristiger Bildungseffekte bei Krippenkindern. *www.bertelsmann-stiftung.de/bst/de/media/xcms_bst_dms_23966_23968_2.pdf* (15.11.2008).

Fritschi, T., Strub, S. & Stutz, H. (2007). *Volkswirtschaftlicher Nutzen von Kindertageseinrichtungen in der Region Bern. Schlussbericht.* Bern: Büro für arbeits- und sozialpolitische Studien (BASS).

Fröbel, F. (1826/1986). Die erziehenden Familien. In R. Boldt u. a. (Hrsg.), *Werke, Band 1* (S. 244–259). Berlin-Ost: Akademie der Wissenschaften.

Fröbel, F. (1839/1982). Brief an Cantor Carl, zitiert von E. Hoffmann. *Zeitschrift für Pädagogik, 28,* 177–192.

Fröbel, F. (1840). Entwurf eines Planes zur Begründung und Ausführung eines Kindergartens. Wiesbaden: Brandstetter.

Fthenakis, W. E. (2002). *Bildungskonzepte für Kinder unter sechs Jahren aus internationaler Perspektive.* München: Staatsinstitut für Frühpädagogik.

Fthenakis, W. E. & Oberhuemer, P. (Hrsg.) (2004). *Frühpädagogik international. Bildungsqualität im Blickpunkt.* Wiesbaden: VS Verlag für Sozialwissenschaften.

Fuhrer, U. (2005). *Lehrbuch Erziehungspsychologie.* Bern: Huber.

Gagné, F. & Gagnier, N. (2004). The socio-affective and academic impact of early entrance to school. *Roeper Review, 26*(3), 128–138.

Gobbo, C. & Chi, M. (1986). How knowledge is structured and used by expert and novice children. *Cognitive Development, 1,* 221–237.

Goodman, R. (2001). Psychometric properties of the strengths and difficulties questionnaire (SDQ). *Journal of the American Academy of Child and Adolescent Psychiatry, 40,* 1337–1345.

Grenner, K., Rossbach, H.-G. Schuster, K. M. & Tietze, W. (2005). *Die Kindergartenskala KES-R.* München: Scriptor.

Grimm, H. (2001). *Sprachentwicklungstest für drei- bis fünfjährige Kinder (SETK 3–5).* Göttingen: Hogrefe.

Hagemeister, V. (2009). *Statistische Ergebnisse zum Einschulungsalter und zum Schulerfolg, hergeleitet aus den im Jahr 2000 in Deutschland erhobenen PISA-Daten. http://www.pisa-kritik.de/files/Statistische-Ergebnisse-zum-Einschulungs-Alter.pdf*

Harms, T. & Clifford, R. M. (1980). *Early Childhood Environment Rating Scale.* New York: Teachers College.

Harms, T., Clifford, R. M. & Cryer, D. (2005). *Early Childhood Environment Rating Scale-Revised.* Übersetzt von W. Tietze, K. M. Schuster, K. Grenner & H. G. Roßbach, *Kindergarten-Skala,* revidierte Fassung (KES-R). Weinheim: Beltz.

Harter, S. & Pike, R. (1984). The pictorial scale of perceived competence and social acceptance for young children (PSPCSA). *Child Development, 55(6),* 1969–1982.

Haskins, R. (1985). Public school aggression among children with varying day-care experience. *Child Development, 56,* 689–703.

Hauser, B. (2005). *Kinder spielen nicht zu viel, jedoch oft zu banal. http://www.sp-sargans.ch/assets/Wahlen/Wahlen2008/Kommunal/Spielen-im-Kindergarten.pdf* (03.01.2010).

Häuser, D., Kasielke, E. & Scheidereiter, U. (1994). *Kindersprachtest für das Vorschulalter (KISTE).* Stuttgart: Deutsche Schultests Beltz.

Hayes, N. (2007). *Perspectives on the relationship between education and care in early childhood – a background paper.* Dublin: National Council for Curriculum and Assessment.

Heckman, J. J. (2007). *The economics, technology and neuroscience of human capability formation.* IZA Discussion Paper 2875. Bonn: Institute for the Study of Labor (IZA).

Heckman, J. J. & Masterov, D. V. (2007). *The productivity argument for investing in young children. http://jenni.uchicago.edu/humaninequality/papers/Heckman_final_all_wp_2007-03-22c_jsb.pdf.* (03.01.2010).

Heller, K. (1969). *Aktivierung der Bildungsreserve.* Bern: Huber.

Helming, H. (2002). *Montessori-Pädagogik. Ein moderner Bildungsweg in konkreter Darstellung.* Freiburg: Herder.

Hentig, H. von (1996). *Bildung.* München: Reinhardt.

Hock, E. (1980). Working and nonworking mothers and their infants: a comparative study of maternal caregiving characteristics and infant social behavior. *Merrill-Palmer Quarterly, 26,* 79–101.

Holodynski, M. & Oerter, R. (2002). Motivation, Emotion und Handlungsregulierung. In R. Oerter & L. Montada (Hrsg.), Entwicklungspsychologie (S. 551–589). Weinheim: Beltz/PVU.

Howes, C. & Olenick, M. (1986). Family and child influences on toddlers' compliance. *Child Development, 57,* 202–216.

Howes, C. & Stewart, P. (1987). Child's play with adults, toys, and peers: An examination of family and child care influences. *Developmental Psychology, 23,* 423–430.

Ijzendoorn, M. H. van, & Sagi, A. (2001). Cultural blindness or selective inattention? *American Psychologist, 56,* 824–825.

Iselin, C. (2009). *Wirkungsvolle pädagogische Intervention oder sinnlose Show?* Unveröffentlichte Masterarbeit. Departement Erziehungswissenschaften. Fribourg: Universität.

Jansen, H., Mannhaupt, G., Marx, H. & Skowronek, H. (2002). *Bielefelder Screening zur Früherkennung von Lese-Rechtschreibschwierigkeiten (BISC).* Göttingen: Hogrefe.

Jürges, H. & Schneider, K. (2006). *Im Frühjahr geborene Kinder haben schlechtere Bildungschancen, Wochenbericht. http://www.familienhandbuch.de/cmain/f_Fachbeitrag/a_Kindheitsforschung/s_878.html* (11.01.2010).

Kammermeyer, G. (2000). *Schulfähigkeit – Kriterien und diagnostische/prognostische Kompetenz von Lehrerinnen, Lehrern und Erzieherinnen.* Bad Heilbrunn: Klinkhardt.

Kammermeyer, G. (2009). Sprachliches Lernen. In Geschäftsstelle der Stiftung Bildungspakt Bayern (Hrsg.), *Das KIDZ-Handbuch* (S. 204–263). Köln: Wolters Kluwer.

Kastner-Koller, U. & Deimann, P. (1998/2002²). *Wiener Entwicklungstest (WET)*. Göttingen: Hogrefe.

Katz, L. G. & Chard, S. C. (2000²). *Engaging children's minds: The project approach*. Stanford, CT: Ablex Publishing.

Kaufman, A. S., Kaufman, N. L., Melchers, P. & Preuß, U. (2006). *Kaufman Assessment Batterie for Children (K-ABC). Individualtest zur Messung von Intelligenz und Fertigkeiten bei Kindern.* Göttingen: Hogrefe.

Kern, A. (1951). *Sitzenbleiberelend und Schulreife.* Freiburg: Herder.

Kisker, E. E., Hofferth, S. L. & Phillips, D. A. (1990). A profile of child care settings: Early education and care. In Mathematica Policy Research (Ed.), *Bericht für das U.S. Department of Education (Vertrag No. LC88090001).*

Kohlberg, L. & Mayer, R. (1972). Development as the aim of education. *Harvard Educational Review, 42,* 449–496.

Kohlberg, L. & Turiel, E. (1978). Moralische Entwicklung und Moralerziehung. In G. Portele (Hrsg.), *Sozialisation und Moral. Neuere Ansätze zur moralischen Entwicklung und Erziehung* (S. 13–80). Weinheim: Beltz.

König, A. (2007). *Dialogisch-entwickelnde Interaktionsprozesse zwischen ErzieherInnen und Kind(-ern). Eine Videostudie aus dem Alltag im Kindergarten. https://eldorado.uni-dortmund.de/bitstream/2003/24563/1/Diss_veroeff.pdf* (11.01.2010).

Kontos, S. (1994). The ecology of family day care. *Early Childhood Research Quarterly, 9,* 87–110.

Korczak, J. (1981). *Verteidigt die Kinder!* Gütersloh: Gütersloher Verlag – Haus Mohn.

Krajewski, K. (2003). *Vorhersage von Rechenschwäche in der Grundschule.* Hamburg: Kovacs.

Kunze, H. R. & Gisbert, K. (2005). Förderung lernmethodischer Kompetenzen in Kindertageseinrichtungen. In Bundesministerium für Bildung und Forschung (Hrsg.), *Auf den Anfang kommt es an: Perspektiven für eine Neuorientierung frühkindlicher Bildung* (S. 75–102). Berlin: Bundesministerium für Bildung und Forschung.

Küspert, P. & Schneider, W. (2000). *Hören, lauschen, lernen. Arbeitsheft und Arbeitsmaterial.* Göttingen: Vandenhoeck & Ruprecht.

Laewen, H.-J. (2002). *Funktion der institutionellen Früherziehung: Bildung, Erziehung, Betreuung, Prävention.* In L. Fried & S. Roux (Hrsg.), *Pädagogik der frühen Kindheit* (S. 96–106). Weinheim: Beltz.

Lamb, M. E. (1998). Nonparental child care: Context, quality, correlates, and consequences. In W. Damon, I. Sigl & K. A. Renninger (Eds.), *Handbook of child psychology* (pp. 73–133): New York: Wiley.

Lanfranchi, A. (2002). *Schulerfolg von Migrationskindern: Die Bedeutung familienergänzender Betreuung im Vorschulalter.* Opladen: Leske + Budrich.

Lanfranchi, A. (2010). *Familienergänzende Betreuung.* In M. Stamm & D. Edelmann (Hrsg.), *Frühkindliche Bildung: Was kann die Schweiz lernen?* (S. 95-120). Chur/Zürich: Rüegger.

Langfeldt, H.-P. & Pior, R. (1997). *Ein Bildwahlverfahren zur Erhebung des Selbstkonzepts sozialer Integration. Vorläufiges Testmanual.* Frankfurt a. M.: Johann Wolfgang Goethe-Universität, Institut für Pädagogische Psychologie.

Largo, R. (2009). *Babyjahre. Die frühkindliche Entwicklung aus biologischer Sicht.* München: Piper. Fachverlag für Sozialwissenschaften.

Lehmann, R. H., Peek, R. & Gänsefuß, R. (1996). *Aspekte der Lernausgangslagen und der Lernentwicklung. Bericht über die Erhebung im September 1996 (LAU 5). http://www.hamburgerbildungsserver.de/welcome.phtml?unten=*/schulentwicklung/lau/lau5/ (11.01.2010).

Liebenwein, S. (2008). *Erziehung und soziale Milieus. Elterliche Erziehungsstile in milieuspezifischer Differenzierung.* Wiesbaden: VS Verlag für Sozialwissenschaften.

Lincoln, S. (1995). Emerging criteria for quality in qualitative and interpretive research. *Qualitative Inquiry, 1,* 275–289.

Lingenauber, S. (2009). Einführung in die Reggio-Pädagogik. Kinder, Erzieherinnen und Eltern als konstitutives Sozialaggregat. Freiburg: Projekt Verlag.

Loeb, S., Bridges, M., Bassok, D., Fuller, B. & Rumberger, R. (2004). How much is too much? The influence of preschool centers on children's social and cognitive development. Working Paper 11812. *Economics of Education Review, 26*(1), 52–66.

Lückert, H.-R. (1969). *Begabungsforschung und Bildungsförderung als Gegenwartsaufgabe?* München: Reinhardt.

Luit, J. E. H. van, Rijt, B. A. M. van de & Hasemann, K. (2001). *Osnabrücker Test zur Zahlbegriffsentwicklung.* Göttingen: Hogrefe.

Lynch, M. & Cicchetti, D. (1997). Children's relationships with adults and peers: An examination of elementary and junior high school students. *Journal of School Psychology, 35,* 81–99.

Mackenzie Oth, L. (2002). *La crèche est rentable, c'est son absence qui coûte.* Genève: Bureaux de l'égalité, Conférence latine des déléguées à l'égalité. *http://www.egalite.ch/creche-rentable.html* (11.01.2010).

Malaguzzi, L. (1984). *Zum besseren Verständnis der Ausstellung: 16 Thesen zum pädagogischen Konzept.* Berlin.

Marcon, R. (2002). Moving up grades: Relationship between preschool model and later school success. *Early Childhood Research & Practice, 4*(1). *http://ecrp.uiuc.edu/v4n1/index.html* (11.01.2010).

Martschinke, S. (2008). *Der Rundgang durch Hörhausen.* Donauwörth: Auer.

Martschinke, S. & Kammermeyer, G. (2003). Jedes Kind ist anders. Jede Klasse ist anders. Ergebnisse aus dem KILIA-Projekt zur Heterogenität im Anfangsunterricht. *Zeitschrift für Erziehungswissenschaft, 2,* 257–275.

Martschinke, S., Kammermeyer, G., King, M. & Forster, M. (2005). *Diagnose und Förderung im Schriftspracherwerb. Anlaute hören, Reime finden, Silben klatschen. Erhebungsverfahren zur phonologischen Bewusstheit für Vorschulkinder und Schulanfänger (ARS).* Donauwörth: Auer.

Mauron Schläppi, A. (2009). *Frühkindliche Bildung in Kindertagesstätten? Die Sichtweise pädagogischer Fachkräfte zum Auftrag der Kindertagesstätten. Unveröffentlichte Masterarbeit.* Fribourg: Departement Erziehungswissenschaften.

Mayer, S. (2006). Im Land der Muttis. *Die Zeit,* 29, 49–50. 13. Juli.

Meier-Gräwe, U. (2009). Armut in Deutschland. *Haushalt & Bildung, 86*(2), 33–40.

Meier-Gräwe, U. (2010). Armut und Bildung in Deutschland. In M. Stamm & D. Edelmann (Hrsg.), *Frühkindliche Bildung, Betreuung und Erziehung. Was kann die Schweiz lernen?* (S. 253–272). Zürich/Chur: Rüegger.

Montada, L. (1987). Einführung. In R. Oerter & L. Montada (Hrsg.), *Entwicklungspsychologie* (S. 1–130). Weinheim: Beltz Psychologie Verlags Union.

Moser, U., Keller, F. & Tresch, S. (2003). *Schullaufbahn und Leistung. Bildungsverlauf und Lernerfolg von Zürcher Schülerinnen und Schüler am Ende der 3. Volksschulklasse.* Bern: h.e.p.

Moser, U., Stamm, M. & Hollenweger, J. (2005). *Für die Schule bereit? Lesen, Wortschatz, Mathematik und soziale Kompetenzen beim Schuleintritt.* Aarau: Sauerländer.

Moser, U. & Berweger, S. (2007). *wortgewandt & zahlenstark.* Zürich: Lehrmittelverlag.

Moser, U., Bayer, N. & Berweger, S. (2008): *Summative Evaluation. Grundstufe und Basisstufe. Zwischenbericht zuhanden der EDK-Ost.* Zürich: Universität.

Müller Kucera, K. & Bauer, T. (2001). *Kindertagesstätten zahlen sich aus. Jeder eingesetzte Franken bringt drei bis vier Franken an die Gesellschaft zurück.* Zürich: Sozialdepartement der Stadt Zürich.

Müller Kucera, K. & Bauer, T. (2001). *Volkswirtschaftlicher Nutzen von Kindertagesstätten. Welchen Nutzen lösen die privaten und städtischen Kindertagesstätten in der Stadt Zürich aus?* Zürich: BASS.

Neville, H. J. & Bruer, J. T. (2001). Language processing: How experience affects brain organization. In D. Jr. Bailer, J. T. Bruer, F. J. Symons & J. W. Lichtman (Eds.), *Critical thinking about critical periods* (pp. 151–172). Baltimore, MD: Paul H. Brookes.

NICHD Early Childcare Research Network & Duncan, G. J. (2003). Modeling the impacts of child care quality on children's preschool cognitive development. *Child Development, 74*(5), 1454–1475.

Nickel, H. (1981). Schulreife und Schulversagen: Ein ökopsychologischer Erklärungsansatz und seine praktischen Konsequenzen. *Psychologie in Erziehung und Unterricht, 28,* 19–37.

Niedermann, A. & Sassenrath, M. (2002). *Lesestufen – Dani hat Geburtstag.* Zug: Klett + Balmer.

Oberhuemer, P. (2006). Zur Reform der Erzieherinnen- und Erzieher(aus)bildung im internationalen Vergleich. In L. Fried & S. Roux (Hrsg.), *Pädagogik der frühen Kindheit* (S. 367–376). Weinheim, Basel: Beltz.

Oberhuemer, P. & Schreyer, I. (2010). Professionelle Bildung des frühpädagogischen Fachpersonals: Europäische Trends. In M. Stamm & D. Edelmann (Hrsg.), *Frühkindliche Bildung – Was kann die Schweiz lernen?* (S. 239–252). Zürich/Chur: Rüegger.

OECD (2001). *Starting strong – early education and care: Report on an OECD Thematic Review.* Paris: OECD.

OECD (2006). *Starting strong II. Early childhood education and care.* Paris: OECD.

OECD (2007). *Strong foundations. Early childhood care and education.* Paris: UNESCO.

OECD (2009). *Bildung auf einen Blick.* Paris: OECD.

Ogbu, J. U. & Simons, H. D. (1998). Voluntary and Involuntary Minorities: A cultural-ecological theory of school performance with some implications for education. *Anthropology & Education Quarterly, 35,* 75–98.

Osborn, A. F. & Milbank, J. E. (1987). *The effects of early education. A report from the Child Health and Education Study.* Oxford: Clarendon.

Palentien, C. (2005). Aufwachsen in Armut – Aufwachsen in Bildungsarmut. Über den Zusammenhang von Armut und Schulerfolg. *Zeitschrift für Pädagogik 51*(2), 154–169.

Papastefanou, C. (2006). Familienbildung. In L. Fried & S. Roux (Hrsg.), *Pädagogik der frühen Kindheit* (S. 334–345). Weinheim: Beltz.

Papoušek, M., Schieche, M. & Wurmser, H. (2004). *Regulationsstörungen der frühen Kindheit.* Bern: Huber.

Pauen, S. (2006). *Was Babys denken. Eine Geschichte des ersten Lebensjahres.* München: Beck.

Peisner-Feinberg, E. S., Burchinal, M. R., Clifford, R. M., Culkin, M. L., Howes, C., Kagan, S. L. & Yazejian, N. (2001). The relation of preschool child-care quality to children's cognitive and social developmental trajectories through second grade. *Child Development, 72,* 1534–1553.

Petermann, F. & Stein, I. (2000). *Entwicklungstest für Kinder von 6 Monaten bis 6 Jahre (ET 6–6).* Frankfurt: Harcourt Test Services.

Piaget, J. (1976[2]). *Das moralische Urteil beim Kinde.* Frankfurt: Suhrkamp.

Piaget, J. (1981). *Meine Theorie der geistigen Entwicklung.* Frankfurt: Fischer.

Pianta, R. C., La Paro, K. & Hamre, B. (2005). *The Classroom Assessment Scoring System Pre-K Manual. Unpublished manuscript.* University of Virginia.

Picht, G. (1964). *Die deutsche Bildungskatastrophe.* Olten: Walter.

Plowden, L. (Hrsg.) (1967). The Plowden Report: Children and their Primary Schools. London: HMSO.

Postman, N. (1994). *Das Verschwinden der Kindheit.* Frankfurt: Fischer.

Pramling, I. (1990). *Learning to learn. A study of Swedish preschool children.* New York: Springer.

Puhani, P. A. & Weber, A. M. (2006). *Fängt der frühe Vogel den Wurm? Eine empirische Analyse des kausalen Effekts des Einschulungsalters auf den schulischen Erfolg in Deutschland. Diskussionspapiere der Wirtschaftswissenschaftlichen Fakultät der Universität Hannover.* Universität Hannover, Wirtschaftswissenschaftliche Fakultät.

Puhani; P. H. & Weber, A. M. (2007). *Does the early bird catch the worm? Instrumental variable estimates of early educational effects of age of school entry in Germany,* Empirical Economics 32: 359–386.

Rabe-Kleberg, U. (2006). Mütterlichkeit und Profession – oder: Mütterlichkeit, eine Archillesferse der Fachlichkeit? In Deutsches Jugendinstitut (Hrsg.), *Reform oder Ende der Erzieherinnenausbildung? Beiträge zu einer kontroversen Fachdebatte. Band 4* (S. 95–110). München: DJI-Fachforum Bildung und Erziehung.

Radisch, I. (2007). *Die Schule der Frauen. Wie wir die Familie neu erfinden.* München: Deutsche Verlags-Anstalt.

Ramey, C. T., Campbell, F. A., Burchinal, M., Skinner, M. L., Gardner, D. M. & Ramey, S. L. (2000). Persistent effects of early childhood education on high-risk children and their mothers. *Applied Developmental Science, 4*(1), 2–14.

Rauschenbach, T. (2006). *Bildung, Erziehung und Betreuung vor und neben der Schule. Konzeptionelle Grundlagen des 12. Kinder- und Jugendberichts.* Zeitschrift für Erziehungswissenschaft, Beiheft 6, 66–80.

Rauschenbach, T. & Schilling, D. (2007). *Erwartbare ökonomische Effekte durch den Ausbau der Betreuungsangebote für unter Dreijährige auf 750 000 Plätze bis 2013.* München: Deutsches Jugendinstitut.

Raven, J. C., Raven, J. & Court, J. (2002). *Coloured Progressive Matrices (CPM).* Oxford: OPP.

Repacholi, B. M. & Gopnik, A. (1997). Early reasoning about desires: Evidence from 14- and 18-month-olds. *Developmental Psychology, 33*(1), 12–21.

Retter, H. (1977). *Auswirkungen vorschulischer Förderung auf das erste Schuljahr. Materialien und Ergebnisse wissenschaftlicher Begleituntersuchungen zum Vorschulprojekt Schwäbisch Gmünd.* Bad Heilbrunn: Klinkhardt.

Roßbach, H.-G. (2005). Effekte qualitativ guter Betreuung, Bildung und Erziehung im frühen Kindesalter auf Kinder und ihre Familien. In Sachverständigenkommission. Zwölfter Kinder- und Jugendbericht (Hrsg.), *Bildung, Betreuung und Erziehung von Kindern unter sechs Jahren* (S. 55–174). München: Sachverständigenkommission. Zwölfter Kinder- und Jugendbericht.

Rumberger, R. W. & Tran, L. (2006). *Preschool Participation and the cognitive and social development of language minority students.* Santa Barbara: University of California.

Sammons, P., Elliot, K., Sylva, K., Melhuish, M., Siraj-Blatchford, I. & Taggart, B. (2004). The impact of pre-school on young children's cognitive attainments at entry to reception. *British Education Research Journal, 30*(5), 691–712.

Scarr, S. (1992). Developmental theories for the 1990s: development and individual differences. *Child Development, 63,* 1–19.

Schaarschmidt, U., Ricken, G., Kieschke, U. & Preuß, U. (2004). *Bildbasierter Intelligenztest für das Vorschulalter (BIVA).* Göttingen: Hogrefe.

Schäfer, G. (2004). Bildung von Anfang an: Aufgaben frühkindlicher Bildung in Familie, Krippe, Kindergarten. In I. Wehrmann (Hrsg.), *Kindergärten und ihre Zukunft* (S. 123–137). Weinheim: Beltz.

Schore, A. N. (2007). *Affektregulation und die Reorganisation des Selbst.* Stuttgart: Klett-Cotta.

Schweinhart, L. J., Barnes, H. V. & Weikart, D. P. (1993). *Significant benefits: The High/Scope Perry Preschool study through age 27.* Ypsilanti, MI: High/Scope Press.

Schweinhart, L. J., Montie, J., Xiang, Z., Barnett, W. S., Belfield, C. R. & Nores, M. (2005). *Lifetime effects: The High/Scope Perry Preschool study through age 40* (Monographs of the High/Scope Educational Research Foundation, 14). Ypsilanti, MI: High/Scope Press.

Schweinhart , L. J. & Weikart, D. P. (1997). The High/Scope Preschool Curriculum Comparison Study through age 23. *Early Childhood Research Quarterly, 12*(2), 117–143.

Schweinhart, L. J., Weikart, D. P. & Larner, M. (1986). Consequences of three preschool curriculum models through age 15. *Early Childhood Research Quarterly 1*(1), 15–46.

Selter, C. & Spiegel, H. (1997). *Wie Kinder rechnen.* Stuttgart: Klett.

Shouse, A. C. (2000). Das High/Scope Vorschulcurriculum. In W. E. Fthenakis & M. R. Textor (Hrsg.), *Pädagogische Ansätze im Kindergarten* (S. 154–169). Weinheim, Basel: Beltz.

Siraj-Blatchford, I. (2004): Soziale Gerechtigkeit und Lernen in der frühen Kindheit. In W. E. Fthenakis & P. Oberhuemer (Hrsg.), *Frühpädagogik international. Bildungsqualität im Blickpunkt* (S. 57–70). Wiesbaden: VS Verlag für Sozialwissenschaften.

Six, U., Frey, C. & Gimmer, R. (1998). *Medienerziehung im Kindergarten: Theoretische Grundlagen und empirische Befunde.* Wiesbaden: VS Verlag für Sozialwissenschaften.

Spitzer, M. (2003). *Lernen: Gehirnforschung und Schule des Lebens.* Heidelberg: Spektrum.

Stamm, M. (2004). *Lernen und Leisten im Kopf? Eine empirische Studie zur Bildungsförderung im Vorschulalter. Zwischenbericht.* Aarau: Institut für Bildungs- und Forschungsfragen.

Stamm, M. (2005). *Zwischen Exzellenz und Versagen.* Chur, Zürich: Rüegger.

Stamm, M. (2007). Geboren, geschöppelt – und dann gebildet? *Neue Zürcher Zeitung,* Beilage S. 1, 18. Juni.

Stamm, M. (2009). *Begabte Minoritäten.* Wiesbaden: VS Verlag für Sozialwissenschaften.

Stamm, M. & Edelmann, D. (Hrsg.), (2010). *Frühkindliche Bildung – Was kann die Schweiz lernen?* Zürich/Chur: Rüegger.

Stamm, M., Reinwand, V., Burger, K., Schmid, K. Viehhauser, M. & Muheim, V. (2009). *Frühkindliche Bildung in der Schweiz. Eine Grundlagenstudie im Auftrag der UNESCO-Kommission Schweiz.* Fribourg: Universität Fribourg, Departement Erziehungswissenschaften.

Stapf, A. (2003). *Hochbegabte Kinder.* München: Beck.

Steinweg, A. S. (2009). Mathematisches Lernen. In Geschäftsstelle der Stiftung Bildungspakt Bayern (Hrsg.), *Das KIDZ-Handbuch* (S. 136–202). Köln: Wolters Kluwer.

Stern, D. N. (2002). *Tagebuch eines Babys. Was ein Kind sieht, spürt, fühlt, denkt.* München/Zürich: Piper.

Stern, E. (2002). Wie abstrakt lernt das Grundschulkind. Neuere Ergebnisse der entwicklungspsychologischen Forschung. In H. Petillon (Hrsg.), *Individuelles und soziales Lernen in der Grundschule – Kindperspektive und pädagogische Konzepte* (S. 27–42). Opladen: Leske + Budrich.

Stern, E. (2004). Wie viel Hirn braucht die Schule? Chancen und Grenzen einer neuropsychologischen Lehr-Lern-Forschung. *Zeitschrift für Pädagogik, 50,* 531–538.

Stern, E. (2008). Je früher, desto besser? Über Lernstrategien von Vorschulkindern. In L. Fried (Hrsg.), *Das wissbegierige Kind* (S. 21–29). Weinheim: Juventa.

Stern, E. (o. J.). *Entwicklung und Lernen im Kindesalter. http://ifb.bildung-rp.de/forum/uebergang/TM-Stern.PDF (11.01.2010).*

Strøm, B. (2004). *Student achievement and birthday effects.* Mimeo: Norwegian University of Science and Technology.

Sylva, K., Melhuish, E. C., Sammons, P., Siraj-Blatchford, I. & Taggart, B. (2004). The effective provision of preschool education (EPPE) project. Zu den Auswirkungen vorschulischer Einrichtungen in England. In G. Faust, M. Götz, H. Hacker & H.-G. Roßbach (Hrsg.), *Anschlussfähige Bildungsprozesse im Elementar- und Primarbereich* (S. 154–167). Bad Heilbrunn: Klinkhardt.

Sylva, K., Melhuish, E. C., Sammons, P., Siraj-Blatchford, I., & Taggart, B. (2008). *Effective pre-school and primary education 3–11 project. Final report from the primary phase: Pre-school, school and family influences on children's development during key stage 2* [Research Report No DCSF-RR061]. Institute of Education, University of London.

Tellegen, P. J., Winkel, M., Wijnberg-Williams, B. J. & Laros, J. A. (1998/2005). *Snijders-Oomen Non-verbaler Intelligenztest (SON-R 2 ½–7).* Lisse: Swets & Zeitlinger.

Teschner, A. (2002). *Erzieherinnen im Kindergarten – eine empirische Untersuchung zu einem Verständnis ihrer Professionalität.* München: Lit.

Thole, W. et al. (Hrsg.) (2008). *Pädagogik der Frühen Kindheit in Wissenschaft und Lehre.* Opladen: Barbara Budrich.

Thomas, A. & Chess, S. (1977). *Temperament and development.* Reihe: Europäische Schriften zu Staat und Wirtschaft 23. New York: Brunner/Mazel.

Tietze, W. (1973). *Chancenungleichheit bei Schulbeginn.* Düsseldorf: Schwann.

Tietze, W. (Hrsg.) (1998). *Wie gut sind unsere Kindergärten? Eine Untersuchung zur pädagogischen Qualität in deutschen Kindergärten.* Weinheim: Beltz.

Tietze, W. (2006). Frühpädagogische Evaluations- und Erfassungsinstrumente. In L. Fried & S. Roux (Hrsg.), *Pädagogik der frühen Kindheit* (S. 243–253). Weinheim: Beltz.

Tietze, W., Feldkamp, J., Gartz, D., Roßbach, H.-G. & Schmied, D. (1981). Eine Skala zur Erfassung des Sozialverhaltens von Vorschulkindern. *Zeitschrift für Empirische Pädagogik, 5,* 37–48.

Tietze, W., Knobeloch, J. & Gerszonowicz, E. (2005). *Tagespflege-Skala (TAS). Feststellung und Unterstützung pädagogischer Qualität in der Kindertagespflege.* Weinheim: Beltz.

Tietze, W., Roßbach, H.-G. & Grenner, K. (2005). *Kinder von 4 bis 8 Jahren. Zur Qualität der Erziehung und Bildung im Kindergarten, Grundschule und Familie.* Weinheim: Beltz.

Tietze, W., Roßbach, H.-G., Stendel, M. & Wellner, B. (2005). *Hort/Ganztagsangebote-Skala (HUGS). Feststellung und Unterstützung pädagogischer Qualität in Horten und außerunterrichtlichen Angeboten.* Weinheim: Beltz.

Tietze, W., Schuster, K. M., Grenner, K. & Roßbach, H.-G. (1997). *Kindergarten-Skala, revidierte Fassung (KES-R).* Weinheim: Beltz.

Tomasiello, M. (2009). *Die Ursprünge der menschlichen Kommunikation.* Frankfurt: Suhrkamp.

Tröster, H., Flender, J. & Reinecke, D. (2004). *Dortmunder Entwicklungsscreening für den Kindergarten (DESK 3–6).* Göttingen: Hogrefe.

Tschöpfe-Scheffler, S. (2005). *Konzepte der Elternbildung – eine kritische Übersicht.* Opladen: Barbara Budrich.

Tymms, P. & Wylde, M. (2003). Basisprüfverfahren und Dauerbeobachtung in der Grundschule. In G. Faust, M. Götz, H. Hacker & H.-G. Roßbach (Hrsg.), *Anschlussfähige Bildungsprozesse im Elementar- und Primarbereich* (S. 190–203). Bad Heilbrunn: Klinkhardt.

Ulich, M. & Mayer, T. (2003). *sismik. Sprachverhalten und Interesse an Sprache bei Migrantenkindern in Kindertageseinrichtungen.* Freiburg: Herder.

Ulich, M. & Mayer, T. (2006). *seldak (Sprachentwicklung und Literacy bei deutschsprachig aufwachsenden Kindern).* Freiburg: Herder.

UNESCO (2007). *Bildung für alle. Weltbericht.* Paris: UNESCO.

Van Ijzendoorn, M. H., & Sagi, A. (2001). *Cultural blindness or selective inattention?* American Psychologist, 56, 824–825. Viehhauser, M. (2010). Pädagogik der frühen Kindheit und Neurowissenschaften: Zwischen Begrifflichkeiten und wissenschaftlicher Legitimität. In M. Stamm & D. Edelmann (Hrsg.), *Frühkindliche Bildung – was kann die Schweiz lernen?* (S. 21–38). Zürich/Chur: Rüegger.

Viernickel, S. (2000). *Spiel, Streit, Gemeinsamkeit. Einblicke in die soziale Kinderwelt der Zweijährigen.* Landau: Verlag Empirische Pädagogik.

Viernickel, S. (2004). Soziale Kontakte und Beziehungen zwischen Kleinkindern. In Familienhandbuch des Staatsinstituts für Frühpädagogik. *http://www.*

familienhandbuch.de/cmain/f_Fachbeitrag/a_Kindheitsforschung/s_878.html (11.01.2010).

Viernickel, S. (2010). Kompetenzen im Kontext von Peer-Beziehungen. In M. Stamm & D. Edelmann (Hrsg.), *Frühkindliche Bildung – was kann die Schweiz lernen?* (S. 57–76). Zürich/Chur: Rüegger.

Walberg, H. J. (1984). Improving the productivity of America's schools. *Educational Leadership, 41*(8), 19–30.

Wannack, E., Sörensen Criblez, B. & Gilliéron Giroud, P. (2006). *Frühere Einschulung in der Schweiz. Ausgangslage und Konsequenzen.* Bern: Schweizerische Konferenz der kantonalen Erziehungsdirektoren.

Weinert, F. E. (1998). *Entwicklung im Kindesalter.* Weinheim: Psychologie Verlags Union.

Weinert, F. E. & Helmke, A. (1997). *Entwicklung im Grundschulalter.* Weinheim: Psychologie Verlags Union.

Willingham, D. T. (2008). What is developmentally appropriate practice? *American Educator,* 34–39.

Wimmer, H. & Perner, J. (1983). Beliefs about beliefs: Representation and constraining functions of wrong beliefs in young children's understanding of deception. *Cognition, 13,* 103–128.

Winkelmann, W. et al. (1977). *Kognitive Entwicklung und Förderung von Kindergarten- und Vorklassenkindern.* Kronberg i. T.: Scriptor.

Wustmann, C. (2005). Resilienz. In Bundesministerium für Bildung und Forschung (BMBF) (Hrsg.), *Auf den Anfang kommt es an: Perspektiven für eine Neuorientierung frühkindlicher Bildung* (S. 119–189). Bonn, Berlin: Bundesministerium für Bildung und Forschung.

Wygotski, L. S. (1971[3]). *Denken und Sprechen.* Frankfurt: S. Fischer Verlag.

Wygotski, L. S. (1987). *Ausgewählte Schriften. Arbeiten zur psychischen Entwicklung der Persönlichkeit. Bd. II.* Berlin: Volk und Wissen.